本书为国家社科基金一般项目"生态语言学与生态文学、文化理论研究"（1213ZW007）的 结项成果，鉴定等级为"优秀"。

国家社科基金丛书

GUOJIA SHEKE JIJIN CONGSHU

生态语言学与
生态文学、文化理论研究

A Study on Ecolinguistics and
Ecological Literary and Cultural Theory

赵奎英 著

人民出版社

序

  赵奎英教授的国家社科基金项目"生态语言学与生态文学、生态理论研究"的结项成果就要出版了,嘱我作序。该成果三十余万字,历经数年完成,结项鉴定成绩为优秀。这应该是我国生态语言学与生态文学研究领域的最新的也是最重要的成果。它以其跨学科性、创新性、前沿性以及研究的深入性而给我以深刻的印象。

  本成果的一个重要特点是始终围绕生态语言与生态文学及生态美学的关系论述,而不仅仅是一般的生态语言学。这其实是对生态文学与生态美学的新拓展。赵奎英将之说成是一种跨学科性,其实从新的时代发展来说,这种"跨学科性"正是时代发展之使然也。也是这种学科的跨越与交叉,给各种学科以新的生命,并催生了学科的新发展,这也是近日引起普遍关注的所谓"新文科"。赵奎英的成果正是一种典型的"新文科",是生态文学与生态美学的新发展与新成果。本来生态美学就具有跨学科的性质,当然,这种跨学科绝非生态学与美学的简单相加,而是交相融合和生发,从而使得美学产生一系列新的内涵与范畴,并在很大程度上改造与刷新了美学学科。正是从这样的视角,我想也可以将赵奎英的成果称为生态语言文学、文化研究或生态语言学美学。本书给生态文学与生态美学研究注入了许多新质。

  赵奎英教授的语言学文学研究始于她硕士研究生期间的 20 世纪 90 年代

初期,一直到她博士生期间及以后,可以说持续了近二十年的时光,她当时就提出了语言的"可逆性""语言未成态"等新的概念。21世纪初期,赵奎英开始关注生态语言学,早在2007年,就在《中国美学年鉴》发表《生态语言学的生态诗学、美学意义》一文。2011年的海峡两岸生态批评会议,她提交的论文也是关于生态语言学的,其新颖而别开生面的分析,引起了一些学者的注意。2011年,赵奎英赴英国伯明翰大学访学,研修内容之一便是生态语言学,从而为自己的研究注入了新的活力。此后,赵奎英接连完成了两个相关项目的研究,在教育部青年项目基础上完成的《生态语言观与生态诗学、美学的语言哲学基础建构》一书,已于2017年由人民出版社出版。本书作为国家项目的结项成果,是赵奎英生态语言学研究的新成果,也是其在生态语言学研究方面的新进展。

除了跨学科性之外,赵奎英还进一步从语言哲学的高度审视生态语言学与文学的关系,并进而在生态语言学的批评实践方面做了自己卓有成效的努力,对于生态小说、《新华字典》等文学、文化现象进行了生态语言学的解读。赵奎英教授的研究具有系统性与深入性,其解读不仅包含西方元素,而且包含中国的元素,并且具有一些方法论的启示作用。我可以就我所了解的"生态与环境之辩"为例加以说明。赵奎英从世界的视角,从西方与中国学术界的动向,并从更加全面的立场阐释了这场论辩的价值意义与评价。我作为参与者之一,深受启发。同时,本成果在资料的运用上做到了全面而深入,并且引入了许多新的外文资料,使得成果研究既具有前沿性、创新性,也具有更强的学术说服力。

赵奎英教授在我这里完成了硕士与博士阶段的学习,均以优异成绩毕业。近三十年来,我目睹了赵奎英由青年学生成长为成熟学者的过程,本成果进一步证明了这一点。我期待她更新的成果与更大的学术贡献。

曾繁仁

2019.10.31

目　　录

下编│生态语言学批评与生态文学、文化批评的方法与实践研究

导　论　语言时代与生态文明

　　语言与生态的关系,是生态文学、文化理论研究中的一个基本问题,也是当代西方生态诗学、文化研究中一个前沿问题,而生态语言学的产生为我们认识这一问题提供了最直接的通道和依据。尽管"生态语言学"的产生在西方已有几十年的历史,笔者也曾在一些地方谈到过生态研究与语言研究的关系,但每当笔者谈起自己正在从事一项"生态语言学与生态文学、文化理论研究"的课题时,还是不断有学者表现出困惑甚至疑虑,不理解"语言与生态"到底如何能够联系在一起,生态文学、文化理论研究为何非要借助或引入"生态语言学",更不用说理解生态语言与生态文明之间的关系了。因此在本书的开篇,我们还是有必要说明一下语言与生态是如何联系起来的,生态文学、文化理论研究又何以提出语言问题。

一、语言问题与生态问题的内在关联

　　对于语言与生态关系的困惑实际上并非只是发生在中国语境中。因为英国生态语言学家艾伦·斯提布(Arran Stibbe)在其《生态语言学》著作开篇便谈道:当人们第一次遇到生态语言学时,它有时会让人感到困惑。它是关于生态的,也是关于语言的,但这二者最初看起来似乎是完全分开的两个领域。一个大致的解释是,"语言影响我们怎样看待或考虑这个世界。广告的语言会鼓励我们去购买不必要的、具有环境破坏性的商品的欲望,而自然写作则激起我们对自然世界的尊敬。我们如何思考会影响我们如何行动,因此语言会激发我们去破坏或保护我们赖以生存的生态系统。那么,生态语言学是关于促成生态破坏的语言形式的批判,并协助寻找鼓励人们保护自然世界的新语言形式。这是一种比较表面化的解释,但至少开始在人们的心目中,在两个不同的领域——语言与生态之间——创造了联系——毕竟,它们不是那样完全分开的"①。又说:"生态与语言之间的连接在于,人类如何对待彼此与自然界,是受我们的思想、概念、观念意识形态与世界观影响的,反过来,这些又是通过语言被塑造的。正是通过语言,经济系统被建立起来,当那些系统被视作导致巨大的痛苦和生态破坏时,也正是通过语言,这种系统被抵制,而新的经济形势产生出来。正是通过语言,那种消费主义被抵制,人们被激发出'成就更多而不是拥有更多'(be more rather than have more)的观念。正是通过语言,自然世界在心理上被削减为对象或资源的做法被克服,也正是通过语言,人们被鼓励去尊敬、照料作为生存基础的生态系统。"②

从上面可以看出,斯提布不仅描述了人们初遇生态语言学时的困惑,还为消除这种困惑而对生态与语言之间的联系做了初步的解释。从这种解释可以看出,语言与生态之间的关联,首先是由语言与世界观、与思维方式、行为方式之间的内在关联决定的。众所周知,生态危机与人类的世界观和行为方式直接相关,而人作为一种"语言的存在物",其思维、观念或意识都是与语言交织在一起的。人们对世界的观念、对自然的态度不仅通过语言在语义的层面上表达出来,也内化于语言的结构、体现于语言的运用方式之中。反过来,人们的语言观念、语言结构、语言运用也因此影响着人们的世界观和行为方式。关

---

① Arran Stibbe, *Ecolinguistics : Language, Ecology and the Stories We Live By*, London and New York : Routledge, 2015, p.8.

② Arran Stibbe, *Ecolinguistics : Language, Ecology and the Stories We Live By*, London and New York : Routledge, 2015, p.9.

于这一点,一些哲学家、语言学家、文化人类学家早就指出过。早在古希腊时期,巴门尼德就提出语言与存在、与思维的同一性问题。马克思也曾提出"语言是思想的直接现实"。① 18 世纪的德国语言学家洪堡特更是提出语言世界观的问题,认为"每一语言都包含着一种独特的世界观","个人更多地是通过语言形成世界观"。② "萨丕尔—沃尔夫"假说更是进一步发展了这种"语言世界观"的看法。萨丕尔认为:"人类并不仅仅生活在客观世界中,也不仅仅像一般人所理解的那样生活在社会活动中,而更大程度的是生活在语言之中,语言已经成为人类社会的表达媒介。如果以为一个人可以不运用语言而使自己基本适应现实,或以为语言仅仅是一种解决特定的交际问题或思考的随行工具,那完全是一种错觉。事实上,现实世界在很大程度上是无意识地建立在一个社团的语言习惯基础上的……我们看到、听到以及以其他方式获得的体验,大都基于我们社会的语言中预置的某种解释。"③沃尔夫认为,"每种语言都有自己特有的模式或型式(patterns)。这些型式构成了语言形式化的一面,即'语法'"。"使用明显不同的语法的人,会因其使用的语法不同而有不同的观察行为,对相似的外在观察行为也会有不同的评价;因此,作为观察者的他们是不对等的,也势必会产生某种程度上不同的世界观。"④

与此相一致,英国语言学家韩礼德也指出:在"语法的内层",存在着一个由句子"逐渐合成的世界观,一个我们无意识地将我们的行为和生存策略都建立其上的隐蔽的经验的理论",并认为这是一种"语法特征的综合症"。"这种综合症以一种特定的方式共谋解释现实;而且是以一种对我们作为物种的

---

① [德]马克思、恩格斯:《马克思恩格斯全集》第 3 卷,人民出版社 1960 年版,第 525 页。
② [德]威廉·冯·洪堡特:《论人类语言结构的差异及其对人类精神的影响》,姚小平译,商务印书馆 1999 年版,第 72 页。
③ [美]沃尔夫:《论语言、思维和现实——沃尔夫文集》,高一虹等译,商务出版社 2012 年版,第 127 页。
④ [美]沃尔夫:《论语言、思维和现实——沃尔夫文集》,高一虹等译,商务出版社 2012 年版,第 235—236 页。

健康不再有好处的方式进行的。"①正是以此为基础,加拿大学者萨若·乔拉(Saroj Chawla)说:"我坚持认为在语言、哲学(或称世界观)与我们如何对待自然环境之间存在着紧密的关系。"又说:"种族语言学家或文化人类学家已经指出,我们的语言习惯,亦即,我们安排和解释客观现实的方式,对我们所有的活动都会产生深刻影响。一个共同体的语言习惯影响我们的感知和经验,使我们预先偏向于选择某种特定的解释和行为方式。'现实世界'很大程度上无意识地建立在一种群体的语言习惯之上。"②如果认为人们的世界观和行为方式完全是由语言决定的,显然有些极端,但如果说人们的世界观、思维方式和行为方式都会受到特定的语言观念、语言结构和言语方式的模塑和影响,这是绝不为过的。正是基于此,生态语言学家们提出,"生物环境的危机部分的是由语言造成的——或者是由特别的人类中心主义的语言结构造成的,这种结构预先决定了说话者对待环境的成问题的感知和行为;或者是由语言共同体中的一些成员选择的特别的话语实践造成的"。③

不难看出,语言问题与生态问题具有内在关联。正是这一内在关联,使"生态语言学"的存在具有了内在的依据,也使我们得以把"生态语言学与生态文学、文化理论研究"结合起来。但把生态文学、文化理论研究与生态语言学结合起来,一方面是基于语言问题与生态问题之间的内在关联,另一方面也与生态文学、文化研究兴起的后现代语境有着直接关系。

---

① M.A.K.Halliday, "New Ways of Meaning", Alwin Fill and Peter Mühlhäusler eds., *The Ecolinguistics Reader: Language, Ecology and Environment*, London and New York: Continuum, 2001, p.193.

② Saroj Chawla, "Linguistic and Philosophical Roots of Our Environmental Crisis", Alwin Fill and Peter Mühlhäusler eds., *The Ecolinguistics Reader: Language, Ecology and Environment*, London and New York: Continuum, 2001, pp.115−116.

③ Alwin Fill and Peter Mühlhäusler eds., *The Ecolinguistics Reader: Language, Ecology and Environment*, London and New York: Continuum, 2001, p.5.

二、生态语言学与生态文学、文化理论研究的关系

生态问题或许早已存在，但人们自觉地关注生态文化则是在 20 世纪六七十年代之后开始的，而这一时代也即人们通常所说的"后现代"。如果说西方历史上的"现代"是以工业文明为标志的，那么"后现代"也即"后工业社会"、"信息社会"、"高科技媒体社会"，则是以高度符号化、语言化的"后工业文明"为标志的。在这种后工业文明中，不仅社会现实是高度语言化、符号化的，堪称一个"实实在在的语言时代"，①在这个语言的时代，各种各样的信息已达到饱和的程度，整个现实就像一个典型的符号系统。② 而且后现代的文化理论，也是那种强调话语优先性的以后结构主义为代表的话语理论占主导地位的。就像后现代理论研究者凯尔纳与贝斯特所指出的："就赋予话语理论以优先地位这一点而言，后现代理论大体上追随了后结构主义。无论是结构主义还是后结构主义，都发展出了用符号系统及其符码和话语来分析文化和社会的话语理论。"在这种话语理论看来："心理、社会以及日常生活乃是由语言、符号、形象、符码以及指意系统（signifying systems）组织起来的。"③

人们通常认为，当今的生态危机主要是由工业文明造成的，产生在后现代语境中的生态文学、生态批评等生态文化，作为后现代文化的组成部分，是起于对现代工业文明的批判反思的。但实际上，并不只是工业文明才是生态问题的罪魁祸首，也不是所有的后工业文明或后现代文化都是生态文化的福音。如果说现代工业文明的发展损害了自然的可见的"肌体"，那么，以高度语言化、符号化为标志的后工业文明，则让自然从不看见的内里受到了伤害，加剧

---

① ［法］海然热：《语言人——论语言学对人文科学的贡献》，张组建译，三联书店 1999 年版，第 4 页。

② 参见［美］弗雷德里克·詹姆逊：《语言的牢笼》"序言"，钱佼汝译，百花洲文艺出版社 1995 年版，第 4 页。

③ ［美］道格拉斯·凯尔纳、斯蒂文·贝斯特：《后现代理论批判性质疑》，张志斌译，中央编译出版社 2001 年版，第 33—34 页。

了当今时代的生态危机。这首先是因为,高度符号化、语言化的后现代的社会现实从现实形态上遮蔽了自然,它麻木了我们对自然的感觉,抑制了我们对自然的欲望。它让我们沉溺于虚拟的符号世界之中,通过与一个虚拟世界的游戏,使我们忘怀了与真实的自然世界的交往,加剧了人与自然关系的疏离。其次还是指以后结构主义为代表的、强调话语优先地位的解构性的后现代文化理论,从观念形态上根本性地取消了自然。① 在他们看来,所谓的"自然"不过是一种文化的"建构",它只是作为一种语言的"词汇"存在。语言化、符号化的"后现代现实"与突出话语优先性的"后现代理论"里应外合,共同形成对自然的"现实"与自然的"概念"的压制和消解。与这种整体的时代氛围相一致,在这种后现代语境中生成的许多文学、文化批评理论也弥漫着这种取消自然、压抑自然存在的气息。就像英国生态批评家、绿色研究者劳伦斯·库珀(Laurence Coupe)所说的,自从 20 世纪 70 年代中期以来,许多不同的批评理论,如形式主义、心理分析、新历史主义、解构主义等,它们的一个共同假设是,"所谓的'自然',它首先是在文化话语中作为一个术语而存在,离开这一点,它既没有存在也没有意义。"以致库珀义愤地指出:"宣称'没有自然这样一种东西'几乎已经成了文学或文化研究中的一种义务。一种巨大的恐慌是害怕被发现犯所谓的'指称的谬误'。"②

如果世界上压根就不存在"自然"这种东西,对自然的敬畏、向往和保护既无必要也无可能。这对一切生态文学、文化研究来说都不啻为一种釜底抽薪般的打击。因此,在当今西方的生态文化研究中,无论是为生态学提供支持的建设性的后现代科学家格里芬,还是生态批评家、绿色文化研究者都对这种后现代的语言文化观念表现出高度警惕。库珀曾经说:"绿色研究的功能之

---

① 参见赵奎英:《海德格尔后期语言观对生态美学文化的历史性建构》,《文学评论》2009年第 5 期。

② Laurence Coupe ed., *Green Studies Reader: from Romanticism to Ecocriticism*, London: Routledge, 2000, p.2.

一是必须抵制这种灾难性的错误",因为,"如果我们强调排除指称的意义,我们或许会以同样轻蔑的态度对待非人类环境,犯下像我们希望谴责的那些摧毁性暴力一样的罪行"。因此,绿色研究"质询把自然看作是由'语言生产出来的'某种东西的有效性"①。由此可以看出,那种生态文学、文化理论研究从一开始就表现出对语言性、符号性的后现代主义的批判和反思,就表现出对后结构主义语言观念的批评和拒斥。甚至可以说,西方生态批评的兴起,如果暂且抛开生态危机这一现实根源不谈,它直接就起源于对"以话语压抑自然"的各种文学、文化批评理论的反动。因此从一开始,生态文学、文化研究就与语言观念或语言理论发生了交锋或交集。

上面的情况好像主要是针对西方发达资本主义国家的社会现实状况与文学、文化理论研究而言的,因为就像有些学者所说的,中国很难说已完全进入了一个"后工业社会"。但由于受经济文化的全球化趋势的影响,以及我国经济、技术的快速发展,在当今中国的城市,甚至一些比较发达的农村,像电视、电脑、手机、网络等这些所谓"高科技媒体社会"的物件,都已成为日常生活的组成部分。更不用说那些身处都市从事生态文学、文化理论研究的学者所面临的时代语境了。因此,在某种程度上说,高度语言化、符号化也是当今中国的生态文学、文化理论研究所处的时代语境的突出特征。在这一语言化、符号化的时代,不仅现实状况是高度符号化、语言化的,而且各种各样的观念理论也为这种高度符号化、语言化的现实提供支持性、肯定性说明。而这一切对于生态文学、文化研究来说,却又都是不利的。这就使得我们要在当今时代研究生态文学、文化理论,都不得不提出、不得不面对语言问题。

首先,从社会现实的层面上说,我们一方面需要对目前高度符号化、语言化的社会现实进行批判反思,以防止符号、话语的过度膨胀对真实的自然世界

---

① Laurence Coupe ed., *Green Studies Reader:from Romanticism to Ecocriticism*, London:Routledge,2000,pp.2-4.

的吞没,防止"城市居民尤其是儿童的自然缺失综合症(nature deficit disor-
der)",①另一方面也需要对我们语言结构和语言运用中那些非生态因素进行
批判考察,对其中的非生态因素进行批判,对其中的生态因素进行发挥,以塑
造一种生态化的语言、符号现实和生存现实。其次,从文化观念层面上来看,
我们又需要对目前那种只承认语言化、符号化现实,而否定自然世界真实存在
的话语优先理论进行批判反思,我们需要对古今中外的各种重要的语言观念
进行认真研究,并力图能在众多的语言观念或语言理论中寻找到一种既承认
"语言"与"自然"的不同,又能把二者统一起来的"生态语言观"作为当前生
态文学、文化研究和生态文明建设的语言理论基础。但不管是在哪一个层面
上,在这样一种时代语境中研究生态文学、文化理论,都要求我们必须面对和
提出语言问题。我们或者需要一种生态的语言学方法对我们固有的语言结构
和语言运用,对当前的语言化、符号化现实进行批判分析,或者需要一种生态
的语言观念为生态文学、文化研究提供一种语言理论基础支撑。

应该说,中西语言学、语言哲学史上的不少观念、理论中,都蕴含着当今生
态文学、文化理论研究可资利用的某些资源,但我们一旦进行系统考察便会发
现,就西方语言哲学来说,没有哪一种语言哲学比海德格尔后期的现象学存在
论语言哲学、艾布拉姆的身体现象学语言哲学更系统、更透彻地思考了语言与
自然、语言与人的关系,并作出了富有生态精神的问答,更称得上是一种"生
态语言哲学"。在西方主要语言学理论当中,则没有哪一种语言学能像生态
语言学那样,如此深刻、系统地揭示了语言与自然、语言与环境之间的相互作
用的关系,不仅能为当今的生态文学、文化研究提供直接的语言理论基础支
持,而且能为当今的生态文学、文化批评提供方法依据。而从当今生态语言学
发展的趋势来看,海德格尔的现象学存在论语言哲学,艾布拉姆的身体现象学
语言哲学作为一种生态语言哲学,也都可以归入广义的"生态语言学"之中。

---

① https://terralingua.org/biocultural-diversity/why-does-it-matter/.

正是在这种情况下，"生态语言学"进入我们的研究视野中。

概括地说，"生态语言学"作为在语言学与生态学等学科间形成的一个新兴交叉学科、跨学科甚至"超学科"，它在研究方向上存在着相互关联的两个领域：作为"隐喻的生态语言学"和"批评的生态语言学"。前者把生态学作为"隐喻"运用于语言学研究，致力于探究各种环境因素对于语言生态的影响，以促进语言环境的生态化和语言种类的多样性。后者则把语言学研究引入生态学领域，着力于对语言系统和各种话语文本中的生态或非生态因素进行批评分析，力图把语言学研究作为解决生态问题的可能途径之一。但不管是哪种范式的研究都以认同生态学原则，以认同语言与环境、语言与世界之间的双向交互作用为前提。生态语言学自 20 世纪 50 年代萌芽、70 年代产生、90 年代兴起至今，在西方欧美国家已获得了相当的发展。在国外，参与生态语言学研究的虽以语言学家为主，但不少人类学家、生态学家、文体学家等也纷纷关注或涉足这一领域。在国内，它虽然也早在 80 年代的语言学界被提出，近来已在外语教学与研究界获得了迅速发展，但在文艺学、美学研究界，对它的关注则一直较少。但通过考察不难发现，生态语言学作为一门新兴的交叉学科，其意义绝不止于语言学领域，无论是其理论观念还是其学科方法，都对当今的生态文学、文化理论研究乃至生态文明建设具有重要的启示意义。因此本书尝试运用跨学科的方法，把生态语言学与生态文学、文化理论研究结合起来，以期对当今的生态文学、文化理论研究乃至生态文明建设起到某种推进的作用。

三、生态语言文化与当代中国生态文明建设

继党的十七大提出建设"生态文明"以来，党的十八大、党的十九大再次更坚定、更系统地论述了生态文明建设的问题。党的十九大报告提出："人与自然是生命共同体，人类必须尊重自然、顺应自然、保护自然。"并且提出，"坚持人与自然和谐共生"，"建设生态文明是中华民族永续发展的千年大计"。要"像对待生命一样对待生态环境"，"实行最严格的生态环境保护制

度,形成绿色发展方式和生活方式,坚定走生产发展、生活富裕、生态良好的文明发展道路,建设美丽中国,为人民创造良好生产生活环境,为全球生态安全作出贡献"。[1] 在更早的时候,习近平还曾提出"生态兴则文明兴,生态衰则文明衰"的论断。[2] 由此可以看出我国对生态文明的重视和建设生态文明的决心。

　　根据鞠昌华的考证,国外学术界是在 1984 年第 2 期的《莫斯科大学学报·科学共产主义》中首次使用"生态文明"概念的。1985 年 2 月 18 日,中国学者张捷在《光明日报》"国外研究动态栏目"中对此进行了译介。[3] 对于"生态文明",人们或者从历时性(全新社会形态、文明发展阶段)角度把它看作是继原始文明、农业文明、工业文明之后的一种新的人类社会的文明形态,或者从共时性(结构要素、文明要素成果)角度把它看作是与物质文明、精神文明、制度文明相并立或相交叉的又一种文明形式。而鞠昌华本人则坚持一种把生态文明与社会文明并列的"领域文明观"。这种领域文明观认为:"作为人类改造世界的物质、精神和制度成果的总和,人类文明既包括在人类社会内部形成的社会文明,还包括在人类与自然相互关系中形成的生态文明。生态文明作为人类在处理与自然关系领域所形成的成果总和,就成为一种与社会文明并列的领域文明。"[4]在"新形态文明说""要素文明说"和"领域文明说"之间,笔者更倾向于"新形态文明说",认为生态文明代表着工业文明之后的、与工业文明不同的一种新的形态的文明,这种文明的主要特点是强调人与自然之间的和谐共生,并认为人类的生产、生活、观念、文化和制度等,都应该符合、体现或有利于这一生态文明的理念。但我们也不想把这种观点与"要素文明观""领域文明观"完全对立起来,认为不能把生态文明与物质文明、精

---

　　① 习近平:《决胜全面建成小康社会 夺取新时代中国特色社会主义伟大胜利——在中国共产党第十九次全国代表大会上的报告》,人民出版社 2017 年版,第 50、23 页。
　　② 参见习近平:《生态兴则文明兴,生态衰则文明衰》,《求是》2003 年第 13 期。
　　③ 参见鞠昌华:《生态文明概念之辨析》,《鄱阳湖学刊》2018 年第 1 期。
　　④ 鞠昌华:《生态文明概念之辨析》,《鄱阳湖学刊》2018 年第 1 期。

神文明或社会文明等并列起来谈。其实人们在使用"生态文明"这个概念时，有时是在广义上使用的，有时是在狭义上使用的。当我们在广义上使用"生态文明"时，会把生态文明从总体上看成一种新的文明形态，类似于"阶段文明观"；但当在狭义上使用"生态文明"概念时，也可能把生态文明与物质文明、精神文明、制度文明等并列起来，这又类似于一种"要素文明观"。实际上，我们的主流话语在谈论生态文明时，也往往是"狭义"与"广义"并用的。但我们这里还需要指出的是，生态文明尽管也可在狭义上与物质文明、精神文明、制度文明并列来谈，但它与那些单纯的作为要素存在的文明类型还是不同的，当我们在总体上坚持一种"新形态论"的生态文明观时，物质文明、精神文明、制度文明也应该是被生态文明的理念渗透的。在这一视野中，物质文明、精神文明、制度文明也应该是具有生态精神或生态理念的。

但我们这里的重点不是辨析生态文明的概念，实际上不管是坚持哪一种类型的生态文明观，在生态文明强调"人与自然的和谐共生关系"这一点上还是有共识的。我们这里主要想谈的是生态语言文化在生态文明建设中的意义。在当前的生态文明研究中，除了少数的生态语言学者外，很少会有人谈到生态文明与生态语言之间有什么联系。对于生态文明建设，人们谈论更多的是生态物质文明、生态精神文明和生态制度文明的建设，也很少谈到生态语言文化的建设对于生态文明建设的意义。但实际上，生态语言文化建设对于生态文明建设具有重要的意义。这种意义，既是由语言与生态、语言与文明的内在关系决定的，也是由生态文明建设的"语言时代"语境、生态语言文化与生态文明观念的关系决定的。

环境社会家，"地球与和平教育国际"的共同创立者弗兰斯·C.韦拉让（Frans C.Verhagen）曾指出："在这个新的千年期开始时，地球的悲惨困境是人类活动降低了人类与地球社区其他成员生命质量的结果。各级政府、企业和民间社会都已经或正在进行各种尝试，以纠正这种情况。然而，如果没有对一个人或社会的价值体系及其经常隐含的世界观进行批判性评估的话，那就无法在改善地球和人类生活质量方面取得真正或持久的进展。"①与此一致,也有学者指出:生态问题主要不是自然本身的问题,而是"我们自身的意识及其作用的问题",是"我们信仰和行为的习惯,我们感知世界的方式,我们交流的媒介和工具",简言之,是"我们的文化身份"问题。而"为了保护或修复我们的自然生态系统的稳定性和丰富性,人们必须分析影响并改变我们对这种生态破坏负有责任的文化生态系统"②。众所周知,我们最主要的"交流的媒介和工具"就是"语言"。语言既是最主要的文化现象,也是最基本的文化载体。因此,要进行生态文明建设,首先要改变我们非生态的观念、思维和文化系统,树立生态文明的观念,建设生态语言文化。党的十七大报告提出"建设生态文明"的目标时,特别提出"生态文明观念在全社会牢固树立"的问题;党的十八大报告指出"把生态文明建设放在突出地位"时,也特别提到"必须树立尊重自然、顺应自然、保护自然的生态文明理念"。党的十九大报告在谈到"生态文明建设成效显著"时,首先谈到的也是"全党全国贯彻绿色发展理念的自觉性和主动性显著增强",最后的呼吁也是"我们要牢固树立社会主义生态文明观,推动形成人与自然和谐发展现代化建设新格局,为保护生态环境作出我们这代人的努力!"③由此可以看出,生态文明观念的树立对于生态文明建设的关键意义。我们知道,人的思维、观念和意识包括生态观念、生态思维和生态意识,都不是赤裸裸地存在的,而是存在于我们的语言文化之中的。关于这一点,我们在前面"语言问题与生态问题的内在关联"中已有比较详细的论述。这意味着生态语言文化建设对于生态文明建设也具有关键的意义。

---

① Frans C. Verhagen, "Worldviews and Metaphors in the Human-nature Relationship: An Ecolinguistic Exploration through the Ages", *Language & Ecology*, Vol.2 No.3(2008):1–15.

② Peter Finke, "Identity and Manifoldness", Alwin Fill and Peter Mühlhäusler eds., *The Ecolinguistics Reader: Language, Ecology and Environment*, London and New York: Continuum, 2001, pp.89–90.

③ 习近平:《决胜全面建成小康社会 夺取新时代中国特色社会主义伟大胜利——在中国共产党第十九次全国代表大会上的报告》,人民出版社 2017 年版,第 5、52 页。

我们前面在谈到生态文学、文化理论研究与生态语言学的关系时还曾谈到,这种关系一是由语言问题与生态问题之间的内在关联决定的;二是由生态文学、文化研究兴起的"后现代"语境直接促发的。"后现代"也被称作"后工业时代","信息时代",是以高度符号化、语言化的"后工业文明"为标志的。而我们今天的"生态文明"建设作为工业文明之后的一种新的文明形态的建设,恰是在这样一个"后工业文明时代""后现代"语境中展开的。如果说"后工业文明"是一种高度语言化、符号化的文明,这就意味着,我们的"生态文明"建设恰是要在一个高度语言化、符号化的时代展开。尽管以往的时代也离不开语言、符号,很显然,当今的"高科技媒体时代"、"信息时代"更堪称一个"实实在在的语言时代"。就像我们前面已经谈到的,在这样一个时代,不仅现代工业文明破坏了自然以及人与自然的关系,导致了生态问题,那种与"后工业文明"相关的高度符号化的社会现实和话语优先的观念文化本身,也加剧了人与自然关系的疏离,并可能使人漠视甚至取消自然问题,因为"我们不能关心我们没有亲密接触的东西,我们不知道的东西。"①这使得在当今时代研究生态文学、文化,进行生态文明建设都不能不考虑语言问题。

其实,生态文明与语言、符号之间的关联不仅是由当今高度语言化、符号化的时代语境促成的,也不仅是由语言问题与生态问题的内在关联决定的,还是由人类文明本身的语言、符号根基决定的,或者说是由人类文明与语言、符号的内在关系决定的。如果没有语言和符号,也就没有所谓的人类文明。恩格斯在《从猿到人的转变》中说:"有了人,我们就开始有了历史。""首先是劳动,然后是语言和劳动一起,成了两个最主要的推动力,在它们的影响下,猿脑就逐渐地过渡到人脑。"②在《家庭、私有制和国家的起源》中又说:"从铁矿石的冶炼开始,并由于拼音文字的发明及其应用于文献记录而过渡到文明时

---

① https://terralingua.org/biocultural-diversity/why-does-it-matter/.
② ［德］马克思、恩格斯:《马克思恩格斯文集》第九卷,人民出版社 2009 年版,第 554 页。

代。"①由此可以看出语言、文字之于人类文明产生与发展的关键意义。

对于语言文字与人类文明的关系,也可从中国古代对于"文字""文化"与"文明"关系的看法中得到佐证。在中国传统文化语境中,文的含义十分宽泛。"文"不仅指付诸语言文字的东西,更不仅指今天纯文学意义上的作品。天有"天文",地有"地文",物有"物文",人有"人文"。"文"虽然不仅指语言文字作品,但语言文字却被视为最原初、最基本的人文现象。对于文字符号的来源,中国古代一般认为是从周易卦象开始的,人类文化也因此被视作是从象征符号和语言文字的创造开始的。许慎在《说文解字·叙》中说:"古者庖犧氏之王天下也,仰则观象于天,俯则观法于地,视鸟兽之文与地之宜,近取诸身,远取诸物,于是始作易八卦";"黄帝之史仓颉,见鸟兽蹄迒之迹,知分理之可相别异也,初造书契"。② 这里正是把《周易》卦象作为文字之始的。正是有了卦象,有了文字,人类文化、文明才开始了。唐令狐德棻说:"两仪定位,日月扬晖,天文彰矣;八卦以陈,书契有作,人文详矣。"③刘勰说:"人文之元,肇自太极,幽赞神明,易象惟先。"又说:"心生而言立,言立而文明。"(《文心雕龙·原道》)按照这种观点,有了卦象、有了文字,才有了"人文"。"人文"是从"卦象"这种人类创造的类似文字的象征符号开始的。而有了语言文字,才(或就)有了"文明"。

那么什么是"文明"呢? 中国古代语境中,文明与文化、与人文是紧密相关的。要理解文明,必须首先理解文化。在中国文献中,"文"与"化"最初是分开来说的。《周易》中有:"观以天文,以察时变;观乎人文,以化成天下。"可以看出,文化是与人文、亦即人创造出来的"文"相关的。在古人看来,人所创造出来的"文"是依据天地自然之"文"创造出来的,它因此具有天然的教化作

---

① [德]马克思、恩格斯:《马克思恩格斯文集》第四卷,人民出版社 2009 年版,第 37 页。

② (汉)许慎撰,(清)段玉裁注:《说文解字注》,上海古籍出版社 1988 年版,第 753 页。

③ (唐)令狐德棻等撰:《周书》卷四十一《列传三十三·庾信》,中华书局 1971 年版,第742 页。

用,"文"与"化"便连用成为"文化"了。人"文"教化作用的结果,是使人从蒙昧状态进入"明"的状态,所以"文"与"明"便又联系起来,后来便有"文明"这个词了。"文明"是可以作为人类文化活动的积极成果来看待的。所以"文明"又被视作是与人类社会的"进步状态"相联系的。联系中国语境中对于"人文"的宽泛的理解,文化不止于语言文字文化,文明作为文化的积极成果,自然也不止于语言、符号活动的成果,但语言、符号活动的文化成果,则既是人类文明成果的基本载体,也构成人类文明的重要部分。如果没有这一类成果,文明甚至不能叫做"文明"了,因为人类创造的主要精神文化成果都是存在于语言、符号之中的,"文"与"明"的关系,实际上内在于"名"(书字)与"明"的关系之中。

在中国古代文化语境中,语言的一个本质功能或本质特性就是"明"。我们知道,在中国古代早期文献中,并没有"语言"这样一个现成的合成词,语言这一概念是由"名""言""语""辞""话"等字词来表达的。在这几个概念中,最能代表古人对于语言本质看法的首先是"名"。许慎《说文解字》释"名"曰:"名,自命也。从口夕。夕者,冥也。冥不相见,故以口自名。"从汉代许慎对名的解释看,"名"的产生是缘于昏暗不明——"冥",它的作用就是把昏暗不明的存在开启到可见的"明"中。[①] 郭象在《庄子·齐物论》注中说:"夫名谓生于不明者也。"[②]意思与此相同。正因为"名"是从"不明"中产生的,它具有使"不明"者进入光亮的"明"的作用。语言的功能就是"明"。从这里看,"名"好像只是指口说的言语,但实际上在中国古代语境中,名的一个基本义项是"名谓书字"。[③] 名的本质功能是"明",也可以说语言文字的本质功能就是"明"。

---

① 赵奎英:《中西语言诗学基本问题比较研究》,中国社会科学出版社 2009 年版,第 49 页。

② (晋)郭象:《庄子·齐物论》注,见(清)郭庆藩撰,王孝渔点校:《庄子集释》,中华书局 2004 年版,第 82 页。

③ (唐)魏徵等撰:《隋书》,中华书局 1973 年版,第 946 页。

而那从"不明"中产生的"名",究竟使什么东西变得"明"起来呢？汉代刘熙《释名》曰："名,明也,名实使分明也。"①这意思是说,"名"即意味着"明","名"通过对"实"的命名,使"分""明"起来了。"名"是"明分"的。"名"使之"明"的是事物的"界限"和"区分"。"明分"既是名的功能,也是名的属性。因此也可以这样说,事物之所以能通过"名"变得"明",原因在于命名即意味着"切割"和"区分"。王弼《老子指略》中说："名必有所分",②鲁胜《墨辩注叙》中有："名必有分明",都说明有"名"就有"分",有"分"才会有"明"。"名"与"分"是分不开的,"名"与"分"经常连用,以至形成一个固定的名称"名分"。"名""分"与"名分"在古代典籍中也经常相互代用,有时"名"就是指"名分","分"也是指"名""分"。名分又是与教化一体相关的。苏与在《春秋繁露义证》中说："故分曰名分,教曰名教,分与教者皆生于名。"③这正说明"名"与"分",与"教"是密不可分的。中国古代之所以认为"观乎人文,以化成天下",之所以认为通过人文可以使天下得以教化,从蒙昧状态(昏冥)进入文明的状态,关键在于承载人文的"名"或作为人文的主要标志的"名",是从不明(昏冥)中产生出来的,它的本质功能或本质特性就是"明分",而"明分"可以"教化"。这也就是说,在中国古代文化语境中,"文"之所以能通过"化"进入"明"的状态,是因为承载人文或作为人文主要成果的语言文字本来就是与"明"相关的。

从这一意义上说,"文化""文明"从一开始就是与人类的语言、符号有着不解之缘的,人类文化的创造、文明成果的积累是从符号和语言文字的创造开始的,这也决定了任何一种文明形态都是与语言、符号文明交织在一起的,语言在文明形态和理念的塑造中是起着关键的作用的。正因为文明是与语言符号交织在一起的,语言在文明形态与理念的塑造中起着关键的作用,生态的语

---

① 任继昉纂:《释名汇校》,齐鲁书社 2006 年版,第 180 页。
② (晋)王弼:《老子指略》,见楼宇烈:《王弼集校释》上册,中华书局 1980 年版,第 196 页。
③ 苏与撰,钟哲点校:《春秋繁露义证》,中华书局 1992 年版,第 285 页。

言将有利于塑造生态文明的形态和理念,非生态的语言将容易造成非生态的文明形态和理念。所以当今中国的生态文明建设离不开生态语言文化的建设。但目前国内学界似乎对于这一点还缺乏充分的认识。这也是我们把生态文学、文化理论研究与生态语言学结合起来进行跨学科研究的一个重要原因。这种结合研究不仅有助于生态文学、文化研究的理论建构,而且也有利于当今中国的生态文明建设。

本书研究的基本思路是,首先对语言研究与生态研究之间的内在关联进行揭示,对生态文学、文化研究兴起的时代语境进行梳理,对于生态语言建设与生态文明建设的意义进行阐释,确立起生态语言学与生态文学、文化理论研究的内在理据;其次站在当代生态文学、文化理论乃至生态文明建设的高度,对生态语言学的产生与发展状况、研究内容与研究范式进行系统梳理、归纳,对生态语言学的理论观念和批评方法进行深入探讨和阐释;再次在与其他语言理论的比较辨析中,说明生态语言学的理论观念对于生态文学、文化研究的语言学基础建构的意义,生态语言学的批评方法对于当今生态文学、文化批评的方法论启示;最后又把生态语言学的观念与方法运用到具体的生态文学、文化批评实践活动之中,在理论与实践的双重层面上说明生态语言学对于生态文学、文化理论研究在语言理论基础建构、理论视域拓展、理论难题的解决、文学文化批评方法模式构建和具体文学文化批评实践的深入展开方面的作用。

本书在总体结构上除“导论”之外由上下“两编”共“七章”内容构成。上编“生态语言学观念与生态文学、文化研究的语言理论基础建构”,由三章内容构成,在对生态语言学的产生与发展,研究内容与范式进行梳理分析和概括归纳的基础上,致力于探讨生态语言学的语言观及其对当今的生态文学、文化研究语言理论基础建构的意义;下编“生态语言学批评与生态文学、文化批评的方法与实践研究”,由四章内容构成,致力于探讨生态语言学批评对于生态文学、文化批评的方法论意义及其在生态文学、文化批评实践中的具体运用。这一编沿着生态语言学批评的三个层面,结合生态文学、文化批评的具体案例,从生态语言系统批评与文学、文化文本中的名词化,生态话语批评与非文学性环境文本中的话语修辞,生态语言学"元批评"与"生态""环境"之辨三个方面具体探讨了生态语言学批评方法对于生态文学、文化批评的方法论意义;并综合运用生态语言学批评的观念与方法,对迟子建的小说《额尔古纳河右岸》、当代欧美动物电影以及《新华字典》中的动物词义解释,进行了具体的批评分析。通过上下两编的研究,希望能够从"理论"与"批评"两个大的方面对生态语言学与文学、文化理论结合研究的整体框架进行搭建,并能对当今中国的生态文学、文化理论建构和生态文明建设从生态语言学角度作出推进。

目前国内学界的生态语言学研究,虽然获得了迅速的发展,但主要还是在语言学领域,尤其是在外语教学与研究领域展开的。外语学界的生态语言学研究,主要是对语言生态学或对非文学性环境文本的研究,与文学进行结合研究的尚不多。而在当今的文艺学、美学界的生态文学、文化研究中,虽然也有运用语言视野或涉及语言问题的,但从生态语言学角度系统地展开生态文学、文化理论研究的,也尚为鲜见。从这一意义上说,本书把生态语言学与生态文学、文化理论结合起来进行的跨学科研究,无论对生态语言学领域来说,还是对生态文学、文化领域来说都是一个充满挑战同时也是具有开拓性的尝试。另外,在国内外语言学界的生态语言学研究中,"生态语言学"概念还主要是一种"生态语言科学"而非"生态语言哲学",但最新的生态语言学发展表现出某种哲学化趋势。本书顺应这一最新的发展趋势,并结合生态文学、美学和文化研究的特点,提出一种包含"深层生态语言观"也即"生态语言哲学"的广义的"生态语言学"概念,这也使本书研究具有较强的开拓与探索性质。但无论如何,这是一个新兴的、跨学科的交叉研究地带,在这里,固定单一的视野将被打破,一个未曾被探讨的领域将被打开。

上 编

生态语言学观念与生态文学、文化研究的语言理论基础建构

第一章　生态语言学的基本问题

生态语言学作为在语言学与生态学之间形成的一门新兴交叉学科,近几年来发展迅速,受到越来越多的认可与关注。虽然生态语言学目前在学科归属上主要被视作应用语言学的一个分支交叉学科,它的研究群体也主要是语言学学者,但无论其理论观念还是其学科方法,都不仅对语言学研究具有重要意义,而且对当今的生态文学、文化理论研究具有重要的启示。但在目前国内的文艺学、美学界,对于这一研究领域还较少有人涉及。鉴于此,本书第一章首先对西方生态语言学的产生与发展、研究路径与范式,以及生态语言学在中国学界的研究进行一番梳理和阐释,以期更好地理解生态语言学对于生态文学、文化理论研究的意义。

第一节　生态语言学的产生与发展

一、生态语言学的产生

我们知道,"生态语言学"(Ecolinguistics)主要是在语言学与生态学之间形成的一门交叉学科,"生态学"的出现是其产生的一个重要动因。根据目前通行的看法,"生态学"(ecology)一词最早出现在德语中,为"Ökologie",它是由德国生物学家海克尔(Ernst Haeckel)于 1866 年合并两个希腊词"oikos"和"logia"构成的。"oikos"的原义是"房屋,栖居地,住所","Logia"则是"关于……的学问"。这样生态学的原义可以说是"关于房屋、栖居地、住所"或者说是关于"居家"的学问。而对于现代科学意义上的"生态学",海克尔则认为,它是关于自然的经济的知识,是研究生命有机体与有机环境及无机环境之间复杂的相互关系的科学。① 根据德国生态语言学者埃里亚松(Stig Eliasson)的考察,海克尔创造了"生态学"这一术语,但没有对这一话题做进一步的详细阐述。因此,在数十年后,汉斯·赖特(Hanns Reiter)在没有特别引证海克尔的情况下,于 1885 年又重新介绍了这一已经被造出的术语。赖特谈道:有一门生物学的分支,"至今还完全缺乏一个合适的名称",他想提议给它一个指定的名称,"生态学",或者称作对于"家务管理"的研究(Reiter)。赖特不仅重新提出了生态学这一概念,还把它运用到对植物学的论述中。在 19 世纪90 年代,另外一些植物学家,如沃尔明(Dane E. Warming),对于这一概念的传播作出了重要的贡献。到了 20 世纪,生态学被运用到其他一些学科,包括社会学、心理学与语言学。② "生态语言学"便是在这一语境中产生的。

人们一般认为,"生态语言学"是由美国语言学家艾纳尔·豪根(Einar Haugen)于 1970 年开创的。豪根在 1970 年所做的一次会议发言中谈道"任何给定语言与其环境的相互作用"时,曾把这种关系比作某种动植物物种与其生存环境的生态联系。③ 在 1972 年发表的《语言生态学》的文章中,豪根再一次明确地把"语言生态学界定为对任何给定语言与其环境之间相互作用的关系的研究"。豪根这里的环境不仅指"自然环境",更是指"社会环境",甚至

① Quoted in Robert P. McIntosh, *The Background of Ecology：Concept and Theory*, Cambridge：Cambridge University Presss, 1985, pp.7-8.

② Stig Eliasson,"The Birth of Language Ecology：Interdisciplinary Influences in Einar Haugen's 'The Ecology of Language'", *Language Sciences*, 50(2015)：78-92.

③ Alwin Fill and Peter Mühlhäusler eds., *The Ecolinguistics Reader：Language, Ecology and Environment*, London and New York：Continuum, 2001, p.43.

也指"精神心理环境"。他说:"语言真正的环境是把它作为一种符码来使用的社会。语言只是存在于它的运用者的精神中,并且仅仅在与其相关的使用者相互之间,在与自然,亦即在与自然和社会环境相互之间发生作用。"据豪根自己的说法:"先前唯一一次在与语言相关的意义上使用'生态学',是由沃格林(Voegelins)和舒茨(Noel W.Shutz,Jr)在一篇发表于1967年的、题为'作为西南文化区一部分的亚利桑那的语言状况'的文章中做出的",只是在他最初准备这篇文章时,自己并不知道沃格林与舒茨的这一提法。豪根还谈道:沃格林与舒茨当时把这一术语限制在"双语"或"三语"社会中,但在后来的一篇文章中,沃格林又谈到"内部语言"生态学和"交互语言"生态学。① 但根据德国生态语言学者埃里亚松的考察,早在20世纪50年代末,英国人约翰·崔姆(John Trim)在讨论语言变异的本质作用时,就已经使用"语言生态学"(linguistic ecology)这一表达了。崔姆把"语言生态学"界定为"在言语社区及其功能中对语言变异的研究"(Trim,1959,24)。除此之外,即使在美国,语言心理学家维维安·霍纳(Vivian Horner)也早在20世纪60年代就已经使用了"语言生态学"这一短语,尽管只是顺便一提(Horner,1968,cf.also Horner and Gussow,1972)。但对于崔姆的论文,无论是沃格林和舒茨写于1967年的那篇文章,还是豪根发表于1972年的那篇文章,似乎都不知晓。②

但不管怎么说,"语言生态学"这一术语是在豪根使用后才具有了更加实在的意义,并且对"生态语言学"的创立产生了决定性影响,豪根因此仍然可以被视作生态语言学的创始人。因此,埃里亚松这样来描述生态语言学的产生历程:"在语言学领域,英国人约翰·崔姆早在1959年,已经把生态学应用于对语言现象的研究,卡尔·沃格林与心理语言学家维维安·霍纳,也都在

---

① Einar Haugen,"The Ecology of Language",Alwin Fill and Peter Mühlhäusler eds.,*The Ecolinguistics Reader*:*Language*,*Ecology and Environment*,London and New York:Continuum,2001,pp.57,59.

② Stig Eliasson,"The Birth of Language Ecology:Interdisciplinary Influences in Einar Haugen's 'The Ecology of Language'",*Language Sciences*,50(2015):78-92.

20 世纪 60 年代使用了这一术语,艾纳尔·豪根则在 20 世纪 70 年代初开始使用这一概念。与前人有所不同的是,豪根是第一个为语言生态学观念提供了更多的实体支撑的人,也正是因为这个原因,他一般被认为是生态语言学的创始人。"①

我们知道,学科意义上的"生态语言学"概念在今天通常表述为"ecolinguistics",而豪根最初提出的概念是"language ecology","the ecology of language",中译为"语言生态学"。根据生态语言学者科托(H.H.Couto)的看法,豪根早在 1972 年就曾向亚当·马凯(Adam Makkai)口头建议过"ecolinguistics"这个术语,而这个术语的第一次书面使用则是由心理语言学家塞尔岑格(K.Salzinger)在 1979 年作出的。② 但根据菲尔的说法,这个词的书面语的使用要更早,法国社会语言学家让-巴蒂斯特(Jean-Baptiste Marcellesi)似乎熟悉这个书面语,因为他在 1975 年论"语言区域"的文章中三次使用了这个概念。③ 但无论是谁最先使用这个概念的,就像科托所说的,在 20 世纪 70 年代末,我们迎来了生态语言学历史上的第一个高潮。1979 年,塞尔岑格不仅在书面上提到"ecolinguistics"这个术语,还对这个新术语的研究对象进行了解释。他明确表示,他正在提交一个"新术语",一种关于"生态语言学"的介绍,认为"生态语言学"是"用来涵盖心理的、神经的、社会语言学的术语"。他还说:"他将强调环境在语言研究中的重要性,假设语言总是在一定的环境中产生并只能在一定的语境中被理解。"1980 年,塞尔岑格再次使用了这个概念,他在"行为分析协会"的年度会议上,做了题为"生态语言学:在这里行为理论与认知心理学相遇"(MI 迪尔伯恩,1980)的邀请发言。自此以后,"语言与环境"的主题,"语

① Stig Eliasson,"The Birth of Language Ecology:Interdisciplinary Influences in Einar Haugen's 'The Ecology of Language'",*Language Sciences*,No.50,2015:78-92.

② H.H.do Couto,"Ecological Approaches in Linguistics:A Historical Overview",*Language Sciences*,41(2014):122-128.

③ Alwin Fill and Hermine Penz eds.,*The Routledge Handbook of Ecolinguistics*,New York:Routledge,2018,p.2.

言生态学"、"语言的生态学或生态语言学",开始如雨后春笋般出现。1984年,昂尼吉与海尼斯(Enninger and Haynes)合编的《语言生态学研究》出版,使生态语言学又迎来史上的另一个高潮。昂尼吉与海尼斯在编者"前言"中说,此书的目标是"探索语言生态学概念的生命力,评估生态学方法对不同领域的语言学研究的适用性",并且谈到"生态学途径确实被广泛地认为是一种生产性范式",而语言生态学的范式在此时已经建立起来了。[①]

"Ecolinguistics"这个术语在书面上的另一次重要使用,是由海然热(C. Hagège)于1985年作出的。海格格指出,"未来的生态语言学将考察文化化的自然指称的方式,诸如基本方位、地理特征、人类住所和宇宙元素都综合在语言中"。根据海格格的看法,查尔斯·诺迪艾(Charles Nodier)应该是1834年前后的第一个生态语言学者,因为他预见到了生态语言学的一些任务将是语言与物理世界之间以及语言生态之间的关系。这个术语的又一次推进,是菲尔有关生态语言学的专著《化词语为犁头》(Wörter zu Pflugscharen)于1987年的出版。[②] 在这本著作中,菲尔认为,生态的语言学所要研究的是作为人类与自然的生态系统组成部分的语言;语言在个人与个人、个人与国家、个人与宗教等之间的关系中起着重要的作用。[③] 在20世纪80年代,"生态语言学"这一概念虽然引起了越来越多的关注,它作为一个学科也已初见雏形,但生态语言学作为一个学科得以建立并巩固发展,还是20世纪90年代的事情。

二、生态语言学的发展

根据前面的梳理,"语言生态学"这一术语最早可能是在20世纪50年代

① H.H.do Couto,"Ecological Approaches in Linguistics:A Historical Overview",*Language Sciences*,41(2014):122-128.

② H.H.do Couto,"Ecological Approaches in Linguistics:A Historical Overview",*Language Sciences*,41(2014):122-128.

③ 参见黄国文、陈旸:《菲尔生态语言学研究述评》,《鄱阳湖学刊》2016年第4期。

末,由英国人约翰·崔姆提出来的,作为一种比较明确的学科意义上的术语是由豪根于 20 世纪 70 年代初提出来的,但"语言生态学"研究的事实却可以追溯到更早。当今的许多生态语言学者都认为,如果生态语言学的基本界定是关于"语言与环境相互作用关系研究"的话,那么语言生态学研究至少可追溯到 19 世纪德国语言学家洪堡特(Wilhelm von Humboldt,又译洪堡)的语言学。我们知道,洪堡特的语言学代表作是《论人类语言结构的差异及其对人类精神发展的影响》,但实际上洪堡特不仅重视语言与人的精神结构的关系,而且重视语言与环境之间的关系。在洪堡特看来,语言"都是有机体","语言是[人这一] 有机生命体在感性和精神活动中的直接表现,所以语言也很自然地具有一切有机生命的本性"①。并且认为,语言是人类的生物能力,"人在运用语言时受制于语言所产生的影响,而由于语言与人的全部本质密切关联,这种影响可以说也是人在民族起源、周边环境以及共同生活方式诸方面所受的影响"。而在民族的起源或人类的分化中,地理环境又是起非常重要的作用的。他说:"历史地看,我们必须从最直接、最明显的动因出发探索人类的这一分化,即从地球的物理属性入手。在此,历史和语言学的地理学必须为我们奠定基础,要让我们了解大陆和水域的区划,不同的山地从世界最高峰到平原最低点的分布,各种气候状况以及其他物理条件,等等。""如此看来,人类的部分命运完全是与一定的地理位置相关联的,语言学因此首先必须考虑这些地理因素,确定每一语言的所在位置、分布地域和迁徙路线,弄清世界上每一孤立隔绝的地区的语言所具的差异。即使在纯语法研究的领域里,我们也绝不能把语言与人、把人与大地隔离开来。""大地、人和语言,是一个不可分割的整体。"②由此可以看出,洪堡特的语言学研究不仅强调语言与人的关系,也非常重视语言与自然地理环境之间的关系。

---

① 钱冠连:《语言全息论》,商务印书馆 2002 年版,第 181 页。
② [德]威廉·冯·洪堡特:《洪堡特语言哲学文集》,姚小平译,湖南教育出版社 2001 年版,第 300、304 页。

　　受到 19 世纪的生物学观点更大的影响,在某种意义上继承了洪堡特观点的德国历史语言学家施莱歇尔(August Schleicher),更明确地把语言视作自然有机体,认为语言与生物具有相似甚至相同的发展、进化的规律。他在《达尔文理论与语言学》一书中指出:"语言是一种自然机体(Naturorganismen),它们不以人们意志为转移地产生出来,根据一定的规律生长和发展,衰老和死亡;人们通常用'生命'一词来涵盖的那些现象,也为语言所固有。所以,语言学(die Glottik)——语言科学——是一门自然科学,其方法就整体和一般而言与其他自然科学的方法并无二致。"他甚至说,语言史上也有"生存竞争",发达的语言(印欧语言)趋于兴盛,不发达的语言(美洲语言)则趋于衰落。① 施莱歇尔的这种自然主义语言观,很长时间以来一直受到人们的批判,但目前被重新评价,认为它不仅是后来生物学语言学的先声,而且对今天的生态语言学研究也具有直接的启发意义。当然,他把语言完全等同于自然有机体,就是从今天的生态语言学来看,也仍然存在着一些问题。因为毕竟语言不是像植物、动物那样的纯粹自然现象。对于生态语言学来说,自然有机体只是对语言的一个"隐喻"。但无论如何,施莱歇尔把语言等同于自然有机体,虽然有些过头,但无疑对生态语言学把语言比作"生物有机体"的"隐喻"具有启发或先导意义。

　　在目前西方的生态语言学研究中,被公认为生态语言学先驱的是美国人类语言学家萨丕尔(Edward Sapir)。② 萨丕尔虽然不同意把语言等同于自然现象,但他认为语言与环境、语言与自然之间存在着相互作用。他说:"正是语言的词汇最清楚地反映出它的说话者的自然和社会环境状况。一种语言的全部词汇或许的确可以看作是集结了所有观念、兴趣和占据社会共同体注意力的复杂的目录清单,这样一种如此完备的知识宝典,一种被给定的语言群落

---

① 姚小平:《施莱歇尔语言理论重评》,《现代外语》1994 年第 1 期。

② Peter Mühlhäusler,"Humboldt,Whorf and the Roots of Ecolinguistics",in M.Pütz and M.Verspoor eds.,*Explorations in Linguistic Relativity*,Amsterdam:Benjamins,2000,pp.89-101.

的语言,如果能在我们的掌握之中,我们应当能在最大程度上推导出使用它的人们的环境的性质、特征和文化。"①由此可以看出,萨丕尔认为,语言是受环境影响的。但更重要的是,萨丕尔不仅认为语言受环境的影响,他也认为语言可以塑造人们的观念,进而影响环境。萨丕尔与其学生沃尔夫共同形成的"萨丕尔—沃尔夫假说"认为:"使用明显不同的语法的人,会因其使用的语法不同而有不同的观察行为,对相似的外在观察行为也会有不同的评价;因此,作为观察者他们是不对等的,也势必会产生某种程度上不同的世界观。""现代科学的世界观是根据西方印欧语言的基本语法特征概括而成的。"②而这种观念正是生态语言学的另一位重要开创者韩礼德的建构主义语言观和"批评生态语言学"的重要理论来源。

"生态语言学"得以作为语言学的一个分支建立起来,并获得重要发展,英国著名语言学家韩礼德开创的"批评生态语言学"(critical ecolinguistics)也具有决定性意义。1990 年,韩礼德在希腊召开的第九届国际应用语言学大会上作了"意义表达的新方式:对应用语言学的挑战"的发言,他在发言中"一方面强调语言与增长主义、阶级歧视、物种歧视的关联,另一方面告诫应用语言学家不要忽视他们的研究对象在日益增长的环境问题中所充当的角色",从而建立了"一种不同的语言与生态学之间的连接类型"。③ 当豪根最初使用"语言生态学"这一概念时,他是从"隐喻"的角度理解生态学的,他把语言与环境的关系比喻为生物种与自然环境的关系,并把生态学的原则、方法移用到语言学研究中,强调语言的兴衰变化存在于它与环境之间的交互作用之中,被认为开创了一种"作为隐喻的生态学"(ecology as metaphor)模式。这一模式

① Alwin Fill and Peter Mühlhäusler eds., *The Ecolinguistics Reader:Language,Ecology and Environment*, London and New York:Continuum,2001,p.2.

② [美]沃尔夫:《论语言、思维和现实——沃尔夫文集》,湖南教育出版社 2001 年版,第220—221 页。

③ Alwin Fill and Peter Mühlhäusler eds., *The Ecolinguistics Reader:Language,Ecology and Environment*, London and New York:Continuum,2001,p.43.

的研究重心在于探究各种环境因素对于语言生态的影响,其目标则在于促进语言环境的生态化和语言种类的多样性。韩礼德也坚持语言与环境之间相互作用的观点,但与豪根不同的是,他是在"生物学"意义上理解生态学的,并且不同于豪根把重心放在环境因素对语言生态的影响上,韩礼德关心的是"语言"对于"生态""环境"的影响,要探究的是"语言"和"语言学"研究在环境加剧或改善方面所起的作用,①并致力于对语言系统和语言运用中的非生态因素进行批评,被认为开创了一种"批评的生态语言学"(critical ecolinguistics),韩礼德因此也被视作生态语言学的两大创始人之一。人们一般认为,正是韩礼德的发言及其在此基础上完成的论文《意义的新途径:对应用语言学的挑战》的发表,激发了更多的语言学家对生态问题的关注,"生态语言学"才作为语言学的一个分支在 20 世纪 90 年代正式建立并巩固下来。

这一时期,一系列的专门以"生态语言学"为题的著作出版。第一部以"生态语言学"为书名的著作是特兰珀(Wilhelm Trampe)于 1990 年出版的《生态语言学》(Okologische Linguistik)。1993 年,菲尔和迈克又分别出版了两本题为"生态语言学"的书。前者是对这门学科的第一次系统介绍,后者则是生态语言学方面的论文集。② 就像菲尔所说的,在这一时期,在豪根提出"语言生态学"的几十年后,"生态学的概念在语言领域应用的范围已急剧扩大了。句法和话语分析,人类语言学,理论语言学,语言教学研究,以及其他几种语言学分支都发现了诸如交互关系、环境与多样性等这些生态学参数的有用性"。并且,生态危机的日益严重,也促使"环境恶化的关键主题,被吸纳进了语言学关注的全部领域。在 20 世纪 90 年代早期,所有不同的在某种意义上把语言与生态研究连接起来的途径方法被带到一起,一个统一的但仍然多样的语

---

① Alwin Fill,"Ecolinguistics:State of The Art 1998",Alwin Fill and Peter Mühlhäusler eds., *The Ecolinguistics Reader:Language,Ecology and Environment*,London and New York:Continuum, 2001,p.43.

② H.H.do Couto,"Ecological Approaches in Linguistics:A Historical Overview",*Language Sciences*,41(2014):122-128.

言学分支建立起来了。那就是生态语言学"①。

生态语言学在20世纪90年代的兴起,还与丹麦学者杜尔(Jørgen Døør)和班恩(Jørgen Chr.Bang)的研究具有重要关系。1990年,杜尔和班恩在丹麦的奥登斯大学创立了一个"生态、语言和意识形态"的研究小组,在那里,生态语言学的理论和实践方法都得到了发展。这个小组的成员相信"传统语言学是对文化和部分生态危机的扭曲反映";而他们所建立的"语言的辩证法理论",就其理论预设来看,则是生态的。这个理论预设是:(1)每个实体都存在于与所有其他实体和环境的相互依存的关系中。(2)一个实体的存在形式是由它与其环境的相互作用决定的。班恩和杜尔的贡献还表现在应用生态语言学的理论,对大量的从报纸文章到议会法令、理事会章程甚至文学文本进行的仔细分析。②

最近十几年以来,生态语言学这一领域已获得了相当的发展。这一发展还与奥地利生态语言学家艾尔文·菲尔分不开。丹麦生态语言学者、《语言科学》主编斯特芬森(S.V.Steffensen)甚至把菲尔称作"生态语言学"的"教父",认为他为生态语言学的发展创造了一个起点,他在最初的"语言生态学"与当代"生态语言学"之间架起了重要的概念桥梁。③ 就像我们前面已经提到的,早在1987年,菲尔就出版了有关生态语言学的著作《化词语为犁头》。在1993年,菲尔又出版了专门以生态语言学冠名的《生态语言学引论》一书。他提出:"生态语言学是语言学的一个新分支,它研究语言在发展和解决生态和环境问题中的可能作用。为此,一些生态语言学家将生态系统的概念隐喻用

① Alwin Fill and Peter Mühlhäusler eds. , *The Ecolinguistics Reader*: *Language*, *Ecology and Environment*, London and New York: Continuum, 2001, p.1.

② Alwin Fill and Peter Mühlhäusler eds. , *The Ecolinguistics Reader*: *Language*, *Ecology and Environment*, London and New York: Continuum, 2001, p.8.

③ 参见何伟、魏榕:《生态语言学:整体化与多样化的发展趋势——〈语言科学〉主编苏内·沃克·斯特芬森博士访谈录》,《国外社会科学》2017年第4期。并见 S.V.Steffensen & A. Fill, " Ecolinguistics: the State of the Art and Future Horizons", *Language Sciences*, 41 (2014): 6-25.

于语言世界系统,并借助来自生物生态学的概念进行分析。"①

菲尔的这些研究,无疑大大地促进了生态语言学的发展。但菲尔对生态语言学发展作出最直接贡献的工作,恐怕还是他联合德国生态语言学家穆尔哈斯勒(Peter Mühlhäusler)于2001年编辑出版了《生态语言学读本:语言、生态与环境》一书。《生态语言学读本》既是生态语言学发展的结果,又极大地促进了生态语言学的发展。该读本以"生态语言学的根基""作为隐喻的生态学""语言与环境""批评的生态语言学"四个主题,把众多的分散的生态语言学研究成果集中在一起,为人们了解和进一步研究生态语言学提供了便捷的门径。② 菲尔与穆尔豪斯勒在编者"导言"中曾列专题表示,由于空间的限制,没能收入丹麦学者杜尔和班恩的成果,是一个深深的遗憾,他们希望在不久的将来能出《生态语言学读本》的第二卷,到时会专门收录杜尔和班恩的著作。目前,希望中的《生态语言学读本》第二卷尚未面世,但令人感到欣慰的是,专门收录班恩和杜尔专题研究论文的著作已于2007年由斯特芬森和那什(Joshua Nash)以《语言、生态与社会》为题编辑出版。③ 并且相当于《生态语言学读本》第二卷或姊妹篇的,由菲尔与彭茨(Hermine Penz)共同主编的《劳特里奇生态语言学手册》已于2018年出版。该手册集合了西方生态语言学研究的最新成果。它包括"社会与个体环境中的语言""与环境相关的语言的作用""哲学的跨学科的生态语言学""生态语言学的新定位与发展方向"四个方面的内容。④

斯特芬森在最近的访谈中说:"在过去20多年,我观察到生态语言学主

① http://www-gewi.kfunigraz.ac.at/ed/project/ecoling.

② Alwin Fill and Peter Mühlhäusler eds., *The Ecolinguistics Reader:Language,Ecology and Environment*, London and New York:Continuum,2001,pp.2-6.

③ Jørgen Chr.Bang and Jørgen Døør, *Language,Ecology and Society:A Dialectical Approach*, edited by Sune Vork Steffensen and Joshua Nash,London:Continuum International Publishing Group, 2007.

④ Alwin Fill and Hermine Penz eds., *The Routledge Handbook of Ecolinguistics*, New York: Routledge,2018.

要发生了两个改变。第一,生态语言学研究队伍扩大,这不仅体现在研究队伍规模从 1996 年的少数群体变成现在的较大群体,而且体现在研究队伍分布范围从欧洲各国扩展到其他更多国家,如生态语言学研究在中国取得了突破性进展。第二,诞生了更多的生态语言学理论分支与研究方法,生态语言学的理论基础更加坚固,从而产出了更多的生态语言学专著、论文集和文章。"①在新近出现的专著中,需要特别强调的是英国生态语言学家阿伦·斯提布(Arran Stibbe)的《生态语言学:语言、生态与我们赖以生存的故事》(2015)一书。该书堪称当前西方生态语言学研究最为系统有力的成果之一。该著作面对支撑我们生命的生态系统的急剧恶化,对那些我们赖以生存的根本故事,包括无限的经济增长、消费主义的不断晋级、个人主义以及人类对自然的统治等从生态语言学角度进行反思和质疑。用作者自己的话说,他的"生态语言学表明了语言分析如何能够帮助揭开我们赖以生存的故事,敞开它们存在的问题,并力图为寻找新的故事作出贡献"。这里所说的"故事"是与"神话、范式、重复或根基隐喻类似的概念",它是存在于个体心理中的认知结构,影响着人们如何知觉世界。而"我们赖以生存的故事"是指存在于多元个体心理中的一个跨文化的存在。在斯提布看来,生态语言学提供了分析围绕我们日常生活的文本的工具。这些工具有助于揭开存在于文本之中的隐藏在字里行间的故事。一旦被揭露,这些故事就可以从生态学的角度被质疑:它们是否鼓励了人们去摧毁或去保护支持生命的生态系统? 如果它们是破坏性的,那么就需要被抵制;如果它们是有益的,那么就需要被提升。②

斯提布对生态语言学的另一个重要贡献,是早在 2005 年就创办了一个"语言和生态研究论坛"网站(http://www.ecoling.net),并包括一个"语言与生态"

---

① 何伟、魏榕:《生态语言学:整体化与多样化的发展趋势——〈语言科学〉主编苏内·沃克·斯特芬森博士访谈录》,《国外社会科学》2017 年第 4 期。

② Arran Stibbe, *Ecolinguistics : Language , Ecology and the Stories We Live By*, London and New York : Routledge , 2015 , p.2 , p.13 , p.9.

(*Language and Ecology*)的在线刊物。目前斯提布又开办了"生态语言学"在线课程——"我们藉以生活的故事"(http://storiesweliveby.org.uk),免费向全球关心这一话题的人开放。生态语言学的另一个重要网站是由艾尔文·菲尔于更早时间创建的"生态语言学网站"(http://www-gewi.kfunigraz.ac.at/ed/project/ecoling),该网站专门介绍生态语言学研究的成员、活动、主题、文本等。另外,以保护、维持和恢复"生物、语言、文化多样性"为宗旨的"地球语言组织"(Terralingu)网站(http://www.terralingua.org),也与生态语言学研究密切相关。

　　生态语言学的发展也表现在有组织的学术活动上。1990 年在希腊古城塞萨洛尼基举行的国际应用语言学(AILA)会议上,法兰斯·韦拉让(Frans Verhagen)就已经组织了一个生态语言学工作坊。1995 年,由格拉茨生态语言学家小组组织的第一次专题讨论会在奥地利的卡林西亚和克拉根福特举行,其成果已在 1996 年出版。除此之外,还在德国明斯特等多个城市,在奥地利格拉茨、日本东京、巴西巴西利亚、丹麦欧登塞、意大利阿斯蒂等地,举行了关于生态语言学主题的工作坊和学术会议。① 1996 年,国际应用语言学学会(AILA)成立了语言生态学分会。2017 年 1 月,斯提布在原"语言与生态研究论坛"的基础上发起成立"国际生态语言学协会"(IEA),目前会员已经逾千人。生态语言学协会的成立和学术会议的定期召开,加强了生态语言学者之间的联系,也扩大了生态语言学研究的影响,不少人类学家、生态学家、心理学家、哲学家也纷纷关注或涉足这一领域,极大地促进了生态语言学学科的发展,也使越来越多的人认识到这一新兴交叉学科所具有的巨大发展空间与潜力。

第二节　生态语言学的研究内容与范式

　　由以上的梳理可以看出,生态语言学处于快速持续的发展中。生态语言

---

　　①　Alwin Fill and Hermine Penz eds., *The Routledge Handbook of Ecolinguistics*, New York: Routledge, 2018, p.5.

学研究的队伍越来越壮大,生态语言学研究的范围越来越宽广,内容也越来越丰富,研究方法也越来越多样,"生态语言学"正越来越被视为一种具有广泛涵盖性的"术语"。但尽管如此,人们对于什么是生态语言学,生态语言学主要是研究什么的,还是有一些共识的。我们知道,豪根在 20 世纪 70 年代初把"语言生态学"(ecology of language)界定为"对任何特定的语言与其环境间的相互作用的关系的研究",尽管今天的"生态语言学"(ecolinguistics)不能等同于豪根当初提出的"语言生态学",今天来看,"语言生态学"只是"生态语言学"的一个分支,但人们今天在界定"生态语言学"时,还主要是参照豪根当时的定义,把它界定为对语言与环境之间相互作用的关系的研究。

但同样是以语言与环境之间的相互作用作为研究对象,不同的研究者在进行生态语言学研究时还是有不同的侧重的。这种不同的侧重也就形成了生态语言学研究的不同内容、范式和路径。面对领域广阔、方法多样的生态语言学研究,传统上习惯于把它区分为两大主要范式:"作为隐喻的生态学"(ecology as metaphor)和"批评的生态语言学"(critical ecolinguistics),前者的主要代表是"语言生态学"(ecology of language,language ecology 或 linguistic ecology),后者的主要代表则是"环境语言学"(environmental linguistics),或称狭义的"生态语言学"(ecolinguistics,ecological linguistics)。由于这种区分主要是依据生态语言学的两个开创者豪根和韩礼德的研究路径进行的,所以这两种范式也被分别称为"豪根范式"和"韩礼德范式"。豪根和韩礼德两人分别提到过:(1)从隐喻的角度理解生态学,并把它转移到一种"环境的语言"中(豪根,1972);(2)在生物学的意义上理解生态学,研究语言在环境(和其他社会问题)的改善和恶化中所起的作用,倡导把语言学研究作为解决生态环境问题的可能途径之一来探索(韩礼德,1992)。① 在今天,无论是"豪根范式"

---

① Alwin Fill, "Ecolinguistics: State of The Art 1998", see Alwin Fill and Peter Mühlhäusler eds., *The Ecolinguistics Reader: Language, Ecology and Environment*, London and New York: Continuum, 2001, p.43.

的"语言生态学"还是"韩礼德范式"的"环境语言学"都被统称为"生态语言学"（ecolinguistics）。目前"ecolinguistics"一词已被证明是包含这两种范式也是"包含所有语言学和生态学范式的最佳词汇"。①

生态语言学研究的这两大分支领域紧密相关、互为补充，但这两个方面仍然是存在着明显差异的。因此，生态语言学的研究者们，也往往都是对这两大领域分而述之的。并且生态语言学研究的这两大分野，一直到今天都仍然是非常明显的。于 2018 年出版的《劳特里奇生态语言学手册》在介绍生态语言学"相互包容的分支"时，也仍然是把这两个方向作为生态语言学研究的主打方向来介绍的。以至斯特芬森在访谈中说："有趣的是，不管是二十多年以前，还是现在，生态语言学有一点没有变，即发展一直存在两个路向。一是生态语言学的主要研究方向，即重视语言现象与生态危机的互动，关注语言如何影响环境。这种方向使得生态语言学研究方法多样化，如系统功能语言学理论、语篇分析、批评话语分析、生态话语分析和社会建构方法论等在生态语言学领域的应用。二是用生态原则进行语言分析，对语言的研究对象不再局限于社会现实，而是涉及人类的生态系统。在这种方向的引导下，对语言的研究等于对自然生态的研究。"②斯特芬森所说的这两种路向，实际上还是韩礼德与豪根分别开创的两个路向，也即"批评的生态语言学"与"隐喻的生态语言学"。

一、作为"隐喻的生态语言学"

"作为隐喻的生态学"是把"生态学"作为一种"隐喻"，把生态学的概念、原则和方法移用到语言学研究中。他们或把"语言"比喻为一种"生物种"，或

---

①　Alwin Fill and Hermine Penz eds., *The Routledge Handbook of Ecolinguistics*, New York：Routledge, 2018, p.2.

②　何伟、魏榕：《生态语言学：整体化与多样化的发展趋势——〈语言科学〉主编苏内·沃克·斯特芬森博士访谈录》，《国外社会科学》2017 年第 4 期。

把"语言世界系统"比喻为"生态系统",认为语言也有生命,它也会产生、生长和死亡;语言世界系统也是一个开放的、有活力的、能够自我组织的进化过程;语言的兴衰变化存在于它与环境之间的交互作用之中。这一研究领域的重心在于运用生态学原理探究语言生存与发展的生态环境,考察各种环境因素对于语言功能的影响,对各种语言的活力和生存状况作出评估、规划等,其最终目标则在于促进语言环境的生态化和语言种类的多样性。这一领域的主要理论形态就是以豪根为代表的"语言生态学"研究。语言的多样性问题、濒危语言问题、语言活力问题、语言演化问题、语言政策问题、语言计划问题等都在他们关心的范围之中。"生态""环境""语言生态""语言环境"是这一研究分支的基本概念和术语。"生态"在这里首先是一个隐喻,所谓"'语言生态'是指特定语言与所在族群、社会、文化及地理环境相互依存、相互作用的生存发展状态,就好像自然界特定生物和非生物的生态"①。

豪根的"生态学"隐喻在 20 世纪 80 年代非常流行。在一些著作的标题、章节和一些文章的题目中,人们时常可以看到语言与生态学或生态学派词汇的连用。到了 20 世纪 90 年代,豪根的生态学隐喻说的影响有所减弱,但生态学的隐喻仍在持续使用,尤其是在研究少数民族语言和太平洋地区的语言帝国主义时。由此菲尔指出:"豪根意义上的语言生态学研究,它在某个时间段上是一种迫切需要进行的工作,那就是随着时间的流转语言消亡得越来越快的时候。这时人们会希望有更多的语言学者去参与这项研究,去拥抱语言多样性的原因。调查、记录甚至拯救这个星球上的众多濒危语言(就像由 TER-RALINGUA 这样的组织试图做的那样),将值得更多有志于生态语言学研究的新来者去做。"②斯特芬森在访谈中也谈道:"目前,第二种研究方向依然为生态语言学的少数分支,但是如果有更多学者尝试这方面研究,这个方向会给

---

① 范俊军:《生态语言学研究述评》,《外语教学与研究》2005 年第 2 期。

② Alwin Fill and Peter Mühlhäusler eds., *The Ecolinguistics Reader：Language，Ecology and Environment*, London and New York：Continuum, 2001, p.44.

生态语言学的发展带来更多的生机,因为它重视的是语言如何影响人类的生命生态系统,对人类发展特别重要。"①

　　尽管这项工作非常重要,文化语言学、社会语言学、民族语言学、人类语言学等领域的研究,都可能涉及语言与社会环境的关系等问题,并且目前仍有不少重要学者和组织在从事这一领域的研究,如斯特芬森目前所从事的"辩证生态语言学研究"(源自德国芬克引导的比勒菲尔德学派)正属于这类研究,最早从事汉语生态学研究的中国学者李国正也属于该学派,②安吉拉·克里斯(Angela Creese)等人主编的《语言与教育百科》第9卷,正是专门的《语言生态学》卷,里面收录了诸多学者的相关研究成果,③但"自从1990年的国际应用语言学大会(AILA)和韩礼德的《意义的新途径》(见本卷)发表以来,在生态语言学领域,人们对语言在影响到越来越多的群体和个人的生态争端和环境问题中的作用表现出持续增长的兴趣",④韩礼德开创的"环境语言学"的研究路向开始成为生态语言研究的主流范式。就像斯特芬森所说的:"这种方向使得生态语言学研究方法多样化,如系统功能语言学理论、语篇分析、批评话语分析、生态话语分析和社会建构方法论等在生态语言学领域的应用。"⑤为了探讨语言对生态环境问题的影响和作用,这一领域的学者从韩礼德开始,便注重对语言系统和语言运用中的非生态因素进行批评分析,"批评的生态语言学"的名称便因此而起。

---

①　何伟、魏榕:《生态语言学:整体化与多样化的发展趋势——〈语言科学〉主编苏内·沃克·斯特芬森博士访谈录》,《国外社会科学》2017年第4期。

②　何伟、魏榕:《生态语言学:整体化与多样化的发展趋势——〈语言科学〉主编苏内·沃克·斯特芬森博士访谈录》,《国外社会科学》2017年第4期。

③　A.Creese,P.Martin,and Nancy H.Hornberger eds.,*Language of Ecology:Encyclopedia of Language and Education*,Volume 9,New York:Springer,2008.

④　Alwin Fill and Peter Mühlhäusler eds.,*The Ecolinguistics Reader:Language,Ecology and Environment*,London and New York:Continuum,2001,p.46.

⑤　何伟、魏榕:《生态语言学:整体化与多样化的发展趋势——〈语言科学〉主编苏内·沃克·斯特芬森博士访谈录》,《国外社会科学》2017年第4期。

二、"批评的生态语言学"

同样可归为"批评的生态语言学",不同的研究者其侧重点也是不同的。我们知道,索绪尔曾经把人们通常所说的言语活动(speech,langage)区分为"语言"(language,langue)和"言语"(speaking,parole)两个层面。"语言"是由"语法"和"词汇"组成的语言结构系统;"言语"则是个人对语言的具体使用。言语运用的结果,则是社会性的语言系统在个人性的言语行为中的具体实现,亦即"话语"(discourse)或"文本"(text)。生态语言学的批评分析,也主要是从"语言系统"和"话语""文本"这两个层面展开的。前者称为"语言系统批评"(criticism of language system),后者则称为"话语批评"(criticism of discourse)。

生态语言学的话语批评,主要是从生态学角度对语言运用亦即对具体语篇或文本的话语进行分析,指出其中的生态或非生态因素。大量的话语批评文章主要集中在对诸如政治言论、绿色广告、网络语言或其他环境文本的批评分析上。如德国语言学家安德里亚·格比希(Andrea Gerbig)通过对环境文本中的有关臭氧层问题争论的搭配模式进行分析表明,对立的利益集团所产生出的文本,在有关原因和责任的词汇搭配频度上有着显著差异。格比希还通过对来自工业利益群体文本中的真实例句的分析,表明这类文本如何通过选择"作格结构"(ergative constructions)隐匿自身的"施事者"身份,以使自己免除对于环境污染给人类所造成的恶性损伤的责任。① 玛丽·卡恩(Mary Kahn)则通过分析野生职业中的科学家(生物学家)如何通过使用"被动语态"来减少对非人类存在物的感觉和内在价值的敏感性。②

---

① Alwin Fill and Peter Mühlhäusler eds.,*The Ecolinguistics Reader:Language,Ecology and Environment*,London and New York:Continuum,2001,pp.46-47.

② Mary Kahn,"The Passive Voice of Science:Language Abuse in Wildlife Profession",Alwin Fill and Peter Mühlhäusler eds.,*The Ecolinguistics Reader:Language,Ecology and Environment*,London and New York:Continuum,2001,pp.241-245.

除了对具体的话语进行批评分析外，生态语言学家还仔细地检查语言系统的非生态特征。在这一层面上进行批判分析的学者首推韩礼德。韩礼德的著名文章《意义的新途径》对语言系统（主要是"欧洲标准语言"，如英语）进行了严厉批评。韩礼德认为，语言处于与其环境的交互作用的辩证关系之中。但语言不是对现实的被动适应，而是对现实的建构。社会意识形态和社会秩序是由语言建构出来的。语法既是我们经验的理论，也是社会行为的指导。人们的日常语言行为和对社会现实的知觉经验都是由语法内在决定了的。而增长主义、性别主义、阶级主义、物种主义的意识形态就包含在语言的语法中，自然资源的无限性和人类的特权地位的思想观念也内在地结构在我们的语言系统中。而这种种意识形态，实际上都与语言中的二元对立有关系。

韩礼德谈道：沃尔夫很多年前就提出，与他所知道的美国印第安人的语言不同，"欧洲标准语言"（Standard Average European）如英语，总是习惯于在两种实体之间进行分类性的区分：如那些以"单位"出现的在语法上"可数的"，与以"大量"出现的在语法上"不可数的"。英语语法，把空气、水、土壤、煤、铁、石油，都解释成"无限的"，好像它们是无限存在的。在第一批农民、第一批矿工的视野中，它们确实如此。但这些资源是有限的。英语语法却把它们呈现得好像只有在计量它们的时候，如说"一池水""一桶油"的时候，它们才是一种有限制的资源——好像就它们自身而言是永不枯竭的。由语法体现出来的这种观念，显然是不利于自然资源的保护的。再比如，语言中有好坏、大小、长短、快慢、高低等成对的词，而几乎所有语言都喜欢把"大的""快的""高的"看成是正向的，"好"的，如通常说"速度有多快"而不说"速度有多慢"，说"楼有多高"而不说"楼有多低"等。"语法中的'大'也是语法中的'好'，语法中的'小'，也是语法中的'坏'。'更大与更好'的意念通过它们在语法中的连结被深深地刻进我们的意识中。"[1]而这正是语言中的"增长主义"。语言

① Alwin Fill and Peter Mühlhäusler eds., *The Ecolinguistics Reader：Language，Ecology and Environment*, London and New York：Continuum，2001，p.48，p.194.

中还存在着"等级主义"。"等级主义"把一些连续的现象分为两极,如人类的和非人类的,有生命的与无生命的,有意识的和无意识的,等等。有意识的人类是高等存在物,其他没有生命、没有意识的存在物则低于人类。在欧洲标准语言中,非人类施事者是不愿被承认的,有些动词搭配被排除在动物之外。①

菲尔也对语言系统中表现出的"人类中心主义"进行批评。而特拉普的《语言与生态危机》(1990)批评的则"首先是语言中的人类中心主义和商业主义"。他指出:"语言事实上代表的是世界,不能仅仅从人类的视野,也不能仅从自然对于人类和人类商业活动的有用性角度使用语言。"特拉普通过对农业"语言世界系统"的具体分析,指出"这个系统被化学工业和其他经济导向的机构强烈地影响了"。② 而他的《用于杀死动物以及其他用途的委婉语》一文,再次指出语言中大量存在的从有用性出发对动物进行命名的现象。像肉畜(meat breeds)、奶牛(milk cows)、蜜蜂(honey bees)、猎犬(hunting dogs)、役畜(draught animal)、驮兽(beast of burden/pack animal)、毛皮动物(fur-bearing animals),等等,都是从用途角度对动物进行命名的。③

与生态语言学批评密切相关的一个问题是:生态语言学批评的目标是什么? 批评语言是为了改变语言,还是仅仅为了让使用者对被批评的语言事实中的非生态因素有所意识? 大多数生态语言学家反对"生态正确性"的语言观,强调他们的语言批评是"非保守性的",温和的,并不打算改变语言系统。但也有学者建议改变语言以看护新的生态世界观。也有学者提出如下问题:"语言如何才能被用作重塑一种生物中心论世界观,以摆脱那种极端的人类

---

① M.A.K.Halliday, "New Ways of Meaning", Alwin Fill and Peter Mühlhäusler eds., *The Ecolinguistics Reader: Language, Ecology and Environment*, London and New York: Continuum, 2001, pp.194–196.

② See Alwin Fill and Peter Mühlhäusler eds., *The Ecolinguistics Reader: Language, Ecology and Environment*, London and New York: Continuum, 2001, p.7.

③ Wilhelm Trampe, "Euphemisms for Killing Animals and for Other Forms of Their Use", Alwin Fill and Hermine Penz eds., *The Routledge Handbook of Ecolinguistics*, New York: Routledge, 2018, p.331.

中心主义和机械主义世界观?"(Verhagen,1993:117)格特勒(Andrew Goatly)则通过对"名词化"的研究提出"绿色语法"的设想:我们的语言在进化的过程中,或许能发展出一种更为和谐的语法,一种能够表现没有分裂的整一性的语法。另外,格特勒还提出了一个有趣的假说:在时间的过程中,我们的语言将会通过它本身(亦即通过语言使用者)自动地适应新的生态意识,并发生相应改变。① 这种变化被视作语言长期进化进程中的一种"深生态化"。"深生态化"是相对于话语的"浅生态化"来说的。"话语浅生态化",是指在广告语言和政治话语中有意使用的环境词汇或绿色语言。这种浅生态话语通过各种修辞手段,隐藏导致环境退化的原因,甚至描写负面的发展,仿佛它们是生态的、自然的。举例说,在广告中,产品和服务经常被称作生物的、生态的、可持续的与自然的,即使这些术语在事实上根本就没有任何这方面的运用——这个过程通常称作"绿色洗涤",简称"洗绿"(green washing)。② 这种"洗绿"的话语,就是"浅生态化"话语,它往往掩盖真正的生态问题,导致环境问题的恶化,而语言的这种"深生态化"则被认为是能减缓环境退化进程的。但语言的这种"深生态化"也并不是马上就能达到的。

　　关于这一点,批评生态语言学的开创者韩礼德曾经说:"我们不能转换语言,只有人们的意指行为才能做那事。但是当它在我们周围发生的时候,我们可以观察这种意指行为,并可以试着绘制变化的潮流和模式。苏祖基(Suzuki)说:'这个星球很快就不适宜居住了——这是一个生存的问题。'让我们明确表达这方面的可能性结果:这个星球将永远以适合生存居住的方式存在下来,这不是一种历史的必然性,如此一来,我们(除了别的以外)能够继续在它的表面上生存——这只是将来众多可能性中的一种可能性。我试图表明

① 参见 Alwin Fill and Peter Mühlhäusler eds.,*The Ecolinguistics Reader:Language,Ecology and Environment*, London and New York:Continuum,2001,pp.49-50。

② Alwin Fill and Hermine Penz eds.,*The Routledge Handbook of Ecolinguistics*, New York:Routledge,2018,p.439.

的是,那些可能排除这种可能性的事情,和由我们自己已经造成的——阶级主义,增长主义,对物种的摧毁,污染,以及其他类似的东西——不只是生物学家和物理学家的问题。它们也是应用语言学群体的问题。我不认为我们马上就能掌握解决问题的钥匙。但我们应当能够为语言的这种使用写出说明。"①

因此,无论是主张"生态正确性"还是反对"生态正确性",也不管是否提供克服主要问题的战略性策略,是否提供促成"绿色语法"和"绿色言说"的具体办法,生态语言系统批评的根本目的,都意在促进语言的生态化或生态语言的形成,进而促进生态环境问题的改善或解决,把语言和语言学研究作为解决生态环境问题的可能途径来探索。"生态环境""生态语言""语言生态化"等是这一研究路径的关键概念。在这里,"生态"一词不是在"隐喻"上而是在生物生态学意义上使用的。所谓"生态语言"应该是体现了人的生态意识、生态观念,或有利于表达或促进人的生态意识、生态观念,并最终有利于重建人与自然之间的和谐共生关系的语言。

其实,批评的生态语言学,不仅批评作为其分析对象的语言系统或话语文本中的非生态因素,而且批评生态语言学自身作为研究手段的语言是否也包含或体现了非生态因素。如德国语言学家马特亚斯·容格(Matthias Jung)的文章《语言的生态学批评》,就把批评的目光投向生态批评自身,并对操控语句选择的权力提出特别的质疑。② 这种对生态语言学批评自身的批评,包含着对自身学科理论话语的警醒,具有"元批评"(即"批评的批评")的性质,我们把它称作"生态语言学元批评"。这样一来,也可以说,在生态语言学的"语言系统批评"与"话语批评"两个基本层面之外,还存在着第三个层面,也即生态语言学的"元批评"。生态语言学的"元批评",促使

---

① M.A.K.Halliday,"New Ways of Meaning", Alwin Fill and Peter Mühlhäusler eds., *The Ecolinguistics Reader: Language, Ecology and Environment*, London and New York: Continuum, 2001, p.199.

② 参见 Alwin Fill and Peter Mühlhäusler eds., *The Ecolinguistics Reader: Language, Ecology and Environment*, London and New York: Continuum, 2001, p.7。

我们反思包括我们自己在内的研究者、批评家所写作的理论研究或批评文本是不是用真正的生态语言写成的,因此它有助于生态语言学批评工具本身的生态化,也为我们后面对生态文学、文化研究自身的理论话语进行批评反思提供了可能。

　　以上我们分述了生态语言学的两大基本研究范式,作为"隐喻的生态语言学"与"批评的生态语言学",从中既可以看出这两种生态语言学研究范式的不同,也可以看到二者的连接点:那就是二者都是以认同生态学的多样性、相互性、协同整体性原则,以认同语言与环境的相互作用为前提的,语言、生态、环境是他们共同关心的核心概念。其不同之处在于,同是强调语言与环境的相互作用,一个是侧重环境对语言的影响,旨在促进语言环境的生态化和语言的多样性,它的核心概念是"语言环境""语言生态"等;另一个是侧重语言对环境的影响,旨在促进生态环境问题的改善和生物多样性,它的核心概念是"生态环境""生态语言""语言的生态化"等。但生态语言学中除了这两种各有侧重的研究范式外,实际上还存在着另一种更具综合性的研究思路,那就是同时关注"语言多样性和生物多样性"的研究。这种情形集中体现在《生态语言学读本》的共同编者,德国生态语言家穆尔豪斯勒的研究中。穆尔豪斯勒的生态语言学研究,把保持语言多样性的诉求与对生物多样性的关心联系起来。穆尔豪斯勒认为,语言的多样性"反映了数千年来人类对复杂的环境条件的适应",生物的多样性在不同程度上被不同的语言所解释。[①] 有关新环境的话语能实际上对该环境产生影响,尤其是在语言资源缺乏的情况下,可能对环境退化起到作用。因此在穆尔豪斯勒的研究中,"对环境(或'共生境'[con-vironment]——一个更强调所有生物共存性的术语)的关心,与对语言多样性的丧失和小语种功能的日渐衰减的关心相结合"。他的生态语言学,既在"隐喻"的意义上也在"字面"的意义上使用"生态"和"环境"的概念,并因

---

① Peter Mühlhäusler(1996a),*Linguistic Ecology:Language Change and Linguistic Imperialism in the Pacific Region*,London and New York:Routledge,p.270.

此可能是生态语言学领域迄今为止最具包容性的研究思路。① 与这种思路一致，著名的国际"地球语言组织"（Terralingu）也认为，生物、语言和文化是一体相关的，多样性既存在于自然之中，也存在于语言和文化之中，语言、文化和生态系统共同组成一个相互依存的"真正的生命网络"。"生物文化多样性是地球上所有生命的美丽和潜力的源泉和表现"，②"生物文化多样性的丧失意味着整个生命结构的重大削弱"。在危机时刻，"我们不仅迫切需要健康的生态系统，我们也迫切需要地球上所有的声音和他们表达的关于在地球上可持续生存的祖先智慧"。③ 因此，他们把"保护、维持和恢复""生物的多样性、语言的多样性和文化的多样性"作为他们的宗旨。

第三节　生态语言学研究的动向与趋势

我们前面提到，菲尔与彭茨共同主编的《劳特里奇生态语言学手册》可以看作是《生态语言学读本》的姊妹篇。该手册包含四部分内容，其中第四部分为"生态语言学的新定位与未来发展方向"，实际上它是对当今生态语言学研究的总体状况和发展方向的一个具有前瞻性的总结和回顾，也涉及当今生态语言学的研究范式问题。根据《劳特里奇生态语言学手册》中的分类总结，目前的生态语言学研究有三个层面：

（1）语言多样性与所有相关话题的层面，包括少数民族语言，语言濒危和语言死亡。语言的减少与物种的减少之间的联系将为语言多样性和环境多样性提供进一步的见解。语言多样性也将在尚未成为语言学研究中心的地区进行。（2）语言、话语与环境的层面，语言

---

① Alwin Fill and Peter Mühlhäusler eds.，*The Ecolinguistics Reader*：*Language*，*Ecology and Environment*，London and New York：Continuum，2001，pp.50-51.

② https：//terralingua.org/.

③ https：//terralingua.org/biocultural-diversity/why-does-it-matter/.

与话语在描述、创造、加重，但更重要的是在帮助环境问题解决方面的作用，将会得到更细致的讨论。（3）生态语言学作为一种跨学科的科学（或辩证哲学），它超越了传统的语言学，并创造了所有事物和观念相互依存的意识。生态语言学在这一层面上，将被许多学者视作一种相互作用与和谐的哲学。①

由以上引文不难看出，其中前两个层面，仍然分属于我们前面所说的"隐喻的生态语言学"（或"语言生态学"）与"批评的生态语言学"（或狭义的"生态语言学"）两大范式，只是在研究内容上更加丰富而已。而第三个层面则属于新近出现的动向。但当今生态语言学研究的新动向不止这一点，只是这一点属于新近发展出来的，还有些新动向是从已有的方向中生发出来的。依据菲尔与彭茨的分类描述并结合当前生态语言学研究的现状，我们把生态语言学的最新趋势与动向概括为以下四个方面：

第一，从"生态语言系统批评"到更广泛的"生态话语批评"。

根据前面的梳理，生态语言学研究存在着"作为隐喻的生态学"和"批评的生态语言学"两大范式。而"批评的生态语言学"又存在着两个层面：生态语言系统批评与生态话语批评。而当今生态语言学研究的一个重要动向在于，不仅"批评的生态语言学"范式更加重要，而且在这一研究中，还出现了从"生态语言系统批评"到更广泛的"生态话语批评"的运动。就像菲尔与彭茨在《21世纪的生态语言学：新定位与未来方向》中所说的："句法、语义和语用研究或许仍然是重要的，但今天的语言学家大多对话语研究更感兴趣。批评话语分析已经成为语言研究最受喜爱的方法。""生态语言学家也在不断地关注不同的话语形式，看他们是如何对环境处理产生影响的。他们已经检查了不同社会行为者的话语与/或知觉，如科学家、政治家、公司人员、宗教领导与

---

① Alwin Fill and Hermine Penz eds., *The Routledge Handbook of Ecolinguistics*, New York: Routledge, 2018, p.442.

普通民众在谈论环境问题时使用的话语有何不同。"①

关于这一点，英国生态语言学家阿伦·斯提布也谈到过。他指出，早期的生态语言学批评主要集中于"语法批评"，但目前人们更多地是把目光集中到"话语表现"上。原因之一或许是，我们即使揭示出语法中存在的非生态问题，我们能否通过语言规划改变这种情况也是不确定的。斯提布的做法是，既然我们不能确定改变语法，我们就改变用语言写成的"我们据以生存的故事"。"故事"作为一种"认知心理结构"，尽管直接观察它也是不可能的，但这些故事是有"语言表现"的，分析来自它们的"语言特征模式"则是可能的。所以他的生态语言学研究也就从"批评语法"转换为对涵盖广泛的从报纸、刊物、广告、电影、非虚构小说到视觉图像文本的"话语分析"。②

生态语言学的话语批评，以往主要是借用"批评话语分析"（CDA）范式，对话语文本中的"非生态性"进行批评，所以这种批评主要是一种"否定性"或"消极性"批评，但现在的话语批评不止于此，它也拓展到"肯定性"或"积极性"批评。如斯提布的《生态语言学》著作就包含了这样的积极批评。《生态语言学手册》也专门收录了他的"积极话语分析"一文。并认为"积极话语分析""也应该被考虑，并可能在更广泛的领域进行，因为它可能会使人们对人类的行为更加乐观——尤其是他们能用自己的语言做什么"③。根据斯提布本人的看法，"批评话语分析关注那些导致人们破坏生态系统的话语及行为，其动机在于引导人们抵制破坏性话语；相反，积极话语分析重在带领我们接近那些鼓励人们保护生态系统的话语与行动，其动机在于推广有益性话语"。但"不管是批评话语分析还是积极话语分析，二者都是用批判性的眼光分析

---

① Alwin Fill and Hermine Penz eds., *The Routledge Handbook of Ecolinguistics*, New York：Routledge, 2018, p.439.

② Arran Stibbe, *Ecolinguistics：Language, Ecology and the Stories We Live By*, London and New York：Routledge, 2015, pp.13, 201.

③ Alwin Fill and Hermine Penz eds., *The Routledge Handbook of Ecolinguistics*, New York：Routledge, 2018, p.440.

话语,不过二者动机不同"①。既然都是用"批判的眼光"分析话语,"积极话语分析"实际上也可归入广义的"生态话语批评分析",或可看作对"生态话语批评分析"的拓展。这种拓展将使生态语言学的话语批评的范围和范式更为宽广和多样,也为生态语言学批评与生态文学、文化批评的结合提供更多的可能性。

关于生态话语批评分析的这种变化,国内学者何伟也指出,自韩礼德敦促语言学研究者重视语言系统及语言使用中的非生态因素以来,越来越多的学者开启了生态话语分析(EDA)实践,以揭示语言使用中的非生态因素。目前,学界主要有批评生态话语分析(CDA)、积极生态话语分析(PDA)、多模态生态话语分析(MDA)。这些话语分析为生态话语分析范式的最终确立积累了大量的实践经验,然而它们均不能被看作EDA的最终范式。② 之所以不能被看作最终范式,原因之一正在于生态话语批评仍呈发展之势,新的范式仍在被探索之中。如黄国文教授就在中国的语境中,结合中国传统哲学,提出一种"和谐话语分析"范式。③ 通过这些情况,一方面可以看出,当前的生态语言学研究所出现的从"生态语言系统批评"到更宽泛的"生态话语批评"的动向;另一方面也可看出生态语言学研究在生态话语批评或话语分析范式研究方面所具有的可能空间和潜力。

第二,从"生态语言学"批评到多模态的"生态图像学"批评。

生态语言学研究的第二个动向,是生态话语批评的对象从单一的语言文本扩展到多模态或跨媒介的"话语—图像"文本,生态语言学研究从单媒介的生态语言学批评向多模态或跨媒介的"生态图像学"批评运动。菲尔与彭茨

---

① 何伟、魏榕:《生态语言学的超学科发展——阿伦·斯提布教授访谈录》,《外语研究》2018年第2期。

② 何伟:《关于生态语言学作为一门学科的几个重要问题》,《中国外语》2018年第4期。

③ 赵蕊华、黄国文:《生态语言学研究与和谐话语分析——黄国文教授访谈录》,《当代外语研究》2017年第4期。

指出："一个已经被生态语言学打开、但是在未来应该被更深入地思考的领域,是与图像有关的话语。媒介间性(itermediality)与多模态(multimodality)研究已经有了一段时间,它为语言的作用提供了新的见解。"又说:"多模态值得进一步关注,而且将会被从生态的角度进行更频繁的考察。作为对生态语言学的补充,人们可以想象一种关于'生态图像学'(eco-imagistics)的研究,其中突出了图像的作用,尤其是'语言—图像'的结合在再现环境主题和问题方面的作用。"在谈到这一结合领域时,还特别谈到一项重要研究,即对电视节目的考察,尤其是电视节目的动物纪录片研究。并且认为通过"考虑所有这些其他媒体,并通过整合不断增长的互联网讨论空间,生态语言学将不仅仅是语言学的一部分,它还将成为一门研究生态文化以及民主的环境行动和参与的学科,其中语言将发挥重要作用,而决不只是一种被研究的符号系统"①。

生态语言学对于图像的关注,是与当今"后现代社会"或"后工业社会"的特点密切相关的。当今的"后工业社会"既是一个高度语言化、符号化的"信息社会",又是一个高度媒介化、视觉化的"图像社会",二者相互交织,共同构建起一种后现代社会的"话语—图像"化生存。艾尔雅维茨在《图像时代》中说:"无论我们喜欢与否,我们自身在当今都已处于视觉(visuality)成为社会现实主导形式的社会。""图像"在当今社会无孔不入、如影随形。以至《图像时代》第一章竟是"我从不阅读,只是看看图画而已"。② 当然,对于一个识字的人来说,只读图像不读语言也是很难的,因为今天大量的信息都是以图像与语言以及与其他媒介相结合的多模态或跨媒介形式存在的。但无论如何,在当今不只是传统意义上的语言在塑造我们的世界观、生态观,图像和其他多模态符号也在塑造着我们的世界观、生态观。如果说,"生物环境的危机部分地

---

① Alwin Fill and Hermine Penz eds., *The Routledge Handbook of Ecolinguistics*, New York:Routledge,2018,pp.440-441.

② [斯]阿莱斯·艾尔雅维茨:《图像时代》,胡菊兰、张云鹏译,吉林人民出版社 2003 年版,第 1,5—6 页。

是由语言造成的","是由特别的人类中心主义的语言结构"和"话语实践造成的",①那么,那种非生态的图像观念、图像结构、图像实践对今天或未来的生态危机也是负有部分责任的。这样一来,生态语言学批评就不仅止于对纯粹的语言结构或话语文本进行批评,还应拓展到图像领域,尤其是那些与话语直接相关的多模态的图像领域,从生态语言学角度进行一种"生态语言—图像学批评"。

其实图像也是一种符号,而并非真实存在本身。世界的图像化,也是世界的"表象化""对象化",世界"表象化""对象化"的背后隐藏的事物存在本身的消逝和主体人的"进攻"。② 这就意味着,当自然、动物成为图像时,它已经是被人"摆置"、处理过的"表象",而不再是自然和动物的存在本身了。这样一来,就会面临这样的问题,那些在电视、电影、网络和各种媒介上再现出来的动物的、自然的形象,是否如其所是地呈现了动物的、自然的存在? 这里的问题,不只是它们是否用语言明确地表达了正确地对待自然和动物的观念,而是图像再现自然和动物的方式媒介本身是否存在着问题? 这些都是"生态语言—图像学"应该关注的问题。这些问题现已被生态语言学所打开,但尚未被生态语言学充分关注,而只是作为生态语言学批评和研究的一个重要动向呈现出来。

第三,从"交叉学科"到包含交叉跨越和融合的"超学科"。

菲尔与斯特芬森在《语言生态学和科学生态学》编者"前言"中写道:"在这里,语言生态研究既被视作一门自然科学,也被视作人文科学的一部分:它在两者之间架起了桥梁,因此是一种超学科(transdisciplinary)的研究。"③近几

---

① Alwin Fill and Peter Mühlhäusler eds., *The Ecolinguistics Reader:Language,Ecology and Environment*, London and New York:Continuum,2001,p.5.

② [德]海德格尔:《世界图像的时代》,孙周兴编选:《海德格尔选集》下卷,上海三联书店1996年版,第898、918—919页。

③ Fill, A.& Steffensen,S.V., "Editorial:The Ecology of Language and the Ecology of Science", *Language Sciences*,41(2014):1-5.

年来,生态语言学获得快速发展,其"超学科"属性得到进一步的突出和强调。生态语言学不仅被一般地视作一种"超学科",而且还被一些学者视作进入未来"超学科"时代的"领跑者"(pacemaker)。德国生态语言学家皮特·芬克说:"我们生活在一个科学变革的时代。以朝着日益具体的科学学科前进的原则为主导的培根时代正在结束。"而"生态语言学能够并且应该在超学科的未来中扮演起领跑者的角色"①。英国生态语言学家斯提布也明确提出生态语言学的超学科属性。斯提布说:"生态语言学不是一门独立的学科,我也希望它不要变成一门独立的'学科',因为一门独立的学科意味着各种严格的条条框框以及狭隘的研究方法。我认为,生态语言学应该是超学科性的。"②在国内学界,何伟也明确主张把生态语言学的学科属性界定为"超学科性"。③高然和刘佳欢关于"第二届中国生态语言学战略发展研讨会"的两篇"综述"都以《生态语言学的多样化发展趋势与超学科属性》(Ⅰ、Ⅱ)为题,④显然也是强调生态语言学的"超学科性"的。

我们知道,生态语言学本来就是在语言学与生态学、社会学、人类学等学科之间形成的一门交叉学科,在各种新兴学科不断崛起、学科边界不断被打破的今天,它的跨学科性将不可避免地进一步增强。只是在以往的研究中,人们通常把它归于"应用语言学",认为它是在应用语言学下的一个新兴"分支交叉学科"。但今天越来越多的学者试图打破这种限制和边界,认为"生态语言学本身就是一个独立的研究领域(科学)","而不是语言学的一个新兴分

① Alwin Fill and Hermine Penz eds., *The Routledge Handbook of Ecolinguistics*, New York: Routledge,2018,p.2,pp.406,409.

② 何伟、魏榕:《生态语言学的超学科发展——阿伦·斯提布教授访谈录》,《外语研究》2018年第2期。

③ 何伟、魏榕:《生态语言学:发展历程与学科属性》,《国外社会科学》2018年第4期。

④ 高然、刘佳欢:《生态语言学的多样化发展趋势与超学科属性》(Ⅰ、Ⅱ),《北京科技大学学报》2018年第6期。

支"。① 甚至认为它超越了独立的学科性质和一般意义上的"跨学科",而正在成为一种最高、最广或最新意义上的"跨学科",也即"超学科"。

但什么是"超学科"呢? 根据中外学者的一些辨析,"超学科"不同于"多学科"(multidisciplinary)、"交叉学科"(crossdisciplinary),也不同于一般意义上的"跨学科"或"学科间性"(interdisciplinarity)。埃里克·詹奇于1972年提出"超学科"这个术语时,他设想的是一种以知识整合为导向的系统理论方法,目的是理解生活世界中的问题的复杂性。用他自己的话说:"跨学科涉及教育/创新体系中所有学科和跨学科之间的协调,其基础是一种广义公理(从目的层次引入)和一种新兴的认识论(系统)模式。"(Jantsch,1972)让·皮亚杰(Piaget,1972)提出这一概念时,则将其视为跨学科关系认识论的一个更高阶段。② "超学科"在西方的提出受到系统论的重要影响,它是起于解决生活世界中的复杂问题,反对科学与社会、知识与实践的分裂,反对专业化、学科化导致的知识的碎片化而兴起的一种新的研究形式、知识生产方式和新型教育理念。超学科不是对学科性的彻底否定,它代表着一种最高层次的不同学科之间、学科与非学科之间的交叉、跨越和融合。在超学科或相关术语的定义中,有四个核心关注点:"首先是对生活世界问题的关注;第二是学科范式的超越与整合;第三,参与式研究;第四,寻求学科以外知识的统一。"尽管在三四两点上存在着一些争议,但在一二两点是存在着广泛共识的。一般地说,当需要"a)把握问题的复杂性;b)考虑到生活世界的多样性和对问题的科学认识;c)将抽象的和具体的案例知识联系起来;d)构成促进被认为是共同利益的知识和实践(Pohl and Hirsch Hadorn,2007)"时,③就特别适合运用超学科

---

① Fill, A.& Steffensen, S.V., "Editorial: The Ecologyof Language and the Ecology of Science", *Language Sciences*, 41(2014):1-5.

② G.Hirsch Hadorn et al.eds., *Handbook of Transdisciplinary Research*, Springer, 2008, p.29, p.400.

③ G. Hirsch Hadorn et al. eds., *Handbook of Transdisciplinary Research*, Springer, 2008, pp.29-30.

的理念和范式。

综合以上研究,我们这里把"超学科"界定为一种以问题为导向的,包含了不同学科之间、学科与非学科之间的交叉、跨越和融合的新的研究形式。根据这种界定,"生态语言学"是一种或应该是一种典型的"超学科"。不仅"生态语言学"是一种超学科研究,其他生态研究如"生态美学"研究也可以看作一种"超学科"研究。就生态语言学来说,它关心的生态问题是生活世界中重要而复杂的问题,它需要考虑生命世界的多样性和对问题的科学性认识;它涉及"学科范式的整合和超越",它也"涉及到参与性研究";生态语言学也需要"寻求学科外的知识统一","构成促进被认为是共同利益的知识和实践"等。

根据以上界定来反观斯提布的《生态语言学》,也可以说它具有典型的超学科性。正是由于这种"超学科"特点,所以"这本书是为语言学家、地理学家、生物学家和来自不同领域的学术研究人员写的。它是为所有级别的学生、教育工作者,公司的可持续发展官员,在环境组织工作的人,以及那些在一个不可持续的社会中对自己的地位和作用进行更多个人探查的人写的"①。但这种超学科性已并非个别研究的特征,而是当今生态语言学研究的一个日趋明显的动向。但超学科的最核心特征不是它对学科的超越,而是它是由生活世界中的问题促动的研究。

第四,强调"目标知识"生产与"行动参与"研究。

生态语言学既然是一种"超学科",就应该从"超学科"的理念来加以考察、要求或建设。根据朱莉·克莱因的看法:"超学科性的核心思想是不同学科的学者与各行从业者共同工作去解决现实世界中的问题"②。与这个核心思想相一致,超学科界定的核心关注点之一便是"参与式研究"。③ 生态语言

---

① Arran Stibbe, *Ecolinguistics: Language, Ecology and the Stories We Live By*, London and New York: Routledge, 2015, pp.16-17, pp.9-10.

② J.Thompson Klein et al.eds., *Transdisciplinarity: Joint Problem Solving among Science, Technology, and Society*, Bern: Springer Basel AG, 2001, p.4.

③ G.Hirsch Hadorn et al.eds., *Handbook of Transdisciplinary Research*, Springer, 2008, p.29.

学作为一种超学科，其行动参与性研究也越来越被突出。菲尔与彭茨谈道："环境话语研究经常以权力话语为中心。研究人员应该更加注意关注那些直接受到环境问题影响的人的话语。"又说："生态语言学也将受益于不仅仅以文本为中心的方法，而且将他们的注意力引向社会参与者及其行动。"并且谈道："由斯考龙（Scollon）提出的中介语篇分析，已经为这个方向奠定了基础。"①斯提布也曾专门谈到行动参与的重要性。他说："生态语言学研究应该包含理论、分析与行动三个维度，并对三者进行融合。"②而他的《生态语言学》也正力图把最近的生态语言学研究与新的理论洞见和实证分析结合在一起，"为那种参与性的作为批评探究形式的生态语言学研究绘制新的路线图"。③ 在国内学界，黄国文提出，"思，以生态语言学为本；行，以生态语言学为道"，④这实际上也是在强调生态语言学研究的"行动参与性"。

　　生态语言学作为一个超学科，它既具有行动参与性，也具有新的知识生产的任务。按照瑞士学者普若克里姆（ProClim）的看法，超学科的知识生产涉及三种类型："系统知识""目标知识"和"转换知识"。"系统知识即关于当前状态的知识，它是"关于问题的起源和可能发展的不确定性知识"；"目标知识即关于目标状态的知识"，它涉及"规范和价值的多元性"；"转换知识涉及如何从当前状态过渡到目标状态，它包括"技术、社会、法律、文化选择"等（Pohl and Hirsch Hadorn）。⑤ 根据普洛克里姆的研究，这些知识类型不是孤立的，而是相互依存的。但仔细考察便会发现，在这三类知识中，其中"目标知识"是

①　Alwin Fill and Hermine Penz eds., *The Routledge Handbook of Ecolinguistics*, New York: Routledge, 2018, p.440.

②　何伟、魏榕:《生态语言学的超学科发展——阿伦·斯提布教授访谈录》,《外语研究》2018年第2期。

③　Arran Stibbe, *Ecolinguistics: Language, Ecology and the Stories We Live By*, London and New York: Routledge, 2015, p.2.

④　周文娟:《中国语境下生态语言学研究的理念与实践——黄国文生态语言学研究述评》,《西安外国语学报》2017年第3期。

⑤　G. Hirsch Hadorn et al. eds., *Handbook of Transdisciplinary Research*, Springer, 2008, pp.30-31.

处于核心地位的。因为不确立目标,就不明了当前研究所关心的主题是什么,它既无法对当前状态进行很好的描述和解释,更无从确定如何由当前状态向目标状态转化。目标知识作为超学科研究的价值规范,既决定着研究的导向,也决定着一项研究能否形成"统一的学科外知识"。如果以此来反观当前的生态语言学研究,我们发现,目前的生态语言学研究,由于尚缺乏明确、统一的目标,在目标知识生产方面还存在着不足,加强目标知识生产,或应成为未来生态语言学研究的一个重要方面。

黄国文、陈旸在《作为新兴学科的生态语言学》中说:关于"生态语言学"的"目标、性质、任务、学科属性等问题,学界并没有一致或比较一致的看法"。① 斯提布在其《生态语言学》中也反复谈道:生态语言学"有许多不同的方法,它们的目标和方法各不相同";"生态语言学的目的和目标是多种多样的"。② 从最近的研究来看,生态语言学研究的目标意识有所增强,并且与"超学科"研究认为目标知识涉及价值规范类似,斯提布等学者也把研究目标与价值规范、生态伦理和生态哲学观念联系在一起。并且斯提布在 2018 年的访谈中谈到"生态语言学的目标"时,与早前的观点相比,似乎也不再一味地强调目标的多样性了,因为他说:"我更愿意承认生态语言学存在多种研究路径,这些研究路径都拥有共同的目标。"但尽管出现了这些变化,对目标的分离性认识仍未从根本上被克服。因为斯提布还谈道:"生态语言学也基于一定的价值观系统,这种价值观系统不仅考虑了人类,而且考虑了人与人之间、人与其他生物之间、人与环境之间的生命持续性关系,这种将人类纳入生态背景下考虑的价值观系统就是'生态哲学观'(ecosophy)。"而"生态哲学观具有多样性",因为有"道家学说""儒家学说"等。③ 这样一来,重又回到了价值目

---

① 黄国文、陈旸:《作为新兴学科的生态语言学》,《中国外语》2017 年第 5 期。

② Arran Stibbe, *Ecolinguistics*: *Language*, *Ecology and the Stories We Live By*, London and New York:Routledge,2015,p.7,p.27,p.198.

③ 何伟、魏榕:《生态语言学的超学科发展——阿伦·斯提布教授访谈录》,《外语研究》2018 年第 2 期。

标的多样性上去。但我们认为,生态哲学的确有各种各样的形式,但只要能被称为"生态"哲学,它们在人与自然的关系问题上一定是有共通之处的。如果说生态语言学的目标是与生态哲学观相关的,生态语言学也是应该有统一的目标的。

生态语言学研究的目标可以分为具体的"学术目标""现实目标"和总体的"根本目标"或"最终目标"。生态语言学研究的直接学术目标或现实目标或许无法统一,但最终目标却是可以统一也是应该统一的。最终目标不一定是能够立即实现或最终实现的目标,但作为一种价值规范,一种生态哲学或生态伦理观念,是必须被置于研究的基点或前方的。根据前面对于"超学科"的界定,生态语言学作为一门"超学科",也是被生活世界中的问题驱动的研究,生态语言学研究的"现实目标"是与生活世界中存在的具体的"语言与生态"问题相关的,"最终目标"则是与生活世界中"人与自然的关系"这个根本问题一致的。语言多样性的减少,生物多样性的丧失,生态系统的破坏,自然环境的污染,人类中心主义的世界观、语言观等,都是生活世界中存在的现实问题,但这所有问题都会导致一个根本问题,那就是人与自然的和谐共生关系的破坏。生态语言学的根本目标就是通过语言和语言学研究重建人与自然的和谐共生关系,并最终促进一种"宇宙生态共同体"的建立。

我们知道,"生态学"(ecology)在古希腊语中的原义为"家"("oikos")、栖居地、住所;德国生物学家海克尔则把"生态学"界定为研究生命有机体与其环境之间以及生命体相互之间关系的科学。① 根据"生态学"的原义和海克尔对生态学的界定,"生态"这一概念中包含三个关键点:那就是"家园""生命"与非中心主义的"相互关系"。这样来看,"宇宙生态共同体"也可以说是一个具有可持续的和谐共生关系的"宇宙生命家园"。庄子的"天地与我并生,万物与我为一"(《庄子·齐物论》),《中庸》中的"万物并育而不相害,道并行而

---

① ［美］纳什:《大自然的权利:环境伦理学史》,杨通进译,青岛出版社1999年版,第66—67页。

不悖"，海德格尔的天地神人"四方世界游戏"，虽然内容形式各不相同，但在精神内涵上都有助于这种"宇宙生态共同体"的建立。而生态语言学研究的最终目标，就是通过研究和重建语言环境与语言生态，通过在更广大的"超出人类世界的宇宙"（more-than-human-world）视域中探索和重塑生态的语言观念、语言结构、语言实践和语言功能，重建人与自然之间的和谐共生关系，以促进宇宙生态共同体的建立。随着科学技术的快速发展，"宇宙"在今天已不仅指物理意义上的宇宙，而且还指整合了各种新技术链接和创造出来的、可与现实世界进行映射和交互的新型虚拟现实世界，也即"元宇宙"（metaverse）。今天和未来的生态语言学批评既要思考人与自然的关系，也要思考人与技术、人与机器的关系，思考物理宇宙和元宇宙的关系，既要防止技术、机器对人的控制，元宇宙对物理宇宙的挤压，但也不能（实际上也无法）拒斥技术的发展、"元宇宙"的存在，而是要在一种批判反思中促进建立一种更广意义上或许可以称作"天地人神机"和谐共生的"宇宙生态共体"。生态语言学研究的具体方法和路径、直接的学术与现实目标都可以是多样的，但生态语言学研究的最终目标是可以统一的。只有这样，运用多种路径和方法展开的生态语言学研究才不至于失去方向和灵魂，那种"统一的学科外知识"也才有可能形成。因此我们认为，增强"目标知识"生产，应是未来生态语言学研究动向的一个重要部分。"目标知识"不是空洞的口号，生态语言哲学观念和生态语言伦理观念都是它的重要内容。由此便形成了生态语言学的第五个动向。

第五，生态语言学的哲学化趋势。

菲尔与彭茨指出："在将来，具有哲学思想的生态语言学家将在一个元层面（meta-level）上更深入地研究语言。要问的问题是，诸如生态语言学这样的领域如何能够对人类的行为产生影响？使语言影响思想和行动的深层机制是什么？我们能否在这个元层面上建立生态语言学的生态系统，研究生态语言学与自然之间的相互关系？生态语言学是一个研究领域，它旨在发现'真相',但也希望改变世界——或者它是一种意识形态,由此出发,对自然的生态处理(例如动物)能否被自动地遵循?"又说:"生态语言学作为一种超学科的科学(或辩证哲学),它超越了传统的语言学,并创造了所有事物和观念相互依存的意识。生态语言学在这一层面上,将被许多学者视作一种相互作用与和谐的哲学。"二位还特别提道:"生态语言学的哲学的一面也出现在中国。在那里有一种倾向,不是把生态语言学看作科学,试图找到更多关于世界甚至可能有助于改善生活,帮助解决一些环境问题的途径,但更多的是哲学和一种心态的和谐,在这里,这一点是占主导地位的。"并且说"在接下来的几十年,在这方面将有很多工作要做"①。说中国的生态语言学研究不关心人们生态意识的提高和生态环境问题的解决明显是有失偏颇的,但说中国的生态语言学研究注重生态哲学,关心生态世界观却是准确的。生态语言学的哲学化趋势在当今中西方的生态语言学研究中都有明确的表现。关于这一点,我们在第三章第一节从"生态语言学到生态语言哲学的拓展"中再作详谈。

第四节　中国生态语言学研究

从前面的梳理可以看出,中国的生态语言学研究在近几年来发展迅速,已经引起国际学界的注意。中国的生态语言学研究总的来说分四个大的方面:一是对西方生态语言学的研究,包括对西方生态语言学的产生与发展、观念与方法、内容与范式等的译介、梳理、分析、概括、综述等,这一研究为中国学者了解生态语言学这门学科作出了重要贡献。比较早进行这类研究的学者有范俊军等人,其代表性译介成果有《当代生态语言学的研究现状》《生态语言学研

---

① Alwin Fill and Hermine Penz eds., *The Routledge Handbook of Ecolinguistics*, New York: Routledge, 2018, pp.441-442.

究评述》《生态语言学文选》。① 二是借鉴西方生态语言学的观念、方法和范式对中国或其他地区的语言生态进行研究，或对各种环境文本进行生态语言学批评。如借鉴西方"隐喻的生态语言学"范式，研究中国少数民族或世界上其他地区语种的语言生态，徐佳的《生态语言学视角下的中国濒危语言研究》，许晋的《内蒙古人口较少民族居住区语言生态与语言传承研究》，邵宜主编的《语言与语言生态研究》论文集，都属于这方面的比较典型的成果。② 这一层面的研究可以对西方生态语言学的研究方法和范式在应用范围上进行拓展，也可以为本地区、本民族或本领域的语言生态研究作出贡献。三是以西方生态语言学为主要研究对象或主要研究范式，发掘中国传统文化并立足于中国当下的生态文明建设语境，在进行西方生态语言学研究时对生态语言学这一学科做出推进和发展，为当今世界的生态语言学研究贡献一些新的智慧和观念。在这个方面，比较有代表性的是黄国文等人的研究。四是直接借鉴运用生态学的观念和方法，研究汉语的生态或普遍意义上的语言生态，独立地提出自己的"汉语生态学"或"语言生态学"。这一层面上的研究类似于发端期的西方生态语言学，亦即豪根的"语言生态学"研究。在这方面最有代表性的是李国正的研究，其次是冯广艺的研究。我们这里主要谈一下这最后一种类型的中国生态语言学研究。

中国的生态语言学研究如果从对西方生态语言学的译介算起，它的起步当然是比较晚的，但如果从中国学者自己的生态语言学研究算起，它的起步实际上也是比较早的，如李国正早在 20 世纪 80 年代就开始了汉语生态学研究，

① 艾尔文·菲尔：《当代生态语言学的研究现状》，范俊军、宫齐译，《国外社会科学》2004年第6期；范俊军：《生态语言学研究述评》，《外语教学与研究》2005年第2期；范俊军、肖荣钦：《生态语言学文选》，广东人民出版社2018年版。
② 徐佳：《生态语言学视角下的中国濒危语言研究》，吉林大学出版社2014年版。许晋：《内蒙古人口较少民族居住区语言生态与语言传承研究》，中国社会科学出版社2017年版。邵宜主编：《语言与语言生态研究》，暨南大学出版社2016年版。肖好章：《生态交互与语境：广州多语文化建构》，暨南大学出版社2018年版。

在 1991 年就已出版了《汉语生态学》的专著,这几乎与西方生态语言学的兴起同步,只是在当时并没有引起西方学界的太大关注,在国内的反响也主要体现在媒体报道或少数的几篇书评上。随着西方生态语言学的兴起,中国学者对西方生态语言学的关注越来越多,在关注西方生态语言学的时候,也想梳理一下中国的生态语言学研究传统,只是在这种情况下,李国正的汉语生态语言学研究才又重新进入人们的视野中。其实李国正的汉语生态语言学研究,在今天不只引起了中国学者的注意,也引起了一些西方学者的注意,如斯特芬森就曾谈到他的研究,并把它归于豪根的"语言生态学"的研究路径。

如果说生态语言学是对语言与环境相互作用关系的研究,实际上中国的生态语言学研究也还可以追溯到更早。我们知道,不只是今天的生态语言学关注语言与环境之间的相互作用,文化语言学、社会语言学、民族语言学等也都涉及语言与社会环境关系的问题。① 如果从这一意义上来说,罗培常在 1950 年出版的《语言与文化》一书,某种程度上已触及"生态语言学"了。他提出应该用"古生物学"的方法,分析各时代词义演变的"累积基层",并通过对地名的考察指出历史地理学与语言学的关系。他说:"语言不是孤立的,而是和多方面联系的。任何社会现象都不能和别的现象绝缘,而独立存在或发展。各现象间必得彼此关联,交互影响,才能朝着一定的途径向前推进。语言既然是社会组织的产物,当然也不能超越这个规律。所以语言学的研究万不能抱残守缺地局限在语言本身的资料以内,必须要扩大研究范围,让语言现象跟其他社会现象和意识联系起来,才能格外发挥语言的功能,阐扬语言学的原理。"②由引文可以看出,罗常培的语言学观念已经接近生态语言学的理念了,只是他更强调的是语言与社会环境的关系。罗常培的语言学观念深受美国语言学家萨丕尔等人的影响,他对萨丕尔晚年以语言学家的身份转向人类学研

---

① 参见冯广艺:《关于语言生态学的研究》,《湖北师范学院学报》2010 年第 4 期。
② 罗常培:《语言和文化》,北京出版社 2004 年版,第 108、117 页;冯广艺:《关于语言生态学的研究》,《湖北师范学院学报》2010 年第 4 期。

究和马林诺斯基晚年以人类学家的身份转向语言学研究的做法很是赞赏,强调将这两门学科结合起来进行研究。① 如果说萨丕尔的语言学研究可以被视为西方生态语言学研究的先驱,那么,罗培常先生的这种语言学观念,或许也可以说是中国生态语言学研究的先声。只是他与萨丕尔一样,并没有直接使用"生态语言学"这样的概念。

根据中国知网检索,目前最早直接使用"语言生态学"概念的是郑通涛的《语言的相关性原则——〈语言生态学初探〉之一》一文。郭文谈道:生态系统领域的著名专家 K.沃特认为,"系统"是因与果以多种形式相互作用为特征的那样一种相互作用着的综合体。在生态学中"系统"表示这些或那些生态客体的诸成分之间的相互作用,语言学中最重要的也是这种相互关系的性能。因此语言也是一个"生态系统"。② 作者这里的重点是对语言系统中的各种关系(对立关系、互补关系、共生关系、依附关系、反对关系与交叉关系)进行列举,尽管强调"关系"也是生态学的一个重要内容,但由于它只谈语言系统内部的关系,而没有涉及语言与环境之间的相互作用问题,因此还不能算严格意义上的生态语言学研究。国内在比较严格意义上使用"语言生态学"概念并展开系统研究的当属李国正。李国正 1987 年发表在《语文导报》上的《生态语言系统说略》一文,把生态学的基本原理和语言学相结合,从系统的生态学角度重新认识语言,研究语言。认为"世界上并不存在孤立的语言系统,任何语言都置于一个与它紧密联系、相互作用,不可须臾分离的生态环境之中。语言与它所处的生态环境构成生态语言系统",并具体探讨了生态语言系统的构成和特征。③ 1991 年,李国正又出版《生态汉语学》专著,把系统生态学的理论和方法运用于汉语研究,提出语言是一个与生态环境相互作用、相互整合

---

① 参见冯广艺:《关于语言生态学的研究》,《湖北师范学院学报》2010 年第 4 期。

② 郑通涛:《语言的相关性原则——〈语言生态学初探〉之一》,《厦门大学学报》1985 年第 4 期。

③ 李国正:《生态语言系统说略》,《语文导报》1987 年第 10 期。

的,多层次、多功能的,具有自组织、自调节能力的动态开放系统,并具体探讨了生态语言系统理论、语言生态位理论、语言功能级理论和语言进化理论,①第一次系统地阐发和架构起了一种"生态汉语学",对中国的生态语言学研究具有重要的开创性。

李国正的《生态汉语学》研究就像斯特芬森所说的,总体上属于豪根的"语言生态学"研究路径。但与豪根的生态语言学研究相比,他提出的"语言生态系统"概念包含的内容层次更为丰富,架构也更为系统。他指出:生态学的研究成果告诉我们,"人类、人类社会、人类文明都是建筑在自然系统之上的不同层级,它们都属于一个生态巨系统。……语言既然为人类所创造和运用,毫无疑义,它也是生态巨系统中的一个层级"②。生态系统是自然界的基本功能单位,它的功能主要表现为生物生产。为了实现这一功能,生态系统的结构必须存在能量流动、物质循环和信息传递的渠道。能量、物质和信息在不同层级的传输变化特征,体现了它们之间的结构关系。语言生态系统也同样遵循这一结构规律。他说:"事实上,任何语言都置于一个与它紧密联系、相互作用,不可须臾分离的生态环境之中。语言与它所处的环境构成了一个有机的整体。这样,我们就可以提出生态语言系统的概念,语言系统与特定的环境系统共同构成生态语言系统。生态语言系统是在一定时空条件下存在的语言元素,通过人群主体与周围环境进行物质能量信息交换,相互作用、相互依存而构成的动态有机系统。"③

可以看出,李国正的系统总体上属于豪根线路上的"语言生态学"研究,而不是韩礼德意义上的批评的生态语言学研究,他的语言生态学研究的一个重要对象就是"语言生态系统"。但他对语言生态系统的界定,与豪根既有相

①　魏世业:《汉语研究的新突破——李国正著〈生态汉语学〉评介》,《厦门大学学报》1991年第3期。

②　李国正:《生态汉语学》,吉林教育出版社1991年版,第4—5页。

③　李国正:《生态汉语学》,吉林教育出版社1991年版,第19、47页。

通的地方,又有不同之处。豪根的系统包括自然环境、社会环境与心理环境。李国正的环境总的来说分成两个大方面:"外环境"和"内环境"。"内环境"就是语言系统自身,它由语音结构、规则结构、语义结构三个子系统构成。"外环境"又包括"自为环境"与"自在环境"。"自在环境"包括自然系统、社会系统、文化系统,"自为环境"则是指人群系统,它由人群的躯体结构、生命结构、心理结构三个层次所构成。①

李国正还具体分析了生态环境是如何影响语言系统的。但总的来看,李国正不太强调自然环境对语言的作用,他似乎更加强调人为系统对于语言的作用。他认为自然结构中的地理因子、气候因子、景观因子在一定程度上影响着语言,它们既不是那样无足轻重,也不可能主宰语言。事实上创造和使用语言的人群并不是任自然拚弄的泥土,倒是自然的任何因子都必须通过一定的人群作为中介才能对语言发生作用。自为环境即"人群系统"既是创造语言的主体,也是运用语言的主体。但在生态语言系统中,它实际上是语言系统与自在环境系统的中介。这种中介作用不是机械的僵死的,而是能动的积极的。它不但能把自在环境的各种信息经过筛选加工之后传输给语音系统,而且还能通过言语运动反作用于自在环境,同时自身也参与同语言系统的相互作用。李国正还在此基础上探讨了语言的生态运动。他指出:生物体要维持生命过程就必须运动,运动的停止就等于生命的终结。语言也是如此,只要存在,就处于不停的运动之中。每一种语言都在一定的生态语言系统中,与多种因子相互作用,运动变化。语言成分的运动变化不是孤立的,而是广泛联系,相互影响的。这种运动变化,有的是语言自身的内在因子起主要作用,有的是外在因子起主要作用,无论何种情况,都是有目的性的运动。这种广泛联系的有目的性运动,称为"生态运动"。②

可以看出,李国正对语言生态环境的界定更系统、更细致,内容层次也更

---

① 李国正:《生态汉语学》,吉林教育出版社1991年版,第48页。
② 李国正:《生态汉语学》,吉林教育出版社1991年版,第164、189—190页。

加丰富、复杂。并且他把文化系统单独提出来讨论，特别强调人为系统的作用，认为语言与自然、语言与社会、语言与文化相互影响，但不能相互决定。语言尤其不能决定自然，无论它多么重要。另外，李国正还系统地探讨了语言生态位、语言功能级、语言进化论、语言羡余理论，提出了一些具有创新性的观点。不管李国正的研究是否受到豪根影响，但无论如何，他的研究都是处于豪根的"语言生态学"研究路径上的，并对汉语生态学研究具有重要的开拓性意义。

但若严格来看，李国正的汉语生态学研究与当今的生态语言学观念还存在着一定距离。根据李国正的观点，语言是发展、变化的，也是进化的，因此也是有高低优劣之分的。李国正按照生物进化的两大原则——"适应进化"与"等级进化"解释语言。并用萨赫林斯提出高级进化的三个标准来判断一种语言是不是一种高级语言。这三个标准是：（1）利用更多的能量；（2）高级物种比低级物种占用更多的能源，达到更复杂的组织结构；（3）更大的环境活动空间，更复杂的运动形态。语言属于超有机体，也属于进化过程。他认为："在生物界，高级物种比低级物种占用更多的能源，而且具有更大的环境活动空间。这一点对语言系统是适用的。"①

李国正把生物生态学的观念严格地运用于语言系统，用生物进化论的标准来研究语言，看起来是严格生态学的，但实际上是缺乏一种真正的生态精神和生态观念的。因为一种真正的生态观念，是不会同意语言具有高低优劣之分这样的看法的。如果按照这样的观点，那英语是不是一种比汉语更高级的语言？因为它占有更多的能源，具有更广大的活动空间。那小语种还有没有必要去保护呢？根据这种理论，一种语言灭亡，是因为它本身是一种低级的、劣等的语言，活该灭亡，"语言保护"也没有必要提出来了。这样一来，一种看起来非常严密的系统的生态汉语学研究，实际上是缺乏真正生态精神的。他

---

① 李国正：《生态汉语学》，吉林教育出版社 1991 年版，第 85—88、93 页。

的生态汉语学的研究目的和出发点,是更全面地认识汉语,他更加看重的是生态汉语学对于汉语研究的方法论意义,而并非像今天的生态语言学研究那样,研究语言生态的终极目的是保护语言的多样性和物种多样性。虽然他也认为语言与环境之间是相互作用的,但主要是研究环境是如何影响语言的,而几乎没有涉及语言对于环境的影响。并且他也不相信语言能对自然有多大影响。他的生态语言学研究与今天人们为了促进人与自然和谐共生关系的生态文化研究目标几乎是不发生关系的。因此他的研究也没有反思任何哲学文化和语言现象中的非生态性。因此从内在精神上来看,李国正的汉语生态学研究还是有所缺失的。

李国正的《生态汉语学》研究,尽管引起了一些媒体的注意与报道,也有几篇书评见诸报刊,但在中国语言学界并没有引起真正的回应。在《生态汉语学》出版后二十几年来,以"生态汉语学"为篇名,仅有两篇关于《生态汉语学》的书评;以"语言生态"为主题,检索 1991—2004 年中国知网上的发文情况,有 10 条记录,在这 10 条记录中,有涉及英语语言生态的,有谈俄罗斯语言生态的,有谈一般意义上的语言生态的,也有谈到语言的生态环境的,但几乎没有一篇专门谈到汉语生态学研究的。

李国正之后,比较早地关注到语言与环境的关系,并引起较大反响的,或许是张公瑾发表在 2001 年的一篇题为《语言的生态环境》的文章。据知网检索,到目前为止,该文被下载 1297 次,被引用 116 次。该文指出:"语言作为人类文化的一部分,不能仅以现代科技发展的要求作为唯一的评判标准。语言间的互补和共生构成了语言赖以生存的生态环境。濒危语言同样具有不可替代的价值。实践中推行和发展双语教育是改善语言生态环境的一个必要步骤。"①这篇文章虽然没有提到李国正的研究,但显然有一个观点是与李国正的观点针锋相对的。因为张公瑾认为以"先进""落后"的标准来评判语言,这

---

① 张公瑾:《语言的生态环境》,《民族文学》2001 年第 2 期。

是一种短浅的眼光。在语言发展的历史长河中,现存语言间存在的差距是极其微小的,现存的语言都是完善的语言。首先,每一种语言对于现实中存在的东西,都能表达出来;其次,每一种语言对于现实中不存在的东西,单凭想象的东西,也能表达出来;最后,每一种语言根据自己语言的逻辑,都可以推理出未来的世界。因此,"在本质的意义上,语言之间不存在进步和落后的差别。现有的差别,诸如使用面的宽窄、使用频率的高低、人群覆盖面的大小、拥有信息量的多寡等都是社会、文化的原因造成的。只要社会条件具备,每种语言本身所拥有的能量即它的表达和应用功能都是相同的。所不同的只是结构上的差异、风格上的差异、气质上的差异。这种差异现在还无法作优劣的判断,目前,使用面最广、使用频率最高的语言,也只是一定时期内社会优势的选择,而不是语言构造本身价值的选择"①。在他看来,每一种语言都有独特的文化价值和艺术价值,濒危语言是应该被保护的。另外,张公瑾与丁石庆共同主编的《文化语言学教程》,还曾开辟专章讨论"语言的人文生态环境"问题。认为:"在人文生态环境中,不同语言之间的交互作用是生态系统进化、发展的一种推动力。""人文生态环境中的语言之间,除相互竞争的一面,也还有'协同进化'的一面。"其中第二节"语言对人文生态环境的要求",第四节"人文生态环境中的语言竞争与协同发展",论述了"多语环境中的语言竞争"和"生态系统多样化与语言间的协同发展"等问题。②

2004 年以后,中国的生态语言学研究才随着对西方生态语言学的译介、述评渐渐地多了起来。随着黄知常、舒解生的《生态语言学:语言学研究的新视角》③,范俊军的《生态语言学研究述评》④,周瑞敏的《自然选择与协同进化:生态语言学及语言生态认知探微》⑤,王晋军的《生态语言学:语言学研究

---

① 张公瑾:《语言的生态环境》,《民族文学》2001 年第 2 期。
② 参见冯广艺:《关于语言生态学的研究》,《湖北师范学院学报》2010 年第 4 期。
③ 《南华大学学报》2004 年第 2 期。
④ 《外语教学与研究》2005 年第 2 期。
⑤ 《河南大学学报》2006 年第 1 期。

的新视域》①,以及拙文《生态语言学及其生态诗学、美学意义》②等成果的陆续发表,生态语言学研究在中国渐渐兴起来了。2007 年以后,中国生态语言学研究开始进入新的发展阶段。一方面是越来越多的学者投入到生态语言学研究之中,另一方面,一些学者立足于中国当代语境,为生态语言学研究注入了一些中国时代和文化元素。在这些方面,较早取得系统成果的应是冯广艺先生。

近年来,冯广艺运用语言生态学的理论和观点,结合当前的社会现实,探讨生态文明建设中的语言生态问题,发表了《生态文明建设中的语言生态问题》③、《生态文明建设与语言生态构建互动论》④、《语言生态与语言和谐》等一系列论文,提出在生态文明建设中,应该特别重视语言生态问题,努力构建和谐的语言生态环境,⑤并于 2013 年出版了《语言生态学引论》的专著。该著作是继李国正《生态汉语学》之后的又一部中国生态语言学研究方面的重要著作。但与李著有所不同的是,它不是专门的汉语生态学研究,而是一部具有普通语言学意义的语言生态学著作。该著作的另一个突出特点是,立足于当下中国和谐社会与生态文明建设的实际,用较多篇幅讨论了语言生态和当前的生态文明建设的关系,具有很强的时代感和现实性。另外,该著作还对二十多年来国内语言生态学研究的成果进行了比较系统的梳理,提出设立语言生态学学科,并探讨了语言生态学学科的性质、任务、方法等相关问题。⑥但冯广艺的生态语言学研究也主要是豪根模式上的语言生态学研究。虽然他也谈到构建良好的语言生态对生态文明建设的作用,但他的研究与韩礼德意义上的批评的生态语言学明显不同。因为他不是对语言系统或话语文本中的非生

①　《天津外国语学院学报》2007 年第 1 期。
②　《中国美学年鉴》2006—2007 年卷。
③　《贵州社会科学》2008 年第 4 期。
④　《中国地质大学学报》2009 年第 3 期。
⑤　冯广艺:《关于语言生态学的研究》,《湖北师范学院学报》2010 年第 4 期。
⑥　参见冯广艺:《语言生态学引论》,人民出版社 2013 年版,第一章、第八章。

态性因素进行批评,而是致力于从理论上谈论良好的语言生态对生态文明建设的意义。而这种良好的语言生态就是世界范围内或一个国家内的语言与语言之间的和谐共存。他指出:"良好的语言生态环境构建是在'和谐原则'指导下进行的构建,生态文明建设的目的也是为了构建和谐社会,二者的目标是一致的。"①

与冯广艺思路相近似,近几年来,黄国文先生的生态语言学研究也立足于中国当代和谐社会和生态文明建设的语境,强调和谐话语分析对于生态文明建设的意义。不同的是,黄国文教授受斯提布的影响,更加强调生态哲学在生态话语分析中的作用,并且结合自己的系统功能语言学背景,更明确强调话语分析的"社会责任",在斯提布三大话语类型的基础上,结合中国的当下语境和中国传统哲学,更加系统地探讨了和谐话语分析的类型。黄国文自介入生态语言学研究以来,目前已独立或与人合作发表了一系列相关论文。如《生态语言学的兴起与发展》《生态语言学研究与语言研究者的社会责任》《生态哲学与话语的生态分析》等,并于 2016 年在华南农业大学率先成立"生态语言学研究所",2017 年 6 月与 8 月分别举办了两期生态语言学讲习班。黄国文教授的生态语言学研究致力于丰富理论内涵、推动学科发展、加强中西对话和本土化建构,并提出"思,以生态语言学为本;行,以生态语言学为道"的研究口号,对于推进生态语言学研究、帮助环境问题解决、提升人类生态意识等具有重要意义。②

目前在中国生态语言学研究中,何伟教授的生态话语分析也值得特别关注。其与张瑞杰合作的《生态话语分析模式构建》一文,通过考察"人与场所"生态因素的互动关系,结合系统功能语言学理论,建构了一个具有可操作性的生态话语分析模式,可为生态语言学研究提供一定的理论依据。该模式对系

---

① 冯广艺:《语言生态学引论》,人民出版社 2013 年版,第 298、301 页。
② 周文娟:《中国语境下生态语言学研究的理念与实践——黄国文生态语言学研究述评》,《西安外国语学院学报》2017 年第 3 期。

统功能语言学框架中的及物性、语气、情态、评价、主位和信息等系统进行了生态视角的细化和扩展。文章以此为基础,将具有不同语言特征和模式的语篇分为"生态保护型""生态破坏型"和"生态模糊型"三种类型,并提倡语言研究者积极推广生态保护型语篇,有效抵制生态破坏型语篇,改良生态模糊型语篇,并初步界定了"生态保护型"和"生态破坏型"的主位结构和信息结构,使研究者能够定位语篇的生态和非生态因素,判断语篇的生态类型,①对于生态文学话语分析具有启发意义。

中国生态语言学的迅速发展,不仅表现在研究队伍不断壮大,发文数量近几年来激增,而且还表现在积极主办第一届国际生态语言学研讨会(广州,2016)、第二届国际生态语言学会议(北京,2017),并于 2017 年 4 月成立了"中国生态语言学研究会",后更名为"中国英汉语比较研究会生态语言学专业委员会",目前该学会有一个"生态语言学"的微信公众号,专门推送有关生态语言学的文献、讲座、会讯等。第三届国际生态语言学会议又将于 2018 年10 月于中国贵州召开。中国的生态语言研究呈现出良好的发展势头。

中国生态语言学研究迅速发展的态势,已经引起国际生态语言学界的注意。如著名生态语言学家菲尔、斯特芬森、斯提布等都提到生态语言学在中国的发展。菲尔在《劳特里奇生态语言学手册》中说:"生态语言学活动已经拓展到以前没有过这方面研究的地区和国家。其中一个国家就是中国。"又说:"生态语言学作为一种跨学科的科学(或辩证哲学),它超越了传统的语言学,并创造了所有事物和观念相互依存的意识。生态语言学在这一层面上,将被许多学者视作一种相互作用与和谐的哲学。在这一语境中,生态语言学在中国的发展将值得特别关注,因为它在这个国家似乎发展特别迅速。"②发展迅速,已引起国际学界的注意,当然不意味着我们的研究不存在问题。其实我们

---

① 何伟、张瑞杰:《生态话语分析模式构建》,《中国外语》2017 年第 5 期。

② Alwin Fill and Hermine Penz eds., *The Routledge Handbook of Ecolinguistics*, New York: Routledge,2018,p.437,p.432.

的生态语言学研究与西方欧美国家相比,仍然存在着较大差距。一是我们的研究仍然以译介性、综述性成果居多,那种立足于本土语境的能提供一种原创性的观念或方法的成果仍较少;二是我们的研究仍以零散性的论文居多,系统性的著作屈指可数。这也是我们在进行生态语言学与生态文学、文化理论的跨学科研究时,目前借鉴依据的主要还是西方生态语言学的观念与方法的原因。

但无论如何,生态语言学作为一种新兴的分支交叉学科,它无论在中国还是在西方都表现出良好的发展势头,具有广阔的发展前景和空间,并且其意义"已经远远超越了句法学、语义学和语用学的"研究。对于这门交叉学科,豪根曾经说,"这一领域的名称并不重要,但是语言生态学的名称对我来说似乎涵盖了一个广泛的兴趣领域。在这一范围内,语言学家能与所有面向语言与其使用者相互作用的理解的社会学家进行有意义的合作"。① 生态语言学的开放性、跨学科性、超学科性,使其意义已经不局限在语言学内部。它不仅能使我们更好地理解语言学中的一些重要问题,也让我们看到了它对其他学科,对生态文学、文化理论研究的意义。这种意义一方面表现在其语言批评方法对于生态文学、文化批评实践的意义上,另一方面则表现在其语言观念为生态文学、文化研究所提供的语言理论基础支持上。下面第二章,我们首先看生态语言学观念对生态文学、文化研究语言理论基础建构的意义。

---

① Alwin Fill and Peter Mühlhäusler eds. , *The Ecolinguistics Reader : Language , Ecology and Environment* , London and New York : Continuum , 2001 , p.51 , p.59.

第二章　生态语言学观念与生态文学、
　　　　文化研究的语言理论基础建构

就像"导论"中已经提到的,生态文学、文化理论研究与语言观念、语言理论直接相关,当今生态文学、文化理论研究尚处于一种语言理论基础困境之中。生态语言学强调语言与环境、语言与世界之间的双向交互作用,把语言作为自然与文化之间的中介环节来理解,并把语言的"环境"置于自然、社会和精神心理因素的复杂关系之中,这使它既超越了其他语言学在语言与世界关系问题上的那种"世界建构语言"或"语言建构世界"的单向决定论,也超越了在语言的"自然性"和"约定性"问题上的那种非此即彼的二元论,成为一种具有丰富"参数"的真正生态辩证的语言学理论,从而为人们更好地理解文本与世界、自然与文化、自然生态与社会生态和精神生态之间的关系提供更为科学的依据,并因此对当今生态文学、文化研究的语言理论基础建构具有重要意义。我们这一章将要从生态文学、文化理论研究的"语言时代"特点,和当今生态文学、文化研究的语言理论基础困境及生态语言学对生态文学、文化研究的语言理论基础建构三个方面,层层递进地探讨生态语言学观念的三点变革对于生态文学、文化研究语言理论基础建构的重要作用。

第一节　"语言时代"的生态文学、文化理论研究

就像我们"导论"中已经提到的,语言与生态的关系是生态文学、文化研究中的一个基本理论问题,它也是目前国外生态诗学、文化研究中的最具前沿性、挑战性的问题之一。但目前国内学界对于这一关系尚未给予充分重视。语言研究与生态文学、文化研究的关联既是由语言问题与生态问题的内在关联决定的,也是由生态文化兴起的高度语言化、符号化的时代语境促发的。一般来说,生态问题虽然早已存在,但人们对生态文化问题的自觉关注则是在20世纪六七十年代之后,也即人们通常所说的"后现代"时期开始的。如果说西方历史上的"现代"是以工业文明为标志的,那么"后现代"也即"后工业社会""信息社会",也被后现代理论家们宣称为"高科技媒体社会",则是以高度符号化、语言化的"后工业文明"为标志的。就像英国语言学家韩礼德所说的,"由于我们20世纪晚期的技术,我们中的许多人都不再花时间生产和交换商品或服务,而是生产和交换信息。工业革命时期的城市的中心是火车站或飞机场,在那里,人们和他们的商品流向各地,21世纪的城市——一种多功能城市,则被不适当地称之为信息中心或'心灵运输'(teleport)场。在那里,信息交流依赖于集成的人造卫星和陆上的光学纤维网络系统"。"在这样一种环境中,人们将越来越多地与符号系统发生交会(interfacing),越来越少地与社会的、生物的或自然的环境打交道——这种生活方式已经是许多人都熟悉的方式"①。

根据凯尔纳与贝斯特的看法,任何一种时代的文明,都由两个层面组成。一是时代的社会、经验或现实状况;二是关于这一现实状况的观念、文化或理论。后现代文明,也由"后现代状况"(社会、经验或现实)和"后现代理论"

---

① M.A.K.Halliday and J.R.Martin, *Writing Science*, *Literacy and Discursive Power*, London: The Falmer Press, 1993, p.21.

（文化、观念或理论）两部分组成。① 从时代状况来看，后现代"堪称实实在在的语言时代"。② 在这个语言的时代，各种各样的信息已达到饱和的程度，整个现实就像一个典型的符号系统。③ 在这种后工业文明中，不仅社会现实是高度语言化、符号化的，堪称一个"实实在在的语言时代"，而且后现代的文化理论，也是那种强调话语优先性的以后结构主义为代表的话语理论占主导地位的。就像后现代理论研究者凯尔纳与贝斯特所指出的："就赋予话语理论以优先地位这一点而言，后现代理论大体上追随了后结构主义。无论是结构主义还是后结构主义，都发展出了用符号系统及其符码和话语来分析文化和社会的话语理论。"在这种话语理论看来："心理、社会以及日常生活乃是由语言、符号、形象、符码以及指意系统（signifying systems）组织起来的。"④我们知道，在后结构主义的话语理论中，福柯的话语理论堪称典型代表。福柯之后，"一些信奉话语论的学者进一步发展了这一观念，甚至可以毫不夸张地说，业已形成了某种'话语拜物教'，把话语看作是无所不能的、神奇的建构性力量，所以结论必然是'一切均在话语中'"。⑤ 也就是说，不论从社会现实状况上看，还是从观念文化上看，后现代语境都具有突出的语言化、符号化特征。

人们通常认为，当今的生态危机主要是由工业文明造成的，产生在后现代语境中的生态学、生态批评等生态文化，作为后现代文化的组成部分，是起于对现代工业文明的批判反思的。但实际上，并不只是工业文明才是生态问题的罪魁祸首，也不是所有的后工业文明或后现代文化都是生态文化的福音。

---

① ［美］道格拉斯·凯尔纳、斯蒂文·贝斯特：《后现代理论批判性质疑》，张志斌译，中央编译出版社 2001 年版，第 4、40 页。
② ［法］海然热：《语言人——论语言学对人文科学的贡献》，张组建译，三联书店 1999 年版，第 4 页。
③ ［美］弗雷德里克·詹姆逊：《语言的牢笼》"序言"，钱佼汝译，百花洲文艺出版社 1995 年版，第 4 页。
④ ［美］道格拉斯·凯尔纳、斯蒂文·贝斯特：《后现代理论批判性质疑》，张志斌译，中央编译出版社 2001 年版，第 33—34 页。
⑤ 周宪：《福柯话语理论批判》，《文艺理论研究》2013 年第 1 期。

如果说现代工业文明的发展损害了自然的"肌体",让自然受到血淋淋的"外伤",那么,以高度语言化、符号化为标志的后工业文明,则让自然受到了看不见的"内伤",加剧了当今时代的生态危机。我们这样说首先是因为,高度符号化、语言化的后现代的社会状况从现实形态上遮蔽了自然,它麻木了我们对自然的感觉,抑制了我们对自然的欲望。它让我们沉溺于虚拟的符号世界之中,通过与一个虚拟世界的游戏,使我们忘怀了与真实的自然世界的交往,加剧了人与自然关系的疏离。正是这种疏离使许多生活在城市中的人,除非弥天的雾霾袭来,并不真正在意自然问题。因为"我们不能关心我们没有亲密接触的东西,我们不知道的东西"。"许多城市居民,尤其是儿童,正遭受着大自然缺失症的折磨。"①而这种自然经验的缺失,正与当今高度语言化、符号化的社会现实有着直接关系。我们说后现代语境加剧了生态危机,其次是因为,以后结构主义为代表的后现代文化理论,强调话语的优先地位,认为所谓的"自然"不过是一种文化的"建构",它只作为一种语言的"词汇"而存在,根本不具有任何本体论上的真实性。语言化、符号化的后现代现实与突出话语优先性的后现代理论相互呼应,共同形成对自然的"现实"与自然的"概念"的压制与消解。以致弗雷德里克·詹姆逊认为,在当今西方的后工业社会里,真正的"自然"已不复存在,各种各样的现实就像一个典型的符号系统,在把语言学当作一种方法和把我们今天的文化比作一场有规律的虚妄的噩梦之间存在着非常和谐的对应关系。②

与这种整体的时代氛围相一致,在这种后现代语境中生成的许多文学、文化批评理论也弥漫着这种取消自然、压抑自然存在的气息。就像英国生态批评家、绿色研究者劳伦斯·库珀所说的,自从 20 世纪 70 年代中期以来,许多不同的批评理论,如形式主义,心理分析,新历史主义,解构主义等,它们的一

---

① 　https://terralingua.org/biocultural-diversity/why-does-it-matter/.

② 　[美]弗雷德里克·詹姆逊:《语言的牢笼》"序言",钱佼汝译,百花洲文艺出版社 1995年版,第 4 页。

个共同假设是,"所谓的'自然',它首先是在文化话语中作为一个术语而存在,离开这一点,它既没有存在也没有意义"。以致库珀义愤地指出:"宣称'没有自然这样一种东西'几乎已经成了文学或文化研究中的一种义务。一种巨大的恐慌是害怕被发现犯所谓的'指称的谬误'。"①

如果世界上压根儿就不存在"自然"这种东西,对自然的敬畏、向往和保护既无必要也无可能。这对一切生态文学、文化研究来说都不啻为一种釜底抽薪般的打击。因此,在当今西方的生态文化研究中,无论是为生态学提供支持的建设性的后现代科学家格里芬,还是生态批评家、绿色文化研究者都对这种后现代的语言、文化观念表现出高度的警惕。因此库珀说:"绿色研究的功能之一是必须抵制这种灾难性的错误",因为,"如果我们强调排除指称的意义,我们或许会以同样轻蔑的态度对待非人类环境,犯下像我们希望谴责的那些摧毁性暴力一样的罪行"。库珀由此进一步指出,绿色研究在相关的意义上做两种工作。首先,为了重新唤起自然,"它挑战工业主义的逻辑",这种逻辑假定没有什么东西能比技术的进步更事关重大。其次,为了坚持非人类世界的重要性,"它挑战自满的文化主义",这种文化主义致使其他的物种也和植物群、动物群一样都服从于人类符号意指的能力。因此,绿色研究"质询把自然看作是由'语言生产出来的'某种东西的有效性"②。

因此我们说,不仅是现代工业文明破坏了自然以及人与自然的关系,导致了生态问题,也不只是现代工业文明才是需要批判反思的东西,后现代文化本身也是需要批判反思的。西方社会的"后现代状况"和以后结构主义为代表的解构主义的"后现代理论"也破坏、疏离了人与自然的关系,使人类的物理生态甚至精神生态问题进一步加剧。可怕的是,这一现象并不为人所重视,甚

---

① Laurence Coupe ed., *Green Studies Reader: from Romanticism to Ecocriticism*, London: Routledge, 2000, p.2.

② Laurence Coupe ed., *Green Studies Reader: from Romanticism to Ecocriticism*, London: Routledge, 2000, pp.2-4.

至不为人所觉察。如果说,现代性有"审美的现代性"和"工业的现代性"两种类型,审美的现代性已经包含了对工业的现代性的反思,后现代性也有两种类型,那就是生态(事物的、自然的)的后现代性和话语的、符号的后现代性。①而那种生态的后现代性则不仅是对工业文明进行批判的结果,本身也潜在地包含了对话语的、符号的后现代性的反思,尤其是那种生态批评理论从一开始就表现出对后结构主义语言理论的批评和拒斥。甚至可以说,生态批评的兴起,如果暂且抛开生态危机这一现实根源不谈,它直接就是起源于对以话语压抑自然的各种文学、文化批评理论的反动。因此从一开始,它就与语言观念或语言理论发生了交锋或交集。斯科特·尼科博克在《生态诗学》中说:"尽管提出有关语言的这些问题是文学理论的目的,大多数的第一波生态批评(生态的文学批评),在大约10至15年的作为一个公认的学术领域的存在中,有意识地回应了有异议的其他文学理论,尤其是后结构主义理论。""简单地说,在表象论的战斗中,如果说后结构主义者站在语言的一边,那么生态批评家大多数则站在物理现实的一边。"②由此可以看出,生态批评一产生就与结构主义的语言观发生交锋,生态文学、文化理论研究,需要首先面对和提出语言观的问题。

在生态文学、文化理论研究中提出语言问题,不只是要揭示语言与存在、语言与世界观之间的联系,或对当今的语言化现实和语言理论进行批评。生态文学研究者拉哥兰与舒特米亚(Raglon and Scholtmeijer)曾指出,目前生态研究对于语言的一种主导性观点是对于它的批评,"这种批评集中于语言创造的应对大量的社会与环境疾病负责的范畴方面。这种批评的共识是,当面对环境灾难和人类悲剧时,文学、语言和文化应负有很大的责任。因为语言和

---

① 参见赵奎英:《海德格尔后期语言观对生态美学文化研究的历史性建构》,《文学评论》2009 年第 4 期。

② Scott Knickerbocker, *Ecopoetics: the Language of Nature, the Nature of Language*, Amherst and Boston: University of Massachusetts Press, 2012, pp.2–3.

文学指导我们的感知,它们在摧毁世界的活动中参与了犯罪。"但作者这里提出语言问题不只是重复指控语言的罪行,而是提出一种新的可能性,因为语言可以参与犯罪,也可以参与拯救。有非生态的语言,也可以有生态的语言。因此他们反问道:"难道文学真的只是我们所说的'环境危机'的有罪的参与者吗?难道语言、文学就不能发挥其他的作用了?尤其是在改善我们与自然的关系方面?"①答案当然是肯定的。作者的目标是在关注关于语言的那些主导性的负面观点时,拓展吸收一种积极的观点,即语言、文学"在重建一种有力的自然词语"以抵抗参与犯罪的"叙述"方面同样具有重要作用。而对于我们来说,一方面需要对符号化、语言化的现实进行批判考察,促进语言化、符号化现实的生态化;另一方面则需要认真研究各种语言观念或语言理论,对那种具有生态破坏性的语言观念或语言理论进行批判反思,对那些具有生态建构性的语言观念和语言理论进行挖掘阐发,以期为后现代语境中的生态文学、文化研究提供一种语言理论基础支撑。

但目前国内学界对于语言问题在生态文学、文化理论建构中的意义似乎尚无充分地意识。相比而言,西方学界的生态文学、文化研究则对语言问题表现出高度的敏感。英国生态批评的最大代表乔纳森·贝特,美国环境批评的最大代表劳伦斯·布伊尔,英国绿色文化研究者劳伦斯·库珀,生态诗学研究者斯科特·尼科博克等人,都明确提出语言问题。而生态批评家凯特·瑞格比在《生态批评》一文中则专门列出一节,集中讨论"重建语言基础"的问题。② 威廉姆·霍华斯在《生态批评的一些原则》中也提出,"生态是与语言表现的历史紧密相关的一门科学",也专门列出"语言与批评"一节,讨论生态

---

① Rebecca Raglon and Marian Scholtmeijer, "Heading Off the Trail: Language, Literature, and Nature's Resistance To Narrative", in Karla Armbruster and Kathlee R. Wallace eds., *Beyond Nature Writing: Expanding the Boundaries of Ecocriticism*, Charlottesville and London: University Press of Virginia, 2001, p.248.

② Kate Rigby, "Ecocriticism", in Julian Wolfreys ed., *Introducing Criticism at the 21ˢᵗ Century*, Edinburgh: Edinburgh University Press, 2002, p.161.

批评与语言相关的问题。① 另外,那些有关文学写作和文学批评应为"自然言说"的主张,也无不以这种或那种方式使生态文学、文化理论研究与语言问题纠缠交集在一起。西方后现代语境中的生态文学、文化理论研究,虽然敏锐地意识到某些语言观念对于生态研究致命的危害性,但从总体上看,他们还并未找到一种能为生态文学、文化研究提供全面支持的语言观念或语言理论作为基础。因此,目前中西方的生态文学、文化理论研究,总的来说,仍处于一种语言理论基础的困境之中。这也正是笔者在生态文学、文化理论研究中提出语言问题,并试图寻找到一种真正的生态语言理论作为基础的原因。

第二节　当前生态文学、文化研究的语言理论基础困境

我们知道,生态文化的核心价值目标,是促进人与自然的和谐共生。与这种目标相一致,一种生态的语言观也应该有助于促进人与自然之间的和谐共生关系。人们的语言观念对生态观念的影响一方面表现在如何看待"语言"与"自然"(世界)的关系上,另一方面表现在如何看待"语言"与"人"(意识)的关系上。语言与世界、语言与意识的关系,表现在语言哲学史上实际上也就是广义的"语言与世界""语言与实在"或称"语词与事物",简称"词与物"(这里的"物"既包括"客观之物"也包括"观念之物")的关系问题。这个问题总括起来表达也就是:"词与物"之间的联系是自然的还是人为的? 但如果细分起来实际上存在着两个层次:一是词与物之间是否存在着联系的问题;二是词与物之间的联系是自然的还是人为的问题。这一问题是语言哲学的一个基本问题(关于这一问题,详见后面第三章第一节),它也是所有的生态文学研究

---

① Willam Howarth, "Some Principles of Ecocriticism", in Glotfelty, Cheryll & Fromm, Harold eds., *The Ecocriticism Reader: Landmarks in Literary Ecology*, Athens and London: the University of Georgia Press, 1996, pp.69, 76.

在讨论文本与世界的关系问题时要面对的一个语言理论基础问题。

在这一问题的看法上,西方传统与现代、后现代之间,以及各种派别的语言理论之间都是存在着重大差异的。如果我们暂且抛开共时性向度不管,概括起来可以说,在西方传统语言观念中,"词物对应论"和"自然语言观"是占据主导地位的,而西方现代、后现代的语言理论,则是以"词物分离论"和"符号任意性"为主导倾向的。"自然语言观"认为语词与事物、名称与实在之间存在着自然或天然的联系;"词物对应论"则不管这种联系是自然的还是人为的,都坚持把语词与事物、符号与观念结合起来考虑,认为事物、观念、声音、字词之间存在着"原子式"的一一对应关系,并且认为"事物"在这一对应配列中具有先在性、本源性的意义,语词不过是事物的"摹本"或"表象",它本身没有独立的价值。"自然语言观"是西方哲学史上实际上也是人类历史上的一种古老的语言观。只不过在古代西方,支持"自然语言观"的主要是语言起源论上的"拟声说",它主要是从声音与外在事物的同一性、相似性上强调语言的自然性的;18世纪以来,支持自然语言观的主要是语言起源上的"感叹说"和哲学词源学,它主要是从语言与主体情感的自然联系方面来谈语言的自然性的。尽管在西方历史上也有语言约定论的思想,但这种"约定论",也强调语词与事物、符号与观念之间的一一对应关系,坚持一种广义的"词物对应论"。正是这种"词物对应论",使得传统的"约定论"与"自然论"并不从根本上相对立。"自然语言观"和"词物对应论"结合起来发挥作用,可以说是西方从古代至近代的传统语言观的基本特征。只不过西方古代的"词物对应论",主要是强调语词与客观外物的自然对应,近代以来的西方语言观,"物"从"客观"一极转向"主观"一极,它强调的主要是语词与情感、与心灵之间的自然联系和对应。因此,对于西方传统的自然语言观,我们又可以把它区分为古代的以"摹本主义"为代表的强调客体性的"自然语言观"和"词物对应论",和近代的以浪漫主义的表现理论为代表的强调主体性的"自然语言观"和"词物对应论"。但不管是客体对应还是主体对应,传统语言观突出强调的都是语言的

"表象"（representation）功能，西方文论传统中的模仿理论和表现理论，以及后来的现实主义的再现理论都是建立在这种"表象性"的"词物对应论"和"自然语言观"基础之上的。由于这种传统的强调语言的"表象"功能的"词物对应论"和"自然语言观"，往往是与把语言作为理性认识和表象工具的人类中心主义的"逻辑语言观"结合在一起的，它虽然由于强调语言与自然、语言与世界或语言与实在之间的对应关系，强调语言对自然的指称功能而具有某种生态性，但由于它潜藏于背后的人类中心主义、理性中心主义的特征，所以还不是真正意义上的"生态语言观"（关于"生态语言观"与反理性中心主义语言观的关系，详见后面第三章）。

20世纪以来，那种传统的"自然语言观"和"词物对应论"被认为是滋生各种"幻觉"与"欺骗"的基地。西方"语言学转向"最深刻的变化之一，就是以新的眼光重新审视词与物之间的联系是"自然的"还是"人为的"问题，对传统的"自然语言观"和"词物对应论"进行了处心积虑的"揭批"，出现了从传统的"自然语言观"和"词物对应论"到现代、后现代的"符号任意观"和"词物分离论"的转移。尽管在这一时期，并非所有的语言学理论都认为语言符号是任意的，但在西方现代、后现代语言理论中，那种强调语言符号任意性的"符号任意观"，和强调语词与事物、符号与对象、能指与所指之间的分离和对立的"词物分离论"，则明显占据了上风。在这种倾向中，结构—后结构主义语言观又是最具代表性的。在这场"反幻觉"的运动中，索绪尔结构主义语言学的"符号任意性"原则发挥了举足轻重的作用。

索绪尔的结构主义语言学认为，语言不是一份与同样多的事物相当的"名词术语表"，语言符号联结的不是"事物"和"名称"，而是"概念"和"音响形象"，也即"所指"和"能指"。索绪尔还认为，语言学第一个头等重要的原则就是语言符号的任意性。任意性的语言符号不是根据外界事物而是根据符号与符号之间的差别性关系创造出来的。语言不是外界事物的"摹本"或"表象"，而是由一系列的"差别"和"对立"构成的纯粹价值或形式关系系统。这样一来,语言符号只是与语言符号相关涉,而与语言外的事物、现实没有了关系。索绪尔的这种语言观,被后来的后结构主义进一步引申,语言不仅没有了外在指称对象,就连内在所指物也被挖空。在后结构主义视野中,不仅"文本之外,空无一物",文本之内也没有什么"物",所谓"物"都不过是一种语言的"效果"和"建构",话语才是具有唯一现实性的。但无论是结构主义还是后结构主义,他们突出强调的都是语言的"建构"(construct)功能。

在结构—后结构主义的视野中,语言既与世界没有什么对应关系,也超越了作为个体的人的管束和限制,语言是一种既独立于"物"也独立于"人"的独立自主的形式关系系统。索绪尔语言学以其"符号任意性"原则,不仅打破了词与物之间存在着自然或天然联系的"自然语言观",也揭破了人能控制语言的"迷梦",为西方20世纪以来的"反主体性""反人类中心主义"的哲学文化提供了语言学依据。这种结构—后结构主义语言观虽在"反主体性""反人类中心主义"上与生态文化具有相通性,但它总体上则是"非生态"的,具有一种"生态悖论性"特征,因为结构主义语言观不仅是"反主体性"的,更是"反实在论"的。这种符号任意观在反人类中心主义语言观的同时,也促生了一种旨在强调语词与事物之间、能指与所指之间的区别、对立与分裂的"词物分裂论"。这种"词物分裂论"从根本上取消了语言对"自然实在"(包括物理自然和精神自然)的指称性,也从根本上阻断了人类用语言与自然世界进行交流沟通的可能性。在这种语言观看来,语言只与语言发生关系,语言既不是外在"自然"的摹写,也不是内在"自然"的表现,它不过是一种任意的、有差别的、由强制性规则控制的、独立自主而又空洞无物的纯粹形式系统。从这种语言观来看,既不存在什么"自然之书",也不存在所谓的"自然写作",所谓"自然",无论客观的自然界,还是内在自然情感,都不过是一种语言建构的"效果"和"幻觉",并不存在本体论意义上的任何真实性。这对于倡导与"真实事物"打交道的绿色研究及一切生态文化研究来说都不啻为毁灭性的。如果我们不能对这种语言观进行反思清理的话,生态文学、文化研究所追求的生态文化目标不仅在现实中难以实现,就是在理论上也是不可企及的。因此,在当今西方生态文化研究中,无论是为生态学提供支持的后现代科学家格里芬,还是生态批评家、绿色研究者都对这种结构—后结构主义的语言观表现出明确的批判和拒斥。

格里芬指出:"许多批评家们以这些根据作为出发点,认为陈述的意义由于它与其他陈述的关系而消失,因而语言构成一个封闭的系统;或从一个方面认为,我们的陈述从任何有意义的角度看都不能与非语言实在相一致。在这种极端的观点看来,科学是一个与任何广阔的世界毫无联系的语言系统。""后现代的有机论反对这种语言观。既然语言只与语言相一致,那么它表达和引起了了解非语言实在的方式,这些方式多少能准确地与那一实在的特征相符合。"①可以看出,为了生态性的后现代科学奠定基础,必须为科学(语言)能够达到关于"自然"的真理而辩护,而为了做到这一点,格里芬不得不求助于传统的认为语言与实在之间存在着对应关系的"词物对应论",而反对结构主义把语言视做封闭的、空洞的形式系统。但从格里芬对真理、语言问题的整体表述来看,他在语言问题上的立场观点明显是犹疑不定的。他一方面试图为语言陈述与客观实在相符合的传统真理观进行辩护,认为语言与实在多少具有相一致、相符合的特征;另一方面又认为"对作为符合的真理概念的多数批判是有根有据的。特别是关于陈述和客观实在之间——符合的天真的现实主义观点的批判"。并且认为:"从本质上说,语言是含混不清的,并且在任何情况下,其本身都不能与非语言的实在相'符合'。"②这种语言观上的摇摆不定,一方面使得他的辩护显得苍白无力,另一方面又恰恰说明了语言观念对于生态文化建设的重要性。而后现代科学实际上并没有找到一种新的、能够

---

① [美]大卫·雷·格里芬主编:《后现代科学》"引言",中央编译出版社 2004 年版,第42 页。

② [美]大卫·雷·格里芬主编:《后现代科学》"引言",中央编译出版社 2004 年版,第41—42 页。

为生态学提供支持的语言观作为其真理观的基础。

语言观的问题不仅困扰着格里芬这样的具有生态意识的建设性的后现代科学家,它同样也让生态批评陷入困境之中。早期多数生态批评家也像格里芬那样对结构—后结构主义的"词物分离论"表现出敌视之感,对传统的强调物的本体地位和先在性的"词物对应论"表现出亲近之情,如瑞格比在《生态批评》一文中说,当他谈到"自然界"时所指涉的空气、水、岩石等等"这些物理实在,却是先于并超越于任何关于它的语词所能谈论的东西。正是对这种自然对于文化的终极先在性的坚持,标志着生态批评对那种在结构主义和后结构主义中被永恒化了的所谓的'语言学转向'的超越"①。杰·帕里尼也提出,生态批评"从某种文学的观点来看,它标志着与写实主义重新修好,与掩藏在'符号海洋之中的岩石、树木和江河及其真实宇宙的重新修好'"。② 由此可以看出,生态批评中的一个重要倾向是有意识或无意识地坚持那种传统的表象性的"词物对应论"。

这种传统的"词物对应论"虽然并非没有任何正确合理的东西,生态批评的"写实"主张也正可从此找到依据,但它的确也有消极之处。这种从"物"本身而非"语言"本身出发的语言理论,"意义"与"真理"没被清楚地区分,它也难以充分评价文学的意义与功能。它总是根据被模仿、被表现之物来对模仿、表现之物进行审美价值判断,使得文学本身的价值得不到充分界定。生态批评以此作为语言学基础,尽管它对于说明"写实"的文学是有效的,但如果严格坚持这样的语言观和文学观,必然不能进入文学精神的深广领域。因为从内在本性上说,文学不可能是纯粹写实的,文学是一种想象性、情感性的"虚构话语",它与真实的自然事物不存在一一对应的关系。如果生态批评非要把文学语言降低到指称真实的自然事物的水平,无疑会大大限制文学的领域,

---

① Kate Rigby,"Ecocriticism",Julian Wolfreys ed.,*Introducing Criticism at the 21ʳ Century*,Edinburgh:Edinburgh University Press,2002,p.154.

② 王宁编:《新文学史》,清华大学出版社 2001 年版,第 298 页。

并从根本上损害文学的自由精神。其实这一点,已经引起越来越多的生态批评家、环境批评家的注意。

如美国著名环境批评家劳伦斯·布伊尔(Lawrence Buell)的前期研究具有明显的"复兴写实主义"的倾向,但他后来的环境批评,则更加强调环境写作的话语虚构性特征,并对早期生态批评中的写实主义倾向进行了反省,认为:早期"生态批评的新写实主义的视野有所限制,因为他们把优惠给予对环境真实性的密集再现,或者呼吁把对投身于自然的存在、叙事力量和生态知识等作为一种手段,去弥合经验世界和创作性人工制品之间的分化,却不去讨论这种优惠以什么前提条件为基础。这样做不仅威胁到对批评性写实主义实施的简单捍卫,而且还打击了生态批评对那些在同样程度上涉及环境的非写实主义和反写实主义体裁的投入"①。只是布伊尔虽然比较深刻地认识到了写实主义倾向的局限,但从他对"文本与世界"关系问题上的表述来看,他在文学的模仿性与建构性,在生态批评是应该坚持传统的强调词物对应的"表象性"语言观,还是应该借鉴结构—后结构主义的"建构性"语言理论方面仍然有些无所适从。

布伊尔的《环境批评的未来》专列一章,探讨"文本、世界与批评家"的关系,认为"所有关于如何艺术处理物质环境的研究,迟早都必须考虑一个元问题:如何解释文本世界与历史或现实的经验世界之间的关系"。这一关系,是布伊尔后期环境批评中着力探讨的一个"普遍问题",即"环境批评如何包含并理论地表述词语—世界与实在世界的关系(或无关)"。(着重号为引者所加)这一关系归根结底也就是我们前面谈到的语言哲学中那个基本问题,"语言与世界","语言与实在"或"语词与事物"的关系问题。按照布伊尔的说法,目前的生态批评在这一问题上"尚无统一的指导性学说"。"在一个推崇文学的摹仿能力和指涉性仍不合潮流的时代,这种认真对待词语—世界间关联的

---

①　[美]劳伦斯·布伊尔:《环境批评的未来》,刘蓓译,北京大学出版社 2010 年版,第36—37 页。

倾向引发了严重的焦虑和分化。其中的一个极端，是一些生态批评家有摒弃（后）结构主义革命之意"，"另一个极端，是一些参与运动的人士审慎地听取了反模仿理论的告诫"，在某种程度上吸取了后结构主义的视野，区分出了两种类型的"自然写作"：一种是优秀的，它展示出对自己作为文本性人工制品地位进行的一种适当的后现代自省；另一种是平庸的，它屈从于天真的描述主义（Fritzell）。① 面对这种"焦虑"和"分化"，布伊尔也没能指出什么解决或缓解的办法，而是说："这并不是说，一种与众不同的模仿和/或指涉理论可能要求不同阵营的环境批评家达成共识。更有可能的是，大家都继续饶有兴致地关注多种形式的词语景观和世界景观之间的相配或者不相配。"②（着重号为引者所加）这表明，在"语言"与"世界"究竟"有关"还是"无关"，"相配"还是"不相配"这一问题上，布伊尔自己也是拿不准的。这种骑墙的态度使得布伊尔对文本与世界关系的探讨并没有引领人们走出这一问题的困扰，而是认可了继续存在的莫衷一是的纷乱状态。这也说明生态批评在文本与世界的关系这一基本问题上仍然没有找到一种"统一的指导性学说"，因此仍处于一种语言理论基础的困境之中。

生态批评之所以陷入这种困境，不是批评家不够高明，而是他们试图所依据的两种主要语言观分别来看都存在着局限性。从前面布伊尔的描述可以看出，目前的生态批评在语言基础问题上存在着两个极端：要么是抛弃后结构主义的话语革命，求助于传统的、表象的、模仿的语言观；要么是听从反模仿语言观者的劝告，强调文学文本的人工性、话语虚构性，借鉴后结构主义的建构的语言理论。然而，正如前面已经分析的，结构—后结构主义语言观虽在反主体性上与生态文化具有某种相通性，但由于它在根本上取消自

---

① ［美］劳伦斯·布伊尔：《环境批评的未来》，刘蓓译，北京大学出版社 2010 年版，第 34、35—36 页。

② ［美］劳伦斯·布伊尔：《环境批评的未来》，刘蓓译，北京大学出版社 2010 年版，第 45 页。

然的本性存在,否认语言与自然之间的联系,它总体上则是"非生态的"。传统语言观虽然总体上是生态的,但它也不能为生态文学、文化研究提供全面的语言基础支撑,因为生态文学、文化研究中的许多问题也需要建构的语言理论才能得以说明,况且传统的自然语言观和词物对应论也是具有一种隐藏的人类中心主义特征的。这样一来,生态批评无论单独坚持这两种语言观中的哪一种都不能很好地解决文本与世界的关系问题,于是便不得不在这两种语言观之间摇摆不定。而要想突破这种困境,我们实际上需要一种能对二者进行批判扬弃和辩证综合的语言观念和语言学理论。正是在这一情况下,生态语言学进入我们的研究视野之中。因为它正是这样一种生态的、辩证的语言学理论,对于当前的生态文学、文化研究的语言理论基础建构具有重要作用。

第三节 生态语言学观念对生态文学、文化研究的语言理论基础建构

如前所述,"生态语言学"作为在语言学与生态学、人类学、社会学等学科之间形成的一门新兴交叉学科,其涉及的问题领域非常广泛,所运用的方法也是丰富多样的。面对领域广阔、方法多样的生态语言学研究,人们一般把它区分为两大基本研究范式或两大研究领域:"作为隐喻的生态学"和"批评的生态语言学"。"隐喻的生态学"把"生态学"作为一种"隐喻"运用到语言学研究中,着力于探究各种环境因素对于语言生态的影响,以促进语言环境的生态化和语言种类的多样性。这一范式的代表形态是美国语言学家艾纳尔·豪根开创的"语言生态学"研究。"批评的生态语言学"则是把语言学研究引入生态学领域,着力于对语言系统和各种话语文本中的生态或非生态因素进行批评分析,力图把语言学研究作为解决生态问题的可能途径之一。这一范式的代表是英国著名语言学家韩礼德开创的应用的"生态语言学"研究。除了

这两种各有侧重的主要研究范式外,实际上还存在着另一种更具综合性的研究思路,那就是以德国生态语言学家穆尔豪斯勒为代表的、同时关注"语言多样性和生物多样性"的研究。但不管是哪种范式的生态语言学研究,都是以认同生态学的多样性、相互性、协同整体性原则,以认同语言与环境、语言与世界之间的交互作用为前提,并力图从长远上促进"语言生态化"进程,并最终从根本上促进"生物、语言和文化的多样性",促进一种健康、自然、协同并可持续发展的"绿色生存",因此从根本上说都是一种生态的、辩证的研究范式,对当前生态文学、文化研究的语言理论基础建构具有重要意义。生态语言学作为一种生态的、辩证的研究范式,在语言观念上有三点重要革命:一是强调语言与环境、语言与世界之间的双向交互作用;二是把语言看作是"自然"与"文化"之间的中间环节;三是从自然、社会与精神的关系中理解语言的环境。

一、强调语言与世界、语言与环境之间的双向交互作用

生态语言学对生态文学、文化研究的语言理论基础的建构性,首先表现于它在语言与世界的关系这一语言哲学的基本问题上坚持强调二者之间的双向、交互作用。我们知道,生态语言学的开创者豪根曾把"语言生态学"界定为"对任何给定语言与其环境之间相互作用的关系的研究"。[①] 以丹麦学者杜尔(Jørgen Døør)和班恩(Jørgen Chr.Bang)为代表的生态语言学派,也强调语言与环境之间的交互作用。他们认为传统语言学是对文化和部分生态危机的扭曲反映,而他们所建立的"辩证的语言理论",就其理论预设来看则是"生态的"。这个理论预设是:(1)每个实体都存在于与所有其他实体和环境的相互依存的关系中,并且(2)一个实体的存在形式是在其环境中由它与其环境的

---

① Einar Haugen, "The Ecology of Language", Alwin Fill and Peter Mühlhäusler eds., *The Ecolinguistics Reader*: *Language*, *Ecology and Environment*, London and New York: Continuum, 2001, p.57.

交互作用决定的。① 奥地利生态语言学家《生态语言学读本》的共同主编菲尔也指出,生态语言学观点与结构主义模型形成明显对比,因为结构主义模式只用来研究语言本身,而不研究外部环境,而一些生态语言学家如特拉普等人,"他们运用生态系统的隐喻,旨在表明语言以及语言运用处在与其'环境'亦即世界的相互作用之中,并且用以阐明语言与世界之间的这种交互作用的进程是一直在进行着的"②。

德国生态语言学家,即《生态语言学读本》的另一共同主编穆尔豪斯勒也认为,生态语言学产生的原因在于大量的理论家对占据这个时代的语言观念和语言学的不满,现代语言学是建立在非生态视野上的,它的研究客体可以与其他所有现象分离开而被孤立地研究,包含语言在内的生态学不对语言的本质提供解释;反过来,语言研究也不对它的环境产生影响。而生态语言学,不仅考虑语言的内部系统因素,也考虑语言广阔的外部环境因素。在生态语言学视野中,我们的世界无可逃脱地被语言浸染了,我们的语言也不可避免地被世界浸染了,语言与世界之间交互作用、相互渗透。为了更充分地说明生态语言学的这一特征,他对不同的语言学理论在语言与世界关系问题上的看法进行了对比描述:

(a)语言是用于认知的——它存在于社会的和环境的真空中(乔姆斯基的独立假说);

(b)语言是被世界建构的(马尔);

(c)世界是被语言建构的(结构主义,后结构主义);

(d)语言与世界是交互联系在一起的,它既建构世界也被世界

①　Dφφr and Bang,1996b:19. quoted from Alwin Fill and Peter Mühlhäusler eds. ,*The Ecolinguistics Reader:Language, Ecology and Environment*, London and New York:Continuum,2001, p.8.

②　Alwin Fill,"Ecolinguistics:State of The Art 1998", Alwin Fill and Peter Mühlhäusler eds. , *The Ecolinguistics Reader: Language, Ecology and Environment*, London and New York:Continuum, 2001,45.

建构（生态语言学）。①

通过以上对比可以清楚地看出，生态语言学与其他语言学理论不同，它既克服了西方传统语言观以及苏联语言学家马尔单方面强调世界对于语言的决定性作用，又超越了结构—后结构主义语言学单方面强调语言建构世界的优先地位，以及乔姆斯基和结构主义者把语言作为自足的封闭的形式系统的局限性。在生态语言学视野中，语言与世界是双向、交互作用的，语言既是世界的建构者又是被世界建构的。作为被世界建构者，语言又具有"表象"世界功能。在生态语言家看来，语言就是一个双重角色，"那就是语言既是建构性的也是表象性的"。并且认为，"在这里强调这一点是重要的，那就是，语言的这两种角色，没有哪一方能离开另外一方而存在：语言建构它所表象的"。② 这样一来，生态语言学就把语言与世界在一种双向的运动结构中统一起来了。

关于生态语言学的这一特征，斯特芬森与菲尔在《生态语言学：研究现状与未来视域》一文中也进行过说明。他们指出：21 世纪初的语言科学家与在荒原中迷失的徒步旅行者相似。科学作为一种朝向更连贯的理论、更好的方法、更深层次的见解、更宏伟的愿景和人类进步的单向运动的观念，在很大程度上是一个神话。当索绪尔、叶姆斯列夫斯基和乔姆斯基以及他们20 世纪的继任者，试图去限界一个语言系统的时候——分别称作语言（la langue, Saussure）、系统（system, Hjelmslev）和语言能力（competence, Chomsky）的时候，他们忽视了人们对语言的实际运用。尽管他们都是当时的伟大思想家，但索绪尔、叶姆斯列夫斯基和乔姆斯基的研究，把语言学扔进了一个大规模的感官剥夺实验室，从而根除了学科的外部地标。虽然这一根除在语言学领域取得了

---

① Peter Mühlhausler, *Language of Environment, Environment of Language: A Course in Ecolinguistics*, London & New York: Paul & Co Pub Consortium, 2003, p.2.

② Robyn Penman, "Environmental Matters and Communication Challenges", see Alwin Fill and Peter Mühlhausler eds., *The Ecolinguistics Reader: Language, Ecology and Environment*, London and New York: Continuum, 2001, p.145.

进展的表象,但在基于形式化的语言学的智力沙漠中行走的轨迹显示了封闭循环。能使迷失的旅行者在沙漠中逃避无休止的循环的,是朝向大自然赋予生命的地标——传播光明的太阳和星星,流向大海的河流,甚至一个见证人类存在的建筑或栅栏。如果我们坚持这个比喻,语言学也需要一个能给语言以生命、能给生命以语言的力量的符号。又说:"在 20 世纪的最后几十年里,生态语言学家已经解决了这一艰巨的任务:他们试图将语言理论重新定位于'外部地标',它可以让语言的漂泊者从结构的不毛之地进入到人类活动的肥沃土壤,这一领域被语言、互动和共存所充满。""在过去的四十年里,生态语言学家一直认为,无论是徒步旅行者还是语言学家,当他们忽视他们所活动于其中的生态环境时,他们都只能得到贫乏的回报。"①当初的李国正的汉语生态学研究,其实也正基于对语言学的类似的认识。李国正在他的《生态汉语学》中说:经过长期的艰难跋涉,我们看出了这样一个趋势:"从语言内走到语言外,由纯语言发展到泛语言,从微观扩展到宏观,由静态推进到动态。但是迄今为止,还没有发现无论哪一个学派将自然生态系统衍生的语言系统复归于自然生态系来进行考察研究。而我要做的,正是这样一个不自量力的工作。"②

可以清楚地看出,生态语言学致力于克服以往语言学,如结构主义语言学、转换生成语言学等的局限性,开始重新强调语言与外部环境、与自然、与世界之间的交互作用。生态语言学把生态学的概念、原则和方法运用于语言研究,也把生态学中的"生态系统"的概念移植到语言学领域,转指"语言世界系统"和"文化系统"。但同样是讲"系统",生态语言学所说的"语言世界系统"和结构主义所说的"语言系统"是有明显差别的。这里的"系统"不仅指内部系统,也指外部系统。生态语言学虽然很少直接论及语言对世界的指称关系,

①　S.V.Steffensen & A.Fill,"Ecolinguistics:the State of the Art and Future Horizons",*Language Sciences*,41(2014):pp.6-25.

②　李国正:《生态汉语学》,吉林教育出版社 1991 年版,第 3 页。

它研究的是语言与环境之间的相互作用问题,但这一研究表明了在生态语言学视野中,语言与自然、语言与环境、语言与世界是通过一种双向运动联系在一起的,二者之间是一体的、连续的、可以相互交流和沟通的。环境影响着人们的语言观念,影响着语言系统和对语言的运用,语言观念、语言系统和语言运用也对自然、环境和世界发生影响,语言与自然、环境或世界形成一个开放的、有活力的、在相互作用之中运动着的"语言世界系统",生态文学作品以及生态文学、文化研究构成的语言文本,都是这种"语言世界系统"的一部分,人们可以通过语言(文学)与自然、环境和世界进行交流沟通,也是可以对其产生影响和作用的。

但同时生态语言学也没有完全抛弃结构主义语言学的革命性成果,那就是它也承认语言对于世界的建构作用。而只有承认语言的建构作用,才可能通过生态文学、生态批评等一切存在于语言文本中的生态文化创造和理论研究来塑造一种生态意识,以达到促进改善那种非生态的真实的自然和社会环境的目的。同时也只有认识到语言的建构作用,我们才能充分理解文学作为语言艺术的特性,生态批评作为文学批评的特征也才可能被真正尊重。因此,也只有承认语言与世界之间的双向交互作用,才能为解决生态文学研究中的那个基本问题,即如何看待"文本"(词语世界)和"世界"(实在世界)的双向关系提供可能,从而克服当前生态文学、文化研究所遭遇的语言理论基础困境。

就像前面所说的,目前的生态文学、文化研究之所以处于一种语言基础困境之中,关键在于他们所试图依据的语言观,无论是传统的自然语言观和词物对应论,还是目前占主导地位的结构—后结构主义语言观,在理解语言与世界的关系问题上都存在着局限性。它们或者强调世界的本原性、先在性,忽视语言对世界的能动的建构作用,它们或者强调话语的优先性、建构性而否认语言对世界的表象功能,以致否认真实自然的存在,否认世界、环境对语言系统的作用。但如果否认真实自然的存在,一切生态文学、文化活动都将成为无源之水,无本之木;如果否认语言对于环境的表象功能,生态文学、文化也就不可能通过环境的表象让我们认识到人类面临的生态危机;但同时,如果人们否定语言对世界、对环境的能动的建构作用,也就不可能指望存在于语言中的生态文学、文化研究活动能为建构一种新的生态现实,能为解决生态危机提供什么帮助,并且也无法很好地理解生态文学作为一种语言艺术的特征。而要想突破这一困境,必须有一种能对二者进行批判综合的更加生态、辩证的语言理论。

而通过前面的梳理可以看出,生态语言学正是那种把语言的内部系统和外部世界,把语言的建构功能和表象功能统一起来的,在语言与世界的关系问题上持一种更加辩证态度的生态性的语言学理论。生态语言学强调语言与环境、语言与世界之间的双向交互作用,强调语言建构世界也被世界所建构,这就既克服了传统语言学强调世界对于语言的单向决定性作用,又超越了结构—后结构主义语言学单方面强调语言的优先地位,把语言作为自足的封闭的形式系统的局限性,它是"对处于参数窘境中的结构主义语言学和其他把语言看作封闭系统的中心化语言学进行摒弃的主要见证",①从而为突破目前生态文学、文化研究的语言理论基础困境提供了可能。

二、把语言作为"自然"与"文化"之间的中介

生态语言学对于生态文学、文化研究的语言学基础的建构性,不仅在于其强调语言与世界、语言与自然之间的双向交互作用,在语言与世界、语言与自然的关系问题上持一种更加辩证合理的态度,而且还表现在它把语言作为自然与文化之间的中介环节来理解,在语言的"自然性"与"约定性"问题上也持一种更为辩证的看法。我们前面提到,生态文学研究中的基本问题,文本与世界的关系,是与语言哲学中的一个基本问题,也即语言与世界的关系问题直接

---

① Alwin Fill, "Ecolinguistics: State of the Art 1998", Alwin Fill and Peter Mühlhäusler eds., *The Ecolinguistics Reader: Language, Ecology and Environment*, London and New York: Continuum, 2001, p.45, p.4.

相关的。而这一问题细分起来实际上存在着两个层次:一是语言与世界之间是否存在着联系的问题;二是这一联系是自然的还是人为的问题。而目前西方的生态批评之所以在文本与世界的关系问题上陷入困境,实际上也在于他们所试图依据的两种主要语言观,传统语言观和结构—后结构主义语言观,既没能辩证地看待语言与世界的联系问题,也没能辩证地看待语言是自然还是人为的问题。我们知道,在西方哲学史上,尽管亚里士多德和洛克都曾认为语言符号是约定性的,但西方传统语言观的主导倾向是强调语词与事物、语言与情感之间的自然联系。而以结构—后结构主义为代表的现代、后现代语言观,则把语言的"自然性"视作一种"幻觉"和"迷梦",突出强调语言符号的任意性、人为性、约定性。在语言是自然还是人为的问题上,不同时代、不同派别的语言学理论往往各执一端,非此即彼,总不能辩证地看待这一问题。但如果不能辩证地看待语言是自然还是人为的问题,也很难辩证地看待自然与文化的关系。因为所谓人为的约定,也是指一种文化的规约,文化与人为不可分割。如果不能辩证看待语言的自然性和人为性、自然与文化的关系问题,也很难从根本上解决语言与世界、文本与世界的关系问题。

因为如果语言本身是自然的,用语言文字写成的文学文本以及文学、文化研究著作都将从根基上具有一种自然性,它与外在物理自然之间也将自然地存在着一种自然的对应。这将为文本与世界之间的关联提供一种内在根基。但如果语言符号是任意的、人为的、约定的,存在于语言符号中的文学文本与外在的自然就将不存在自然的、必然的联系,这将为文本与现实世界的分离或分裂提供依据。在这一意义上说,语言与世界、文本与世界是否存在着对应关系,这种对应联系紧密与否,与人们如何看待语言的自然性和人为性大有关系。因此,生态文学、文化研究在遭遇结构—后结构主义对语言与世界之间的联系的解构时,会有意识或无意识地求助于那种传统的自然语言观。但生态批评家很快也发现,那种传统的自然语言观,也并不能很好地解决文本与世界的关系问题。因为,如果单纯强调语言符号的自然性,将无法解释文学语言自主的创造性、想象性、虚构性,将无法很好地说明生态文本中的自然与文化的关系,无法理解文学语言的建构功能。因此,语言是自然的还是人为的问题上的那种非此即彼的观点,也是生态文学、文化研究陷入困境的原因之一。而要想突破这一困境,我们也需要一种辩证地认识语言的自然性和人为性的语言学。而生态语言学在这一问题上同样提供了更为辩证、合理的看法。

自豪根之后,生态语言学家芬克(Peter Finke),把生态学隐喻进一步拓展,应用于文化领域,提出了"文化生态学"。在研究文化生态学有关问题时,他提出了从进化的角度看待自然的生态和文化的生态的问题,并提出了语言作为自然与文化之间的"缺失环节假说"(missing-link-hypothesis)。他说:"我认为语言科学在探索文化生态学方面通过打造其众多子孙中的一种,也就是生态语言学,这也是其兴趣的中心,能够获得新的令人激动的身份规定性。探讨进化和语言交际的生态,能为从实质上革新我们的语言观念和语言学提供一个机会。"又说:"文化是自然的孩子,文化的进化是自然进化的子孙。"在从自然向文化进化的过程中,"我坚持语言是一种类似'活化石'的东西,亦即是一种中介性的结构环节,它今天仍然保存了一些生命进化过程中的大多数令人激动的时期的脚印"。①

与芬克的这种观点相类似,穆尔豪斯勒也认为,语言的状况印证着自然的进程和环境的变化,"语言是长期的历史发展的结果,它的语法可以被视作一种记忆,就像一种现象如冰川可以被视作过去的气候变化的记忆一样"②。穆尔豪斯勒还指出,抛开"自然的"这一术语中某些最声名狼藉的方面,"假定人类语言的某些方面具有一种生物学('自然的')基础似乎是有道理的"。"一些发现表明,一种语言社区的大小与它存在其间的生物种类多少之间存在着

---

① Peter Finke, "Identity and Manifoldness", Alwin Fill and Peter Mühlhäusler eds., *The Ecolinguistics Reader: Language, Ecology and Environment*, London and New York: Continuum, 2001, p.85, p.86, p.88.

② Peter Mühlhausler, *Language of Environment, Environment of Language: A Course in Ecolinguistics*, London & New York: Paul & Co Pub Consortium, 2003, p.47.

直接的联系：在具有生态多样性的地区比如热带雨林地带，也存在着数目众多的语言；而在生态环境相对单一的区域如沙漠或极地，则发现语言的数量也少得多。"①因此，穆尔豪斯勒认为："语言，由于它依赖于外部世界的功能链，并且由于它是其中的不可脱离出来的一部分，它因此也是一种生态现象。"而"为了采用生态的方法，在语言作为一种自然科学和作为一种社会科学之间的古老区分已经变得不重要了，因为生态本源，家园性（homeness）依赖于这两个领域之间的功能连接"。又说，"既表现出巨大的与文化相关的可变性，同时又受制于自然的限制的语言，在维护自然与文化的功能连接方面发挥着关键的作用"②。

由此可以看出，无论是芬克的语言作为自然与文化之间的"缺失环节"的假说，还是穆尔豪斯勒的关于语言多样性和生物多样性之间存在着直接联系的看法，都与那种把语言看成纯粹的文化现象，单方面强调语言的任意性、约定性的语言观不同，它暗示了语言规则在某种程度上来源于自然规则，我们的语言在某种程度上记录了自然进化的进程，它今天仍然带着来自自然的印痕，这使我们坚信，我们的语言今天仍然具有与自然亲近、沟通的能力，可以表象、印证我们的环境。而这正是一切生态文学以及文学、文化理论话语得以存在的前提。

但芬克的假说和穆尔豪斯勒的发现更为合理的地方还在于，他们并没有单方面强调语言的自然性，他们并没有把语言看成被动单向地适应自然环境的结果，芬克把语言作为自然向文化进化的中介环节来看待，强调语言连接自然与文化的中介功能；穆尔豪斯勒强调语言的多样性和生物多样的相互影响，也认为语言在维护自然与文化的功能连接方面发挥着关键的作用，这说明，在

---

① Peter Mühlhausler, *Language of Environment*, *Environment of Language*: *A Course in Ecolinguistics*. London & New York: Paul & Co Pub Consortium, 2003, pp.34-35.

② Peter Mühlhausler, *Language of Environment*, *Environment of Language*: *A Course in Ecolinguistics*. London & New York: Paul & Co Pub Consortium, 2003, p.9, p.13.

他们看来,语言不仅具有自然性,同时也与人为的文化规约联系在一起。这种看法不仅有助于解决语言学、语言哲学中的"自然论"和"约定论"之争,而且对于辩证地理解生态文学、文化研究中的"自然"与"文化"的关系也具有重要意义,并有助于从根本上解决生态文学研究面临的"文本与世界"关系方面的理论难题。生态批评的发起者之一格罗特菲尔蒂(Glotfelty)曾经说:"所有的生态批评都共享一个基本假定:人类的文化是与自然物理世界紧密相关的,它影响自然世界,也被自然世界影响。生态批评把自然与文化的相互作用的关系作为自己的主题,尤其是文化产品语言与文学的关系。"①由此亦可看出,语言的"自然性"与"约定性"问题的解决对于生态文学、文化研究的语言理论基础建构所具有的关键意义。

三、在自然、社会和精神的关系中理解语言的"环境"

生态语言学对当今的生态文学、文化理论的建构作用,不仅在于其强调语言与世界、语言与环境之间的双向交互作用,并把语言作为联系自然与文化的中介来理解,而且还在于"语言与环境"关系中的"环境"是在广义上被使用的,环境不仅指"自然环境",也指"社会环境",甚至也指"精神心理环境"。豪根在《语言的生态学》一文中谈论语言与环境的交互作用时,对于"环境"一词,特别指出:"环境的定义或许会把人的思想首先引向语言提供指示的指称性世界。然而,这不是语言的环境,而是语言的词汇和语法。语言真正的环境是把它作为一种符码来使用的社会。语言只是存在于它的运用者的精神中,并且仅仅在与其相关的使用者相互之间,在与自然,亦即在与自然和社会环境相互之间发生作用。"②

---

① Arran Stibbe, *Ecolinguistics: Language, Ecology and the Stories We Live By*, London and New York: Routledge, 2015, p.14.

② Einar Haugen, "The Ecology of Language", Alwin Fill and Peter Mühlhäusler eds., *The Ecolinguistics Reader: Language, Ecology and Environment*, London and New York: Continuum, 2001, p.57.

由此可以看出,豪根所说的"环境",不是语言系统中的概念所指,而是真实存在的环境。同时生态语言学中所说的"环境"不仅指物理"自然环境",而且也指"社会环境",甚至也指"精神心理环境"。与豪根对"环境"的看法相类似,丹麦生态语言学小组也提出:"我们所说的环境是意识—逻辑环境 ideo-logical environment(精神组织)、生物—逻辑环境 biological environment(物理组织)、社会—逻辑环境(socio-logical sociological environment)(社会组织)三者之间的辩证关系。"环境的"这些维度产生了后来的语言的自然、心理和社会生态系统"。① 在这个生态系统中,语言被看作是与各种环境因素相互作用的,很少有完全单独强调语言与自然环境的相互作用关系,虽然这种对于环境的理解,随着"批评的生态语言学"的产生有所变化,自然环境或生命系统的地位被强调。如亚历山大与斯提布说:"生态语言学就是研究语言对人类、其他生物和自然环境之间维持生命的关系的影响的。换句话说,生态语言学关注的是语言如何参与形成、维持、影响或破坏人类、其他生命形式和环境之间的关系。"它的一般取向是保存维持生命的关系。② 但由于语言毕竟不同于生物学意义上的自然生命体,离开了使用它的人,是不会自发产生的。人也不是纯粹的自然存在物,而是社会的、文化的存在物。人类的语言现象因此也不是一种纯粹的自然现象,语言生态系统总具有某种的"隐喻"的含义,语言与自然环境的关系,也总是不能与社会环境、文化环境和人的心理意识环境完全分离。或许应该说,生态语言学关注的是一种在语言与自然环境基础上的"全息性"关系。③ "批评的生态语言学"与"隐喻的生态语言学"都是如此。

---

① H.H.do Couto,"Ecosystemic Linguistics",Alwin Fill and Hermine Penz eds.,*The Routledge Handbook of Ecolinguistics*,New York:Routledge,2018,p.150.

② Richard Alexander,Arran Stibbe,"From the Analysis of Ecological Discourse to the Ecological Analysis of Discourse",*Language Sciences* 41(2014):104—110.

③ 根据钱冠连的解释,"语言全息论(the theory of language holography)是以生物全息律、宇宙全息律与系统论来解释语言内全息状态与语言外全息状态的语言理论"(钱冠连:《语言全息论》,商务印书馆 2002 年版,第 20 页)。我们这里用"全息性"来表达语言与自然环境、社会环境、文化环境、心理环境以及宇宙整体之间或天地万物之间的一种全方位的息息相关的关系。

谈到对于语言环境的理解,李国正的生态汉语学对于环境的看法也非常值得一提。我们前面已经谈到,如果按西方生态语言学研究的两大范式进行定位的话,他明显属于豪根线路上的"语言生态学"研究。但他对环境系统的界定,与豪根既有相通的地方,又有不同的地方。豪根的系统包括自然环境、社会环境与心理环境。他的环境则分成两个大方面:外环境和内环境。内环境就是语言系统自身。外环境又包括自为环境与自在环境。自在环境包括自然系统、社会系统、文化系统,自为环境则包括人群系统。他说:

> 自然界存在着许多生态语言系统。但是一定的环境未必产生与之相应的语言系统,对一定的语言系统来说,必有一定的环境系统与之相对应。我把与语言系统和对应的环境系统叫做语言的外生态环境系统。对任一语言单位而言,语言系统内的其它单位和关系都是这一语言单位的内生态环境。内、外生态环境简称生态环境。语言的外生态环境系统包括自然系统、社会系统、文化系统以及人群系统。前三者合称为自在环境系统,后者又称为自为环境系统。这儿的"自在"和"自为"只是用来区分环境系统中的两种不同类型,并不具有严格的哲学含义。①

由以上引文可以看出,李国正强调语言与环境之间的相互作用,偏重于强调环境对语言的决定作用。但我们这里感兴趣的是他把语言的生态环境划分为四个部分:自然结构、社会结构、文化结构与自为结构。而所谓"自为结构"就是人、语言使用者的结构。与豪根的环境概念相比,他又把文化单列出来,由三个层面变成四个层面,环境的构成层次因此也更为丰富、细致。他的自然结构包括地理因子、气候因子、景观因子,他的社会结构包括经济因子、民族因子、阶级因子、宗教因子、政治因子五个方面。对于文化结构,他又划分出物质文化因子、人的思维因子、观念因子、社会习俗因子。对于自为环境,则又区分出

---

① 李国正:《生态汉语学》,吉林教育出版社1991年版,第48页。

八个方面:这就是人的意向因子、人格因子、性别因子、年龄因子、角色因子、情感因子、情境因子、心理因子。并且强调自为环境也即人群系统作为创造语言的主体,在生态语言系统中重要的中介作用。①

这样一来,"语言与环境"的关系,实际上也内含着"语言与人"的关系,就像我们前面所说的,广义的"词与物"(语言与世界)的关系,也内含着"词与心"(语言与人)的关系。语言与环境之间的交互作用,就不仅是指语言与自然环境之间的交互作用,而且还指语言与社会环境、与精神心理之间的交互作用,这使得生态语言学成为一门具有极其丰富"参数"的语言学,它把对自然生态问题的关注与对社会生态、文化生态、精神生态问题的关注联系起来。这就使得生态语言学不仅仅是专注语言与自然环境相互关系的学问,而是同时关注语言与自然、语言与社会、语言与文化、语言与心理等的广阔领域。

在生态语言学的视野中,语言离不开物理自然环境,离不开使用它的社会,也离不开使用它的人,自然、社会和人的精神心理都会在语言中打上它的烙印,但语言对于自然、社会和人的精神意识,又不仅仅是被动的适应,而是具有积极的建构作用。生态语言学的另一开创者韩礼德指出:"我们的现实不是现成的东西和等着被意指的——它是被能动地解释的(construed),语言是在这一解释的过程中作为它的中介者形成的。语言不是一个基础之上的上层建筑,而是意识和物质彼此影响的产品——是我们的物质存在和意识存在之间的冲突的结果,是我们充满对立的经验的王国。因此语言具有塑造我们意识的权力,它通过提供给他或她用来解释或操纵环境的理论而对每一个人类的孩子起作用。"②

这意味着,语言作为一种中介力量,人们生态或非生态的意识、观念都会

---

① 参见李国正:《生态汉语学》,吉林教育出版社 1991 年版,第 141、153、164 页。

② M.A.K.Halliday,"New Ways of Meaning",Alwin Fill and Peter Mühlhäusler eds.,*The Ecolinguistics Reader*:*Language*,*Ecology and Environment*,London and New York:Continuum,2001,pp.179-180.

体现在语言观念、语言系统和语言运用中，而语言也会通过语言观念、语言系统和语言运用塑造、建构一种生态或非生态的世界观。生态语言学者乔拉（Saroj Chawla）说，"我认为在语言、哲学（或一种世界观）与我们对待自然环境之间存在着紧密的关系"。又说："当一个人讨论人类与自然环境之间的关系的时候，他可以区分出现实的两个向度：客观现实和认知现实。客观现实是指自然环境——空气，水，海洋，山，气候等等。认知现实是指人类的知觉和创造。认知的创造可以修改客观的现实，从搭建一个棚屋到竖起一个摩天大楼，从使用畜动力到建造核电站。认知现实与语言密切相关，因为对客观现实的改造是被语言促进的。语言具有激发意象和复杂观念的力量。起初模糊的观念，慢慢地会变得确定并变成结晶化的现实本身。""语言因此能被说成是人类大多数认知活动的源头。"① 卡西尔也曾经说："全部理论认知都是从一个语言在此之前就已赋予了形式的世界出发的；科学家、历史学家以至哲学家无一不是按照语言呈现给他的样子而与其客体对象生活在一起的。"②

也就是说，语言可以通过建构我们的世界观，建构"认知现实"来达到改变和建构"客观现实"的目的。实际上，我们也只有承认语言对社会现实、对意识观念的建构作用，才能够理解语言积极的"创造力量"，认识到这种力量"在塑造人民的意识，影响社会变革的方向方面将会发挥着重要的作用"。③语言正因为在塑造人民的意识、建构认知现实方面发挥着重要作用，我们才可能指望通过存在于语言之中的生态文学、文化创造和批评、研究活动，重塑一种生态世界观，重塑一种生态意识，以改变人们对待世界、对待环境、对待自然的非生态的态度，最终达到拯救自然，改善自然、社会和精神生态环境的目的。

---

① Saroj Chawla, "Linguistic and Philosophical Roots of Our Environment Crisis", Alwin Fill and Peter Mühlhäusler eds., *The Ecolinguistics Reader: Language, Ecology and Environment*, London and New York: Continuum, 2001, p.115.

② ［德］卡西尔：《语言与神话》，于晓等译，三联书店 1988 年版，第 55 页。

③ M.A.K.Halliday, "New Ways of Meaning", Alwin Fill and Peter Mühlhäusler eds., *The Ecolinguistics Reader: Language, Ecology and Environment*, London and New York: Continuum, 2001, p.191.

因此,这种在广义上使用"环境"概念,强调语言与自然、与社会、与精神环境之间相互作用的生态语言观,不仅突破了结构主义语言学的封闭性和结构—后结构主义语言观单方面强调语言对世界的建构作用的局限性,而且还吸收了结构主义语言学的某些革命性成果,与传统的单方面强调世界对语言的决定性作用,彻底否定语言对世界的建构作用的那种表象语言观不同,而是对二者进行了辩证综合,这使它不仅可对非生态的社会文化批判提供武器,也可为生态性世界观的塑造提供依据;同时,它还有助于更深入地解释生态文学作为一种语言艺术方面的问题。因为生态文学作为一种语言艺术,它并不仅仅是对外在自然环境的模仿,生态文学必然也会出于艺术效果或其他方面实用效果的考虑而自觉或不自觉地使用想象、虚构和语言修辞,建构出一个生态文学世界。而且生态文学作为一种文学艺术,它也不仅仅关注人与自然环境的关系,它也关注人与社会现实,与人自身的精神心理的关系问题。况且生态危机的产生主要不是由自然而是由人的观念、文化和活动造成的。"环境问题是我们自身意识及其作用的问题,而不是自然自身的问题。"①因此,离开了人的精神心理与自然环境、社会环境的冲撞与交织,没法理解生态问题,生态文学也将失去其深厚的艺术魅力。而在豪根看来,语言的生态"部分是心理上的:它在说双语和多语者的头脑中,作为与其他语言的相互作用而存在。语言生态的另一部分是社会学的:它作为与社会互动的交流媒介而存在。语言的生态主要是由学习、使用和传播语言的人决定的"②。根据这种观点,生态文学研究也应在一种更广阔的视野中,与自然、社会和精神心理的交互作用之中,不仅关注人与自然的和谐共存问题,也应在人与自然和谐共处的基础上探讨人与社会、人与自我的和谐共存问题。这亦是说,社会生态、精神生态与自

---

① Peter Finke,"Identity and Manifoldness", Alwin Fill and Peter Mühlhäusler eds., *The Ecolinguistics Reader:Language,Ecology and Environment*, London and New York:Continuum,2001,p.89.

② Einar Haugen,"The Ecology of Language", Alwin Fill and Peter Mühlhäusler eds., *The Ecolinguistics Reader:Language,Ecology and Environment*, London and New York:Continuum,2001,p.57.

然生态一样，也是生态文学应该关注的问题。而生态语言学对环境的开放理解，正可以为这种开阔的生态文学、文化研究提供理论支持。

　　总之，无论是传统的强调"物"的先在性、本体性的表象性语言观，还是强调话语优先地位的建构性的结构—后结构主义语言理论，都不能为生态文学文化研究提供全面的理论支撑。而当今的生态语言学则为突破这种困境提供了某种契机和可能。生态语言学强调语言与环境、语言与世界之间的双向交互作用，把语言作为自然与文化之间的中介环节来理解，并把语言的"环境"置于自然、社会和精神心理因素的复杂关系之中，这使它既超越了其他语言学在语言与世界关系问题上的那种"世界建构语言"或"语言建构世界"的单向决定论，也超越了在语言的"自然性"和"约定性"问题上的那种非此即彼的二元论看法，以及把语言现象封闭起来加以研究的局限性，成为一种具丰富"参数"的真正生态辩证的语言学理论，并因此对当今的生态文学、文化研究的语言理论基础建构具有重要意义，有助于我们更合理地看待文本与世界、自然与文化、自然生态与社会生态和精神生态的关系。当然除了生态语言学的语言观可以为生态文学、文化理论奠定语言理论基础外，海德格尔的现象学存在论的生态语言哲学、艾布拉姆的身体现象学的生态语言哲学以及道家的生态语言哲学都可以为当今的生态文学、文化研究的语言理论基础建构作出贡献。我们下面将主要以海德格尔和艾布拉姆的生态语言哲学为基础探讨一下生态语言哲学对于生态文学、文化研究语言理论基础建构的作用。

第三章 生态语言哲学对生态文学、文化研究语言理论基础建构的意义

今天通常所说的"生态语言学",主要是指"生态语言科学",而非"生态语言哲学"。但我们认为,就像狭义的"生态学"主要是指"生态科学",广义的"生态学"既包括"生态科学"也包括"生态哲学"那样,狭义的"生态语言学"可以是指"生态语言科学",但广义的"生态语言学"应该既包括"生态语言科学",也包括"生态语言哲学"。我们知道,在广义的"生态学"中有一种"深层生态学"(deep ecology),这种深层生态学正是一种生态哲学而非生态科学,在广义的"生态语言学"中,也可以有一种作为生态语言哲学的"深层生态语言学"(deep ecolinguistics)。这种"深层生态语言学"追求更彻底、更深层、更系统的生态语言观,这种语言观可称作"深层生态语言观"。生态语言学的长远发展和作用的更好发挥,是离不开语言学的深层生态化,离不开生态语言哲学观念支撑的。正是基于此,我们主张,生态语言学研究从一般意义上的作为"生态语言科学"的生态语言学,扩展到包含"生态语言哲学"的广义的"生态语言学"。而这种扩展实际上也是符合当今中西方生态语言学研究趋势的。

第一节　从"生态语言学"到"生态语言哲学"的拓展

一、生态语言学研究的哲学化趋势

我们在前面已经谈到,菲尔与彭茨在谈到 21 世纪生态语言学的"新定位与未来方向"时曾指出,未来生态语言学的重要趋向之一即是"生态语言学的哲学化与跨学科性"。他们指出:"在将来,具有哲学意识的生态语言学家将在一个元层面(meta-level)上更深入地研究语言。"①生态语言学的这种哲学化趋向,在英国生态语言学家阿伦·斯提布的研究中已有比较突出的表现。斯提布说:"生态语言学分析语言以揭示我们赖以生存的故事,根据生态哲学(ecosophy)对这些故事进行判断,对于违背生态哲学的故事加以抵制,以对寻找(有利于生态系统的)我们赖以生存的新故事作出贡献。"并且指出:"根据定义,生态哲学包括对于维持生命的人、其他物种与环境之间相互作用关系的考虑。"②并且特别提到阿伦·奈斯(Arne Naess)的"深层生态学"和海德格尔的生态哲学。他转引奈斯的话说:"我所说的生态哲学,是指一种生态和谐哲学,……它明显是规范性的,包含标准、规则、条件、价值取向和关于事态的假设;……一种生态哲学的细节将会表现很多很多变化,这是因为不仅污染、资源、人口等因素在'事实'上存在显著差异,而且在价值取向上也存在明显不同(Naess,1995:8)"。③并指出他自己这本书的哲学框架,是奈斯的"深层生

---

① Alwin Fill and Hermine Penz eds., *The Routledge Handbook of Ecolinguistics*, New York: Routledge,2018,p.441.

② Arran Stibbe, *Ecolinguistics: Language, Ecology and the Stories We Live By*, London and New York: Routledge,2015,p.198.

③ Arran Stibbe, *Ecolinguistics: Language, Ecology and the Stories We Live By*, London and New York: Routledge,2015,p.19.

态学"。这个生态哲学用一个词表达就是"活生生(living)"。①

斯提布的这种哲学化倾向,影响到中国学界的生态语言学研究。如黄国文、何伟等人的生态话语分析无不提到斯提布的生态哲学(ecosophy)。黄国文在《生态哲学与话语的生态分析》中指出:"我们认同亚历山大与斯提布(Alexander & Stibbe,2014)的观点,不但要对涉及生态问题的话语(如环境保护报告、濒危语言抢救呼吁,等等)进行分析,而且要遵循生态的理念和原则,对所有类型的话语进行生态分析,这就是'话语的生态分析'。要对话语进行生态分析,就必须重视分析者的'生态观'(Ecological view),这也称为'生态的哲学'(Ecological philosophy),简称为生态哲学(Ecoso-phy)。"又说:"本文主要讨论生态哲学与话语的生态分析问题,涉及的内容包括:语言使用者对世界上一切事物和事件的'识解'(Construe)(Halliday & Matthiessen,1999)与其所持有的关于世界上各种事物和事件的'识构'(Story)(Stibbe,2015)。根据 Stibbe(2015:207)的观点,识构指的是:存在于个人头脑中、影响个人看待世界的认知结构。这里所说的识解和识构反映了我们的世界观和生态哲学,而个人特定的世界观和生态哲学又时刻指导、引导和影响着我们对世界的认识和所作出的一言一行。"②但黄国文教授不只是借鉴斯提布的生态哲学观,还运用中国道家哲学和儒家哲学来发展他的生态观。但无论是借鉴斯提布的生态哲学,还是借鉴中国传统哲学,都导向"生态和谐"这一观念,并形成他的"和谐话语分析"。③ 而对"生态和谐"的追求,在中国生态语言学研究中具有某种代表性。我们前面提到的冯广艺的生态语言学研究也强调对生态和谐话语的建构。而这一追求也已引起国际生态语言学界的注意。

---

① Arran Stibbe, *Ecolinguistics : Language , Ecology and the Stories We Live By* , London and New York : Routledge , 2015 , p.22.

② 黄国文、陈旸:《生态哲学与话语的生态分析》,《外国语文》2016 年第 6 期。

③ 赵蕊华、黄国文:《生态语言学研究与和谐话语分析》,《当代外语研究》2017 年第 4 期。

菲尔与彭茨就曾指出:"生态语言学的哲学的一面也出现在中国,在那里有一种倾向,不是把生态语言学看作一种科学,这种科学试图使人了解更多关于世界的信息,甚至有助于通过解决一些生态环境问题改善我们的生活,而是更多地把它视作一种哲学,一种精神状态,在这里和谐在所有观念中是最重要的、占支配性的。"又说:"生态语言学被认为是存在于儒家与道家哲学精神中的,它们特别强调人与自然之间的和谐。生态语言学因此被视为一种统一的生态世界观,尽管其他问题,如提高对生态问题的意识一直被保持为不被考虑。在接下来的几十年,在这方面将有许多工作要做。"又说:"生态语言学作为一种跨学科的科学(或辩证哲学),它超越了传统的语言学,并创造了所有事物和观念相互依存的意识。生态语言学在这一层面上,将被许多学者视作一种相互作用与和谐的哲学。在这一语境中,生态语言学在中国的发展,将值得特别关注,因为它在这个国家似乎发展特别迅速。"①

从菲尔与彭茨的这段话不难看出,中国生态语言学研究的哲学化已引起国际生态语言学界的关注。从这里也可看出,"生态语言学"在西方或者说在以往总体上是被视作"科学"的,正因如此,哲学化趋势才能被看作一种新的"动向"。但二位认为中国的生态语言学研究不把生态语言学视作一门科学,不关心生态环境问题的解决,只是把它当作一种哲学,一种生态世界观,恐怕有失偏颇(因为毕竟有不少中国学者,是在借鉴西方生态语言学的观念与方法,从事一种语言生态学研究),但说中国当前的生态语言学研究非常关心生态哲学观念并时常到中国传统哲学中去寻找资源,这的确是符合实情的。但就像菲尔与彭茨所指出的,生态语言学的哲学化在未来的几十年还有许多工作要做,对于生态语言学研究来说,也不能只依据哪一种哲学传统,各个民族的哲学都可能为生态语言学的哲学建构作出贡献。"生态语言学应该包含越来越多的世界各地的各种不同的哲学传统,如果它们强调生命有机体与其环

---

① Alwin Fill and Hermine Penz eds., *The Routledge Handbook of Ecolinguistics*, New York: Routledge, 2018, pp.441-442.

境之间的相互依存关系的话。"①也就是说,如果一种哲学"强调生命有机体与其环境之间的相互依存关系",就说明它具有一种生态精神,这种哲学可以说是一种生态哲学,对生态语言学研究来说就具有可资借鉴的价值,不论它是哪个民族的。

但菲尔与彭茨,以及斯提布等人没有谈到的是,在所有具有生态性的哲学中,有一种生态哲学与生态语言学的关系至为密切,那就是"生态语言哲学"。生态语言哲学作为对语言的具有生态性的哲学思考,它们不仅坚持生命有机体与环境之间的相互依存关系,而且坚持一种有利于重建人与自然和谐共生关系的语言观,认为语言对于建立这种相互依存关系是具有至关重要的意义的。如果一种哲学认为语言对于建立这种相互依存的关系具有至关重要的意义,或者说它对语言的看法有利于人与自然之间和谐共生关系的建立,它就是在坚持一种"生态语言观"。而简单一点说,坚持一种"生态语言观"的哲学就是"生态语言哲学"。而这种生态语言观不仅是生态语言哲学要坚持的,它也是通常意义上的生态语言学应该坚持的,如果生态语言学不能坚持一种生态语言观,它也称不上是一种真正的生态语言学。从这一意义上说,生态语言哲学与生态语言学又是具有交叉之处的,它与生态语言学的关系无疑要比一般意义上的生态哲学与生态语言学的关系更为密切,所以它也是当今生态语言学研究尤其需要借鉴或引入的,或者说,广义的生态语言学就应该包括生态语言哲学,至少也是应该把它纳入自己的研究范围和视野的。但从目前的生态语言学研究来看,在这一点上还是不足的。

今天人们通常所说的"生态语言学"主要还是指"生态语言科学",而非"生态语言哲学"。斯特芬森在与菲尔合作发表于 2014 年的一篇题为《生态语言学:研究现状与未来视域》的文章,曾把未来的生态语言学勾画为一门统

---

① Alwin Fill and Hermine Penz eds., *The Routledge Handbook of Ecolinguistics*, New York: Routledge, 2018, p.442.

一的"生态语言科学"（ecological language science），甚至是一门"语言的自然科学"（naturalised science of language）。但我们认为，就像狭义的"生态学"（ecology）主要是指"生态科学"，广义的"生态学"既包括"生态科学"也包括"生态哲学"那样，狭义的"生态语言学"仍然可以指"生态语言科学"，但广义的"生态语言学"应该既包括"生态语言科学"，也包括"生态语言哲学"。我们知道，在广义的"生态学"中有一种"深层生态学"（deep ecology），这种"深层生态学"正是一种生态哲学而非生态科学。在广义的"生态语言学"中，也可以有一种作为生态语言哲学的"深层生态语言学"（deep ecolinguistics）。就像"深层生态学"作为一种生态哲学而非生态科学具有更彻底、更激进的生态观念那样，这种"深层生态语言学"作为一种"生态语言哲学"，它追求的也是语言观念上的更彻底、更深层、更系统的生态化，这种语言观我们把它称作"深层生态语言观"。美国学者艾布拉姆曾经说："生态科学仍然作为一种高度专门化的局限性学科在机械的生物学范围内运作。没有哲学家的关注，生态学便缺乏一种连贯的、普遍的与它的目标相适合的语言，它仍然只是生长着的相互分离的事实、怨恨和不能传达的愿景。"①其实，生态语言学的长远发展和作用的更好发挥，也是离不开语言学的"深层生态化"，离不开生态语言哲学观念作为支撑的。正是基于此，我们认为，"生态语言学"应从作为"语言科学"的生态语言学拓展到包含"生态语言哲学"的广义的"生态语言学"。所以这一章里我们致力于从通常意义上的作为生态语言科学的生态语言学，向包含生态语言哲学的广义生态语言学拓展，以推进生态语言学观念的深层生态化，也使它能更好地为生态文学、文化研究的语言理论基础建构作出贡献。毕竟文学、文化研究与哲学的关系要比与科学的关系更为切近。

为了更好地理解生态语言哲学对于生态文学、文化研究语言理论基础建构的意义，我们首先需要对生态语言哲学视野中的生态语言观进行一下界定

①　David Abram, "Merleau-Ponty and the Voice of the Earth", *Environmental Ethics* 10, 2 (1988): 101–120.

梳理，因为生态语言哲学视野中的生态语言观，与生态语言科学视野中生态语言观还是具有一定差异的。一般地说，生态语言哲学与生态语言学在如何看待"语言与自然"的关系问题上是具有共识的，差异主要表现在如何看待"语言与人"的关系上。大致说来，生态语言学所说的语言还只是人类的语言，一般语言学也认为，只有人类的语言才称得上是"语言"，在这种情况下，其无论如何是无法坚持一种比较彻底的反人类中心主义的语言立场的。但在生态语言哲学中，语言的概念已经向"大于人类的世界"（more than human world）的语言概念拓展，因此它得以坚持一种更加彻底、更加激进的反人类中心主义"深层生态语言观"。

二、生态语言哲学视野中的"深层生态语言观"

如前所述，生态文化的核心价值目标，是促进人与自然的和谐共生关系。与这种核心目标相一致，一种生态语言观也必然是有助于重建人与自然之间的交流与联系，最终有利于重建人与自然之间的和谐共生关系的。人们的语言观念对生态观念的影响，一方面表现在如何看待"语言与自然"的关系上，另一方面表现在如何看待"语言与人"的关系上。根据目前比较通行的看法，造成人与自然关系的失调，并最终造成生态危机的根源的，主要是人类中心主义的世界观。人类中心主义世界观产生的原因，一方面是由人的生物特性和人类在自我所处的空间基础上发展起来的认知特性造成的；另一方面则是由人类对自我的良好感觉造成的。根据那种比较激进的生态语言哲学的观点，人类的良好感觉的一个重要来源就是那种认为只有人才是一种有智识、有语言的高等动物的观点。这种认为只有人类才有智识、才有语言，把语言视作人类的特权和所有物的语言观，就是一种典型的人类中心主义的语言观。如果语言只是人类的特有现象，如果自然没有语言，语言就成为人类的独白，人类与自然之间的对话便无可能，人类又如何指望通过语言重建人与自然之间的交流与联系呢？因此，那种有利于重建人与自然之间的交流与联系，重建人与自然的和谐共生关系的生态语言观,必然首先要反对人类中心主义的独白语言观,把语言看成是所有生命现象的表现甚至是所有存在者可能有的显现,而不是人类的所有物和特权。

由于人类中心主义的独白语言观,把语言仅仅看作是人类的所有物,看成是人与动物区别开来的智性标志,其中隐藏的是"语言"与"理性"之间可以等同或置换的逻辑,人类中心主义的语言观因此实质上也是一种"理性中心主义"的语言观。而这种理性中心主义的语言观正是构成人类统治自然的逻辑前提。透过18世纪德国语言学家赫尔德对语言的看法可以清楚地看出这一点。在赫尔德看来,所有动物乃至整个自然界都是有自己的语言的。但这种语言绝不同于人类的语言。人类的语言也即真正意义上的语言虽然也以感觉为基础,但它之所以是真正的语言关键在于其中所蕴含的知性或理性。他说:"正是由于人类理性离不开抽象,每一步抽象又都离不开语言,语言才必须包含在每个民族的抽象概念之中,即语言既是理性的工具,也是理性的映像。"[1]"真理无疑是:'人依靠知性统治自然,而知性也正是语言之母。'"[2]由此可以看出,语言、理性与统治之间的关系。近代以来人类通过语言对自然的统治,正是以语言中所包含的理性为前提的。

这种理性中心主义的语言观,往往用抽象的"逻辑"和"语法"解释语言的本质,把人拥有语言看成是人类具有理性和智识的标志,语言在这里充当的作用主要是认识和表象的"理性工具",这种理性中心主义的语言观因此也可以说是一种认识论、工具论的"逻辑语言观"。这种把语言视作认识和表象工具的逻辑语言观,是人类拥有良好感觉,认为人高于其他动物乃至整个自然界的重要来源和根据。而这种良好的感觉,正是构成人类剥削自然、统治自然的逻辑前提,它让语言从认识自然、表象自然的理性认知工具必然发展成剥削自然、统治自然甚至摧毁自然的"实用工具"。这也使得那种有志于重建人与自

---

[1]　[德]赫尔德:《论语言的起源》,姚小平译,商务印书馆1998年版,第72页。
[2]　[德]赫尔德:《论语言的起源》,姚小平译,商务印书馆1998年版,第44页。

然和谐共生关系的生态语言观,必然反对理性中心主义的、单纯强调语言的抽象理性和逻辑本质的逻辑语言观,坚持一种把语言看作是所有生命存在的表现或显现的"诗性语言观"。

其实,从当今文化来看,造成或加剧人类与自然之间关系失调的,不仅在于那种把语言当作人类特有物的人类中心主义和理性中心主义的独白语言观,而且还在于那种不仅认为语言只是人类的文化现象,而且还认为人类的语言只是一种空洞的符号、一种任意的标记,它既与人类主体的心灵无关,也与客观的自然、世界没有任何联系的任意的、约定的语言观。当今以结构—后结构主义为代表的、专门强调语词与事物、能指与所指之间的区别与分离的"词物分裂论",就典型属于这一类的语言观。这种语言观虽然由于它的反主体性,在某种程度上解构了人类中心主义的傲慢,但由于它否定语言与自然的任何关联,甚至否定自然本身的存在,仍然是一种"非生态"的语言观。这种语言观不仅无益于而且有害于重建人与自然之间的交流与联系。如果一种语言观认为语言是人类的独有现象,但认为人类的语言与自然世界存在着自然联系,那么人类仍然是有望通过语言重建人与自然的交流与关联的。但如果人们从根本上否定语言与自然、与世界之间的任何关联,甚至取消自然的本体存在,不管他是否反对人类中心主义和理性中心主义的独白语言观,人们都已不可能通过语言重建人与自然之间的交流与关联,因此它从根本上说仍是一种非生态的语言观。正是这种语言观念上的非生态性,使得生态批评一产生便站在结构与后结构主义理论的对立面。

这也使得生态语言观的第三个标志是,不仅反对把语言作为人类特有现象的人类中心主义的独白语言观,反对用抽象理性、逻辑和语法解释语言本质的理性中心主义的逻辑语言观,而且也反对割裂语言与自然、与世界之间的联系,把语言视作既与人类自然也与客观自然没有任何联系的、约定的形式系统的"分离主义"的任意语言观。这也意味着那种生态语言观不仅认为自然是有语言的,语言是所有生命存在的表现或显现,而不是一种抽象的理性逻辑和语法规则的系统,而且认为语言与自然、与世界、与生命之间存在着自然联系。因此综合起来说,生态语言哲学视野中的生态语言观是一种"反人类中心主义""反理性中心主义""反分离主义",强调语言与自然之间的相互作用和自然联系,把语言看作是所有生命存在本身的表现或显现,能把人与自然统一起来的诗性的自然语言观。聚集的、显现的、自然的、诗性的,应该是这种生态语言观的基本特点。

根据我们前面对于生态语言哲学的大致界定条件,只有坚持这种生态语言观的语言哲学才称得上是一种生态语言哲学。而生态语言观的这几个标准或特点,也正与语言哲学所关注的两个基本问题密切相关。所谓"语言哲学",我们这里是在"最广义"上使用的。它不仅指狭义的通过语言分析进行哲学研究的英美分析哲学,也不仅指 20 世纪"语言学转向"以来的西方各种把语言作为研究重心或研究手段的哲学,而是泛指一切从哲学的角度思考、研究或关注语言的普遍性质或一般问题的学问,它包括"语言的哲学"(philosophy of language)和"哲学的语言学"(linguistics of philosophy)两方面的内容。从前者来说,语言哲学是从哲学的角度思考或回答了语言的一般问题的哲学;从后者来看,语言哲学也可以是指通过哲学思考语言问题而回答了哲学的基本问题的语言学(如洪堡特、萨丕尔、索绪尔等人的语言学)。简单地说,一切关心语言基本问题的哲学和一切关心哲学的基本问题的语言学都可以被称作"语言哲学"。这样来看,语言哲学与语言学是密切相关的,生态语言哲学与生态语言学也是密切相关的。所以我们在进行生态语言学研究时,是不能把生态语言哲学排除在外的。

根据对中西方生态语言哲学的梳理可以发现,生态语言哲学关心的语言一般问题可以归结到两个根本方面:一方面是如何看待"语言"与"自然"的关系问题,另一方面是如何看待"语言"与"人"的关系问题。这两个方面有时交织纠缠在一起,合成一个根本问题,那就是如何看待"语言与自然"的关系问题;有时又分开发展衍化,表现为两个具体问题:一是"语言与自然"的关系问题;二是"语言与理性、逻辑"的关系问题。因为在西方形而上学的哲学文化传统中,当语言被视作人类的特权时,语言也是被作为理性认知的标志和工具来看待的,从语言与人的关系因此又衍生出语言与理性、逻辑的关系问题。生态语言哲学的这两个基本问题,是与语言哲学的两个基本问题一致的。而那种最广义上的语言哲学的基本问题又是与哲学的基本问题密切相关的。就像存在与思维的关系是哲学的基本问题一样,语言与存在(语言与实在、语言与世界、语言与自然、语词与事物)、语言与思维的关系也构成了语言哲学的两大基本问题,由于存在与思维本身又是密切相关的,语言哲学的这两大基本问题也是紧密地纠合在一起的。对于前一个问题,中西哲学史上都有明确的且基本一致的问题形式,它具体表述为名与实、词与物之间的联系是"自然的"还是"人为的"问题。对于后一个问题,在中西哲学史上,其问题形式不像前一个问题那样明确,且表达方式有异。在西方哲学史上,它的具体问题形式为语言的本质是"逻辑的"还是"诗性的"("反逻辑"的)问题,在中国古代哲学史上,则化身于更为复杂、更为隐蔽的问题形式。一种语言观是不是生态的,一种语言哲学是不是生态语言哲学,关键就是要看它对语言哲学的这两个基本问题的问答是不是生态的。具体说也就是在"词与物"之间的联系是"自然的"还是"人为的"问题上,在语言的本质是"逻辑的"还是"诗性的"问题上的回答是不是生态的。只有在这两个基本问题的回答上都符合生态的理念,它才能成为一种真正意义上的生态语言观。当然,这两个问题并不是能够截然分开的。就像我们前面已经谈到的,二者是时常交织在一起的。

如果从生态语言观的三大标准和语言哲学的两大基本问题对中西哲学史上的语言观进行梳理,我们便会发现,在众多语言哲学观念中,海德格尔的现象学存在论语言哲学,美国哲学家、生态学者和自然作家戴维·艾布拉姆(David Abram)的身体现象学语言哲学,以及中国道家语言哲学,都是比较典型的生态语言哲学,尤其值得我们注意。其实斯提布的《生态语言学》中,也曾多处转引或应用到海德格尔、艾布拉姆的生态语言观。如斯提布说:我们要说的"最后一种故事是凸显。人们头脑中的这类故事把某种东西作为重要的、值得考虑的加以凸显性地再现。生态语言学本身可以看作是试图在主流语言学传统中去凸显大于人类的世界(more than human world)。主流语言学倾向于强调语言在人类与人类的相互关系中的作用,而忽视语言与一个更大的生态系统的关系。"①又说:"这本书把重点放在我们这个时代的一个首要的关键问题上:人类和其他物种的生存与福祉,因为人类活动日益侵蚀支持生命系统的条件而受到威胁了。语言学在解决这个问题上的作用可能很小,但探索它能提供什么仍然是必要的。为此,这本书汇集了来自不同生活领域的声音,它可以被称作一场'聚会'。"②其对"凸显"的强调,可以说受到了海德格尔的现象学存在论的"显现"语言观的某些影响,而"大于人类的世界(more than human world)"概念则直接来自艾布拉姆的生态语言哲学。能否从"人类世界的语言"转换到"大于人类世界的语言",是判断一种语言观是不是一种"深层生态语言观"的关键点。而那种"大于人类世界的语言"概念也正是从艾布拉姆的生态语言哲学来的。但相比于海德格尔、艾布拉姆博大精深的生态语言哲学思想及其对生态文学、文化理论研究的重大意义来说,这种引用是很不够的。所以我们这里试图对海德格尔、艾布拉姆的生态语言观及其对生态文学、文化研究的语言理论基础建构的意义进行更为系统的探讨。

第二节　海德格尔的生态语言哲学

我们前面谈到,生态文学、文化研究语言理论基础建构面对的两个基本问题是与生态语言哲学的两个基本问题,"语言"与"自然"、"语言"与"人"的关

---

①　Arran Stibbe, *Ecolinguistics: Language, Ecology and the Stories We Live By*, London and New York: Routledge, 2015, p.203.

②　Arran Stibbe, *Ecolinguistics: Language, Ecology and the Stories We Live By*, London and New York: Routledge, 2015, p.207.

系问题紧密相关的。这两个问题有时交织纠缠在一起,合成一个根本问题,那就是"语言与自然"的关系问题;有时又分开发展衍化,表现为两个方面:一是语言与自然、生命的关系问题;二是语言与理性、逻辑的关系问题。在西方的哲学文化传统中,这两个问题又是与语言哲学史上两个问题紧密联系着的,那就是词与物之间的联系是"自然的"还是"人为的",语言的本质是"逻辑的"还是"诗性的"。海德格尔的语言观之所以是一种"生态语言观",在于他对语言哲学的这两个基本问题都进行了系统的彻底反思,并作出了决断性的具有生态精神的回答。总的来说,在语词与事物的关系的问题上,海德格尔坚持一种"大道"自然语言观和"词物共生论",在语言与逻辑的关系问题上,海德格尔则坚持一种"诗性道说"语言观,但在这里我们主要阐明海德格尔的"大道"自然语言观与"词物共生论"及其对生态文学、文化研究的语言理论基础建构的意义。

一、海德格尔的"词物共生论"与"大道道说观"

海德格尔曾经说:"始终有一莫名其妙的事情:语言的词语和词语对物的关系,词语对任何存在者——它所是和如何是——的关系。"又说:"实际上,词与物的关系乃是通过西方思想而达乎语词的最早事情(Das Früheste)之一,而且是以存在与道说(Sein und Sagen)之关系的形态出现的。这一关系如此不可抗拒地侵袭着思,以至于它以独一无二的词语道出自身。这个词语就是逻各斯(logos)。"①由此可以看出,词与物的关系问题对于海德格尔来说,也是充满诱惑力的,并且在海德格尔这里,词与物的关系问题是与语言与逻各斯(逻辑)的关系问题紧密结合在一起的。海德格尔在词与物关系问题上的看法既不同于传统的表象性的"词物对应论",也不同于自索绪尔以来的建构性的"词物分离论",而是在其现象学存在论哲学的基础上,对两者进

---

① [德]海德格尔:《语言的本质》,孙周兴选编:《海德格尔选集》下卷,上海三联书店1996年版,第1068、1088页。

行了批判反思与综合改造,既认为"词"与"物"是不同的,又在新的基础上把它们统一起来,提出了一种同时强调语言的"显现性"和"聚集性"的"词物共生论"。

同时由于海德格尔后期哲学出现了更加明显的诗化转向,他的语言观属于一种典型的"诗化语言观"。这种"诗化语言观"一方面表现为与西方形而上学以"逻辑"和"语法"解释语言的本质不同,他是以"诗性道说"解释语言本质的;另一方面则表现在海德格尔后期往往是通过对诗的解读,并用一种诗的语言表达他的语言存在之思。因此,海德格尔的这种"词物共生论",也不是用概念语言直接表达出来的,而是根据诗人对语言的诗意经验或诗意运思暗示性地描画出来的。海德格尔曾先后以德国诗人特拉克的《冬夜》和格奥尔格的《词语》为依据,思考了语言的本质和"词与物"的关系问题,并专门对传统的"词物对应论"和与此相关的现代技术语言观进行了批判分析。海德格尔通过对格奥尔格《词语》一诗的解读指出,格奥尔格的整首诗表达了对语言的诗意经验,"专门把语言之词语和语言本身带向语言而表达出来,并且关于词与物之间的关系有所道说"。① 并且认为,从格奥尔格对语言的诗意经验来看,是"词"使"物"存在,而不是相反。因为格奥尔格《语词》的最后一行是:"词语破碎处,无物存在(sei)。"这说明不是先有"物"后有"词",而是语词"让"物存在,是语词"给出""赋予"或"创建"了事物的存在。如果没有语词,物之整体,亦即"世界",还有"我"都会陷入冥暗。

海德格尔指出,从格奥尔格的《词语》一诗可以看出,诗人最初认为,是先有诗意的梦想和奇迹,即"诗意物",然后再给诗意的物一个现成的诗意的语词或表达,打破词与物之间的边界,实现二者的结合,诗就产生了。这像是"一边是奇迹和梦想,另一边是有所掌握的名称,两者融合在一起——于是产

---

① 〔德〕海德格尔:《语言的本质》,孙周兴选编:《海德格尔选集》下卷,上海三联书店1996年版,第1065页。

生了诗(Dichtung)。"①这也就意味着诗意之物、诗意之存在是脱离诗意的语词而存在的。这也就是说先有物,后有词,二者都是现成的,语词不过是强化、固化了存在。也即把因为没有名称而显得虚无缥缈的诗意经验"结实化""严密化"。但诗人现在发现,语言并非给已经存在的现成事物命名,而是语词给出存在,语词"创建存在",从而弃绝了原来的看法。海德格尔同时指出,现代技术是最不愿意承认这种语词"赋予"了事物存在的语言观的。从科学经验来看,是先有事物才有相应语词的存在,如人造卫星的运行不依赖后来加给它的名称,"命名"的过程就像给现成的事物贴上现成的"标签",语词不过是强化、固化了存在。但海德格尔通过分析诗人特拉克的《冬夜》指出,诗歌作为纯粹的语言,诗歌"命名"物。"命名"不是用一种语言的词语去"装饰"某些可想象的熟悉的对象和事件。命名不是对现成事物分发标签,也不是运用词语,而是"召唤物",把物"召唤入词语之中"。② 这种召唤并不是把已经存在的被召唤者拿来,召唤是把不在场者带入在场,让它作为在场者在近处现身,"召唤物"因此也就是邀请不在场的物到场现身,是"显现"物。物"在言词中、在语言中才生成并存在起来"③。就像这样的一"物"(如人造卫星),如果没有人造卫星这一"词语",也不存在与其命名相对应的这一"物"。诗人的经验正表明,唯有语词才能让"物"作为它"所是的""物"显现出来,并因此让它"在场"。"诗人进入词与物的关系之中","但这种关系并不是一方物和另一方词语之间的关系。词语本身就是关系。词语这种关系总是在自身中扣留着物,从而物才是(ist)一物。"④这实际上就是说词与物的关系不是处于外在的

---

① [德]海德格尔:《语言的本质》,孙周兴选编:《海德格尔选集》下卷,上海三联书店1996年版,第1074页。

② Martin Heidegger, *Poetry, Language, Thought, Translated and With an Introduction by Albert Hofstadter*, NewYork:Harper & Row Publishers, Inc.1971, p.198.

③ [德]海德格尔:《形而上学导论》,熊伟等译,商务印书馆1996年版,第15页。

④ [德]海德格尔:《语言的本质》,孙周兴选编:《海德格尔选集》下卷,上海三联书店1996年版,第1072页。

对峙之中,而是"物就在词中"。

可以看出,海德格尔对词与物关系问题的看法,与传统那种强调事物的本体地位和先在性,把语词看成事物的现成"表象"的词物对应论不同,倒与结构主义强调语言对世界的建构作用的"建构"语言观有某些相似之处。也难怪查尔斯·泰勒认为,海德格尔语言观是处在一种由赫尔德、洪堡开辟的"表现—构成(expressive-constitutive)"论传统之中的。这一传统与在现代认识论中发展起来的以霍布斯、洛克和孔狄亚克为代表的主流语言学传统相反。在这一主流传统中,语言被界定为认识和表象的工具。但由赫尔德、洪堡开辟的构成理论则是反对这一传统语言观的。构成性理论把我们的注意力转向了表现的创造性维度,在这里,具有悖论性的是,"表现让内容成为可能"①。海德格尔的语言观的确可以看作是从这种"构成论"中发展出来的,它对那种主流的表象性工具论语言观构成了反驳。但海德格尔的语言观,又与这种"表现性—构成论"不同。因为海德格尔的"表现"不是人的自我表现,而是物本身的表现,或称"显现",这种物本身的显现,也是物本身的语言或称物本身说的话。海德格尔强调"语言言说",也正是与这种物本身的言说是相通的,目的都是要彻底地反对那种只是把语言看作人的所有物的主体性语言观。所以海德格尔的"构成论",既反对传统的表象性工具论的词物对应论,也与表现主义的"表现性—构成论"语言观不同,倒与索绪尔语言观的建构倾向表现出某些相似之处。但海德格尔的"建构"倾向,既与索绪尔的语言观有一定相似之处,但也存在着根本性的不同。海德格尔在对语言的思考中,似乎从没有提到过索绪尔,但可以明显看出索绪尔对他的某种影响,以及他对索绪尔语言学的批判性回应。

索绪尔认为,语言不是词汇表,它是由"符号"组成的具有内在结构规律的关系系统。而且"一个语言符号连结的不是一个事物和一个名称,而是一

---

① Charles Taylor,"Heidegger on Language",*A Companion to Heidegger*,Edited by Hubert L. Dreyfus,Mark A.Wrathall,Oxford:Blackwell Publishing Ltd,2005,p.438,p.440.

个概念和一个音响形象"。为了与传统观念相区别,索绪尔用"所指"表示概念,用"能指"表示音响形象,用"符号"表示人们通常所说的"名称",并指出语言符号是由所指与能指共同组成的,它头等重要的原则就是"任意性"。①在索绪尔看来,任意的语言是由"差别"构成的纯粹价值或关系系统。在这个系统中,没有任何肯定性要素,语言系统中任何一个要素的价值,只在于它能与该系统中的其他要素区别开来,也就不存在概念与事物之间的对应同一或"契合性"。概念只是受制于它所从属的具有连带关系的语言系统,而不是由外界事物所决定,它也并不代表事物的本质属性。语言是一个独立自主、空洞无物的形式系统。索绪尔正是从语言符号的任意性、"空洞性"出发,反对使用"象征"(symbol)一词,来称呼他所说的"符号"或"记号"(sign)(又译"标记")概念的。②

海德格尔虽然与索绪尔一样,也反对传统的"物"决定"词"的"词物对应论",但他是明确反对索绪尔这种把"名称"看成"任意的""空洞的""符号的"观点的。海德格尔在《语言的本质》中指出:"名称、词语是一个符号吗? 一切全取决于,我们如何来思考'符号'和'名称'这两个词的意思。"又依据格奥尔格的诗《词语》说:"我们不敢贸然把'名称'理解为单纯的标记。""诗人对'名称'和'词语'作了不同于单纯符号的更为深刻的思考"③,并在《荷尔德林诗的阐释》中指出:"诗乃是对存在和万物之本质的创建性命名——绝不是任意的道说,而是那种让万物进入敞开之域的道说","诗乃是一个历史性民族的原语言(Ursprache)。这样,我们就不得不反过来从诗的本质那里来理解语言

---

① Ferdinand de Saussure, *Course in General Linguistics*, Edited by Charles Bally and Albert Sechehaye in Collaboration with Albert Reidlinger, Translated by Wade Baskin, Philosophical Library Inc., 1959, pp.66-67.

② Ferdinand de Saussure, *Course in General Linguistics*, Edited by Charles Bally and Albert Sechehaye in Collaboration with Albert Reidlinger, Translated by Wade Baskin, Philosophical Library Inc., 1959, p.68, p.73.

③ [德]海德格尔:《语言的本质》,孙周兴选编:《海德格尔选集》下卷,上海三联书店1996年版,第1066页。

的本质","原语言就是作为存在之创建的诗"。① 如果我们可以从"诗的本质"来理解"语言的本质",诗"绝不是任意的道说",不是"空洞"的符号,而是对"存在和万物之本质的创建性命名",那么语言也不是任意的、空洞无物的符号,它是不能在形式主义视野内加以理解的。因此,海德格尔明确指出:"如果我们竟想以为,只消通过对词与词义的探讨就已经把握到事物与事物的本质,在此就是把握到在,那么这会是一个明明白白的错误。"② 又说:"即便在一条漫长的道路上我们可以看到,语言本质问题决不能在形式主义中获得解决和清算"。③

由此可以看出,海德格尔语言观与索绪尔把语言看成任意的、空洞的符号形式系统不同。以德里达等人为代表的后结构主义的语言观,在打破"词物对应论",强调语词的空洞性上比索绪尔走得更远。在德里达看来,语言既不"表象"世界,也不"建构"世界,它"并不表明、生产或揭示存在,它也不建构存在与表象之间的任何一致性、相似性或等值性"④。语言不过是无限差延中的能指游戏活动。"文本之外空无一物",文本之内也没有什么超验所指或终极的"事物"。语言如果有什么本质的话,它的本质就在作为书写"痕迹"的无限"延异"之中,从而遁入一种更加极端的形式主义和虚无主义之中。德里达的虚无主义的思想,虽然也曾受到海德格尔的启发,海德格尔的语言观表面上与后结构主义也确有某些相似之处,但他们的差别同样是根本性的。这种差异的根源在于,海德格尔既不是在传统形而上学的视野之内,也不是在现代建构主义或后现代解构主义视野之内看语言的;既不是在以洛克等人为代表的传统的认识论表象论视野中看语言的,也不是在赫尔德、洪堡为代表的表现性——

① ［德］海德格尔:《荷尔德林诗的阐释》,孙周兴译,商务印书馆 2000 年版,第 47 页。

② ［德］海德格尔:《形而上学导论》,熊伟等译,商务印书馆 1996 年版,第 87 页。

③ ［德］海德格尔:《走向语言之途》,孙周兴选编:《海德格尔选集》下卷,上海三联书店1996 年版,第 1144 页。

④ Jacques Derrida, *Acts of Literature*, edited by Derek Attridge, New York: Routledge, 1992, p.159.

构成论的表现传统中看语言的,而是在现象学存在论视野内看待词与物的关系问题的。在海德格尔看来,语言是与存在问题密切相关的,语言是对存在的"创建性持存","任何存在者的存在居住于词语之中","语言是存在之家"。①因此,海德格尔对于词物关系的讨论没有在语词构成事物的传统的表现论的构成论上止步,也没有在语词"给出"存在的类似索绪尔的形式主义的建构论的看法上停住,更没有遁入德里达式的解构主义的虚无之中。海德格尔对词与物关系的追问从格奥尔格的"词语破碎处,无物存在(sei)",词语"给出"存在的诗意经验出发,行进到最后得出了"词语崩解处,一个'存在'出现"的与出发点看似相反的结论。②

海德格尔之所以发生这样的转换,是与他关于"存在"的思想是一致的。他所说的"存在"不同于"存在者",他反对从存在者的角度理解存在,也反对从现成的存在者角度理解语言的本质,反对从现成存在者角度来理解词与物的关系。海德格尔由此对"词语破碎处,无物存在(sei)"进一步追问。他说,词语破碎即"缺失"处,无物存在。可以推导出,只有语词不缺失,即存在着,物才存在。语词"存在着",这是否意味着语词也是一种"存在物"?看起来语词也是一种存在物,只有语词这种物存在,才能赋予另一种物存在。但深思后又发现词这种物不同于其他的物,因为,这一物破碎了其他的物便不存在了。所以他说"词与物是不同的,甚至是截然分隔的"③。词语本身不是任何物,不是任何"存在者"。"'存在'之情形犹如词语之情形。与词语一样,'存在'也很少是存在着的物的一员。"④表达词语的"词语"不是一物,让存在者存在的

---

① [德]海德格尔:《语言的本质》,孙周兴选编:《海德格尔选集》下卷,上海三联书店1996年版,第1068页。

② [德]海德格尔:《语言的本质》,孙周兴选编:《海德格尔选集》下卷,上海三联书店1996年版,第1120页。

③ [德]海德格尔:《语言之说》,孙周兴选编:《海德格尔选集》下卷,上海三联书店1996年版,第1094页。

④ [德]海德格尔:《语言的本质》,孙周兴选编:《海德格尔选集》下卷,上海三联书店1996年版,第1095页。

"存在"也不是一物。不是什么存在者的词语是"道说"。词与物的关系于是便扩展为"存在与道说"的关系。海德格尔由此认为,格奥尔格的诗意经验虽然命名了某种古老的东西,击中了思想,其诗作尽管诗化地表达了语言令人激动的东西,但并没有达乎语言的本质。语言的本质不是在有声的、作为一物或存在者存在的词语之中,"语言的本质在道说中"。"道说"不是人类的有声语词,而是"存在"本身的"寂静之音"。① 存在本身不是有而是"无",但又并不是纯粹的"虚无",相反,它是允诺"各类之有"进入本己存在的"本有",它之所以看起来不存在,只是因为"存在"在人类有声的、作为一物存在的词语中"遮蔽"着自身。当作为物的词语开始"崩解",当人的语言归于"寂静之音"、归于无声的"道说"时,"存在"本身便"突显"出来。"词语"的崩解不是语言本身的崩解,而是有声的、作为一物的、人的词语的崩解,只有这样的作为物的词语"崩解"了,作为语言本身的"道说"才能显现出来,不是一物的、自行遮蔽着的"存在"本身也才能在这种"道说"之中显现出来,"存在"与"道说"因此可以说是"共生共显"的。

"道说"与"存在"是共生共显的关系,语词与事物、语言与世界也是一种共生共显的关系。因为在海德格尔那里,"词与物"的关系也就是"存在"与"道说"的关系。如果说"共"揭示出语词与事物是"共属一体"、原始同一的;"生"则表明这种关系不是静态的、现成性的,而是处于发生之中的,二者联合起来则可以说语词与事物、语言与世界是共属一体、同时发生的。至此,海德格尔便彻底消解了"是词使物存在? 还是物使词存在?"的单向度思维,认为语言与世界两者总是同时出现的:"诸神的出现和世界的显现并不单单是语言之发生的一个结果,他们与语言之发生是同时的。而且,情形恰恰是,我们本身所是的本真的对话就存在于诸神之命名和世界之词语生成。"② 由此可以

---

① ［德］海德格尔:《语言的本质》,孙周兴选编:《海德格尔选集》下卷,上海三联书店 1996 年版,第 1103 页。

② ［德］海德格尔:《荷尔德林诗的阐释》,孙周兴译,商务出版社 2000 年版,第 43 页。

看出,海德格尔的词物观既与传统的那种认为先有物后有词,把词看成是对物的现成代表的"表象"论的"词物对应论"不同,也与结构—后结构主义"建构"论的"词物分离论"不同,而是在现象学存在论视野中描画出一种现象学存在论的"词物共生论"。这种"共生论"认为,"道说与存在,词与物,以一种隐蔽的、几乎未曾被思考的、并且终究不可思议的方式相互归属",①语言的发生与世界的发生是同一过程。

这种"词物共生论",不同于传统的先有物后有词,词作为对物再现的表象的语言观,传统的表象性语言观是一种认识论工具论语言观,现象学语言观则是一种存在论语言观。在这种现象学存在视野中,语言不是表象性的工具,而是现象性的存在,它的功能不是"表象"(包括再现与表现)而是"显现"。这种共生论不同于传统的表现主义的构成论,因为传统构成论是在主体表现的视野中展开的,海德格尔的"共生论"强调的则是物本身和存在本身的显现。这种语言观也不同于现代的强调词对物的建构作用的建构语言观。这种建构语言观以话语取消了物本身的存在,认为语词与事物是分离、断裂的,词与物之间是没有任何联系的,但"共生论"语言观则认为词与物是共生共显的,天地人神可以在语言中共同显现并聚集在一起。天地万物之所以可以在"语言"中共同显现并聚集在一起,是因为海德格尔所说的语言是本质意义上的语言,它不是指通常意义上的人的言说,而是指"大道""自然"本身说的话,人的"言说"必须从倾听这种大道自然的"道说"而来。海德格尔的"词物共生论"是与一种"大道道说观",是与一种"大道自然语言观"联系在一起的,所以我们这里把海德格尔语言观的首要内容概括为"大道自然语言观"和"词物共生论"。正是在这种观念和语言视野中,语言与世界、语言与存在、语言与自然才得以重新统一起来。

---

① [德]海德格尔:《在通向语言的途中》,孙周兴译,商务印书馆2004年修订版译本,第236页。

二、"词物共生论"对语言与自然关系的重建

通过以上的梳理可以看出,海德格尔虽然是一个哲学家,但他对语言的看法,与语言学史上的那些语言学家的观点却有密切的碰撞或交集,他的"词物共生论"与我们前面所梳理的生态语言学的语言观是相通的(只是具有更深刻、更丰富的内容),因为在语言与世界的关系问题上,生态语言学也是坚持一种动态的双向的统一的。海德格尔的"词物共生论",重建了语言与世界、语言与存在的原始关联,也把"语言"与"自然"重新联系起来了。因为"在其最深的意义上,海德格尔视自然、Physis、神明和存在是同一的。"①海德格尔在《形而上学导论》中曾经说:"对存在者整体本身的发问真正肇端于希腊人,在那个时代,人们称存在者为 φυσις,希腊文里在者这个基本词汇习惯译为'自然'。"在拉丁文中,"自然"这个译名的意思是"出生""诞生"。但海德格尔认为,拉丁文中的这个译名以及其他语言中的译名,"都减损了 φυσις 这个希腊词的原初内容,毁坏了它本来的哲学的命名力量"。"φυσις""说的是自身绽开(例如,瑰花开放),说的是揭开自身的开展,说的是在如此开展中进入现象,保持并停留于现象中,简略地说, φυσις 就是既绽开又持留的强力。"并且指出"φυσις"作为绽开是可以处处经历到的,例如,"天空启明(旭日东升),大海涨潮;植物的更生,动物和人类的发育"。从海德格尔所举的这些例子来看,所谓的"绽开"就是一种不假人力的、自然而然的"涌现"过程。但他同时又指出:"φυσις 作为绽开着的强力,又不完全等同于我们今天还称为'自然'的这些过程"。这些"自然"的过程可以说是自然的"在者",但这一"φυσις"则是具有"超越性"的"在本身,赖此在本身,在者才成为并保留为可被观察到的。"②

也就是说,希腊人理解的"φυσις"作为绽开着的强力显现为自然的过程,

---

① 张文喜:《海德格尔的自然阐释学思想浅论》,《哲学研究》2003 年第 4 期。
② [德]海德格尔:《形而上学导论》,熊伟等译,商务印书馆 1996 年版,第 15—16 页。

而它又不仅仅是自然的过程,而且还是自然的过程得以显现的"根据",它是"自然的在者"与"超越性的存在"的统一。并且"φυσις"作为"自然的在者"它也不完全等同于今天狭义上的物理自然过程,而是"原初的自然(Natur)",它是自然的"存在者整体"。"φυσις"作为自然的"存在者整体",既是天、地、人、神的统一,也是自然与历史的统一。因为"φυσις 原初的意指既是天又是地,既是岩石又是植物,既是动物又是人类与作为人和神的作品的人类历史,归根结底是处于天命之下的神灵自身。"①因此,在海德格尔看来,"自然在一切现实之物中在场着。自然在场于人类劳作和民族命运中,在日月星辰和诸神中,但也在岩石、植物和动物中,也在河流和气候中。"就像荷尔德林的诗作所说的:"强大圣美的自然,它无所不在,令人惊叹。"②正因为"自然"是无所不在的,正因为希腊人的"φυσις"是"自然""历史""存在"与"神灵"的统一体,要想思考"存在"问题必须重返"φυσις"在伟大开端处的原初意义。在开端处,自然"意味存在者之存在。存在作为原始作用力(via primitiv activa)成其本质。"③

由此可以清楚地看出,在海德格尔这里,自然意味着存在,存在意味着自然,自然、存在和physis都是统一的。德国学者勒维特曾经说:"海德格尔在解释荷尔德林时,最清楚地对作为 Physis 的自然发表了看法。海德格尔在思想上深入到荷尔德林的自然诗中的这个超出一切存在者的存在,以便从这诗中领会到开始时的基本词 Physis(自然)的'隐蔽的真理'。自然在场于一切现实物中。用荷尔德林的话来说,自然是非常'实在的东西',在海德格尔的翻译中,是存在本身。自然是'存在'及存在的到达。自然是本源上开始的东西,并作为这种东西又是持久的东西或永恒的东西。它也是神圣的东西,万物

---

① [德]海德格尔:《形而上学导论》,熊伟等译,商务印书馆 1996 年版,第 16 页。
② [德]海德格尔:《荷尔德林诗的阐释》,孙周兴译,商务出版社 2000 年版,第 60 页。
③ [德]海德格尔:《诗人何为》,孙周兴选编:《海德格尔选集》上卷,上海三联书店 1996 年版,第 417 页。

造主。使 Physis 相等于存在,使真理作为一种展现。海德格尔也把在希腊的自然这个词中所包含的生长的基本含义定型成出现到和涌现到公开的东西中去。"①

也就是说,在海德格尔那里,"自然"就是"'存在'及存在的到达"。它是一种原始的涌现和在场,是"自然""存在""存在者整体"的统一体。也正因为如此,我们认为海德格尔的"词物共生论"既强调语言与存在的共生性,也内在地重建了语言与原初自然、与自然的存在者整体之间的原始联系。四重整体的"存在",也是四重整体的"自然","存在"本身的语言也是"自然"本身的语言。在海德格尔那里,存在本身是"道说"着的,自然是有语言的。"存在"亦即"自然"是以一种"寂静之音"道说着的。"大地开花结果、天空日月运行、诸神或隐或现以及终有一死的人的来去匆匆,他们寂然无声却又轰鸣作响,这正是海德格尔的自然之言。"②

只有承认自然也是有语言的,语言与自然具有内在统一性,人与自然才能更好地交流沟通,从而达到和谐共生,实现生态文化追求的主题。海德格尔的这种自然语言观可谓是西方语言哲学史上的又一次深刻革命,它以诗—思运作的方式,在现象学存在论哲学的基础上返归了语言与自然的源初神性,重建了语言与自然的原始关联,不仅为我们深入思考技术时代的人类命运提供了深刻的启示,具有对技术理性文化批判的有效性,而且也为我们深入思考技术时代的自然的命运提供了启发,对生态文学、文化理论研究具有历史性的建构作用。海德格尔在对荷尔德林《如当节日的时候……》一诗的阐释中,与荷尔德林一起对"强大圣美的自然"进行盛赞,认为与强大圣美的自然相应合的是伟大的"诗人们",这些"诗人们"是"自然的轻柔怀抱培育"出来的,"保持在与自然的归属关系中",这些"'诗人们'乃是未来者,其本质要根据他们与'自然'之本质的相

---

① 见宋祖良:《拯救地球和人类的未来》,中国社会科学出版社 1993 年版,第 171—172 页。
② 秦春:《生态言语:自然的寂静之音》,《玉溪师范学院学报》2007 年第 11 期。

应来衡量。"①在对《荷尔德林的大地与天空》一诗的阐释中,海德格尔又明确指出:"美乃是以希腊方式被经验的真理,就是对从自身而来的在场者的解蔽,即对 φυσις[自然、涌现],对希腊人于其中并且由之而得以生活的那种自然的解蔽"。② 以与自然相应的程度来衡量诗人的本质,把美看作是对自然的解蔽,不难看出海德格尔的语言思想对生态文学、文化研究的建构性意义。

安特蔡叶夫斯基曾经指出:语言"这个问题既在早期浪漫派中又在海德格尔那里总是与自然问题相联系。自然—语言这个统一性是主要标志之一,并构成了两个哲学体系的明显的类似处。"③从同是强调语言与自然的原始关联来看,海德格尔与德国早期浪漫派确有一致之处,但若从哲学基础来看,二者又是存在着深刻差异的。因为德国浪漫主义强调语言与自然联系的哲学基础与英国浪漫主义大体一致,都主要是建立在主体性哲学基础之上的,但海德格尔后期则是明确反对到人的主体精神中去寻求语言的本质的。在海德格尔看来,"语言是""自然"的,但这种"自然"不是来源于主体精神的自然生成,而是来源于"大道"本身的自然涌现性运作,语言与存在、语言与自然的原始关联是奠基在"大道道说"之中的。"大道道说"观,因此也是一种"自然""涌现"语言观,正是这种自然涌现语言观,表现出对人类中心主义独白话语的深刻批判,使得海德格尔语言观具有一种鲜明的生态文化内涵。

三、"大道道说观"对人类中心主义独白话语的批判

海德格尔后期思想的一个主导词是"大道"。海德格尔后期从"大道"出发理解"存在",也是依循着"大道"来思考"语言"的本质的。"大道"(Ereignis)的原义是"事件""发生",但海德格尔对它进行了不同的理解和运

① [德]海德格尔:《荷尔德林诗的阐释》,孙周兴译,商务出版社2000年版,第63—64页。
② [德]海德格尔:《荷尔德林诗的阐释》,孙周兴译,商务出版社2000年版,第197页。
③ 见宋祖良:《拯救地球和人类未来:海德格尔的后期思想》,中国社会科学出版社1993年版,第254页。

用,并认为"Ereignis""就像希腊的逻各斯(λσγos)和中文的'道'一样是不可译的。"①既然是不可译的,至于"Ereignis"究竟是什么意思,究竟如何翻译,也许就是海德格尔本人也是无法彻底言说清楚的。② 但从海德格尔关于"Ereignis"迂回性、否定性的描述以及把它与"逻各斯"和中文的"道"相比照来看,"Ereignis"是包含着与原始的"逻各斯"、与中文的"道"相通的含义或意味的。在海德格尔看来,逻各斯"这个词语同时作为表示存在的名称和表示道说的名称来说话",③而中国之"道"也是既有"道"的含义,又有"道说"的含义。而对于"道说"(Sage),海德格尔则特别凸显其自行"显示"与关系"聚集"之义。

海德格尔指出,大道是"道说"着的,"道说"乃是大道说话的方式,而"道说即显示(Zeige)"。"作为显示,居于大道之中的道说乃是成道(Ereignen)的最本己的方式",语言之本质乃是"作为道示的道说",而"作为显示着的道说的语言本质"也正是居于大道中的。并且指出,"道说"之"显示"不基于任何"符号",一切符号都来源于这种"显示";"道说"之"显示"也不是"人类的行为",而是一种"自然的显现",是"让自行显示"。海德格尔说:"有鉴于道说的构造,我们既不可一味地也不可决定性把显示(Zeigen)归咎为人类行为。"④又说,"道说"不同于"人说"(Sprechen),终有一死者言说的任何一个词语都是从倾听道说而来并且作为这种倾听而言说。⑤

海德格尔这种大道"道说"即"显示","人说"要听从"道说"的语言观,不同

---

① ［德］海德格尔:《同一律》,孙周兴选编:《海德格尔选集》上卷,上海三联书店 1996 年版,第 656 页。

② 对于海德格尔的"Ereignis",中国学界有多种不同的译法,鉴于"Ereignis"与道家之"道"的相通性,我们这里采用孙周兴"大道"("本有")的译法。

③ ［德］海德格尔:《语言的本质》,孙周兴选编:《海德格尔选集》下卷,上海三联书店 1996 年版,第 1088 页。

④ ［德］海德格尔:《走向语言之途》,孙周兴选编:《海德格尔选集》下卷,上海三联书店 1996 年版,第 1134 页。

⑤ Heidegger,*Poetry*,*Language*,*Thought*,*Translated and With an Introduction by Albert Hofstadter*,New York:Harper & Row Publishers,Inc.1971,p.209.

于其早期的逻各斯"言说"是一种"揭示"的看法,具有鲜明的反主体性、反人类中心主义独白话语的特点。海德格尔早期哲学从"此在"(Dasein)(人)出发追问存在的意义,强调"此在"在存在论意义上的优先性,坚持一种"此在存在论"。从这种"此在存在论"出发,认为"逻各斯"作为"言说"的原始功能是"揭示"出来"让人看"的,原始的"逻各斯"联系着原始的"真",而只有"此在"才可能有原本意义上的真。因为"真"就是一种"揭示着"的存在。只有"此在"才能"言说",也只有"此在"才能进行"揭示",而其他的世内存在者只能"被揭示",因此只在第二位意义上它才是"真的"。海德格尔的此在存在论,本来有避免主客二分、批判主体形而上学"唯我论"的意图,但由于"此在"的存在具有"向来我属的特征",对"此在"优先地位的强调实际上又加强了存在论意义上的"人",海德格尔的早期语言观也因此不免具有主体性和人类中心主义的特征。但海德格尔后期不再从"此在"身上逼问出存在,也不再到此在的"言说"中寻求语言的生存论基础,而是从一种"大道存在论"出发,认为语言与存在的本质是共同归属于"大道"的。语言的本质就在大道"显示"着的"道说"中。"道说"之"显示"不同于"逻各斯"之"揭示",它不是"此在"人的行为,而是大道本身的自然"涌现",这样一来,就打击了此在人的优先性,其他存在者就具有了与此在平等的地位。因为不光人能通过道说"显示"自身,万事万物都能通过道说"显示"自身。

对于"道说",海德格尔不仅凸显其自行"显示"之义,还特别凸显其关系"聚集"的功能。在海德格尔的后期思想里,"语言""道说"与"逻各斯"基本上具有相同的语义,他对"道说"之"聚集"的凸显,是从对"逻各斯"原意的再次重溯开始的。海德格尔指出:"逻各斯""就是采集着的置放(Λεγειν)"。但对希腊人来说,置放始终也意味着:呈送、陈述、讲述、言说。不止于此,作为采集着的置放,逻各斯或许还是希腊人所思的道说的本质。"语言或许就是道说。语言或许就是:聚集着让在场者在其在场中呈放出来。"①"呈放"也即

① [德]海德格尔:《演讲与论文集》,孙周兴译,上海三联书店 2005 年版,第 246 页。

"显示"。语言、道说"聚集"着"呈放",亦即"聚集"着"显示","显示"与"聚集"可谓是"大道道说"两个不可分割的基本含义。

所谓"显示",是指"道说"既澄明着又遮蔽着,把世界开放和端呈出来,让天地万物都如其所是地到场现身。所谓"聚集",即是指"道说"把在场者"聚集"入其本己的在场中,"把一切聚集入相互面对之切近中"。所谓"切近",也就是让时间、空间上彼此遥远的东西成为精神上的近邻,进入相互面对之亲近性中。"相互面对"在这里不仅指人与人相互面对,而且指"辽远之境"之中的"天、地、神、人彼此通达"。用海德格尔的话说:"聚集"着的"道说"正是为"四个世界地带之近邻状态开辟着道路,让它们相互通达并把它们保持在它们的辽远之境的切近中"。① 与这种"切近"相关,海德格尔后期特别强调"关系性"。认为"居有着—保持着—抑制着的大道,乃是一切关系的关系","我们的道说作为回答(Antworten)始终在具有关系性质的东西中。"②大道"道说""作为世界四重整体之道说","作为为世界开辟道路的道说,语言乃一切关系的关系。"而大道、语言的"关系性",正体现在道说的"聚集"功能之中,因为"道说就是作为这种聚集而为世界关系开辟道路。"作为"聚集"为世界关系开辟道路的道说,被海德格尔称作"本质的语言",认为"它决不单纯是人的一种能力",而属于为天、地、人、神四个地带"相对面对"开辟道路的运动的"最本己的东西"。③ 而这种"本质的语言"就是原本意义上的"诗",亦即"原诗"。这种作为"原诗"的语言,也是作为存在之居所的语言,让包括其自身在内的各类存在者作为在场进入其本己的存在之中,让一切在场和不在场都必然入于"自行显示"和"持存"的"自由澄明之境",并把各种存在者之

---

① ［德］海德格尔:《语言的本质》,孙周兴选编:《海德格尔选集》下卷,上海三联书店 1996 年版,第 1114—1115 页。

② ［德］海德格尔:《走向语言之途》,孙周兴选编:《海德格尔选集》下卷,上海三联书店 1996 年版,第 1148 页。

③ ［德］海德格尔:《语言的本质》,孙周兴选编:《海德格尔选集》下卷,上海三联书店 1996 年版,第 1118—1120 页。

存在"聚集"入相互面对之"切近性"中,"把可朽者和神圣者,大地和天空都聚集入一种能把事物的内在光辉释放出来的宇宙之舞中"。① 这种把大地和天空都聚集起来,把事物的内在光辉释放出来的"宇宙之舞",也就是存在论上的"诗意"。

由此可以看出,海德格尔"大道道说"语言观,特别凸显了"道说"同时也是"语言"与"逻各斯"的"聚集"之义。但"聚集"与"显现"是不可分割的,显现着的聚集,聚集着的显现,这也正是后期海德格尔所理解的语言、道说与逻各斯的原始功能或含义。并且无论是"显现"还是"聚集",都不是人类的行为,而是大道本身的自然运作,人类的任何言说都必须归属于大道本身的道说,只有把人类的言说归属于大道的道说,学会在"语言之说"中栖居,才能真正实现生存的"诗意"。

如果说,海德格尔突出大道"道说"的自行"显示"之义,强调人说归属于道说,已体现出彻底的反主体性、反人类中心主义独白话语的倾向;而他突出大道"道说"的"聚集"功能,把语言看成"关系之关系",则不仅是反对人类中心主义的独白话语,而且还为人与天地万物的和谐共处提供了语言哲学依据。由此不难看出,大道道说观所具有的鲜明的生态文化意义。"整合生态学"家、海德格尔研究专家齐默尔曼曾经说:"海德格尔的'让存在者存在'的观念,使他的思想对于那些有志于改变当今人类对自然的摧毁性态度的激进环境主义者极具吸引力。"又说:"无论是海德格尔的思想还是大乘佛教都极大地影响了那种环境主义者的激进形式,'深层生态学'。"这种"深层生态学"与"环境变革主义者既主张与污染做斗争但又主张保留人类中心主义不同,他坚持只有转变西方的人类中心主义和人与自然相对立的二元论,才能把生物圈从毁灭中拯救出来。"又说,"正是由于遵循海德格尔和大乘佛教以及其他

---

① Michael.E.Zimmerman, "Heidegger, Buddhism, and deep ecology", Charles B.Guignon edit., *The Cambridge Companion to Heidegger*, Cambridge: Cambridge University Press, 1993, p.250.

非人类中心主义的传统,深层生态主义者才呼吁人们'让存在者存在'"。①
而海德格尔这种"让存在者存在"的"深层生态语言观",不仅在于大道"道
说"的"聚集"与"显示"之义,而且还源于大道"道说"所具有的"大地"自然
根基。

四、语言的"大地"根基与对生态审美栖居的呼唤

海德格尔对语言"大地性"因素的思索是从对方言的思索开始的。海德
格尔指出:因地而异的说话方式称为方言。"方言的差异并不单单而且并不
首先在于语言器官的运动方式的不同。在方言中各各不同地说话的是地方
(Landschaft),也就是大地(Erde)。而口不光是某个被当作有机体的身体上的
一个器官,倒是身体和口都归属于大地的涌动和生长。""如果把词语称之为
口之花朵或口之花,那么我们便倾听到语言之音的大地一般的涌现。"②语言
之音从"鸣响"中发出来,但声音的发声者,不是简单的肉体器官方面的问题,
不能对语言作纯粹的物理学—生理学阐释。在海德格尔看来,是大地为语言
的自然涌现提供了根基,语言的发声者是大地,而且也正是语言的"大地性因
素",才使"世界构造的诸地带一起游戏"。

海德格尔对语言"大地"因素的强调也是对语言"自然"因素的强调。荷
尔德林在名为《希腊》的一首诗的草稿中写道:"美更喜欢/在大地上居住,而
且无论何种精灵/都更共同地与人结伴。"海德格尔认为,"这首诗歌在人类与
自然的关联中来命名人类,而对于自然,我们必须在荷尔德林的意义上把它思
为那种东西,它超越诸神和人类,但人类偶尔却能够容忍它的支配作用。"③由

①　Michael.E.Zimmerman,"Heidegger,Buddhism,and deep ecology",Charles B.Guignon edit.,
The Cambridge Companion to Heidegger,Cambridge:Cambridge University Press,1993,p.260.

②　[德]海德格尔:《语言的本质》,孙周兴选编:《海德格尔选集》下卷,上海三联书店1996
年版,第1109、1112页。

③　[德]海德格尔:《荷尔德林诗的阐释》,孙周兴译,商务印书馆2000年版,第224—
225页。

此可见,在海德格尔那里,"大地"是可以作为"自然"的隐喻来看待的,而自然的地位又是至高无上的。

但"大地"又不能作为纯粹的物理意义上的自然来理解,因为在海德格尔这里,"大地"的"承载者""保护者"的位置以及大地本身的"归蔽性",使得"大地"是可以作为"大道"的隐喻来使用的,"大地""大道"和"自然"在这里是息息相通的。海德格尔通过对语言与大地、语言与大道关系的思索,既重新思考了语言与自然的关系,也重新反思了语言与主体人的关系,既不同于西方古代的从与具体自然事物的相似性、对应性来理解语言自然性的自然语言观,更不同于西方传统的把语言界定为人的精神活动的各种各样的"主体性""唯我论"的自然语言观,他把人从"语言主人"的位置上驱赶下来了。海德格尔曾通过对德国浪漫主义诗人诺瓦利斯《独白》一文的分析指出:"从大道方面得到规定的语言特性",表达出了"语言的本质",而诺瓦利斯在《独白》中表达的"语言的特性",只是表达出了语言的"特殊性"。这一特殊性是"在绝对唯心论视界内从主体性出发辩证地表象语言的"。① 由此亦可看出,海德格尔与我们前面提到的德国浪漫主义不同。浪漫主义把语言、自然与人联系在一起,对后来的生态批评具有一定启示意义,但这种从主体性出发的人文主义的自然语言观仍有潜在的会导致人类中心主义的危险。海德格尔指出:"无疑地,时下在全球范围内喧嚣着一种放纵而圆滑的关于被言说的东西的说、写和播。人的所作所为俨然是语言的构成者和主人,而实际上,语言才是人的主人。"②

海德格尔从"大地""大道"而来的自然涌现语言观,把人从语言主人的位置驱赶下来,但它与结构—后结构主义的"反主体性""反人道主义"又是不同的。海德格尔的确说过反人道主义的话,但他并非像福柯那样认为语言出现

---

① [德]海德格尔:《语言的本质》,孙周兴选编:《海德格尔选集》下卷,上海三联书店1996年版,第1146页。

② [德]海德格尔:《语言的本质》,孙周兴选编:《海德格尔选集》下卷,上海三联书店1996年版,第1189页。

的地方"人已死亡",而是在技术时代的"暗夜"试图通过语言重建天、地、神、人的原始同一关系,实现人与各种生灵一起在大地上的诗意栖居的终极目的。因此海德格尔并非要反对真正意义上的人道主义。用他的话说:"反人道主义,是因为那人道主义把人的人道放得不够高。"而他要思考的正是更高意义上的人道主义。这种人道主义意味着:"语言是存在的家园,人居于其中生存着,同时人看护着存在的真理而又属于存在的真理。"①所谓"存在的真理"也就是达到天、地、人、神四方世界的自由游戏或称"世界游戏"。达到"世界游戏"也是达到"诗意地栖居",达到"自由"的境界。因为在海德格尔看来,真理的本质就是"自由",自由的本质就是"真理"。"真理"不是正确命题的标志,也不就是"此在"存在的真理,"自由"也并不就是人的"特性",而是把人类这种存在者的存在与其他存在者的存在关联起来形成存在整体的根据。海德格尔关心的也并不只是人的自由生存问题,而是人与天地万物的和谐共存的问题,是天、地、人、神四方世界自由游戏的问题。因此,齐默尔曼提醒人们说:"重要的是需要注意到,对于海德格尔来说,自由不意味着自我的无任何限制的通行证,而是人类此在具备'让万物成其所是'而不是仅仅把它们当作工具的能力。"又说:"海德格尔的当人类'让万物成其所是'时会更加自由的观点,已经被一些激进的环境主义者当作口号,用以反对把自然仅仅当成为人类目的服务的工具。"②

　　由此不难看出,海德格尔的这种更高意义上的人道主义,具有与把"自然主义"和"人道主义"统一起来的"生态人文主义"相通的东西。如果再联系海德格尔的"大地"关怀,这一生态人文取向会显得更加清晰。海德格尔所说的"诗意栖居",实际上正可看作是一种"生态审美性栖居"。海德格尔指出,"栖

---

　　①　[德]海德格尔:《关于人道主义的书信》,孙周兴选编:《海德格尔选集》,上海三联书店1996年版,第374、377页。

　　②　Michael.E.Zimmerman,"Heidegger,Buddhism,and deep ecology",Charles B.Guignon edit.,*The Cambridge Companion to Heidegger*,Cambridge:Cambridge University Press,1993,p.246.

居乃是终有一死的人在大地上存在的方式"。"我们终有一死的人就成长于这大地的涌动和生长中,我们从大地那里获得了我们的根基的稳靠性。""如果我们失去了大地,我们也就失去了根基。"①但现代技术对大地进行"促逼",已使人类居住的根基受到严重破坏,人要诗意地栖居,首先就要"拯救大地","保护"由天、地、人、神四方构成的"四重整体"。而"拯救不仅是使某物摆脱危险,拯救的真正意思是把某物释放到它的本己的本质中。拯救大地远非利用大地,甚或耗尽大地"。只有"在拯救大地,接受天空、期待诸神和护送终有一死者的过程中,栖居发生为对四重整体的四重保护",人类栖居才能发生为"诗意栖居"。②

在海德格尔的思路中,要想拯救大地,保护天、地、人、神四重整体,实现诗意地栖居,我们必须首先能够倾听大地本身的语言,倾听天地人神四重整体的"道说",不再囿于那种把人看成语言的主人,把语言作为情感的表现、作为人类的活动、作为真实的再现的种种常识性语言观。海德格尔反复申明"语言是语言,语言言说","大道道说",目的正是要反对人类中心主义的独白话语,开启一种新的让"人说"归属于自然"道说"的言语方式,把对语言关系的理解引向无限辽阔的宇宙领域,从而为通达"天地人神四方游戏"的生态审美生存开辟道路。当我们让"人说"归属于"道说",从广阔的宇宙领域理解语言时,于是就会听到"四种声音在鸣响:天空、大地、人、神。在这四种声音中命运把整个无限的关系聚集起来。"③存在之"真理",也即"美"本身,就在这由天地人神构成的无限关系整体中,在天地人神四方世界的自由游戏中"闪现"出来。这也就是人类的"诗意栖居"或"生态审美性的存在"。从这一意义上说,海德格尔的语言观是一种真正的"生态语言观",而海德格尔的现象学存在论

---

① [德]海德格尔:《海德格尔选集》下卷,孙周兴选编,上海三联书店1996年版,第1191、1109页。

② [德]海德格尔:《海德格尔选集》下卷,孙周兴选编,上海三联书店1996年版,第1192—1194页。

③ [德]海德格尔:《荷尔德林诗的阐释》,孙周兴译,商务印书馆2000年版,第210页。

语言哲学是一种真正的"生态语言哲学",能为当今的生态文学、文化研究语言理论基础的建构提供支持。

第三节　艾布拉姆的生态语言哲学

在西方生态哲学研究中,除了海德格尔的现象学存在论哲学对"深层生态学"产生了重大影响外,受到海德格尔直接影响的法国现象学家梅洛-庞蒂的身体现象学哲学,对于当今的生态哲学文化研究也正发挥着越来越大的作用。与海德格尔的现象学存在论哲学是一种语言哲学有相通的地方,语言在梅洛-庞蒂的身体现象学哲学中也具有重要地位。并且与海德格尔一样,梅洛-庞蒂本人也没有直接谈论过生态问题,其语言哲学中的生态精神也是隐含着的。把其语言哲学中隐含着的生态精神淋漓尽致地发挥出来的,正是美国哲学家、生态学者和自然作家艾布拉姆。艾布拉姆在其哲学基础上发展出来的身体现象学语言哲学,相比于海德格尔的现象学存在论语言哲学,可以称得上是一种更为显在的"生态语言哲学"。艾布拉姆的身体现象学语言观一经提出便在西方生态学界和生态批评领域产生了巨大的反响,并且它对生态语言学的影响也正日渐增强。如前所述,英国生态语言学家斯提布就明显受到他的影响。但目前国内学界对它的专门研究尚不多见。鉴于此种状况,我们这里试对艾布拉姆身体现象学语言观的核心内容进行挖掘梳理,说明它称得上是一种"深层生态语言观"的原因,分析它对西方生态批评中的语言基本问题的提出和当今的生态文学、文化理论的语言理论基础建构又有何意义。

一、艾布拉姆的身体现象学语言观

艾布拉姆早在 1988 年的《环境伦理学》夏季卷发表的《梅洛-庞蒂与大地的声音》一文,就在梅洛-庞蒂身体现象学的基础上,提出了一种身体现象学的语言观。① 但艾布拉姆身体现象学语言观的最集中展现,还是他的代表作《感觉的符咒》(1996)一书的出版。此书一经出版,便在西方生态学界引起了巨大反响并获得了广泛的赞誉。《自然之死》的作者比尔·麦吉本(Bill McKibben)盛赞它"是一部里程碑式的作品",《地球的梦想》的作者托玛斯·伯利(Thomas Berry)称它为"这个时代将被最广泛地阅读和讨论的作品",生态诗人加里·斯奈德称赞它"点亮了语言、肉体、精神和历史的景观,图绘了我们重返世界的路线"。《什么是生命》的作者、"该亚假说"创始人林恩·马古利斯(Lynn Margulis)则说它"敞开了所有自然的感觉特征,揭示了那个包含但大于人类的世界(more than human world)对于我们的语言和生命无可置疑的影响,以一种前所未有的方式,创造了一种真正的属于21世纪的哲学"②。

　　艾布拉姆反响巨大的著作和语言观的确是在梅洛-庞蒂身体现象学或称知觉现象学的启发下产生的,这也是我们在这里把它称作"身体现象学"语言观的原因,但艾布拉姆的语言观又不是对梅洛-庞蒂语言观的翻版,就像他在《梅洛-庞蒂与大地的声音》一文中所说的:"我不只是对在他去世25年后重复他的观点感兴趣;我宁愿去完成对他著作的一种创造性阅读。""这里的阐释已经超越了他文本的确切内容,然而它也是由对于他的那些文本的密切的长期的关注和熟悉提供启发的。"又说,"我更加关注的不是他过去已经做过的,而是他计划中朝向将来的东西"③。这些"朝向将来"的东西在内容上看,就是梅洛-庞蒂后期对于"可见者"(the Visible)、"自然"(Nature)和"语言"(Logos)的关注,从意义上看,则是这些关注对于生态思想建设的未来意义。他说:"生态思想由于它扎根人类世界仍然具有大量的麻烦,它仍然被大多数

---

① David Abram, "Merleau-Ponty and the Voice of the Earth", *Environmental Ethics* 10, 2 (1988):101-120.

② "The Acclaim for The Spell of Sensuous", See David Abram, *The Spell of Sensuous: Perception and Language in a More-Than-Human World*, New York: Vintage Books, 1997, title page.

③ David Abram, "Merleau-Ponty and the Voice of the Earth", *Environmental Ethics* 10, 2 (1988):101-120.

人视作只是另一种人类意识形态;同时生态科学仍然作为一种高度专门化的局限性学科在机械的生物学范围内运作。没有哲学家的关注,生态学便缺乏一种连贯的、普遍的与它的目标相适合的语言,它仍然只是一束生长着的相互分离的事实、怨恨和不能传达的愿景。"又说:"我的信仰是,梅洛-庞蒂的现象学考察提供了一种新的、激进的自然哲学的种子,这种哲学对这个星球的生物圈中的经验的多样性保持忠实。在这篇文章中我将表明,对原始知觉采取严肃态度的现象学何以注定对更新我们对地球具有责任的意识拥有至高无上的地位,发生在欧洲大陆以及别处的朝向生态意识的运动又何以会通过仔细考虑梅洛-庞蒂的发现而获益良多。"[1]正是这样一种重建生态思想的问题意识,再加上艾布拉姆作为哲学家、生态学家、自然作家的多重身份,使得艾布拉姆对于梅洛-庞蒂语言观的解读具有了新的视野、向度和生命,形成了属于艾布拉姆自身的那种身体现象学语言观的新特征。

　　艾布拉姆身体现象学语言观的第一点核心内容,是认为自然是有语言的,语言是所有生命世界的表现,而不是"人类独有的财产"。艾布拉姆说:"在我们的时代,语言正是被构想为人类独有的财产,被经常用于展示人类家族对其他所有物种的优越性。其他动物已经表明可以建造复杂的居所,甚至可以使用工具,但是语言,一直保持着被广泛地宣称为是人类物种特有的起源处。"[2]但确定无疑的是,许多其他的动物也是用它们各自的语言进行交流的。从用它们身体的分泌物划定领域的边界,到各种面对面的交流。只是它们所使用的各种交流方式——舞蹈、歌声和姿势,包括声音或视觉——可以说都保持在感觉的、身体表现的层面上。但在人的日常话语中,除了存在着一个感觉的、身体表现的层面外,还存在着一个超越于单纯的身体表现力量的意义维度,一

---

① David Abram, "Merleau-Ponty and the Voice of the Earth", *Environmental Ethics* 10, 2 (1988):101-120.

② David Abram, *The Spell of Sensuous:Perception and Language in a More-Than-Human World*, New York:Vintage Books,1997,pp.54-55.

个似乎是被规定了的、完全固定了的抽象的意义层。因此,在他看来,人类语言与动物语言的不同之处在于,人类的语言包含着两个基本层面,一是原发的、表现的、身体化的感知层面,二是继发的、约定性的指示层面。只有把人类的语言限定在第二个层面上,并把第二个层面与第一个层面相分离的时候,语言才可能是人类独有的财产,也才可能把人类与其他非人类世界区分开。如果语言的意义把自己的根保持在身体的生命中,如果坚信语言的意义是原始的表现,是姿势化的、诗性的,约定性、指示性的意义是继发的、派生的,就会放弃宣称语言是人类的专有财产。如果语言一直处于自己的深度中,处在它的身体的、感知的回响中,它永远不能与那些鸟的表现性歌唱,狼半夜发出的咆哮声分离开。语言作为一种身体现象,它属于所有的表现性身体,而不只是人类才有的。①

艾布拉姆不仅从梅洛-庞蒂的观点出发,论证了有身体感觉的动物和人一样是有语言的,而且还把这种语言主体进一步扩大到整个自然界。他说,如果我们允许意义根植于姿势和身体表现之中,我们将不能把这种更新了的语言经验仅仅局限于动物。在一个直接的感知经验未被驯服的世界中,没有哪一种现象把自己呈现为完全被动的、内向的。每一个事物,每一种现象,都具有达到我们、影响我们的力量。换句话说,整个感知性的世界都是表现性的、言说着的,"在最原始的感知的、身体经验的层面上,我们发现自己处于一个表现的、姿势的风景中,一个言说着的世界中。"②整个世界都是一个表现性的、言说着的巨大的"身体"。人的言说就处于这种"世界言说"之中,人的身体就处于这个"世界身体"之中。语言正起源于人与世界之间的相互作用,语言因此既属于我们自己,又属于世界的生命景观,语言是所有生命现象的

---

① 参见 David Abram, *The Spell of Sensuous: Perception and Language in a More-Than-Human World*, New York: Vintage Books, 1997, p.55.

② David Abram, *The Spell of Sensuous: Perception and Language in a More-Than-Human World*, New York: Vintage Books, 1997, p.56.

表现。

　　艾布拉姆之所以能提出这样的观点,是他把当今的生态学观念与梅洛-庞蒂的"知觉现实"的观念相融合的结果。他指出,地球上的自然作为一个紧密的相互联系的有机体网络的观念,一种"生物圈"网的观念,已经成为共识。而这种生态学观念可以与梅洛-庞蒂后期对于"知觉现实",对于"肉体"的描述汇集起来。在梅洛-庞蒂看来,人的身体知觉并不局限于身体内部,人通过身体知觉世界的同时,也在通过世界知觉身体的存在,知觉现实、肉体,是相互交织着的、积极缠绕着的、相互依存现象的"晶体"(lattice),我们感知性的身体只是它的一部分。而"正是这种动力的相互联系的现实激发了并支撑着我们所有的言语,把它结构中的某些东西提供给我们各种各样的语言。语言那谜一样的本质回响着'并延长到不可见'的野生的、相互渗透、相互依存的感觉风景本身的本质"。因此"不只是人类的身体,而是整个感知世界提供了语言的深层结构。当我们在语言中居住并活动的时候,这个世界中的其他动物和生命也是如此;如果我们没有注意到它们在那儿,那是因为我们的语言忘记了它的表现性深度。""语言是一种生命,是我们的生命和事物的生命"①,不仅我们在言说,事物也在言说,整个生命世界都在言说。

　　从语言起源于身体与世界相互作用的知觉现实出发,艾布拉姆的身体现象学语言观,不仅认为自然是有语言的,语言是所有生命世界的表现,而且坚持认为语言与自然之间存在着自然的关联。艾布拉姆指出,语言的复杂性是与地球生态的复杂性,是与我们物种的复杂性紧密相关的。语言不仅与人类的身体相互作用,也与自然界的声音相互作用。语言正是"树木、波浪和森林的声音"。当技术文明减少了地球生命的多样性时,语言本身的多样性也减少了。当由于森林和湿地的破坏,天空中的鸣禽越来越少时,人类的言语也越来越多地失去它的唤起性力量。当我们再也听不到啭鸟和鹩鹑的声音时,我

---

　　① Merleau-Ponty, Sign, p.39. See David Abram, *The Spell of Sensuous: Perception and Language in a More-Than-Human World*, New York: Vintage Books, 1997, p.58.

们的言语就再也得不到它们韵律的滋养了。当河流飞溅的言语被越来越多的堤坝静寂下来的时候,当我们把越来越多的野性的声音驱赶入熄灭的遗忘中的时候,我们自己的语言也越来越贫乏,越来越失去重量,越来越缺乏与大地之间的共鸣了。① 艾布拉姆的这种观点,与生态语言学强调语言多样性影响生物多样性的观点是一致的。

艾布拉姆还认为,不仅口头语言与自然存在着自然的联系,是在身体与自然世界的相互作用中产生的,"文字像人类的语言一样,也不仅是在人类群体内部,而是在人类群体与生命景观之间的相互作用和接触中产生的,是在人类与那个包含但又大于人类世界的相互作用中产生的。"人类生存其中的自然世界充满了各种各样的暗示性踪迹,从蜿蜒穿过大地的河流,到被雷电劈断和烧成树桩的黑色的老榆木,再到鸟的俯冲飞翔划过的曲线,这些都作为自然的"书写",曾为古老的预言者所研究,远古人类也正是靠对这些自然符号的解读才存活下来的。最初的文字也正是在与这些自然符号相互作用的基础上产生的。② 唐代书法家虞世南发挥《周易》中有关卦象起源和《说文解字·叙》中有关文字起源的说法,说"仓颉象山川江海之状,虫蛇鸟兽之迹,而立六书"(《笔髓论》),和这种观点非常类似。

根据艾布拉姆的观点,口头语言与自然界声音的联系是显而易见的,这可以从许多拟声词中看出来。在最初的图画文字、象形文字中,仍然可以看出语言文字与自然世界之间的联系,"我们早期的所有书写系统都保持着与超人类世界的神秘事物的联结"。③ 但随着抽象字母的出现,人类语言与自然之间新的距离就拉开了。图画文字、表意文字尽管已经使我们感觉参与经历了从

① David Abram, *The Spell of Sensuous: Perception and Language in a More-Than-Human World*, New York: Vintage Books, 1997, p.86.

② David Abram, *The Spell of Sensuous: Perception and Language in a More-Than-Human World*, New York: Vintage, 1997, p.95.

③ David Abram, *The Spell of Sensuous: Perception and Language in a More-Than-Human World*, New York: Vintage Books, 1997, p.96.

"生命环境"的深度到"墙体、黏土片"等平坦表面的移置,但毕竟早期的书写本身还经常把我们与其他的动物和周围的自然联系起来。"在这时,感觉性的现象和它的口说的名称在某种意义上是相互参与的——名称是可感实体的某种投射。然而,由表音字母构成的文字,不再让我们指向这个世界中的感知现象——甚至不再指向这样一种现象的名称(如同画谜一样),而只是指向由人类的嘴制造的姿势。"这时候"图画符号与语音姿势之间的直接联系靠完全绕过物象第一次建立来了"。"激发性的现象——实体的形象",更广大的生命世界不再是符号必然的一部分了。这时的字母虽然仍然暗示性地联结着一个不仅仅包括人类的现象世界,但这种联结已远为脆弱。这些逗留在新的书写形式中的可感知自然现象的踪迹,只是从古老的书写中延续下来的存留物,而不再必然地参与语言的创造了。其他的动物、植物和自然元素,开始失去了它们自己的声音。"在希伯来的创世纪中,动物不是向亚当说出它们自己的名字,而是被这第一个人给予名称。对希伯来人来说,语言变成了一个纯粹的人类的礼物,一种人类的权力"。随着闪米特人的字母传入希腊,转变成希腊字母,"从围绕着的生命世界而来的语言意义的进一步抽象化便达到了它的完成状态"。① 语言与自然世界之间的距离便被最大限度地拉开了。语言文字被视作上帝赋予人类的特权或礼物,它成为人类形成自我良好感觉的理据,也成为人类对自然进行剥削和控制的武器。

艾布拉姆因此"视口头表达的丧失和书写文字的发明是人类中心主义态度的主要条件"。在文字中人类似乎更易找到自身独特性和优越性的理据,语言自身也更易"被理解为一种抽象的约定的符号系统"。但艾布拉姆认为,"这种观念拒绝了使所有意指成为可能的那种共享的'原语言逻各斯'(proto-linguistic *logos*),忘记了在知觉的相互作用中我们身体的鳞状重叠结构。它也忽视了人类话语中那种感觉的、唤起的向度,忽视了语言发挥作用的方式主要

---

① David Abram, *The Spell of Sensuous : Perception and Language in a More-Than-Human World*, New York : Vintage Books, 1997, p.67.

是一种面对面的表达、姿势和体态。"①艾布拉姆由此认为,人类历史中的决定性事件是文字的发明,文字一开始也是"万物有灵论"的,但随着文字运用的增长,人工的文化符号世界开始被视作"超级人类环境"。但艾布拉姆宣称,文字和印刷发明之前的纯粹的口头语言已经形成了一种与身体化、感觉化的普通语言未破损的连续,把有意义的言说视作人类的财产完全与我们最初以各种方式卷入的言语行为相背离的。并且通过分析奥马哈族(Omaha)人的语言指出,这种"语言不是关于世界的,它不是让世界成为客体或表象。词语对世界应答并对世界说话,对那些与我们一起居住在世界上的具有表现力的存在物说话"。而现代人则只把话语看作是人类的,看作用于表象和控制的规约系统。艾布拉姆认为,一种不同的语言方式可以带来人类态度和知觉方式的改变。我们今天的任务是对"事物本身的言说"作出回应,②重新参与有灵论文化,恢复口头表达在语言文化中的地位,重建口头表达与文字书写之间的连续性,把语言保持在身体表现的生命深度中,反对把语言看作抽象的约定系统和人类的专有财产,而这样一种语言观也正是一种"深层生态语言观"。

二、艾布拉姆的身体现象学语言观是一种"深层生态语言观"

对于什么是"深层生态语言观",我们在前面已作出一些初步的界定。我们知道,生态文化的核心价值目标,是促进人与自然的和谐共生。与这种核心目标相一致,一种"生态"的语言观也必然是有助于重建人与自然之间的交流与联系,最终有利于重建人与自然的和谐共生关系。根据目前比较通行的看法,造成人与自然关系的失调、并最终造成生态危机的根源,主要是人类中心主义的世界观。而人类中心主义世界观的一个重要来源是人类中心主义语言

---

① Timothy Clark, *The Cambridge Introduction to Literature and the Environment*, Cambridge: Cambridge University Press, 2011, p.50.

② Timothy Clark, *The Cambridge Introduction to Literature and the Environment*, Cambridge: Cambridge University Press, 2011, pp.51-52.

观。因此,那种有利于重建人与自然之间的交流与联系,重建人与自然的和谐共生关系的生态语言观,必然首先要反对人类中心主义的独白语言观,把语言看成是所有生命现象的表现甚至是所有存在者的显现,而不是人类的所有物和特权。由于人类中心主义的独白语言观把语言看作是人类的所有物,看成是人与动物区别开来的智性标志,其中隐藏的是"语言"与"理性"可以等同或置换的逻辑,因此人类中心主义的语言观实质上也是一种"理性中心主义"的语言观。近代以来,人类通过语言对自然的统治,正是以语言中所包含的理性、逻辑为前提。这也使得人类有志于重建人与自然和谐共生关系的生态语言观,第二点就是要反对理性中心主义的、单纯强调语言的抽象理性本质的逻辑语言观,坚持一种把语言看作是所有生命存在的表现或显现的诗性语言观。其实,从当今文化语境来看,造成或加剧人类与自然之间关系失调的,还有那种认为人类的语言只是一种空洞的符号,一种任意标记的约定语言观。这也使得生态语言观的第三个标志是,反对割裂语言与自然、与世界之间的联系,把语言视作既与人类自然也与客观自然没有任何联系的约定的形式系统的"分离主义"的任意语言观。这也意味着那种生态语言观不仅认为自然是有语言的,语言是所有生命存在的表现而不是一种抽象的理性逻辑和语法规则的系统,而且认为语言与自然、与世界、与生命存在之间是存在着自然联系的。因此综合起来说,生态的语言观必然是一种反人类中心主义,反理性中心主义,反分离主义,强调语言与自然之间的自然联系,把语言看作是所有生命存在本身的表现或显现,能把人与自然统一起来的诗性的自然语言观。由于这种生态语言哲学视野中的生态语言观在许多方面打破了人们对于语言的通常理解,是一种激进的、彻底的生态语言观,所以我们把它称作"深层生态语言观"。

如果把以上三条看作是"深层生态语言观"的标准,艾布拉姆的知觉现象学语言观称得上是一种"深层生态语言观"。就像前面已经谈到的,艾布拉姆身体现象学语言观的第一点基本内容,就认为自然是有语言的,整个生命世界都是言说着的,人的言说只不过是"世界言说"的一部分,从而解构了那种把语言仅仅看作人类特权的人类中心主义的独白语言观,打通了人类世界与非人类世界之间的界限和隔阂,重建了人类世界与非人类自然之间的交流与联系,无疑为重建人与自然的和谐共生关系提供了前提。而且艾布拉姆非常清醒地认识到,要反对人类中心主义的语言观,首先就要揭穿它与理性中心主义的逻辑语言观的联系。他明确指出:只有"通过把语言构想成一种纯粹的抽象的现象,我们才能够宣称语言是人类的独有特征。只有通过忽视人类话语的感知性、唤起性的向度,并且只注意口头交流的指示性、约定性的方面,我们才能够把我们自己从其他的生命自然中分离出来,并让自己处在它们之外。"①因此他主张把语言的根基奠定在自然生命或"世界身体"的原始的自然感知性和表现性之上,而不是抽象约定的理性或概念意义之上,他"坚信语言的意义是原始的表现,是姿势化的、诗性的",而不是约定性、指示性的,并且认为,人们如果让"语言一直处于自己的深度中,在它的身体的、感知的回响中",就会放弃语言是人类所有物的特权。② 也就是说,艾布拉姆的身体现象学语言观也是一种典型的反对理性中心主义的"诗性语言观"。

与此相一致,艾布拉姆也是强烈反对把语言与自然分裂开来,把语言看作是与自然、世界没有任何关系的约定的形式系统。他的《感觉的符咒》用很大篇幅分析讨论的也正是语言与那个广大的自然世界的原初自然联系。与西方语言哲学史上,只是靠"神秘力量"或"心理力量"来保证语言与世界之间的自然联系的自然语言观不同,在艾布拉姆看来,语言与自然、与世界的内在联系是奠基于相互渗透的"知觉"之中的。对于"知觉",艾布拉姆根据梅洛-庞蒂的观点也根据自己的理解概括出如下几点:(1)知觉事件,根据经验被认为是

---

① David Abram, *The Spell of Sensuous: Perception and Language in a More-Than-Human World*, New York: Vintage Books, 1997, p.55.

② David Abram, *The Spell of Sensuous: Perception and Language in a More-Than-Human World*, New York: Vintage Books, 1997, p.55.

一种固有的相互作用的互渗性事件(participatory),一个在知觉者和知觉对象之间的双向的相互作用。(2)被知觉的东西是作为有生命的、活生生的能主动地把我们拉向与他们关系的力量与知觉者相遇的。自发的、前概念的经验不会在有生命与无生命现象之间做二元区分。(3)在我们的感觉身体和生命的、表现的景观之间的知觉互动,既生产着也支持着我们更具有意识的与其他生命体的语言互惠活动。(4)那么,人类语言,不只是被人类身体和人类共同体的结构所构成,而且也被唤起性的自然形状,被包含人类而又超越人类的那个领地的形式所构成。① 由此可以看出,通过把语言的起源奠基于相互作用、相互渗透的"知觉"之上,艾布拉姆成功地克服了那种分裂的、二元论的、形式主义的任意语言观,重建了语言与自然之间的深度关联。

可以看出,艾布拉姆的身体现象学语言观,无论从哪一个层面上说都称得上是一种"深层生态语言观"。只是他的生态语言观与那种纯反思性的哲学的生态语言观不同,也与那种分析性和实证性的科学的生态语言观不同,也不同于那种建立在原始的"万物有灵论"基础上的信仰的生态语言观,而是一种把哲学的反思、科学的考察和有灵论文化的信仰结合起来的混合类型的生态语言观。就像一些学者所说的,艾布拉姆把"诗的激情与智性的精确和勇气"(Joanna Macy),把"科学的探索与直觉的才华"(Howard Norman)神奇地相结合,以一种"文学的技巧","抒情诗的敏感",和对生命世界的"深情的爱",创造出了一种生态语言的"乌托邦"。以至于有学者说艾布拉姆的语言观在各种关于语言的观念中,"它是那种本质上的生态浪漫主义语言观的复杂典范"。② 但也许正是因为艾布拉姆生态语言观的这种"生态浪漫主义"风格,使它与文学的精神更加契合,因此对西方生态批评研究中的语言基本问题的

---

① David Abram, *The Spell of Sensuous : Perception and Language in a More-Than-Human World*, New York: Vintage Books,1997,p.61.

② Timothy Clark, *The Cambridge Introduction to Literature and the Environment*, Cambridge: Cambridge University Press,2011,p.48.

提出具有先导性和范型性影响,对当今的生态文学、文化研究的语言理论基础建构亦具有重要的启示作用。

三、艾布拉姆的生态语言观对生态文学、文化理论研究的意义

就像我们前面已经谈到的,西方的生态批评家、生态文学、文化研究者,已经普遍地意识到语言问题的重要性,深感要想重建人与自然之间的和谐共生关系,就要重建人与自然之间的交流与联系,而要重建人与自然之间的交流与联系,就不能不首先面对一系列的问题:诸如,自然具有与人交流的能力吗?或者说,其他动物或人类之外的自然界有语言吗? 语言是人类的专有财产还是所有生命世界共有的现象? 如果语言只是人类的语言,语言与人的理性、意识、情感、心灵甚至身体是什么关系? 语言是生命情感的诗意表现,还是理性逻辑的工具? 语言与自然、环境或世界之间又是什么关系,它们之间存在着自然联系吗? 人类能够通过语言指称或达到自然世界吗? 如果语言只是人类的特有现象,人又如何能通过语言理解自然,自然又如何能听懂人类的语言,人类又如何指望通过语言重建人与自然之间的交流与联系呢? 同样,如果人类的语言只是任意的、空洞的符号,它与外界自然甚至内在自然都没有任何联系关系,我们又如何能够用语言指称自然、代表自然呢? 人们又如何可能"为自然言说"或"写作"呢?

这些问题看起来头绪众多,但还是可以归结到我们前面提到的那两个根本问题的两个方面:一方面是如何看待"语言"与"自然"的关系问题,另一方面是如何看待"语言"与"人"的关系问题。这两个方面有时交织纠缠在一起,合成一个根本问题,那就是如何看待"语言与自然"的关系问题;有时又分开发展衍化,表现为两个具体问题:一是语言与自然、生命的关系问题,二是语言与理性、逻辑的关系问题。因为在西方形而上学的哲学文化传统中,当语言被视作人类的特权时,语言也是被作为理性认知的标志和工具来看待的,因此从语言与人的关系又衍生出语言与理性、逻辑的关系问题。这两个问题既是西

方语言哲学的两个基本问题,也是生态文学、文化研究要面对的两个基本问题。只是并非所有的生态文学、文化研究者在生态研究中遇到语言问题时,都能如哲学家那样具有明确的意识,从根基处提出问题,并作出合理的一贯的解释。

但我们发现艾布拉姆则以一位哲学家高度自觉的意识,从重建生态思想的时代需要出发,在生态研究中明确提出语言与自然、语言与人的关系这两个基本问题,并以知觉现象学的立场和生态浪漫主义的方式作出了一贯的回答。艾布拉姆认为,"没有哲学家的关注,生态学便缺乏一种连贯的、普遍的与它的目标相适合的语言,它仍然只是一束生长着的相互分离的事实、怨恨和不能传达的愿景"。① 因此他致力于把梅洛–庞蒂的知觉现象学引入生态学研究中来,并由此阐释发展出一种建立在身体现象学基础上的"生态语言观"。由于艾布拉姆的这种生态语言观有明确的哲学观念作基础,有明确的问题意识为导向,并且提出较早,因此对西方生态批评中语言基本问题的提出具有一种先导性的、范型性的作用。格罗费尔蒂与弗洛姆主编的《生态批评读本》(Glotfelty & Fromm,1996)、朱利安·沃尔弗雷斯主编的《21 世纪批评导引》(Wolfreys,2002)、格伦·洛夫的《实用生态批评》(Love,2003)、劳伦斯·布伊尔的《环境批评的未来》(Buell,2005)、蒂莫西·克拉克的《剑桥文学与环境导读》(Clark,2011)、乔纳森·贝特的《大地之歌》(Bate,2000)、斯科特·尼科博克的《生态诗学》(Knickerbocker,2012),以及蒂莫西·莫顿的《没有自然的生态学》(Morton,2007)、格尔斯多夫与迈尔主编的《文学与文化研究中的自然》(Gersdorf and Mayer,2006),以及斯提布的《生态语言学》(Stibbe,2015)等重要著作,无不对艾布拉姆的语言观念、提出语言问题的思路作出回应。

如斯科特·尼科博克的《生态诗学》著作,副标题即为"自然的语言,语言的自然",明确地提出生态诗学的建构需要系统地探讨语言与自然的关

---

① David Abram, "Merleau-Ponty and the Voice of the Earth", *Environmental Ethics* 10, 2 (1988):101–120.

系。他指出,当艾布拉姆强调"正是有灵的大地在言说,人类的言语只不过是这个巨大话语的一部分"时,他"有意地质疑了那种语言与自然之间的标准的二元论"。但他认为有些遗憾的是,当艾布拉姆强调口头表达与文字书写之间的对立时,可能又会保留或加剧这种二元论。但无论如何,尼科博克是在艾布拉姆开启的思路上前进的,他发问道:"如果环境主义的使命是帮助我们获得与非人类世界的有意义的联系,并鼓励我们的生态行为,那么语言应如何适应这一使命? 自然是在语言的另一边吗,或者,语言能抛开它在人类与非人类世界之间的中介功能,而把我们迂回引至自然吗?"①在作者看来,语言与自然不是对立的,因为语言本身也是来自自然的。生态诗学就是要为语言与自然、伦理与审美之间的友好关系提供自然的场所。贝特的浪漫主义生态诗学同样认为,生态诗学的建立须首先解决语言与自然的关系问题,它需要寻找到一条穿过怀疑主义,到达一个清理过了的、超越了那种把语言视作一个自我封闭系统的重重障碍的道路。② 贝特的浪漫主义生态诗学的语言基础虽非艾布拉姆的身体现象学语言观,而是海德格尔存在论的现象学语言观,但他对于"声音"的推崇与艾布拉姆对于声音与文字的看法明显是一致的。

生态批评家克里斯多夫·曼尼斯(Christopher Manes),也正是沿着艾布拉姆的思路,从自然沉默的角度梳理生态危机的原因,揭示了人类如何把自然一步步变成沉默喑哑的对象并进行控制和压榨的。曼尼斯指出,杰克·古迪认为,文字写作"改变了世界表象的性质",因为它允许人类以一种更抽象、更概括、更理性的方式铺陈并检测话语。在古迪分析的基础上更进一步,艾布拉姆坚持,我们与文字的关系是"完全地万物皆有灵"的。因为表达的主体性曾经经历从自然到书写文字的转向。自然曾一度开口说话,但现在是文字向我

---

① Scott Knickerbocker, *Ecopoetics: The Language of Nature, the Nature of Language*, Amherst and Boston: University of Massachusetts Press, 2012, p.3.

② Jonathan Bate, *The Song of the Earth*, London: Picador, 2001, pp.247-248.

们说话。作为文化的人工产品,文字体现人类的主体,但它明显地站在自然之外。这样,文字作为主体的地位是成问题的,因为对于不能读写的有灵论社会来说,它是未知的。① 艾布拉姆认为,一种不同的语言方式可以带来人类态度和知觉方式的改变。我们今天的任务是对"事物本身的言说"作出回应,去重新参与"万物有灵论",就像一些作家所做的那样。②

与这种主张相一致,曼尼斯提出通过学习一种新的语言,那种深层生态学所力图表达的有关生态谦虚的语言,建立一种新的语言观来挽救自然。曼尼斯指出,"一种可行的环境伦理学必须面对'自然的沉默'——这个在我们的文化中只有人类拥有言说主体身份的事实"。并详细梳理出一个"让自然沉默的谱系",表明西方历史上各种观点是如何相互协作共同"创造出一个虚构的大写的'人',一个被描绘成唯一的主体、言说者和世界的终极目的的角色"的。并且得出结论,认为当今"理性的话语,作为社会实践的指导,与这种虚构相牵涉,因此它不可能打破自然的沉默。相反,环境伦理学必须学习一种从人文主义的动机中跳出来的语言,或许可以通过吸取那种从原始文化中,后现代哲学中,以及从中世纪沉思的传统中发现的具有存在论上的谦逊的语言做到这一点。"③原始文化是一种泛灵论文化。在远古的有灵论文化时代,自然世界不被认为是哑然无声的,不仅人有语言,自然万物都是有语言的,人与自然之间是可以通过语言相互交流并相互影响的。"万物有灵论的主体,一种移位的、自治的、打破了人类与非人类世界之间的清晰区分的身份。在这里,人类的言说不再被理解为一种特殊的才能,而是被看作世界言说的

---

① Christopher Manes,"Nature and Silence",in Cheryll Glotfelty & Harold Fromm eds.,*The Ecocriticism Reader:Landmarks in Literary Ecology*,Athens and London:The University of Georgia Press,1996,pp.18-19.

② Timothy Clark,*The Cambridge Introduction to Literature and the Environment*,Cambridge:Cambridge University Press,2011,pp.51-52.

③ Christopher Manes,"Nature and Silence",in Cheryll Glotfelty & Harold Fromm eds.,*The Ecocriticism Reader:Landmarks in Literary Ecology*,Athens and London:The University of Georgia Press,1996,pp.18-22,p.26.

一个子集。"就像汉斯·杜耳所说的,人不会剥削一个对他言说的自然,因此"泛灵论社会几乎完全而无一例外地避免了今天那种使环境伦理学成为我们时代主题的环境危机。"①根据曼尼斯的看法,那种泛灵论语言观对于保护自然,对于生态文化、生态文明的建设是可以提供积极支持的,人们是可以到这种原始的泛灵论文化中学习一种新的语言的。而曼尼斯这种对于"有灵论主体"和"人类的言说"的看法,明显受到了艾布拉姆语言观的影响和启发。②

同样受到艾布拉姆的明显影响,生态批评家凯特·瑞格比在《生态批评》中谈到"重建语言基础"时,首先涉及的问题也是自然究竟有没有语言,人类能否通过语言重建与自然的联系的问题。她指出,生态批评尽管也经常包含社会正义的问题,然而它与其他政治文化批评的一个不同之处在于,"它是一种为他者张目的形式,这种他者被认为是无法为自己说话的"。但瑞格比本人却并不认为自然是完全沉默的。自然被认为是沉默的,是因为人类拒绝倾听自然的缘故,而不是自然不具备与人交流的能力。她指出,无论是有灵论文化的考察,还是当代生物学家的研究都表明,自然是有语言的。"在完全不同的话语和语境中,当代生物学家也证实了自然界存在着丰富的意指系统。它们从遗传密码自身的生物学信息系统,到所有植物和动物大多在无意中发出的无数多样的标引性符号(indexical signs),一直延伸到许多鸟类和哺乳动物或许是有意发出的那些显然具有规约性的符号(conventional signs)。更为普遍的是,整个生态系统可以说是依靠生物物种与环境的非生物元素之间复杂的交流和交换网络而支撑的。"在这种情况下,如果我们仍然认为自然是沉默

---

① Christopher Manes, "Nature and Silence", in Cheryll Glotfelty & Harold Fromm eds., *The Ecocriticism Reader:Landmarks in Literary Ecology*, Athens and London:The University of Georgia Press, 1996, p.18.

② 曼尼斯在他的"自然与沉默"(*Nature and Silence*)一文中,曾引用艾布拉姆在1989年完成的一篇未公开发表的文章《论文字读写的生态后果》("On the Ecological Consequences of Alphabet Literacy:Reflections in the Shadow of Plato's Phaedrus"),可以说明这一问题。

的，"或许是因为我们生活在一个日益人化的世界中，因为我们是文化传统的继承者，而在这个文化传统中，'说话主体的地位是作为一种专有的人类特权被警惕地守护着的'"。① 因此也可以说，自然沉默的观点是由那种典型的人类中心主义的独白语言观造成的。

瑞格比不仅坚持自然不是沉默的，它是有自己的意指系统的，反对把语言看成人类特权的人类中心主义的独白语言观，而且她也像艾布拉姆那样坚持人类的语言与自然、与环境之间是具有自然联系的。瑞格比指出，把语言局限于人类范围的倾向或许与人类的读写能力的提升有关，借此，语言只与人类的写作实践相联系。从表面上看来，"当字母书写被发明，当文本的能指与所指之间的相似性联系松开以后，语言的一个巨大转向发生了"。语言好像如艾布拉姆所说的，"正是在这一时刻，人类的语言和文化把自己从自然中解除出来"。但实际上，"在很大程度上，这种解放只是一种幻觉"。因为"不只是我们说话、写作、创造文化的能力建立在更为古老的、复杂的非人类世界的意指系统之上，而且我们在言说和写作中用于交流的特定语言自身也带着它们在其中演化的自然环境的印记。"她举例说，在因纽特人的语言中，有许多表示"雪"的词语。这一点常被符号学家引来说明语言塑造知觉的方式，然而对于生态批评家来说，它却可以用来说明语言被环境塑造的方式。因为，如果说话者的福祉或可能的生存不依赖于其对雪天环境中相应差异的辨别能力，那么这些语言上的差别就不会被创造出来。因此，尽管口语或书写中的能指与所指之间的联系或许是任意的，但语言意指的区别并不是任意的，或至少不完全是任意的。语言能指与所指之间的联系也并不总是任意的。大多数自然语言中都存在"拟声词"的现象，可以说明这一点。有些文字系统也通过对象形元素的使用模拟它们所指称的世界，如汉字。因此瑞格比认为，就像艾布拉姆所指出的，甚至字母，在它最初的希伯来形式中，也展现了残留的相似性因素，并

---

① Kate Rigby, "Ecocriticism", in Julian Wolfreys ed., *Introducing Criticism at the 21*st *Century*, Edinburgh: Edinburgh University Press, 2002, p.166.

且它要求具身主体的参与,为的是通过言语的气息形成元音。语言的许多用法也都表明了词语与世界之间存在着一种双向运动。① 人的知觉意识不仅为语言所塑造,语言也总是带着它的环境的痕迹,语言与世界、语言与自然、语言与环境之间因此有着一种自然的联系。

由此,瑞格比进一步指出,"文学语言的特殊运用能够重建我们与自然世界之间的关联"。并且主张:"在一个更广阔的、'大于人类的自然世界'(more than human world)的语言指意系统中,重新安排人类语言的位置是重要的,而且也是必要的,它可以唤起这样的想法:在世界上存在着用人类的语言框架无法揭示出的更多的东西。"② 而这也正是艾布拉姆《感觉的符咒》一书所探讨的主题。因为该书的副标题即是"一个大于人类的世界(More-Than-Human world)的知觉与语言"。由此亦可看出,艾布拉姆的生态语言观对于西方生态批评中的语言基本问题的提出,所具有的激发性、先导性和范型性作用。但艾布拉姆的生态语言观的意义,绝不止于"西方"的生态批评、生态诗学研究,因为文本与世界、文本与自然、文本与作家的关系,也是所有文学研究和"所有关于如何艺术处理物质环境的研究,迟早都必须考虑"的"一个元问题"。③由于文本是由语言构成的,文本与自然、文本与作家的关系问题,归结起来还是语言与自然、语言与人的关系。而语言与自然、语言与人的关系,不只是所有生态批评要面对的基本问题,它也是当今的生态文学、文化理论建构要面对一个基本问题。生态文学、文化研究作为一种被现实问题促动的生态研究,其最高目标不只是要建立一种生态文学和文化理论,而是旨在促进人与自然之间的交流与联系,最终促进人与自然之间的和谐共生关系。而要重建人与自

---

① 参见 Kate Rigby,"Ecocriticism",in Julian Wolfreys ed.,*Introducing Criticism at the 21ˢᵗ Century*,Edinburgh:Edinburgh University Press,2002,pp.166-167。

② Kate Rigby,"Ecocriticism",in Julian Wolfreys ed.,*Introducing Criticism at the 21ˢᵗ Century*,Edinburgh:Edinburgh University Press,2002,p.167,p.168.

③ [美]劳伦斯·布伊尔:《环境批评的未来》,刘蓓译,北京大学出版社 2010 年版,第34 页。

然之间的交流、联系与和谐共生的关系,我们同样也必须首先生态地、合理地解决语言与自然的关系、语言与人的关系。艾布拉姆的具有鲜明生态意识的身体现象学语言研究,不仅开启了生态研究中语言基本问题的提出方式,而且能为当今的生态文学、文化研究的语言哲学基础建构提供某种支持。

并且需要特别指出的是,艾布拉姆的身体现象学语言观念实际上也已经影响到当今西方的一般意义上的生态语言学。如斯提布在其《生态语言学》中就多次引用艾布拉姆的观点,他说:"生态语言学本身可以看作是试图在主流语言学传统中去凸显一个大于人类的世界(more than human world)。主流语言学倾向于强调语言在人类与人类的相互关系中的作用,而忽视语言与一个更大的生态系统的关系。"①并且提出,"人类独特性的故事,过去一直是人文学科的核心主题。这些研究领域一向都是研究和颂扬理性、语言、历史感、宗教、文化、文学把我们与动物区分开,并含蓄地使我们比动物更优秀"。但在今天"无论是心智、人类、社会、文化还是宗教,都不再被视作孤立的研究对象,而是被看作一个更大的物质世界和生命世界的不可分割的一部分"。② 从中不难看出,斯提布的思想明显受到艾布拉姆的影响,我们知道,这个"大于人类的世界(more than human world)",正是艾布拉姆的关键词,由此亦可看出,艾布拉姆的身体现象学语言观对于生态语言文学、文化理论研究所具有的重要意义。

---

① Arran Stibbe, *Ecolinguistics: Language, Ecology and the Stories We Live By*, London and New York: Routledge, 2015, p.203.

② Arran Stibbe, *Ecolinguistics: Language, Ecology and the Stories We Live By*, London and New York: Routledge, 2015, p.14.

下 编

生态语言学批评与生态文学、文化批评的方法与实践研究

第四章　生态语言系统批评与文学、文化文本中的名词化

如前所述,生态语言学的开放性、跨学科性,使其意义已经不局限在语言学内部。它不仅能使我们更好地理解语言学中的一些重要问题,也让我们看到了它对其他学科,尤其是对生态文学、文化理论研究的意义。这种意义一方面表现在其语言观念对生态文学、文化研究的语言理论基础的建构上;另一方面则表现在其批评方法对于生态文学、文化批评的方法论启示上,以及其理论观念和方法在具体批评实践中的运用上。下面三章我们正是要对生态语言学批评对于生态文学、文化批评的方法论意义做集中探讨。就像我们前面已经谈到的,生态语言学批评可以说存在着三个层面:生态语言系统批评、生态话语批评和生态语言学"元批评"。因此,我们将沿着这三个层面,梳理探讨生态语言学批评对于生态文学、文化批评的方法论意义。但我们这里不是抽象地谈论生态语言学批评的方法论意义,而是与一些具体问题的探讨结合在一起。我们这一章首先看一下生态语言系统批评与生态文学、文化文本中的名词化问题。

第一节　关于"名词化"的论争

语言系统的批评,作为生态语言学批评的一个基本层面,它又可区分出两

个基本方面:一是对词汇的考察,二是对语法的考察。在生态语言学批评的语法考察中,其对名词化的考察,尤其具有方法论意义,值得人们特别注意。因此我们这一节,专门选取这一语法现象,从生态语言学角度对其加以考察辨析。"名词化"作为一种重要的语言现象,曾引起语言学界的广泛关注。描写结构主义语言学、转换生成语言学、系统功能语言学以及认知语言学,都曾从不同的角度、以不同的理论进行过解释和探讨,其中以韩礼德的系统功能语言学的研究最为系统深入,影响也最为深远巨大。由英国语言学家弗勒(Roger Fowler)开创,由费尔克拉夫(Norman Fairclough)发展起来的影响广泛的"批评话语分析"(CDA)对"名词化"以及"被动语态"的批评,正是以韩礼德的系统功能语法为主要理论基础的。但对韩礼德以及"批评话语分析"的名词化研究并非没有任何争议。香港岭南大学语言学教授安德鲁·格特勒(Adnrew Goatly)的文章《绿色语法和语法隐喻》,就从生态语言学角度对韩礼德等人的名词化研究进行挑战,并从而引发了人们围绕着"名词化"的"生态"或"反生态"价值展开了一场激烈的论争。这一论争的序幕虽然是在十几年前的英语语言学界拉开的,但这一论争的帷幕从未真正落下,并且随着生态危机的日趋严重,生态文化和生态世界观建构的日趋迫切,这一论争的意义也显得越来越突出了。但其意义目前还很少为当今国内的生态文学、文化研究界所认识。因此,我们在这里试从生态语言学角度对于这一争论进行再考察。一是希望通过这种考察,让人们更多地了解生态语言学批评这一新兴的交叉学科的批评方法;二是希望通过对这种论争的进一步考察,提出笔者对于这一问题的看法,以推进生态语言学视野中的名词化研究,并能对当今的生态文学、文化批评提供某些启发。

一、名词化论争的焦点

所谓"名词化"(nominalization),又称"名物化",是指从动词或其他词类形成名词,或把一个包含着施事者和施事过程的及物小句(transitive clause)

转换成没有施事者和施事过程的名词短语的语言现象。一个完全的及物小句通常包含着"施事者"（agent）、"施事过程"（process）、"受施者"（patient）以及表示时间地点的"情境"因素（circumstances），转换成没有动词的名词短语后，施事者和施事过程的信息就会丧失。如从及物小句"滥杀者毁灭了一些物种"到名词短语"一些物种的毁灭"，从及物小句"探险者毁坏了热带雨林"到名词短语"热带雨林的毁坏"，就可看出名词化的这种特征。名词化是英语正式语体的一个突出特点，有许多有关环境问题的表达也往往采用了这种名词化形式，如"栖居地的丧失""环境的污染""气候的改变"，等等。韩礼德、格特勒等人围绕着名词化的生态或非生态价值展开的论证正主要集中在如何看待这些丧失信息所具有的积极或消极意义上。

由于名词化的过程是在语法层面上用一种表达方式"替换"另一种表达方式，因此它也被系统功能语言学的创始人韩礼德视作"语法隐喻"（grammar metaphor）。韩礼德曾与语言学家马丁（J.R.Martin）合著的专著指出，"名词化"把作为"过程"的动词或作为"特征"的形容词转换成名词，把本该在一个小句中作为动词或形容词起作用的"过程"或"特性"转变成在一个名词性词组中起作用的"事物"，造成了一种静态的表达风格，"在这种新的静态表达风格中，世界成了一个事物的世界，一个结果的世界，而不是一个发生的、一个生成的世界。"①而这与20世纪物理学的研究方向正好相反。这一方向是"从绝对走向相对，从物体走向过程，从确定的向盖然的，从稳定的向流动的方向发展"。② 韩礼德和马丁还认为，人们儿时的"母语"和成人的日常语言是一种"一致式语言"（congruent language），而"名词化"则是以牛顿模式为思维基础的科学语言的特点。所谓"一致式语言"是指那种"语义范畴和语法范畴处于

① M.A.K.Halliday and J.R.Martin, *Writing Science*, *Literacy and Discursive Power*, London: The Falmer Press, 1993, p.129.

② M.A.K.Halliday and J.R.Martin, *Writing Science*, *Literacy and Discursive Power*, London: The Falmer Press, 1993, p.20.

自然的"对应关系的语言。而名词化作为语法隐喻则是这种一致关系的错位,它使"动作可由名词体现,逻辑关系可由动词体现"等,从而使语言变得抽象灰涩和"不自然"。语法隐喻的这种特征也因此把使用名词化的科学语言与使用一致式的日常语言区分开,把懂得它的少数人和不懂得它的大多数人区分开。韩礼德和马丁由此认为"名词化"代表了一种"反民主"的社会和科学意识形态。科学语言要不想成为一种疏离的、反民主的形式,并与现代物理学的方向相一致,它必须实现自己的更新,从"名词化"返归到更注重过程的,更强调不确定性和流动性的"小句模式"。①

英国语言学家格特勒像韩礼德一样强调现代世界观的过程性、动态性、整体性和关联性,但他对待"名词化"和"及物小句"的看法却与韩礼德他们正好相反。格特勒认为,不是使用名词化或语法隐喻的科学语言出错了,而是使用及物小句的日常语言在根本上存在着问题。"及物小句"对于表达现代科学理论,如相对论、混沌理论、过程哲学和生态理论,尤其是生态理论中的"该亚理论"所要求的世界观是不足的。因为具有施事者和动词的及物小句,在"施事参与者(Agentive Participants),受到影响的参与者(Affected Participants)和情境(Circumstances)"之间进行区分,代表了一种人类中心主义和分裂的世界观,并隐含了一种错误的原因与结果之间单向作用的观念,它"使我们看不到从长远来看,施事者也将会被他自身行为的结果所影响"。并且"把现象区分成事物和过程的分类,对现代物理学的洞见来说也是可疑的"。② 而与之相反,没有施事者和动词的名词化形式,则避免了"施事者"、"受事者"和"情境"之间的区分,模糊了"事物"和"过程"之间的界限,降低了人类中心主义聚焦的程度,因此它能提供一种与把世界看成相互联系、不可分割、具有相对性

---

① M.A.K.Halliday and J.R.Martin, *Writing Science*, *Literacy and Discursive Power*, London: The Falmer Press, 1993, p.20.

② Andrew Goatly, "Green Grammar and Grammatical Metaphor, or Language and Myth of Power, or Metaphors We Die By", in Alwin Fill and Peter Mühlhäusler eds., *The Ecolinguistics Reader*: *Language, Ecology and Environment*, London and New York: Continuum, 2001, p.213.

的系统世界观或称生态整体世界观相适应的语法形式。与此同时，格特勒还认为，名词化把焦点从人类施事者上移开，一方面降低了人类中心主义的程度；另一方面还让我们认识到人类并不仅仅是环境问题的制造者，从长远来看，人类也是环境问题的受害者，也将被自身的行为所影响。因此，名词化的价值是积极的，它能够被运用或发展成构建"绿色语法"或称"协和语法"（consonant grammar）和未被分割的生态整体世界观的资源。

格特勒这篇直接指向韩礼德和马丁的名词化研究的文章，激起了英国语言学者玛丽·J.舒坡格莱尔（Mary J.Schleppegrell）强烈的批判性回应。舒坡格莱尔指出，没有人类施事者和施事过程的名词化结构，诸如"栖息地的丧失"，"物种的灭绝"等，若"用完全主动句的形式表达这些问题，将需要语言学的主语，然而名词化的技术术语却允许主语被抑制。"①但正是主语的被抑制，既不利于理解也不利于解决环境问题。即便是阅读过程中，"语言学上的施事者可以被指定，社会施事者仍然是模糊的，（Van Leeuven，1996）"。因为当人们面对使用名词化的没有施事者的文本时，他们总是会用"诸如'人民'，'人类'和'我们'这样一般的或不确定的施事者"把那个隐藏的主体补充上。"这种向所有'个人'或一般意义上的'人民'扩散的施事者，是对环境问题真正原因的歪曲"，也是环境问题真正解决的障碍。因此，舒坡格莱尔坚持，"就这一点而言，语言与生态问题的（关键）不是及物小句的人类自我中心主义，而是'人'这个词的信息价值的缺乏。""一种真正的绿色语法是那种揭示导致环境摧毁的真正暴力和机构的语法。而当名词化扩散责任或抑制社会主体的时候，它是在模糊而不是照亮这些关系。"②批评话语分析的创始人弗勒（Roger Fowler）也曾经宣

① Mary J.Schleppegrell，"What Makes a Grammar Green? A Reply to Goatly"，in Alwin Fill and Peter Mühlhäusler eds.，*The Ecolinguistics Reader*，*Language*，*Ecology and Environment*，London and New York：Continuum，2001，p.226.

② Mary J.Schleppegrell，"What Makes a Grammar Green? A Reply to Goatly"，in Alwin Fill and Peter Mühlhäusler eds.，*The Ecolinguistics Reader*，*Language*，*Ecology and Environment*，London and New York：Continuum，2001，p.228.

称:"名词化具有一种固有的神秘化潜力",它通过对人类施事者的"删除","允诺了一种隐瞒的习性"。① 从这种意义上说,"名词化"的确是一种意识形态的"欺骗",它不是有益于而是有害于生态语法的重建的。

就这样,围绕着名词化积极或消极、生态或反生态价值的论争便展开了。在这种论争中,大多数人站在韩礼德与马丁和舒坡格莱尔的立场上,也有一些人站在格特勒的立场上。但不管是哪一派哪一方,似乎都振振有词,言之成理,真可谓仁者见仁,智者见智。正是这种令人困惑纠结的情形,促使我们不禁要问,对于"名词化"这同样一种语言现象,人们为什么会有如此对立的见解? 名词化究竟是一种意识形态的"欺骗",还是一种绿色语法的资源? 它究竟是有利于还是有碍于那种动态的、整体的、相互关联的生态世界观的重建?

二、名词化论争的根源

一般来说,如果人们对一种事物的看法极端分歧,一方面与这种现象本身特别复杂有关,另一方面则与人们看待这一事物的角度极为不同有关。我们知道,当人们从不同角度看待问题时,同样的事物是可以呈现出完全不同的面貌的。纵观韩礼德、马丁、舒坡格莱尔和格特勒对于名词化的论述可以看出,他们主要是从社会意识形态的层面、是从外部视角、也主要是从名词化的实际存在这个层面来看待名词化的。然而,与韩礼德、马丁和舒坡格莱尔相比,格特勒则是从一个更加哲学化、更加理论化的层面,也是从一个更加内在化的视角来看待名词化的。他更加关心的是一种更长远意义上的绿色语法和生态整体世界观的重建,而不是现实的环境问题的立即解决,或者民主的社会文化现实的当前构建。并且他主要是从理论的层面上探讨名词化所具有的生态价值的"可能性",而不是从实际存在的层面上考察名词化所具有的生态价值的"实际情形"。也无怪乎胡壮麟先生说"Goatly 的协和语法或绿色语法,至今

---

① Roger Fowler, *Language in the News*, London: Routledge, 1991, p.80.

仍处于理论假设的阶段,没有向我们提供像 Halliday 的《功能语法入门》那样完整的、可操作的体系"①。

正因为格特勒主要是从理论的层面上探讨名词化所可能具有的生态价值,所以他将要面对的困难是:从一些非文学性环境文本中的名词化的实际运用来看,舒坡格莱尔所"指控"的名词化,对于解决当前环境问题有负面影响,韩礼德、马丁以及话语批评分析者所"指控"的名词化,对于构建民主化社会文化现实的消极作用的确是显而易见的,而格特勒所说的名词化对于建构更深层的绿色语法和生态世界观的积极价值则是难以被觉察和证明的。况且退一步说,假如科学语言中的名词化真的能够正面地发挥作用,它似乎早应该帮助构建起一个生态整体性世界观了,因为根据韩礼德和马丁的考察,名词化在科学语言中的使用已经有很长的历史了。但事实上,科学语言中的名词化运用并没有帮助科学形成一种生态整体性世界观。从这一意义上说,格特勒的观点似乎也只是在理论上是合理的,它尚未被现实所证实。而且,当我们从名词化的实际存在去考察格特勒的观点时,还发现他的理论观点和一些历史事实之间也是存在着抵牾的。格特勒坚持:"英语语法的及物效果小句代表的模式典型的与牛顿学说和技术主义的思维模式相一致,正因为如此,这一思维模式被证明为是与现实相违背并被发现是危险的——200 多年以来这个星球的生命系统所遭受的破坏已证实了这一模式的不适当性。"②然而,根据韩礼德和马丁对于科学写作史的系统考察,在牛顿的科学著作中有着许多明显的名词化形式,而且正是在牛顿的科学写作之后,名词化形式才大规模地出现的。③ 如果韩礼

---

① 胡壮麟:《科学理论新发现与语言学新思维——兼评 Goatly 协和语法》,《外语教学与研究》1999 年第 4 期。

② Andrew Goatly, "Green Grammar and Grammatical Metaphor", Alwin Fill and Peter Mühlhäusler eds., *The Ecolinguistics Reader*, *Language*, *Ecology and Environment*, London and New York:Continuum, 2001, p.230.

③ M.A.K.Halliday and J.R.Martin, *Writing Science*, *Literacy and Discursive Power*, London:The Falmer Press, 1993, p.14.

德和马丁的考察是确实的,这一发现便意味着两种可能性:一种可能性是,与
"牛顿学说和技术主义的思维模式相一致的"语言模式不是"及物效果小句",而
是为格特勒所偏爱的"名词化"。这样一来,那种"危险的"不适当的语言模式就
不是"及物小句",而是被格特勒视作绿色语法资源的"名词化"了。另一种可能
性是,"名词化"可能是一种绿色语法资源,但它在科学语言中的使用,却使它成
为一种"危险的"模式。但不管是哪一种可能性都表明,科学语言中的名词化对
于绿色语法和生态世界观的建构来说并不是一种积极的语言现象。

但这样一来,是不是意味着格特勒的观点就像舒坡格莱尔所说的那样完
全是"无意义的"?而韩礼德与马丁、舒坡格莱尔,以及批评话语分析者对名
词化的批评在任何情况下都是适用的?韩礼德的系统功能语言学与其他语言
学理论相比,对名词化的研究的确更为深入系统,但它也仍然存在着一些局限
性。因为系统功能语言学作为一种社会语言学,它主要是从外部社会功能考
察语言问题,而回避语言学研究中的心理学维度。同样对于名词化,他主要从
社会功能角度探讨名词化作为"语法隐喻"的建构,指出名词化在科学语言中
的实际存在,以及这种名词化所具有的科学价值与意识形态方面的消极后果,
但没有涉及名词化过程与内在的认知心理的关系。以韩礼德语言学作为理论
基础的批评话语分析,虽然"典型的把名词化描述为过程,但他们倾向于模糊
这一过程是怎样发生的",模糊"说话或写作的个体当他们使用名词化形式
时"是否"作为一个心理过程参与了名词化过程"的问题;批评话语分析者也
"不去检查名词化来源的历史的或语源学过程,或者其他可能的转换方式",
"他们把名词化当作一种固定的特征",而不去探讨它在个体语言的具体发生
或在人类语言中的原始发生过程,也"不在不同的转换形式之间进行区分"。①
但语法和语义并非仅仅被社会功能所建构,它也被人类自然的身体和心理状
况,被内在的、原初的思维或认知结构所模塑。尽管从外部功能研究语言更易

① Michael Billig,"The Language of Critical Discourse Analysis:the Case of Nominalization",
Discourse & Society,19,6(2008):783-800.

于操作,对于理解各种社会问题也非常有用,但仅仅从外部功能入手,语言是不能被深入和全面地理解的。相应地,我们要想更好地理解名词化现象,搞清楚名词化对于绿色语法和生态整体世界观的建构究竟是积极的还是消极的,也不能仅仅从外部功能出发,而是需要把外部社会功能和内在心理认知结合起来,对名词化进行更具综合性的考察;我们也不能把"名词化"仅仅看作是一种固定的、完成了的"概念",而是要把它放在历史过程和具体使用中看看它究竟是如何被创造出来的,看看这种被视作由社会意识形态功能建构起来的"高级复杂"的语法形式,有没有原始的内在的心理认知方面的根基,对于绿色语法和生态整体世界观的建构究竟有没有积极意义。

第二节　"名词化"生成探源

一、名词化生成的原始根基:"原始名词句"

根据列维-布留尔对原始思维的研究,原始思维是一种"互渗"思维,与这种互渗思维相对应的原始语言是一种"互渗"语言。由于原始的"互渗"思维是一种关联性思维,与这种原始的"互渗"思维相对应的是原始互渗语言,与后来的更加复杂的语言相比,实际上是与现代科学所强调的那种动态的、整体的、相互关联的系统世界观更为和谐一致的。关于这一点,格特勒也曾经说:"具有悖论性的是,这种'原始语言'比复杂世故的语言,如英语,与当前科学中的物理学和生物学宇宙的后相对论模式更为协调一致。"①沿着这种思路,如果我们能够发现名词化在人类原始语言中的根基,或许也能够多少说明它有助于构建绿色语法和生态整体世界观的问题。

---

① Andrew Goatly,"A Response to Schleppegrell:What Makes a Grammar Green?", Alwin Fill and Peter Mühlhäusler eds., *The Ecolinguistics Reader*, *Language*, *Ecology and Environment*, London and New York:Continuum,2001,p.231.

然而，根据韩礼德对于幼儿初始语言的研究，"名词化"并不是一种原始语言现象，它是一种后来发展起来的高度复杂的语法形式，不仅在幼儿的初始语言中没有名词化，就是在未受教育的成年人的日常语言中，名词化也是不常见的。名词化主要存在于成年人的科学写作中。根据韩礼德的观点，儿童的原始语言难以被命名为严格意义上的"语言"，因为它没有语法。如果幼儿的初始语言中没有语法，也就更不可能有作为"语法隐喻"这样一种更复杂的语法现象而存在的"名词化"了。但我们在这里要指出的两点是，语法也是一个历时发展的现象，原始语言中固然没有完善的语法，但或许有一种"原始语法"；在原始语言中虽然没有"名词化"，但有一种原始"名词句"，这种原始"名词句"具备格特勒归到"名词化"身上的所有特点，我们可以由此推测，它与更复杂的"名词化"现象或许是存在某些联系的。

所谓"名词句"（noun sentence）是指完全由名词或名词性短语组成的句子。而所谓的"原始名词句"（primitive noun sentence）则是指在幼儿的初始语言或在人类的原始语言交际中，以单个名词发挥句子功能的语言现象。在原始语言中，不仅存在着"原始名词句"，也存在着"原始动词句"（primitive verbs sentence），即以单个动词发挥句子功能的句子。"原始名词句"和"原始动词句"都属于"原始独词句"。"独词句是人类言语的最早胚胎，属于原始语法结构的第一阶段"。它不仅为儿童个体的语言发展所经历，也是原始人类语言发展中必然经历的一个阶段。当狩猎中的远古人类忽然喊出"虎！"（Tiger！）或"杀！"（Kill！）这个词时，"其中虽无主谓宾定状补之分，但潜台词颇丰：一个'虎'字，既可表达客观现实——虎的存在，也可陈述主观意图——或歼之，或食之，或逃之；一个'杀'字不仅包含杀的行为，而且包含行为之主体，客体，与体，相关之时间，地点，工具，方式等诸种语义因素。"可以说，为完成一次语言沟通所需要的各种东西都包含在这一个"词"之中。① 这个词就是一个"原始独词句"。

---

① 参见张今：《英汉比较语法纲要》，商务印书馆 1981 年版，第 340 页；彭芒：《原始独词句与词无定类》，《西安外国语学院学报》2006 年第 2 期。

对于这种"原始独词句",彭芒曾从发生学的角度对其生成机制及句法特点沿革进行探讨。根据他的看法,远古人类词库里最早出现的两类词一定是名词和动词,但在原始独词句阶段,名词与动词相互兼涉,"词无定类"。"名与动,名词句与动词句并不总是壁垒森严,泾渭分明"的。① 张今先生更是早就指出:"在各民族的远古语言都有动词和静词不甚分明的现象。""这是因为在远古的语言中,动词和静词可以比较自由地相互转化的缘故。"②

我们完全同意关于最早的两类词是名词和动词以及原始独词句"词无定类"的看法,但我们这里要进一步追问的是,在这两种独词句中,究竟哪一种更为基本些。也许回答这个问题并非易事,但从种种研究和迹象还是可以推测出,在这两种原始"独词句"中,原始"名词句"应该是更为基本的。因为在人类的语言中,名词总体上更为基本,事物、空间以至时间都是用名词表达的。英国语言学家里昂斯(lyons,1966)说得很明确:"名词是基本的,在他们与指称事物相联系这一意义上来说。"③韩礼德也指出:"在语言内部,名词在建构孩子的环境观时或许起着核心的作用。他们命名具体的事物。"④认知语言学研究也表明,名词要比动词更为基本,因为名词主要是对存在于空间中的事物的命名,而空间在建构人类的概念方面起着最根本的作用,"大多数的基本概念是以一种或更多的空间化隐喻的术语建构起来的"。⑤ 由此我们认为,总的来说,在这两种独词句中,"原始名词句"更为基本。

韩礼德虽然谈到过"名词"在构建幼儿环境观念方面的核心作用,但他对于幼儿早期语言中的"原始名词句"并没有给予足够的重视。因为他认为没

---

① 参见彭芒:《原始独词句与词无定类》,《西安外国语学院学报》2006年第2期。

② 张今:《英汉比较语法纲要》,商务印书馆1981年版,第353页。

③ M.A.K.Halliday, *Grammar*, *society and Noun*, University College London, H.K.Lewis & Co., Ltd., 1967, p.17.

④ M.A.K.Halliday, *Grammar*, *society and Noun*, University College London, H.K.Lewis & Co., Ltd., 1967, p.25.

⑤ George Lakoff and Mark Johnson, *Metaphors We Live By*, Chicago: University of Chicago Press, 1980, p.18.

有语法的儿时的原始语言或称"儿语"("child tongue"),不是真正的语言。孩子真正的语言是从"母语"("mother tongue")开始的。在母语中,小句"占据明显的时间上的优先权"。① 我们并不怀疑韩礼德关于小句在母语中"占据明显时间上的优先权"的看法。我们在这里想说的是,如果我们对语言的研究不是从"母语"而是从更早的"儿语"或"原始语言"开始,给予"原始名词句"以更多重视,或许我们能够窥见一些不一样的东西。英国哲学家、文艺理论家科林伍德曾经说,在语言的发展中,为了适应理智的要求,"原始语言"不得不受到深刻的修改,但是"任何语言理论都必须从这里开始"。② 因此,我们在这里试图从更为原始的语言开始,并由此重建"名词化"与"原始名词句"之间的某种源始联系,也不是没有道理的。

如果我们像科林伍德呼吁的那样从"原始语言"处开始考察语言,再综合借鉴国内外学者对原始句法和原始思维研究的成果,对人类语言和思维的发展历程或许可以做出如下描述:人类的语言发展先是经历了一个"原始独词句"阶段。以单个名词发挥句子功能的"原始名词句"和以单个动词发挥句子功能的"原始动词句"是原始独词句的主要形态。在两种独词句中,总的来说,"原始名词句"更为基本,但这一时期主要还是"词无定类",名、动之间存在混用、互用现象,它标志着人类的思维和认知尚未发展到能把主体与客体、事物与过程清晰地区分开的地步,人对各种事物和现象的认知尚处于一种未完全分化的原始混沌状态。随着理性的进程和实践的发展,句子的长度开始增加,人类语言开始进入到一个"原始多词句"阶段。原始多词句由多个实词组成,但"语无定序"。③ 随着理性的进一步发展和实践活动的进一步扩大和深入,有施事者、受事者和动作过程及情境因素的完全"小句"开始出现。小

---

① M.A.K.Halliday and J.R.Martin, *Writing Science*, *Literacy and Discursive Power*, London: The Falmer Press, 1993, p.20.

② [英]科林伍德:《艺术原理》,中国社会科学出版社 1985 年版,第 243 页。

③ 彭芒:《原始语法结构刍议》,《求索》2006 年第 6 期。

句的出现标志着人类的思维认知已经可以把自身与对象和周围环境清楚地区分开。人类经验中的"主客之辨,动静之别,时空之异,性状之殊"开始在这种语言结构中反映出来。一旦人类的身心条件能够使人类把自己与对象目标、与周围世界区分开,人类的语法结构和语言运用便大为改观,除了在特殊身心状态或特殊语境下,人类就不再像原来那样使用混沌未分的"原始独词句",也不再像原来那样使用语无伦次的"原始多词句"说话了。因此,今天这种"原始独词句"在成年人的科学写作中已经见不到,除了一些特别场合,在较正式的日常语言中也较少出现。但"原始独词句"作为人类语言发展的起点,在人类的无意识心理上会造成巨大的影响,它就像一种思维"原点"和心理"情结"一样,暗中影响着人们后来的语言运用和语言发展,使人们在一个更高的阶段上还不断地向那个更具"混整性"的原初阶段回返。这种"回返"一方面表现在一些特殊的场合、特殊的状态、特殊的话语类型中,"原始名词句"、"原始动词句"以至"原始叹词句"还会出现,如人们在日常交流中还会使用到独词句,如"票!""蛇!""瞧!""走!""啊!",等等。在诗性语言中,尤其是中国古代诗歌语言中,"名词句"更是大量存在(详后)。这种"返归"现象另一方面还表现在,人们会以一种在功能或结构上"类似"于"名词句"或"动词句"的形式来回返原始"独词句"阶段。"名词化"和"动词化"或许就是作为这种返归的"类形式"存在的。就像在原始独词句中,原始"名词句"更为基本一样,在今天的"名词化"和"动词化"中,"名词化"现象也是更为普遍的。①对于这一发展演变的过程,用图表示如下:

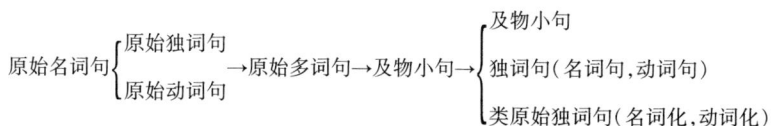

原始名词句 { 原始独词句 / 原始动词句 } →原始多词句→及物小句→ { 及物小句 / 独词句(名词句,动词句) / 类原始独词句(名词化,动词化) }

① 据王冬梅的统计,现代汉语里动词名用的实例是名词动用实例的 57 倍。古汉语和英语名词动用比现代汉语多一些,但是相对动词名用仍然是少数。见王冬梅:《现代汉语动名互转的认知研究》,中国社会科学出版社 2010 年版,第 171、187 页。

按照韩礼德的看法,与"小句"相比,"名词化"本来属于语法发展中的一个更高级的阶段,但名词化与原始名词句在形式和功能上的某些类似点,促使我们这里把它看作是语法在一个更高的发展阶段上向最初阶段的"回返",看作是以一种更复杂的语言形式回返语言的原始状态。由于"原始名词句"以至整个的"原始独词句"是由主客体未完全分化、人类的思维或认知尚未充分发展造成的一种原始语言现象,因此它是与那种原始互渗的、混沌未分的整体性世界观相对应的。而"小句"模式则标志着人类思维和认知的充分发展,人们此时在主体与客体之间,在自我与周围环境之间,在事物与过程之间已经能够进行清晰区分,它的确立"与人类以自我为中心,推己及物,由近及远的认知轨迹有关",[①]因此代表了一种"人类中心主义"和"分裂"的世界观。而"名词化"把动词、形容词当作名词使用,实现了动词和名词之间的兼容,与原始独词句阶段那种"词无定类"情形相通;它把包含着施事者和施事过程的分析性小句,转换浓缩成没有施事者和动词的名词短语,又具有类似于"原始名词句"以单个名词发挥句子功能的原初混整性,因此"名词化"可以看作是在更高阶段上对"原始名词句"的回返,它要回返到那种"词无定类"的,既没有施事者与受事者之分,也没有事物与过程之别的语言原初状态。

当然这种返归不是一种完全的"重复",返归性的"名词化"与"原始名词句"并不相同,或许可以说,它是人类理性发展到一定阶段后,在一个更高阶段上对分析句法造成的分裂进行"智性综合"的结果。只是这种智性综合不一定都是以有意识式的形式进行的。但无论是有意识还是无意识的,回返综合的后果都像"原始名词句"那样,消解了主体与客体之间的区分,打通了事物与过程之间的界限,降低了人类中心主义的程度。因此,从理论上看,就像原始语言与生态世界观更加和谐一致一样,也确如格特勒所言,名词化可以发展成绿色语法的资源,有助于重建一种动态的、整体的、相互关联的生态世界观。

---

① 彭芒:《原始语法结构刍议》,《求索》2006 年第 6 期。

但我们这里的问题是,既然正如格特勒所说,名词化可以发展成绿色语法的资源,有助于重塑一种生态整体世界观,为什么又说韩礼德、舒坡格莱尔等人对于名词化的批评,又确实是有道理的呢? 我们认为,名词化作为一种语法结构从理论上看的确具有发展成绿色语法的潜力,但它潜在的生态价值能否真正地表现出来,还要看人们是在何种情境中把名词化具体生产或创造出来的。这也就是说,名词化现象并不固定地是"生态的"或"反生态的",它的生态价值或生态潜力的实现,依赖于对名词化的具体运用。正是根据对名词化的具体运用的不同,我们可以把名词化区分为不同的类型。

二、名词化的两种类型:"原始名词化"与"意识形态名词化"

德国语言学家马提亚斯·荣格(Matthias Jung),曾把语言的人类中心主义区分成两种类型:"一种是作为原始人类的生命感觉机制后果的、进化过程中的原始人类中心主义";"另一种是以意识形态为中心的实用主义的人类中心主义,这是一种仅仅以有用来分类的思维方式,它把某些特定的植物种类界定为野草,像牲畜、生活资料这些短语背后也隐藏着这种思维方式。它作为工业化的结果而得到特别地发展。"①借鉴这种区分,如果抛开那些很难避开的名词化,即因语篇的内在要求和为了知识的有效积累而不得不使用的"描述性名词化",②我们或许也可以把"名词化"区分成两种基本类型:一种是"原始名词化"(pri-

① Matthias Jung,"Ecological Criticism of Language",Alwin Fill and Peter Mühlhäusler eds., *The Ecolinguistics Reader*:*Language*,*Ecology and Environment*,London and New York:Continuum,2001,p.275.

② 迈克尔·比利格在《批评话语分析的语言》一文中,曾根据名词化的过程把名词化概括为五种类型,其中有两类分别是"文本间的名词化"和"文本内的名词"。前者是指"当第一个文本使用主谓句进行描述,而第二个文本的作者需要重复第一个文本中的陈述时"不得不使用的名词化;后者是指那种"当一个文本先用主谓句的形式描述一个过程,后把这一描述作为一个名称来介绍时"不得不使用的名词化。这两种类型的名词化都是"难以避开的名词化"。这样的名词化既出于语篇的内在要求,也带来了知识的客观积累,没有明显的价值色彩,也可以是一种"描述性"的名词化。参见 Michael Billig,"The Language of Critical Discourse Analysis:the Case of Nominalization",*Discourse & Society* 19,6(2008):783—800。

mary nominalization），一种是"意识形态的名词化"（ideological nominalization）。

所谓"原始的名词化"，是指那种主要由人类自然的身体或心理状况，由原始的、内在的思维或认知模式所决定，或者由返归原始混沌状态的深层文化心理倾向所驱动的名词化。这种"原始名词化"并非是指它真的就存在于原始时代，或由原始人类所创造，而是指它可能是在某种与原始思维或认知模式类似的内在精神心理的驱动下无意识地创造出来的，或者是出于对原始混整状态的向往或对某种非实用性的诗意审美效果的追求而有意或无意地创造出来的。这种名词化无论是有意识还是无意识地创造出来的，从它产生的心理机制和发挥的功能看，都是与那种"原始名词句"更为接近的，因此，我们把它称作"原始名词化"。在文学语言中，尤其是在诗歌语言中，我们遇到的大多是这种类型的"原始名词化"。

所谓"意识形态的名词化"，主要是指那种为了更好地实现某种意识形态功能，出于某种更为世故复杂的语用目的而有意识地创造出来的、具有明显的意识形态特征的名词化。[①] 韩礼德和马丁、舒坡格莱尔，以及弗勒等批评话语分析者批评的主要都是这种"意识形态的名词化"。这类名词化主要存在于科技、商业、法律、新闻、政府报告等非文学性的正式文体之中。对于这类名词化，弗勒及其所领导的"东安格拉大学批评话语分析小组"，曾概括出它的四种意识形态特征：（1）删除施事者（deleting agency）；（2）使过程物化（reifying）；（3）假定物化的概念为施事者；（4）维护不平等的权力关系。[②]

韩礼德的系统功能语法特别强调语言的社会功能对于语法建构的作用，因此特别强调名词化的社会意识形态功能。但就像一些学者所说的，"句法的根深植于认知和语用的沃土里，也许我们在语言开始的地方，在原始语法结

---

① 这里的意识形态是在比较宽泛的意义上使用的，它是指为某个社会群体的成员所共享的一套系统的思想，一套解释世界、利用世界的观念体系。它具有社会认知的特征，往往与特定的物质利益相关。

② Michael Billig, "The Language of Critical Discourse Analysis: the Case of Nominalization", *Discourse & Society* 6(2008):783-800.

构之中,能更清楚地看到这一点"。[①] 并且语言越原始,心理认知对语法建构的意义就越明显。根据人们对原始思维和原始句法的研究,原始名词句以及原始独词句的使用,主要是由原始人类主客体未完全分化的身心状况决定的,也就是说,主要是由人的心理认知结构而不是由外部的社会功能决定的。换句话说,当一个原始人使用"原始独词句"来隐含地表达一句话的意思时,不是因为他考虑到使用一个词比使用一个句子更经济,或能更好地表达混整的思想,而是他的身心状况、他的思维认知水平使得他不得不如此来使用语言。尽管现代人类早已发展到能够把主体与客体、事物与过程清晰地区分开的程度,语法结构早已发展出更为清晰完整的小句形式,他在语言运用方面已经拥有更多的自由,他完全可以根据外部功能自由地选择词汇和语法形式,去更好地实现自己的语用目的,但这并不排除特定的个体在特定的情境下,仍然可能经历某种更具原初混整性的情感、认知或思维状态,促使他不由自主地以更具混整性的类似"原始名词句"的方式来说话。退一步说,即使某种混沌合一的状态在现代人的心理上并不会真正出现,人们对那种原始的物我合一状态的向往,也仍然可能促使他通过一种特殊的语言形式,通过原始名词句或"类名词句"的形式去主动地追求它。因此,在现代世界,"原始名词句"或"回返原始名词句"的思维基础和心理动机并非完全丧失了。这也就意味着,名词化虽然比起及物小句或许是一种更后发、更复杂的语法结构,但它并非都是由于更为世故、更为复杂的语用目的创造出来的。也可以说,并不是现代语言中所有的名词化都是被上述那种意识形态功能建构出来的,有些名词化或许是由更为原始、更为内在的认知心理模式决定的,或许是由返归原始名词句的古老的深层的文化情结暗中促动的。我们就把这种主要是由人类更原始、更内在、更自然的身心状况和认知模式决定的,或者由返归"原始名词句"的深层文化心理倾向所驱动的名词化称作"原始名词化"。这种名词化主要存在于文学

---

① 彭芒:《原始语法结构刍议》,《求索》2006 年第 6 期。

语言,尤其是诗歌语言之中。

诗歌语言并非没有意识形态特征,诗人的修辞选择并非完全不考虑诗歌语言的外部功能,但与其他实用性的正式语体相比,从总体上看,诗歌的这一考虑显然要轻,并且诗人的意识形态考虑是与对美学效果的追求结合在一起的。马克思曾经说:"弥尔顿出于春蚕吐丝一样的必要而创作《失乐园》,那是他的天性的能动表现。"①复杂的现代社会环境或许可以使作家丧失创作动机的某些纯粹性,但在具体的创作过程中,作家的创作仍然更多地是受内在状态的驱使而不是外部功能的左右。这样的情形决定了诗歌中的名词化也主要是一种"原始名词化",而不是那种"意识形态的名词化"。这种原始名词化的根基存在于原始名词句之中,它发挥的不是那种"欺骗性"的意识形态功能,而是具有一种生态诗学、美学意义。

第三节　诗歌语言中的"名词句"和
"原始名词化"

一、诗歌语言中的名词句

在中国古代诗歌中,名词占据明显优势,名词句的使用也非常频繁。"绀趾丹嘴,绿衣翠矜,采采丽容,咬咬好音"(祢衡《鹦鹉赋》);"温液汤泉,黑丹石缁。王鲔岫居,能鳖三趾"(张衡《二京赋·东京赋》);"一川烟草,满城风絮,梅子黄时雨"(贺铸《青玉案》);"绿野风烟,平泉草木,东山歌酒"(辛弃疾《水龙吟》);"鸡声茅店月,人迹板桥霜"(温庭筠《商山早行》);"雨中黄叶树,灯下白头人"(司空曙《喜外弟卢纶见宿》);"五湖三亩宅,万里一归人"(王维《送丘为落第归江东》);"高鸟长淮水,平芜故郢城"(王维《送方城韦明府》);

---

① 马克思:《剩余价值理论》,《马克思恩格斯全集》第 26 卷,人民出版社 1972 年版,第432 页。

"草色新雨中,松声晚窗里"(丘为《寻西山隐者不遇》);"浮云游子意,落日故人情"(李白《送友人》);"细草微风岸,危樯独夜舟"(杜甫《旅夜书怀》);"江汉思归客,乾坤一腐儒"(杜甫《江汉》),等等,都是名词句结构。被人经常提及的马致远的小令《天净沙·秋思》,更是一首典型的名词句结构的作品:

> 枯藤老树昏鸦,
>
> 小桥流水人家,
>
> 古道西风瘦马。
>
> 夕阳西下,
>
> 断肠人在天涯。

在这首小令中,前三句没有一个动词,全由名词构成诗句,是一种非常典型的名词句结构。尽管这种名词句结构与我们前面所说的原始名词句有些不同,原始名词句是"独词句",这里是一些名词词组的组合,但由于在这些诗句中都没有动词出现,是以名词词组发挥句子功能,因此也都属于"名词句"结构。中国古代诗人特别擅长通过把名词或名词词组并置在一起,以一种名词句结构构成诗歌。由于这种名词句结构,不是包含主谓宾之类成分的完整句子,它没有施事者,也没有受事者,主体与客体之间的区分也因此消失了,人类的中心地位也被消解了,事物本身便被高度凸显出来了。这里的事物虽然以名词形式表现出来,但它本身似乎又并不是完全静止的、凝固的,而是处于运动过程之中的。是动中有静,静中有动。如"一川烟草,满城风絮,梅子黄时雨",我们从中似乎看到了烟草的弥漫,风絮的飘荡,梅雨的连绵;在"浮云游子意,落日故人情"中,我们似乎看到浮云的缓缓漂流,落日的冉冉下沉;"采采丽容,咬咬好音"更是让人感受到一种美丽容颜与美妙乐音交相辉映的效果。因此名词句结构并非呈现了一个纯粹静止的世界,它是把事物和过程、动态和静态结合在一起了。事物是在"静静地活动"。在这里,人类不是操纵事物,而只是任万物不受干预地、以"物之为物的本然本样"、"自然自化地兴现"。也可以说是让事物自主活动或"成为它自身",或是让自我"消失"在事物中("自失于事物")或沉浸在事物中("忘我于事物"),因此物我之间已没有了明确的界限。

同时,由于中国古代的名词句结构,多采用名词并置的方式,在名词或名词词组之间,在这个名词句和那个名词句之间都没有任何联系词,看不出它们之间存在着时间上的先后关系,或逻辑上的因果关系,或施事与被施事的关系,因此它们之间是一种更为自由平等的多向生发、同时并存的关系,各种事物可以从不同的方向、不同的角度相互作用、相互关联,没有固定的起点和终点,也没有明确的方向和来路,表面上看,这些词语虽然也不可避免地以线条方式排列出来,但它实际上无论是在形式上还是在语义上都存在着许多断裂和缺口,小句句法更为严格的线性模式已经被消解,它呈现出的是一个多向发生、相互关联、同时并存的空间化世界。这种名词句结构模式虽然不同于英语中的"名词化"结构,但格特勒归到名词化身上的所有可能的生态特征和生态价值它都具有。在这一句法结构中,人类施事者和施事过程不出现,只有表示具体物象的名词,它表明中国古代诗人在理解把握世界时,凸显的不是人类施事者,而是自然事物。不出现人类施事者和施事过程,也就没有主体与客体、事物与过程之间的明确区分,这体现出汉民族独特的天人合一的综合性、整体性思维特征。

根据认知语言学的观点,某一具体的语言表达不仅能导引出相应的概念内容,而且还能反映说话者对该概念内容的组构方式。名词句作为古代汉语诗歌的一种比较典型的语言现象,它体现出汉民族独特的"天、地、人合一"的综合性认知思维习惯。在这一句法结构中,人类实施者(主语)和实施过程(谓语)不出现,也表明汉民族在识解某一框架事件中,凸显的不是人类施事者,而是自然事物。① 它"把现象中的景物从其表面看似凌乱不相关的存在中释放出来,使它们原始的新鲜感和物自性原原本本地呈现,让它们'物各自

---

① 吴小芳:《认知语言学视角下的汉语无主句英译——英语隐喻性无灵主语句之尝试》,《内蒙古民族大学学报》2012 年第 1 期。

然’地共存于万象中"①。

这种名词句结构既是中国古代更具整体性、关联性的天人合一世界观在诗歌中的反映,也可以说是中国古代"反人类中心主义"的、强调"天地与我并生、万物与我为一"的生态整体世界观的体现。

二、诗歌语言中的"原始名词化"

由于名词句结构主要是由表示事物的具象名词组成的,这个多向并生、同时并存的空间化模式无疑同时也具有意象化、视觉化的特点。由名词句构成的诗歌因此也是一种典型的"意象诗歌"。正是主要在具有上述特征的中国古代诗歌的影响下,英国意象派诗人庞德才创作出了他使用名词句和名词化结构的名篇,*In a Station of the Metro*(《在地铁站》):②

The apparition of these faces in the crowd;

Petals on a wet, black bough

译文:

人群中这些脸庞的隐现;

湿漉漉、黑黝黝的树枝上的花瓣

在这首诗中,没有一个动词,庞德在整体上使用了在西方传统诗歌中较少使用的名词句结构,并且在局部上使用了"名词化"形式。"apparition"是动词"appear"的名词形式,因此,"The apparition of these faces in the crowd"是一种"名词化"。人们通常认为,只有科学语言中才较多使用名词化,但诗人在这里为什么使用名词化呢? 这里的名词化与科技语体或官方文件中名词化的使用动机和效果一样吗? 我们认为,这里的名词化与我们前面谈到的那种"意识形态名词化"不属于同一类型,它属于"原始名词化"。这种"原始名词化",根据

---

① 叶维廉:《中国诗学》,生活·读书·新知三联书店 1992 年版,第 89 页。

② 刘守兰编著:《英美名诗解读》,上海外语教育出版社 2003 年版,第 165、167 页。译文有改动。

我们前面的推测和解释,它的原始根基存在于"原始名词句"中。而庞德的这首诗则恰好能在某种程度上说明"原始名词化"与"原始名词句"的联系。

我们知道,意象派诗人"认为构成诗歌的材料,只是一些事物","他们的意图是使'事物性'中的事物呈现出来。"①庞德的意象派诗歌深受中国古代意象诗歌的影响,庞德对汉字和中国古代诗歌十分崇拜,认为中国古代诗歌的意象组合方式与意象派主张的"直接表现事物","不使用无助于表现的词"的做法十分吻合。② 诗人这里运用名词句结构也就是非常自然的了。诗人要使用名词句结构,但又有动态景象需要表达,他就只有把动态过程名物化,把小句转换成一个名词化短语了。在这首诗中,如果庞德把名词化短语,"人群中这些脸庞的隐现"换成小句结构"这些脸庞在人群中隐现",与下面"湿漉漉、黑黝黝的树枝上的花瓣"这个名词句在整体上就无法协调了。因此,从形式上看,这首诗中的"名词化"是与整体上的"名词句"结构相关的。但诗人在这里使用名词化并不仅仅出于结构自身的自恰性的考虑,而是主要源于名词化结构与他所追求的诗歌效果之间的适应性关系,源于他在创作的瞬间其内在世界所经验和知觉到的东西。从后者来看,诗人选择什么样的结构方式,选择什么样的词汇—语法,并非都是根据外部功能加以理性选择的结果,而有可能是特定的身心状态,特定的知觉和思维方式,使他在一瞬间决定了表达什么和如何表达。或者说,他在那一瞬间就经历了那样的一种感受和知觉状态,捕捉到了那样一种图景,使他无意识地采用了名词化。这时名词化就不仅是在语言学层面上发生的,而且是在心理学层面上发生的。它主要不是一种蓄意的修辞行为,而更多的是一种自发的语言选择。关于这首诗,庞德曾经说:"在这类诗歌中,当一个外部事物和物体改变它自身的形式,或突然闯入一个内在

---

① [美]兰色姆:《诗歌:本体论札记》,赵毅衡编选:《"新批评"文集》,中国社会科学出版社 1988 年版,第 48 页。

② 刘守兰编著:《英美名诗解读》,上海外语教育出版社 2003 年版,第 167 页。

事物或主观世界时,一个人是试图记录下那精确的瞬间。"①由此可以看出,诗人在这首诗中采用的名词化意象,是对瞬间直觉的"记录"或直接呈现,它是客观世界和主观世界瞬间化合的结果,并非处心积虑的修辞选择。即便情况不如诗人所说的那么纯粹,诗人这里之所以使用名词化,也主要出于对一种非实用性的诗意效果的追求,出于名词化结构能够更好地实现意象派诗歌冷静客观地呈现具象的特点,而不是用于逃避或模糊行为的责任,有意地"删除"实施主体。因此,这里的名词化并非是由社会意识形态功能决定的"意识形态的名词化",而是一种"原始名词化"。这种原始名词化呈现的是一种经历的瞬间直觉,一种突然出现在诗人面前的直立的视觉景观,它是外在事物"突然闯入"内在世界而在瞬间达到化合的结果。

在这种化合状态中,已不知"何者为物""何者为我",我们只是看到"物"被高度突出。因为名词化使事物而不是过程被高度突出出来。但这里的事物又不是固定的、僵死的。"Apparition"("隐显")作为一种由动词转换过来的名词,实际上仍然带着动词的印痕。就像豪坡与汤普森(Hopper & Thompson,1984)所指出的,名用的动词仍然可以说出一个活动,仍然具有动词性,而不是一个地道的名词。这个词的语用功能既不是陈述一个活动,也不是指称一个事物,而是这两者的混合,即"指称一个活动"。所以这个词成了一条"美人鱼",人身鱼尾,既具有一部分名词的性质,又具有一部分动词的性质。② 因此,名词化"Apparition"并没有把一种过程"Appear"变成一个完全静止的事物,而是一种动态因素和静态因素的完美混合。通过这个名词化的名词,我们仍然可以感觉到那些脸庞幽灵般地在人群中若隐若现的动态性。但名词化,又的确使动态过程得以静止下来,成为可以被凝视、被玩味的"过程对象"。这是用有动词的小句模式没法表达出来的。由于小句模式具有很强的流动

---

①　K.K.Ruthven,*A Guide to Ezra Pound's Personae*, Berkeley,Los Angeles,London:University of California Press,Berkeley,1983,p.153.

②　沈家煊:《汉语里的名词和动词》,《汉藏语学报》2007 年第 1 期。

感,在诗歌中使用小句模式,就好像一种过程还没有来得及体验它就已经流走了。名词化则把动态的过程暂时凝定下来,使人们可以用心体味、仔细凝视,而在体味和凝视中动态过程不再是转瞬即逝的,而是被大大延长了。并且被凝定的"过程"就像流水由于不能顺利地往前流动而不得不向四周扩散、向地下渗透一样,被名词化了的动态过程也因这种"阻碍"而似乎具有了宽度和厚度,从而不再是一个单向性的、浮在面上的"流线",而更像是一个向上生长、向下深入,向前后左右、四面八方弥漫扩张的、生成着的多维度"情境空间"。尤其是在这首诗中,名词化和名词句的结合使用,使得这里的名词化短语不像在科学文本中那样,再次成为句子链条上的一个环节,而是与下一行的名词短语并置起来,共同以名词短语发挥句子功能,成为一个整体上的"大名词句"结构的一部分。在这种大名词句结构中,两个名词句"人群中这些脸庞的隐现"与"湿漉漉、黑黝黝的树枝上的花瓣"之间没有任何联系词,它们之间的语义和语法关系也就不确定,两种视觉景象之间得以相互生发相互隐喻,从而彻底摧毁了及物小句的单向线性模式,创造出一种相互关联的、多维生成的空间化图景。

这种多向生发的空间化图景比那种单向的线性模式无疑具有更为丰富的意味。小句转换成名词短语后,由于没有了施事者,没有了动词,也没有了时态和情态,语义便不如小句结构那样清晰,但这种不清晰,也使得诗歌的联想意义更为丰富。而两个名词句之间的并置,使得它们之间的语义和语法关系变得模糊不清,使得这首诗也更加含混多义。如果我们把名词化结构转换为小句结构,或者是在这两个名词句之间加上"like"之类的逻辑联词,这首诗的确会更为清晰,但它与诗歌艺术的要求并不一致。因为含混复义被现代批评家视为伟大诗歌的共有特征。因此,批评话语分析视野中名词化的主要负面特点,如把过程变成事物,把动态变成静态,实现动静交融;把主观变成客观,略去主观的态度评价,凸显事物的客观属性;造成主体虚位,使主体隐而不见,让主体实施的行为变成行为本身的自主活动等,在诗歌中通过与名词句的结合使用,都可以转变成一种积极的美学效果和美学特征。同时,在这样一个多维生成、相互关联着的空间化图景中,既没有人类主体的聚焦,也没有主体与客体的区分,事物与过程相互渗透,原因与结果相互作用,无疑更符合现代科学所倡导的那种动态的、整体的、相互作用、相互关联的生态世界观。诗歌中的名词化结构也因此具有一种生态审美的价值和功能,而不是那种所谓的意识形态的"欺骗性"。

尽管英语传统诗歌对名词化的使用不如中国古典诗歌对名词化的使用普遍,但庞德诗对"原始名词化"的使用并不是特例,名词化在英语诗歌中的使用也时常可见。如从刘守兰编著的《英美名诗解读》来看,其中所收录的"咏物篇""山水篇""田园篇""四季篇"各类诗篇,都或多或少地有对名词化的运用,并且有些诗篇的使用还达到相当密集的程度。并且这些名词化的使用也往往是与名词句结合起来的。即使不与名词句结合,它发挥的也不是那种负面的意识形态功能,而主要是一种生态审美的效果和功能。如雪莱的《西风颂》(Ode to the West Wind)第一节开头四句,"O wild West Wind,thou *breath* of Autumn's being,/Thou, from whose unseen *presence* the leaves dead Are driven,/like ghosts from an enchanter *fleeing*,/Yellow, and *black*, and *pale*, and *hectic red*"(哦,狂野的西风,秋之生命的呼吸,/你无形的存在使万木枯萎,/恰似逃离妖巫的鬼魂,席卷大地,/枯黄,乌黑,灰白,猩红),①就连续使用名词化。在第一句中,"breath"("呼吸")是动词"breathe"的名词形式,在第二句中,"presence"("存在")是动词"present"的名词形式,在第三句中,"fleeing"("逃离")则是动词"flee"的动名词形式,在第四句中,"Yellow""black""pale""hectic red"本来都是表示颜色的形容词,但这里都是指具有那种颜色的"东西",属于"把形容词用作名词"的名词化。并且,这几句诗,也属于那种把名词化和名词句结合起来的情况。通过这样一种结构,诗人把秋天的力量、

----

① 译文根据刘守兰:《英美名诗解读》,上海外语教育出版社 2003 年版,第 319 页。

秋天的气息、秋天的色彩、秋天的性质、秋天的存在,突出到主体的位置上,动中有静,静中有动,显得凝重而有力度。

惠特曼的《巡逻巴格尼特》(*Patroling Barnegat*)对名词化的使用则更为集中,它几乎从头到尾都有对名词化的使用:

> Wild, wild the storm, and the sea high running,
>
> Steady the roar of the gale, with incessant undertone muttering,
>
> Shouts of demoniac laughter fitfully piercing and pealing,
>
> Waves, air, midnight, their savagest trinity lashing,
>
> Out in the shadows there milk-white combs careering,
>
> Onbeachy slush and sand spirts of snow fierce slanting,
>
> Where through the murk the easterly death-wind breasting,
>
> Through cutting swirl and spray watchful and firm advancing,
>
> (That in the distance! is that a wreck? is the red signal flaring?)
>
> Slushand sand of the beach tireless till daylight wending,
>
> Steadily, slowly, through hoarse roar never remitting,
>
> Along the midnight edge by those milk-white combs careering,
>
> A group of dim, weird forms, struggling, the night confronting,
>
> That savage trinity warily watching.
>
> 凶猛的、凶猛的风暴和大海高高掀起的波澜,
>
> 狂风强劲的嚎叫伴随着持续的低声咕哝,
>
> 魔鬼狞笑般的叫喊,时断时续地鸣响,刺穿人的心魄,
>
> 海浪、气流、黑夜,他们最残忍的三位一体的鞭挞,
>
> 乳白色的浪峰在暗影中的疾驰飞奔,
>
> 喷涌的雪浪,狠狠地扑向海滩上的泥沙,
>
> 死亡的东风呼啸着穿过阴郁的海面,
>
> 辟开漩涡碎浪警惕坚定地前进,

（看远处！那是遇难船的残骸？还是闪烁着的红色信号灯?）

海滩上的泥沙不知疲倦地涌动,直到天亮,

有节奏地,缓慢地,穿过那永不减弱的嘶哑呼声,

沿着黑夜的边缘,在那汹涌的乳白浪峰的旁边,

一群模糊的、怪异的形体,挣扎着,与黑夜对阵,

警惕地守望着那三位一体的暴行。

　　看得出来,在这一首共有 14 行的诗中,几乎每一行都有对名词化的使用。有的地方是把名词句和名词化结合使用,如第一行"Wild, wild the storm, and the sea high running",第四行"Waves, air, midnight, their savagest trinity lashing";有的是名词化词组与名词化词组并置或联合使用,如第二行"Steady the roar of the gale, with incessant undertone muttering",第三行"Shouts of demoniac laughter fitfully piercing and pealing";有的是在名词化词组上附加一些修饰成分,再让它充当其他的句子成分,如第七行"Where through the murk the easterly death-wind breasting",第八行"Through cutting swirl and spray watchful and firm advancing",第十三行"A group of dim, weird forms, struggling, the night confronting",最后一行"That savage trinity warily watching"。在这首诗中,几乎所有的动词都被名词化了,因此整体上看也是一个大名词句结构。但那些发挥着名词作用的名词化词组,就像我们前面已经指出的,也仍然保留着动词的一些特征,与那些地道的名词不同。总起来说,名词化与名词句的使用,使得"动作"具有了"事物性",使得行进中的过程不断地向静态的"事物"凝定,从而成为一种"事物化过程"。"事物化过程"阻滞着事物的顺利前进,而阻滞前行的力量又使得动作进程具有一种更为强劲的力度。同时,这种阻滞也让每一句诗都像是一个高难度、慢镜头的"舞蹈动作",它走的每一步都具有高度的"展示性"。而这种阻滞,也让这些在阻滞中前进的"事物化过程",处于一种与周围的世界更深入、更宽阔的关联之中。它不仅让我们看到惊涛拍岸、骇浪翻滚、"卷起千堆雪"的壮观场面,也让我们听到黑夜中海上疾风如同魔鬼

狞笑般的可怖呼叫,还有岸边泥沙在潮涨潮落时发出的嘶哑呼喊。名词化的运用,使得诗人以细腻的笔触描写出大海的每一个细微变化,揭示出大自然巨大无比的威力,调动起我们所有的感官神经,"为我们浓墨重彩地描画出一幅气势磅礴的海洋全景"。①

并且由于名词化的大量使用,这首诗的题目虽然是《巡逻巴格尼特》,但巡逻巴格尼特的人类施事者和人类施事行为在正文中都退居不突出的位置上,这首诗的主角是"大海",在"前台"活动的是大海上正在发生着的狂风、暴雨、惊涛、骇浪、黑夜这些自然景观。人类施事者虽然也无比勇敢,挣扎着与黑暗抗争,密切地注视着大海的一举一动,"警惕地守望着那三位一体的暴行",但"这些模糊的、怪异的形体"在威力无比的大海面前明显是渺小的,他的抗争并不能干预大海本身的行动,他所能做的只是"注视"或"守望",让大海上上演的一切任其自然地发生。在这里,人的"模糊"的形体与黑夜中的自然景象融为一体,成为这大自然景观的一部分。人的强大只是体现在"精神"上。人只是在"精神"上才可以与自然对阵,并在这种对阵中达到一种精神上的、动态的和谐与平衡。因此,这首诗里的人显然具有一种复杂的悖论性特征,作为自然的人他是渺小的,作为精神的人他又是强大的。作为自然的人他归属于自然,作为精神的人他可以与自然抗争。但他无论如何都不可能超过自然。这使得这首诗,不管诗人在主观意图上是否以自然或生态为取向,但它却由于名词化结构的使用,无论是从语言形式还是从内容主题的层面上看都表现出一种生态性,具有一种生态审美的效果和功能。

总之,通过以上考察可以看出,名词化的产生既可能是被社会意识形态有意识地操纵的,也可能是被更原始、更内在、更深层的精神心理无意识地决定的,"名词化"既可能是意识形态的"欺骗",具有"反生态"的消极价值,也可能是绿色语法的"资源",对生态整体世界观具有积极的建构作用。因此,名

① 刘守兰:《英美名诗解读》,上海外语教育出版社 2003 年版,第 289 页。

词化的价值是生态的还是反生态的,是积极的还是消极的,要联系它的具体使用语境来看,而不能抽象地、不加区分地来谈。就像迈·库哈(Mai Kuha)所说的,"这些语言的资源并不固有地是肯定的还是否定的。他们当然可能被有益地并清晰地使用"。[①] 一些工业环境报告中的名词化作为一种处心积虑的有意隐藏施事者的修辞(详后),的确有害于环境问题的真正解决;科学文本中那些有意让科学语言更像科学语言的名词化,的确有助于"不平等的权力关系"的再生产,对于这类名词化的运用,可以借助话语批评分析理论,从生态文化、民主文化建设的角度进行批判(详后)。但诗歌语言中与"名词句"结合起来的"原始名词化",彻底消解了小句的线性句法模式,看起来不符合科学语言的常规要求,却更适合呈现一种动态的、整体的、相互关联、相互作用的生态世界观,也是更有利于生成那种生态审美效果的。我们因此可以说,诗歌语言中的名词化是具有一种生态诗学、美学功能的。但反过来,诗性、审美性语境,是把语言从线性句法和逻辑中解放出来的更具原始混整性的诗性语言,也是有助于"名词化"本身的生态价值的实现和发挥的。这让我们认识到,"绿色语法"实际上也是一种反逻辑的"诗性语法","生态世界观"也是一种"生态审美世界观",诗性语言对于"绿色语法"和生态整体世界观的重塑是具有无可替代的重要意义的。这也正好印证了我们前面在第二章中所说的"生态语言观"是一种"诗性语言观"的观点。这也启发我们,生态语言学也是可以与生态诗学、美学,与生态文学、文化研究结合起来进行一种跨学科研究的。这种结合不仅有助于拓展生态语言学的应用范围,具体化生态语言学研究的问题,而且有助于拓展生态文学、文化理论研究的视野和领域,让我们洞察到在本学科的有限视野内无法看到的东西。

---

① Mai Kuha,"Acceptance and Avoidance of Responsibility in World Leaders' Statements about Climate Change",*Language & Ecology*,Vol.2 No.3(2007):1-26.

第五章 生态话语批评与非文学性环境话语修辞

就像我们前面已经指出的,"批评的生态语言学"或称"生态语言学批评"存在着两个基本层面:"生态语言系统批评"和"生态话语批评"。其中"生态话语批评"主要是从生态语言学角度对各种(包括文学与非文学)与生态环境问题有关的话语或文本(简称"环境话语")进行生态批评分析,指出其中的生态或非生态因素,促进环境话语的生态化,并最终达到促进生态环境问题改善或解决的目的。生态话语批评,不仅包括对各种环境文本中的语法现象进行批评分析,也包括对环境文本运用到的各种修辞手段进行批评。实际上,在环境文本中,各种语法现象最终也是一种修辞手段。这使得生态语言学的话语批评实际上也是一种"话语修辞批评"。就像有学者指出的:"一个不容回避的问题是,环境话语及其知识体系的建构离不开特定的修辞方式。这是因为,话语一定是经由特定修辞技巧'处理'的话语。"①而成为环境话语修辞手段的不只有隐喻、委婉语等通常所说的修辞格,而像名词化、被动语态等语法手段等,也都同样发挥着修辞的功能。环境话语修辞不是局部的,而是存在于整个言语行为或语言运用之中的。而这里的修辞也不仅仅是为了增强表达效

---

① 刘涛:《环境传播:话语、修辞与政治》,北京大学出版社 2011 年版,第 12 页。

果,而且具有意识形态建构的功能。而生态语言学的话语修辞批评,也不是对"一个个孤立的修辞手段"进行批评分析,而是指向"一个个完整的言语行为",指向对环境文本中的整个语言运用的分析。① 我们这里就集中通过对环境文本中的修辞运用的分析,来展现生态话语批评对于生态文学、文化研究的方法论意义。为了更好地说明这一问题,我们首先对何为"环境话语修辞"做一下大致的界定。

第一节　生态话语批评与生态话语修辞批评

在古希腊,亚里士多德认为:"修辞术的定义可以这样下:一种能在任何个别问题上找出可能的说服方式的功能。"②亚里士多德关心的不是具体的"说服方式",而是发现说服方式的能力。但总的来说,西方传统的修辞学主要是把修辞看作是一种"说服的艺术"。《修辞学百科全书》中说:"修辞学是西方世界最古老的学科之一。从古希腊到现代,说服的艺术已经被使用、讨论和辩论了2400多年。"但近年来,西方学界对修辞学的理解发生了很大的变化。"哲学、文学理论、传播学等领域的学者重新关注修辞学,将其作为理解文化和社会生活的一种方式。"③并且根据当代话语修辞理论,修辞的目的也不只是说服,"尽管修辞学传统被看作是工具性或者实用性的行为——以劝服他人为目的,但很显然它还有第二个功能:有目的的使用语言,塑造(或者建构)我们对世界的感知。"④这就是说,根据当代修辞理论,一切话语修辞都具有建构的功能。

---

① 刘大为:《虚构性言语行为的递归结构——小说、谎言和网上交谈》,《修辞学习》2003 年第 1 期。

② [古希腊]亚里士多德:《修辞学》,罗念生译,三联书店 1991 年版,第 24 页。

③ Thomas O. Sloane ed., "Description", *Encyclopedia of Rhetoric*, Oxford: Oxford University Press, 2001, p.1.

④ [美]罗伯特·考克斯:《假如自然不沉默——环境传播与公共领域》,北京大学出版社2016 年版,第 68—69 页。

在中国语境中,"修辞"一词最先见于《周易·乾·文言》。其中有:"子曰:君子进德修业。忠信,所以进德也,修辞立其诚,所以居业也。"按许慎《说文解字》:"修,饰也。"又"辞(辭),说也,阔、辛。阔、辛犹理辜也。"辞从而引申为"言说"之意,作"言辞"或"文辞"之用。这样一来,修辞即谓"修饰言辞或文辞"。自此,"修饰言辞"就成了修辞的基本含义。但根据孔子的看法,修饰言辞有一个基本原则,那就是必须出于真诚,亦即"修辞立其诚"。[①] 另一点值得注意的,中国古代最初的修辞观是与儒家的建功立业和"慎言"观念联系在一起的。在中国现当代修辞学研究中,对于什么是修辞,人们提出了很多不同的看法。陈望道先生认为,修辞就是调整语词使之与传情达意适切。用他的话说:"修辞原是达意传情的手段,主要为着意和情,修辞不过是调整词语,使达意传情能够适切的一种努力。"[②]张弓认为:"修辞是为了有效地表达意旨,交流思想而适应现实语境,利用民族语言各因素以美化语言。"[③]高名凯提出:"修辞就是使我们能够最有效地运用语言,使语言有说服力的一种艺术或规范的科学。"[④]张志公则认为"修辞就是在运用语言的时候,根据一定的目的精心地选择语言材料这样一个工作过程"。[⑤]

除了"调整语词""美化语言""语言艺术"和"选择形式"等说法之外,当今也有学者借鉴西方言语行为理论和话语理论提出了一种"言语行为论"的修辞观。这种修辞观不同于传统修辞学研究,它把修辞看成是具有建构功能的言语行为。如刘大为在《言语学、修辞学还是语用学》一文中提出:

1. 任何思想的形成都是一次修辞的建构。

---

① 陈光磊、王俊衡著,郑子瑜、宗廷虎主编:《中国修辞学通史·先秦两汉魏晋南北朝卷》,吉林教育出版社1998年版,第31—32页。
② 陈望道:《修辞学发凡》,复旦大学出版社2008年版,第2页。
③ 张弓:《现代汉语修辞学》,天津人民出版社1963年版,第1页。
④ 高名凯:《普通语言学》,东方书店1954年版,第80页。
⑤ 张志公:《修辞是一个选择过程》,《当代修辞学》1982年第1期,第3—4页。

2. 效果是由整个言语行为来实现的,而不是由某些个别的修辞手段造成的。

3. 某些特殊的语言形式的成功使用不是简单地出自增加表达效果的需要,而是思想内容本身对形式的要求必然造成的。

4. 语义和语法只能够在修辞中实现,任何一次语言的使用都是在实现一次修辞行为,任何一个文本都是修辞性文本。①

我们这里也倾向于一种言语行为论的修辞观,但我们认为,总体上强调修辞是一种言语行为与传统的"调整说""美化说""选择说"等并不矛盾,因为为了达到特定的交际效果,言说者总是需要对语言材料进行选择和调整的,也是需要运用一定的修辞手段、艺术技巧的。倾向于言语行为论的美国环境传播学者罗伯特·考克斯就认为:"修辞是为有效实现效果,对一切可用的劝服方式进行有目的的选择。"②只是从这种言语行为论出发,修辞手段、修辞技巧不再是局部的而是整体的,它不再局限于几种传统的修辞格,而是存在于整个言语行为或语言运用之中的。

我们知道,生态语言学批评包含的两个最基本方面,是语言系统批评和话语/文本批评,而话语就是对语言的具体运用。如果说语言的运用就是修辞活动,对语言运用的研究也即对修辞的研究是与对语言系统的研究平起平坐的,那么我们也可以说,对语言运用也即对话语修辞的批评与对语言系统的批评也是平起平坐的。但我们这里不是要为语言运用或修辞批评争一个与语言系统批评相平等的地位,因为话语批评在生态语言学批评中,本来就占据着与语言系统批评一样重要甚至更为重要的地位,我们这里要说的问题是,对语言运用或话语文本的批评,实际上也就是对话语修辞的批评,"生态话语批评"实际上也就是"生态话语修辞批评"。当我们把"生态话语批评"转换为"生态话

---

① 刘大为:《言语学、修辞学还是语用学》,《修辞学习》2003 年第 3 期。

② ［美］罗伯特·考克斯:《假如自然不沉默——环境传播与公共领域》,纪莉译,北京大学出版社 2016 年版,第 68 页。

语修辞批评",从修辞学角度进行生态话语批评时,对于环境话语文本(尤其是非生态性环境话语文本)中隐藏的东西就会看得更加清楚。我们会发现词汇选择、语法手段、修辞格在环境话语运用中都是在发挥一种修辞功能。并且"任何思想的形成都是修辞的建构"。"修辞不再是语言学家和语文教师所关注的问题,成了后现代主义思想体系中的一个关键词。传统观念中被认为是与修辞最无缘的自然科学也成了修辞建构的结果"。① 这也就是说,修辞已不仅仅是为了增强表达效果,而是具有思想或意识形态的建构功能。修辞也不仅仅存在于文学、哲学、政治或其他社会科学类的话语文本之中,而是存在于所有话语文本之中,当然也存在于环境话语之中。"环境话语"是个更具"混杂性"和"包容性"的概念,它是指所有与生态环境问题相关的话语或文本,这种环境话语既可能是生态的,也可能是非生态的,既可能是文学的,也可能是非文学的。生态语言学批评的对象,主要是非生态性的环境话语。只是在近来,生态语言学批评的对象有所拓展,出现了对环境话语的分类,如区分出"生态破坏性话语""生态有益性话语",②并从主要关注原来的生态破坏性话语,拓展到也关注生态有益性话语,前者被称作"批评话语分析",后者被称作"积极话语分析",③但总的来看,目前仍是以"批评话语分析"分主。因而我们这一部分也主要是对非生态性的环境话语进行批评分析,实际上也是对环境话语修辞进行批评分析。这种分析并不仅仅是分析通常意义上的修辞格,而是分析环境文本的整个语言运用或修辞行为,寻找环境话语修辞的一般规律和常用策略,以达到对环境文本的非生态性进行批评的目的,并彰显这种批评对于生态文学、文化研究的某种方法论意义。

---

① 刘大为:《言语学、修辞学还是语用学》,《修辞学习》2003 年第 3 期。

② Arran Stibbe, *Ecolinguistics：Language，Ecology and the Stories We Live By*,London and New York：Routledge,2015,p.216.

③ Alwin Fill and Hermine Penz eds.，*The Routledge Handbook of Ecolinguistics*, New York：Routledge,2018,p.440.

但如何进行生态话语修辞批评呢？胡范铸对于修辞规则的分类具有某种启发性。他认为："修辞行为其实也具有这样两套规则，一套是修辞行为的构成性规则，一套是修辞行为的策略性规则。构成性规则是必须遵守的，策略性规则是可以临时变换的。""现代修辞学就是努力探寻修辞行为的构成性规则和策略性规则，努力提高语言交际行为的有效性的一门学科。"[①]根据这种观点，环境话语修辞也有"构成性规则和策略性规则"，环境话语修辞批评就是要努力探寻环境话语修辞的"构成性规则和策略性规则"。但我们这里探寻修辞规则的目的，主要不是为了提高我们进行环境话语修辞的能力，而是为了发现环境话语修辞中所隐藏的非生态性问题，以达到促进环境话语的生态化，最终促进环境问题的解决或改善的目的。而为了做到这一点，我们也需要构拟环境话语修辞的"修辞学模型"。但我们认为，构拟修辞学模型不一定都要从话语结构入手，也可以从修辞功能入手。我们可以首先定位环境话语修辞行为要达到的目的功能是什么，再根据它的目的功能，归类寻绎它使用话语修辞的方式。根据我们对于环境话语的批判考察，发现非生态性的环境话语修辞功能主要可以概括为"建构""抹除""粉饰"三大类型。发现环境话语修辞常常运用隐喻建构人类中心主义和二元论的思想观念，运用名词化、被动语态等语法手段抹除施事者或自然世界本身的存在，使用委婉语粉饰非生态的话语行为，以达到巩固人类中心主义的观念，规避环境责任，弱化环境风险，降低危害环境、残害动物的非生态、非道德行为引起的伦理不安，以达到继续控制、压迫和利用自然，继续进行危害生态环境的活动，以获取商业利益的目的。所以我们在这里就从环境话语中的隐喻"建构""抹除"和"粉饰"修辞三个方面，对环境话语中的非生态性修辞进行批评分析，探寻环境话语修辞的构成手段和策略方式。

---

① 胡范铸：《"修辞"是什么？"修辞学"走什么？》，《修辞学习》2002 年第 2 期。

第二节 从生态话语批评看环境
话语中的隐喻建构

一、"隐喻"建构何以重要

根据当代话语修辞理论,修辞的目的不只是说服,它还具有建构的功能。但一切话语修辞都具有建构的功能,在众多的环境话语修辞方式之中,我们为什么要专门选择"隐喻"建构加以分析呢? 根据拉考夫(George Lakoff)与乔纳森(Mark Johnson)的认知语言学研究,隐喻不仅仅是一种修辞格,而且还是一种认知方式。人类隐喻性地思维,隐喻性地认知,我们的概念和语言系统从根本上就是隐喻性的。人类利用自己的身体去体验并逐步了解周围的物理空间、物理事物,获得一些基础的概念,再把这些属于物理领域的具体的基础性概念,投射或移用到更复杂、抽象的领域,进一步形成更为复杂的范畴、概念系统,并最终再上升为语言。在概念、语言的形成中,总是存在着以一个更为具体的、更为熟悉或更易理解的领域来映射、理解更为抽象、更为陌生或更难理解的领域的情形,这也就使得人类的概念、语言总是具有"隐喻性"。那个用于映射的更为具体的、更为熟悉或更易理解的领域就叫"始源域"(source domain),那个被映射得更为抽象、更为陌生或更难理解的领域,就叫"目标域"(target domain),隐喻的机制就是从"始源域"到"目标域"的投射。"隐喻的本质是用另一种事物的术语来理解和经历此一种事情。"①当我们用另一个领域(始源域)来谈论、理解一个领域(目标域)时,被谈论、被理解的领域就会受到所使用的"始源域"的影响和重构,所以认知语言学家认为,隐喻不仅仅是一个修辞格的问题,它主要是一种包含着"语义的转移和借用"的范畴本身的创

---

① George Lakoff and Mark Johnson, *Metaphors We Live By*, Chicago: The University of Chicago Press, 1980, p.5, p.251.

造活动。隐喻在这里的功能也不只是润色词语,它是真正地进入另一个起源之中,是一种真正的创造活动。这种隐喻"本身就是一种认识力量,它能够引导和误导思想,甚至于从根本上组建它的结构"。① 因此,隐喻不仅仅是一种让表达变得生动的修辞格,它还是组建我们概念系统的重要力量和部分。然而"隐喻常常被毫无疑问地作为一种常识性的表达方式来使用。人们往往会忘记它们是现实的部分概念化,因为正如格特勒所指出的,强调和抑制经验必然涉及忽略差异和突出所选择的相似之处。因此,有必要对隐喻进行批判性的分析,以揭示它们所隐藏的东西,并发现在使用特定隐喻时所涉及的利益"②。

但隐喻需要被进行批判性分析,不仅因为它是组建我们"概念系统"的重要力量和部分,而且因为隐喻作为"管理我们思想的概念不仅仅是个智力事件,它们也控制着我们的日常运作,直到最平凡的细节。我们的概念结构着我们所感知到的,我们如何在这个世界中活动,以及如何与他人联系。因此概念系统在定义我们的日常现实中起着核心作用"③。这就是说,隐喻作为概念系统的一部分,并不仅仅影响我们的认知,并不仅仅在智力的层面上发挥作用,它还可以影响我们在这个世界上的行为。如果隐喻作为概念系统影响我们在世界上的行为,那么环境话语中的隐喻就能鼓励我们保护或摧毁我们赖以生存的生态系统。而拉考夫和乔纳森的又一个关键观点是,在一种文化中,隐喻是由许多人共同分享的。因此,它们对大量的人的行为有重要的影响。④ 这样一来,隐喻影响的就不只是有限个人的保护或摧毁生态的行为,而是大多数

---

① 鲍海定:《隐喻的要素:中西古代哲学的比较分析》,见艾兰等:《中国古代思维模式与阴阳五行学说探源》,江苏古籍出版社 1998 年版,第 76 页。

② Frans C.Verhagen, "Worldviews and Metaphors in the Human-nature Relationship:An Ecolinguistic Exploration through the Ages", *Language & Ecology*, Vol.2 No.3(2008):1–15.

③ G.Lakoff and M.Johnson,*Metaphors We Live By*,Chicago:University of Chicago Press,1980,p.3.

④ Arran Stibbe,*Ecolinguistics:Language,Ecology and the Stories We Live By*,London and New York:Routledge,2015,p.201.

人的生态摧毁或保护的行为,因此值得特别重视。并且根据斯提布的观点,隐喻对人的影响不仅范围大,而且比一般的认知框架影响更有力量。他说:"隐喻是框架的一种类型,它可以使框架更加有力和生动,因为它运用一个特别的具体的清晰的不同的框架去思考特定的生活领域……"①这就是说,隐喻不仅建构人们对世界、对自然、对环境的认知,而且能够大范围地、高强度地影响人们对自然、对环境的态度和行为。以至于聂里希与扎思帕(B. Nerlich and R.Jaspal)声称,"选择错误的隐喻可能会导致我们物种的灭绝"。② 苏珊娜·罗曼(S.Romaine)也说:"我们选择生活在哪种隐喻中很重要。如果我们不明智地选择或不理解它们的含义,我们就会死于它们"。③ 也难怪拉考夫与乔纳森提出,隐喻需要学者和公众公开讨论,隐喻所包含的内容是理论讨论的一个关键话题。因此,我们在这里选择对环境话语中的隐喻建构进行分析。根据韦拉让(Frans C.Verhagen)的看法,我们对于隐喻的讨论,需要记住:首先,每一个隐喻都只是现实的部分构建;其次,每一个隐喻都隐含地解释和交流关于这种关系的思维模式和世界观,它们影响着个人行为和社会安排。因此,我们需要的是:(1)意识到隐喻是一种语言手段,它以一种片面的、有偏见的方式解释和传达关系的复杂现实;(2)理解使用隐喻等语言手段的话语的批判性方法;(3)对如何/何时在话语中使用它们的专注。④

二、环境话语中的一般隐喻

通过考察不难发现,隐喻在气候语篇中无处不在。有"暖房和温室,大气

① Arran Stibbe, *Ecolinguistics: Language, Ecology and the Stories We Live By*, London and New York: Routledge, 2015, p.201.

② B.Nerlich and R.Jaspal, "Metaphors We Die By? Geoengineering, Metaphors, and the Argument from Catastrophe", *Metaphor and Symbol*, Vol.27, No.2(2012): 131-147.

③ S.Romaine, "War and Peace in the Global Greenhouse: Metaphors We Die By", *Metaphor and Symbolic Activity*, Vol.11, No.3(1996): 175-194.

④ Frans C.Verhagen, "Worldviews and Metaphors in the Human-nature Relationship: An Ecolinguistic Exploration through the Ages", *Language & Ecology*, Vol.2 No.3(2008): 1-15.

毯子和洞,水槽和排水沟,翻转和闪烁的开关,传送带,甚至还有附加在快速过山车上的蹦极跳";有暴躁或愤怒的"野兽",有安睡或剧烈摇晃的"酒鬼",有滑溜溜的"斜坡",有浮士德式的"交易",有确定了引爆点的"定时炸弹",这些隐喻都被用以传达与突然的气候变化相关的危险。① 生态语言学批评关注较多的隐喻是那些构成我们的自然概念的隐喻。正如韦拉让所说的:"新的生态语言学科学的主要功能之一是有助于揭示作为自然概念基础的神话、假设和意识形态,尤其是在隐喻的语言手段中,这些假设被传达。"②近些年来,"有许多研究考察了'自然'、'这个星球'或'生态系统'的目标域是如何由多种始源域框架构成的,这些框架包括:一个花园,一个岛屿,一艘宇宙飞船,一艘救生艇,一个时钟,一个仓库,一件艺术品,一个图书馆,一个网络,一个社区,一个挂毯,一个有机体,一个人或一个女神"等。根据斯提布的看法,大多数始源框架可归为五个主要类别:"地点、机器、商品、有机体和网络。"另外也有一种框架不好归入上面任何一种类别,如"竞争"。生态语言学对于隐喻的批评分析就是"通过考虑这些隐喻是否暗示人类是自然的一部分或与自然分离的问题,是否鼓励对其他物种的尊重,是否提高对环境局限性的认识,来检验这些隐喻的适用性"。③

如果根据认知语言学对于隐喻的两个构成域,"目标域"和"始源域"的区分,在这里,"目标域"就是"自然"、"生态系统"或我们居住的"星球",它是我们要谈论和理解的对象,或称隐喻的"本体";而"始源域"作为人们用于谈论目标域的词汇、结构或框架,也就是被"比作"的那个东西,或称隐喻的"喻体",就是"花园""岛屿""宇宙飞船""救生艇""时钟""仓库""女神"等。当

---

① Arran Stibbe, *Ecolinguistics:Language, Ecology and the Stories We Live By*, London and New York:Routledge,2015, p.75.

② Frans C.Verhagen, "Worldviews and Metaphors in the Human-nature Relationship:An Ecolinguistic Exploration through the Ages", *Language & Ecology*, Vol.2 No.3(2008):1-15.

③ Arran Stibbe, *Ecolinguistics:Language, Ecology and the Stories We Live By*, London and New York:Routledge,2015, p.78.

人们用这些词汇、结构、框架或"喻体"来谈论、理解地球、自然或生态系统时，人们对于"花园""岛屿""宇宙飞船""救生艇""时钟""仓库""女神"等那些看法、体验、理解都会投射到对自然、地球的理解和看法上。或者说人们对自然、地球的感知和理解都是被这些来自始源域的词汇、框架建构起来的。但这些来自始源域的用于理解自然的框架、词汇有些是合适的，有些则是不合适的。那些适合的隐喻是具有"生态有益性"的隐喻，会鼓励、激发我们对自然的尊重和保护，而那些不适合的隐喻亦即具有"生态破坏性"的隐喻，却会促发、鼓动人们破坏、摧毁生态系统。当然也有一种"生态中立性"的隐喻，对生态问题既无益也无害。生态语言学批评更加关注有益性或有害性的隐喻。但隐喻的生态有益性或生态破坏性不一定都是显而易见的，我们有时可能在用一种不合适的隐喻却浑然不知。而生态语言学话语修辞批评的一个重要任务，正是要对有关自然、生态、环境的隐喻进行考察，看看哪些隐喻是生态有益性的，哪些隐喻是生态破坏性的，对于生态有益性的隐喻进行发挥，对于生态破坏性的隐喻进行批判或转化。本来环境话语中的隐喻修辞，既有生态破坏性的，也有生态有益性的，但由于那些生态破坏性的隐喻往往更为隐蔽，所以我们在这里要考察的主要是非文学性环境话语中的那些非生态性隐喻。

根据斯提布的分类，大多数始源框架可分为五个主要类别：地点、机器、商品、有机体和网络。可以看出，在这五个类别中，那种把大自然比作"一台机器"的隐喻是存在着明显问题的。就像斯提布所说的，"自然界或地球上有各种各样的机器，包括时钟、工厂、计算机或宇宙飞船。这个比喻的第一个问题是，机器是由部件组装而成的，它可以通过修复或更换缺陷部件搞定，而不必考虑整个系统。这让人产生了一种错误的乐观看法，即碳捕获与储存、核聚变、氢动力汽车或地球工程等技术手段可以解决孤立的环境问题，而不用去改变构成所有问题基础的更大的社会和文化体系。"把自然比作机器的另一个问题是，它无法表达对生活在大自然中的作为自然一部分的无数生灵的赞颂，而只是把它们作为一个没有生命的"组件"。① 并且"自然作为机器"及其变体"自然作为仓库"的隐喻,"证明了西方文明的剥削性和管理性特征的正当性,使它看起来自然、明显和正常"。②

在环境话语中,把自然比作"商品""资产"的隐喻也值得特别注意。如"Stoneham 等人(2012)提出,通过使用基于市场的工具产生的信息购买生态系统服务,将环境资产(environmental assets)的价值纳入国民核算。"③这句话有两个重要信息:生态系统是可以使用基于市场工具生成的信息进行购买的,这说明生态系统被视作"商品";这种可购买的作为商品的生态系统,是一种"环境资产",可以纳入国民核算。环境资产是环境经济学的重要概念,它是指地球上自然存在的生物和非生物的组成部分共同构成的、可为人类带来利益的生物物理环境。④ 如水、矿产和能源资源、木材、鱼类、土地和土壤等,在这一视野中都可以被称作"环境资产"。所谓"资产"则是指"任何有价值的东西或可以转换成现金的有价值的资源。个人、公司和政府拥有资产。对于一个公司来说,一项资产可能会产生收入,或者公司可能会从拥有或使用该资产中以某种方式获益"。⑤ 根据认知语言学的隐喻理论,"环境资产"也是一个隐喻。在这里,环境被隐喻性地理解为资产,或者说是用理解资产的方式来隐喻性地理解环境。"环境"是目标域,"资产"是始源域。当用资产(始源域)来理解环境(目标域)的时候,有关资产的这些语义域都会投射到环境上,环境成为可以获益的、可以买卖的像商品一样的东西。尽管在现实生活

① Arran Stibbe,*Ecolinguistics:Language,Ecology and the Stories We Live By*,London and New York:Routledge,2015,p.79.

② Frans C.Verhagen,"Worldviews and Metaphors in the Human-nature Relationship:An Ecolinguistic Exploration through the Ages",*Language & Ecology*, Vol.2 No.3(2008):1-15.

③ G.Stoneham et al."Creating Physical Environmental Asset Accounts from Markets for Ecosystem Conservation",*Ecological Economics* 82(2012):114-122.

④ Accounting for Environmental Assets-United Nations。seea. un. org/sites/seea. un. org/files/accounting_for_environmental_assets.pdf.

⑤ "What Is an Asset?" By Jean Folger,*Business Essentials*,Updated Jul 9,2021.https://www.investopedia.com/ask/answers/12/what-is-an-asset.asp.

中,环境确实经常被当作获利的对象或交易的商品,"环境经济核算体系中央框架"(SEEA)就是专门对环境资产进行计量评价的框架体系,但把环境称作资产实际上已经离开了环境的本义。环境本来是作为生态系统中的动物或人的栖居地、家园、住所存在的,它本来的功能是为人或动物的生存提供场所和支撑,而不是让人用来买卖获取利益的。环境资产的隐喻,使人们对待环境的功利化、资本化态度不可避免,若人们总想从环境中榨取最大的利益和价值,是很难从根本上把环境当作环境、当作家园来保护的。

另外,像把自然比做"一件艺术品"、比做"一座图书馆"、比做"女神"等,也都存在着这样那样的问题。其中一个最大的问题是,这些隐喻建构了人与自然分离的二元论的观念。在这些隐喻中,把自然比做"女神"或"女性"的做法尤其具有蛊惑性。因此我们下面专门对环境话语中的女性隐喻做些分析。

三、环境话语中的女性隐喻

就像我们前面已经谈到的,本来环境话语中的隐喻建构,既可以建构人与自然分离的非生态的破坏性观念,也可以建构人与自然之间和谐共生的观念。但在非文学性的环境话语中,隐喻建构的那种非生态的观念往往具有隐蔽性,它会随着人们对语言运用的内化被不知不觉地接受,以至于人们意识不到这种观念有什么不妥。而生态话语修辞批评,正是要揭示出这种话语修辞中潜藏的问题,从而使我们对这种非生态的话语修辞保持警惕,并有意识地加以改变,使之由非生态性向生态性转换和发展。在这方面,泽伯拉·伯曼(Tzeporah Berman)的《自然母亲的强暴》一文对环境话语中的女性隐喻的分析具有重要的启发意义。

伯曼的《自然母亲的强暴》一文从建构主义的生态女性主义的观点出发,认为"女性"和"自然"的从属和压抑通过语言隐喻被结构化和永恒化了。它通过对环境话语中的几个隐喻和习语,如"土地的强暴""处女森林""地球母亲",以及"该亚"的批判考察发现,这些司空见惯的表达都加强了父权制的二元论和等级制的传统,它继续把妇女和自然对象化,并且使人与人之间、人与非人类世界之间的分离永恒化,它与生态运动的目标是不一致的。因此他主张,应对我们所使用的"男性人类中心主义"的语言进行持续的质疑,以创造一种进步的、富有想象力的、能让包括平等的人类群体在内的自然世界的"神奇性"和"多样性"都得到表达的环境话语。

伯曼对环境话语中的女性隐喻进行的批评分析是非常富有启发性的,因为即使在今天的生态文学、文化研究中,仍有许多学者倾向于认为"自然"与"女性"更接近,并且倾向于使用"大地母亲""该亚"这样的术语,以为把大地称为"母亲",视作"该亚",表达了我们对自然的尊重,提高了自然的地位,是有利于对大地自然的保护的。但伯曼的话语修辞批评则促使人们思考:真是这回事吗?"大地母亲"这样的术语早就有了,我们为什么没有保护好自然?通过"大地母亲"这样的隐喻究竟建构起了什么样的观念? 作者通过对环境话语中的女性隐喻进行批判考察指出,之所以把"大地"比喻为"母亲",自然仍然不能免遭人类的蹂躏,是因为女性在男权文化中处于一种从属地位。"在父权制社会中,对妇女的压抑和对自然的控制是相互关联、相互加强的。"①伯曼根据生态女性主义者伊丽莎白·道森·格雷(Elizabeth Dodson Gray)的观点指出:这种对于自然与妇女的压制和对男性经验的普遍化,来源于西方文化中的概念层级结构,而这种层级结构则是犹太—基督教思想的共同成果。在这种层级结构中,上帝被视作至高无上的存在,紧接着的是男人,然后才是女人、孩子、动物、植物和随后的更低等的自然。而从这种优势的金字塔又进一步促生出哲学上的二元论的分类:心理与身体,灵魂与肉体,自然与文化等。通过这种概念化的二元论,妇女历史性地与"自然"联系起来,男人与"文化"联系起来,男性特质与女性特质被构造为对抗性的。这种文化的

①　Tzeporah Berman,"The Rape of Mother Nature? Women in the Language of Environmental Discourse", Alwin Fill and Peter Mühlhäusler eds., *The Ecolinguistics Reader: Language, Ecology and Environment*, London and New York: Continuum, 2001, p.259.

两极化导致二元论中的一方的贬值和两方的共同歪曲。"当女人被视作比男人更接近自然时,妇女不可避免地被视作比男人更少完整的人类性"。正是通过这种二分法,"妇女"与"自然"作为"他者"的概念才被创造出来。①

当"妇女"与"自然"被父权制语言建构为"他者"时,再把"大地""自然"比作"母亲",是无法真正提高大地、自然的地位的。因此伯曼指出:在环境话语中,"地球母亲"和"自然母亲"术语的使用是非常广泛的,并且是被普遍地毫无疑问地接受了。但考虑到北美女权主义运动的威力,和对妇女的主要"给予照管角色"的广泛质疑,这一术语的使用是令人吃惊的,地球作为女性的拟人化,尤其是作为母亲的拟人化,值得进行批判研究。就像安德莉·考拉德(Collard and Contrucc)所说的:"人们将文化价值投射于外部世界,而恰恰是这种投射决定了人们处理世界的方式。"当我们把地球命名为"母亲"的时候,也把我们与母亲身份的关系,以及父权制社会中我们母亲的育儿活动、妇女工作及其私人领域的"贬值"给予了这个名称。"拟人化"的过程创造了一种看世界的方式,它用可以辨认的人类特征建立客体和其他存在物。在这个例子中,它是地球和自然。又说:拟人化允许我们"用人类的术语解释通这个世界中的现象——这些术语,能在我们自己的动机、目标、行为和个性的基础上被理解。"通过对"大地母亲"这个术语的理解,两个重要问题产生了:(1)鉴于我们带给"母亲"这个术语的文化包袱,我们能否通过这个术语锻造一种新的进步的与自然的关系?(2)如果我们继续在我们的语言中使用一种从根本上来说是人类中心主义的(并且是以男性为中心的)方式去表象自然,承认其他存在物和生命系统的固有价值是否有可能?②

因为在父权制社会中,妇女被传统地与母亲身份联系起来,并因此负责养

① Tzeporah Berman,"The Rape of Mother Nature? Women in the Language of Environmental Discourse",Alwin Fill and Peter Mühlhäusler eds.,*The Ecolinguistics Reader*:*Language*,*Ecology and Environment*,London and New York:Continuum,2001,p.261.

② Alwin Fill and Peter Mühlhäusler eds.,*The Ecolinguistics Reader*:*Language*,*Ecology and Environment*,London and New York:Continuum,2001,pp.262,263.

育、照料和给予。母亲的工作是没有报酬的,并常常是不容易被意识到的,也是被贬值的。在父权制文化中,正是我们的母亲满足我们的所有需要,她带走垃圾,清洁并喂养我们,我们却无须付出任何代价。一般地说,我们对母亲总有特定的依赖,总有很多期望,但一般都不太可能会想,我们的母亲也可能会伤害我们。正是因为如此,把"大地"视作"母亲"是把这样一种观念永恒化了:人类可以向自然获取而不期望被归还,大地是无限的,它可以被人类无限地利用。这种观念反映在我们的经济系统中就是:自然是一种"自然资源"和(或)一种"外部事物"。与这种对自然的看法相类似,女人也被知觉为"一种自然资源,一种可以被拥有,被治理,被获取和被开采的资产,对她的枯竭没有同情,对她的保存和补充不负有责任。"这样一来,当我们把大地看作我们的母亲,并因此是"给予的""仁慈的",某种程度上是"永不枯竭"的母亲时,我们也把妇女视作"母亲大地",她养育、照料,并把她委托给传统的基本的"照料—给予者"角色。① 正因为大地被视作"母亲"、视作"女性",而女性、母亲又被赋予不计回报的、永不枯竭的"照料—给予者"角色,又被视作可以被无限开发、索取而不需要补充、保存的自然资源,因此这种"大地母亲"的隐喻其实是潜藏着问题的。

在环境话语中,"大地"的另一个作为女性的突出隐喻是把它比作古希腊女神"该亚"(Gaia)。这一术语通过洛夫洛克(James Lovelock)著作中的"该亚假说"而流行。洛夫洛克在这里假设地球是一个活着的系统。"该亚假说"在今天的生态文学、文化研究中,仍是使用得非常广泛的。但帕特里克·墨菲(Patrick Murphy)指出,在古希腊神话中,"该亚"变成了她的"儿子—丈夫"乌拉诺斯(Uranus)的附庸。在那里"男人"发挥着他的母亲或配偶的"智识者"和"保护者"的作用,他保证了"她"的存活(Murphy,1988)。这种把男性与自

---

① Tzeporah Berman,"The Rape of Mother Nature? Women in the Language of Environmental Discourse", Alwin Fill and Peter Mühlhäusler eds., *The Ecolinguistics Reader*: *Language*, *Ecology and Environment*, London and New York: Continuum, 2001, p.263.

然、女性分离开的做法加强了等级制的二元论,并把女性和自然的压制与从属永恒化了。①

当然,墨菲对"该亚"意象的这种批判是不完全的,因为它没有考虑到女神意象为女性赋权的重要方面。女神意象和宗教对于承认和理解妇女解放和自然解放,对于重新评价女性原则与自然之间的联结已成为一种重要手段。但伯曼指出:女神崇拜的挑战对于主流的犹太—基督教的宗教来说是一种重要而徒劳的工作,用一种近似的等阶化的母权制去替换一种父权制的宗教,将无助于解决分离和二元论的问题。"该亚"和"大地母亲"的意象限制了我们的想象,给我们一种把地球作为人类和女性的意象,限制了我们所能创造的形象。对于人类来说,最根本的是重新铸造一种对于大地的新理解,在这里,大地被视作一种有力量的神圣的存在,而人类只是它的一个组成部分。把地球性别化为一种女性形象,限制了这种可能性,加强了妇女和自然的从属性和被压抑性,并把父权制的支配性意识形态永恒化了。②

在环境话语中,除了"该亚"和"大地母亲"这两个隐喻外,像"大地的强暴""处女森林""穿透荒野""穿透地球母亲"等与自然相关的"强暴"隐喻也特别值得注意,因为根据伯曼的批判分析,在这些"强暴的隐喻"中,潜藏着人类控制自然的暴力逻辑:人类强暴自然与男人强暴女人一样,是自然"愿意"或"等着"被强暴。就像生态女性主义者安德莉·考拉德指出的,这种"希望被强暴"的知觉方式通过隐喻投射到对自然的知觉上。她说:

自然不是被指责为太吸引人(和危险)就是被指责为对人太冷

漠。(自然)就像塞任(Siren-like)这个半人半鸟的女海妖一样,她召

① Tzeporah Berman, "The Rape of Mother Nature? Women in the Language of Environmental Discourse", Alwin Fill and Peter Mühlhäusler eds., *The Ecolinguistics Reader: Language, Ecology and Environment*, London and New York: Continuum, 2001, p.263.

② Tzeporah Berman, "The Rape of Mother Nature? Women in the Language of Environmental Discourse", Alwin Fill and Peter Mühlhäusler eds., *The Ecolinguistics Reader: Language, Ecology and Environment*, London and New York: Continuum, 2001, pp.263-264.

唤和吁请着钩子和枪支,以同样的方式,女人被说成是引诱了男人和要求被强暴。……我们知道女人想被强暴差不多就像鹿和狮子想被射杀一样,就像地球、海洋和天空要求被挖掘,被污染,被探测一样。这种指责受害者的倾向也很明显地存在于森林文学中,在这里,"处女"森林被认为是"过于成熟"了的,她因此需要被收割。(Collard and Contrucci,1988)

而这种"大地的强暴"隐喻在中西方文化中都是普遍存在的,它的广泛流行性"代表了对人类行为中固有的对待自然的暴力和控制以及男人在这种行为中所起的作用的承认和接受"。"强暴"隐喻的使用也假定了在某些情况下,自然就像女人一样,或许愿意与男人合作。那么,这一隐喻就把男性对自然和女性的控制强化并合法化了。①

通过上面的批评分析可以看出,我们对自然世界的经验是被社会地和文化地建构起来的。而隐喻修辞在建构这些经验、建构我们的现实,因此也是我们的行动中发挥着意味深长的作用。环境话语中的女性隐喻把父权制的传统和控制永恒化了。那种不加批判的对自然的性别化以及对"强暴"隐喻的运用,重新创造了一种支配的、压制的意识形态,并继续了霸权主义的传统。我们要想改变这种现状,就需要改变我们运用话语修辞构想自然和描画自然的方式。就像伯曼所说的:"很显然,创造性地运用新的隐喻和习语去表达自然以及我们与自然世界的关系是十分必要的。还有一个极大的需要是,为那些被边缘化的人们、存在物和自然系统创造一个积极的语义空间。"又说:"语言是一种强有力的人类工具,我们必须检查它在维系、持存现存社会结构中发挥了什么样的作用,它对制造我们等级化秩序化的阶级主义、种族主义、性别主义、人类中心主义的世界观做出了什么样的'贡献'。我相信,去持续地质疑

---

① Tzeporah Berman,"The Rape of Mother Nature? Women in the Language of Environmental Discourse",Alwin Fill and Peter Mühlhäusler eds.,*The Ecolinguistics Reader*:*Language*,*Ecology and Environment*,London and New York:Continuum,2001,p.266.

我们所使用的语言,并发现一种创造性的方式去挑战深深地扎根在社会中的男性中心的偏见是必要的。这种质疑将进而创造一种进步的对话,通过这种对话,富有想象力的表达方式将被孕育出来,包括平等的人类群体在内的自然世界的神奇性和多样性,将在这种方式中得到表达。"①

第三节 从生态话语批评看环境
话语中的"抹除"修辞

一、抹除的双向运作:抹除施事者与抹除自然世界

非文学性环境文本中的另一类重要修辞是"抹除(erasure)"修辞。就像我们前面已经谈到的,抹除修辞也是从功能方面来说的。"抹除"是环境话语最重要的非生态修辞功能之一。但"抹除"修辞不只是在环境话语中才使用的,相反,它首先是在其他类型的话语批评分析中被提出来的。斯提布在其《生态语言学》中曾指出:"抹除"作为一个术语已经在社会科学的多种语境中被应用。那摩斯戴(Namaste,2002)、费伯(Ferber,2007)、弗若曼(Frohmann,1992)、贝克与艾勒思(Baker and Ellece,2011)、莱文(Van Leeuwen,2008)、费尔克拉夫(Fairclough,2003)等,都曾谈到过抹除现象。而斯提布则进一步拓展了"抹除"的使用语境,把它从生态语言学角度加以探讨。他认为:"生态语言学的一个作用就是探究语言活动中的抹除,检查什么被文本和话语抹除了,思考该抹除是否有问题。如果有问题的话,那些被抹除的东西怎样才能恢复到意识中。"并且明确地将"抹除"界定为"人们心智中对那些不重要或者不值得考虑的生活领域的一种叙事"。认为"'抹除模式'就是通过其在文本中的

---

① Tzeporah Berman,"The Rape of Mother Nature? Women in the Language of Environmental Discourse", in Alwin Fill and Peter Mühlhäusler eds., *The Ecolinguistics Reader: Language, Ecology and Environment*, London and New York: Continuum, 2001, p.267.

系统缺失、背景化或者歪曲,使这种生活领域变得不相关、边缘化或者不重要的一种语言表达方式"①。

斯提布不仅对"抹除"进行了明确界定,还提出了抹除的一些语言策略,如被动消极、转喻、名词化和下位词等,并具体研究了一些抹除类型:如"空缺"(void)、"掩饰"(mask)和"淡化"(trace)。② 斯提布对抹除的分类探讨无疑是富有启发性的。但斯提布虽然提到过排除有时需要通过语言策略来实现,但他没有从总体上把它作为环境话语的一种重要修辞功能来看待。并且斯提布对抹除的界定,似乎主要是参照着抹除"自然世界"的环境话语来进行的,但环境话语中的抹除是双向运作的,一个方向是对环境话语中的自然存在的抹除,另一个方向则是对环境话语中的施事者也即人的抹除。前一种抹除,压制或剥夺了自然的主体地位,把自然存在看成是不相关的、边缘化的或不重要的,或者是为了隐藏自然正在遭受的东西,以免引起人不快的感受;后一种抹除则主要是为了隐匿或模糊环境事件的主体,规避环境责任或让人逃避于道德评价之外。而每一种路向上的抹除都是有它惯用的修辞方式或修辞策略的。总的来说,抹除施事者有两种主要修辞方式,即"被动语态"(无主句)和"意识形态名词化"(或"复杂名词化")。

二、抹除施事者的两种主要修辞方式:"被动语态"和"意识形态名词化"

在环境话语中,最常用的抹除施事者的修辞方式是"被动语态"和意识形态意义上的"名词化"。我们在前面已经谈道,所谓"名词化"(nominalization),又称"名物化",是指从动词或其他词类形成名词,或把一个包含着施事者和施

---

① Arran Stibbe, *Ecolinguistics : Language , Ecology and the Stories We Live By* , London and New York : Routledge , 2015 , pp.159−160.

② Arran Stibbe, *Ecolinguistics : Language , Ecology and the Stories We Live By* , London and New York : Routledge , 2015 , pp.163−164.

事过程的及物小句(transitive clause)转换成没有施事者和施事过程的名词短语的语言现象。一个完全的及物小句通常包含着"施事者"(agent)、"施事过程"(process)、"受施者"(patient)以及表示时间地点的"情境"因素(Circumstances),转换成没有动词的名词短语后,施事者和施事过程的信息就会丧失,或者说就会被"抹除"。如从及物小句"滥杀者毁灭了一些物种"到名词短语"一些物种的毁灭",从及物小句"探险者毁坏了热带雨林"到名词短语"热带雨林的毁坏",就可看出名词化的这种抹除特征。

对于名词化的这种抹除功能,其他学者也有谈到过。斯提布就曾谈道:"名词化是抹除的特别强有力的工具。"①但我们这里要说的是,并非任何意义上的名词化都发挥这种强有力的抹除,也即"删除"(delete)功能。我们在前面第四章曾探讨过名词化的分类和功能。德国生态语言学家荣格,曾把语言中的人类中心主义区分成两种类型:"原始人类中心主义"和"意识形态人类中心主义"。② 我们认为,除了那种出于语篇的内在要求和为了知识的有效积累而不得不使用的"描述性名词化"外,名词化也可以区分出"原始名词化"和"意识形态名词化"两种基本类型。所谓"原始名词化",是指那种主要由人类自然的身体或心理状况,由原始的、内在的思维或认知模式所决定,或者由返归原始混沌状态的深层文化心理倾向所驱动的名词化。这种"原始名词化"并非是指它真的就存在于原始时代,或由原始人类所创造,而是指它可能是在某种与原始思维或认知模式类似的内在精神心理的驱动下无意识地创造出来的,或者是出于对原始混整状态的向往,或对某种非实用性的诗意审美效果的追求而有意或无意地创造出来的。这种名词化无论是被有意识还是无意识地创造出来的,从它产生的心理机制和发挥的功能看,都是与"原始名词句"更

① Arran Stibbe, *Ecolinguistics : Language, Ecology and the Stories We Live By*, London and New York : Routledge, 2015, p.161.

② Matthias Jung, "Ecological Criticism of Language", in Alwin Fill and Peter Mühlhäusler eds., *The Ecolinguistics Reader*, London and New York : Continuum, 2001, p.275.

为接近的,因此,我们把它称作"原始名词化"。在文学语言中,尤其是在诗歌语言之中,我们遇到的多是这种类型的"原始名词化"。这种"原始名词化"在诗歌中发挥的不是抹除功能,相反是一种生态审美功能。

所谓"意识形态名词化",主要是指那种出于某种更为世故复杂的实用目的而有意地创造出来的、具有明显的意识观念建构功能的名词化。这种名词化也可称为"复杂名词化"。发挥强有力抹除功能的主要是这种"意识形态名词化"。韩礼德和马丁、舒坡格莱尔以及弗勒等批评话语分析者批评的主要都是这种名词化。这种名词化主要存在于环境、科技、商业、法律、新闻、政府报告等非文学性的正式文体之中。对于这种名词化,弗勒及其所领导的"东安格拉大学批评话语分析小组",曾概括出它的四种否定性功能:(1)删除施事者(deleting agency);(2)使过程物化(reifying);(3)假定物化的概念为施事者;(4)维护不平等的权力关系。① 其中第二、第三种功能,都是与核心功能"删除施事者"相关的。第四种功能则是指科学文本中那些有意让科学语言更像科学语言的"名词化",它有助于维护学术精英的权力地位,促使"不平等的权力关系"的再生产。

关于"删除施事者"我们前面已经涉及,它是指名词化"能把一个有施事者行为的陈述转变成一个没有施事者行为的陈述"。经过这种转换,本来是由施事者实施的行为看起来好像是一个自主发生的过程,主体施事方面的信息就被删除了。如在"气候的变化"这个名词化短语中,人类的行为对气候改变的影响方面的信息就被过滤掉了,第一次看到或听到这样的短语,很容易把它视作像"季节的变化""地球的运转"那样的自然自发的过程,而不知其主要是由人类行为所致。尽管"空气的污染"不像"气候的变化"那样隐蔽,在听到这一短语后,可以把"人类的活动"导致空气污染这一省略的施事信息补充上,但正如舒坡格莱尔所说,尽管语言学上的主语可以被指定,社会主体仍然

① Michael Billig,"The Language of Critical Discourse Analysis:the Case of Nominalization", *Discourse & Society* 19,6(2008):783-800.

是模糊的。因为人们补充上的主体往往是"人类""人们""我们"之类抽象的、普遍的、不确定的主体,但这种向普遍主体的扩大实际上是把环境责任扩散或模糊了。因为很明显,对于空气污染来说,机构和个人、"有车族"和"无车族"等不同的群体或个人应负的责任是不同的。但有些机构或团体,在他们的环境报告中,为了逃避环境责任,会有意识地隐藏或模糊行为主体,处心积虑地使用名词化的手段而达到他们的隐蔽目的。

第二点"物化"是指,名词化"通过把动词转换成名词"的手段,"把过程转变为实体并假定这类实体的真实存在"。"假定这类东西的状态是'客观的'、无生命的"(Fowler,1991)。按照弗勒(Fowler et al.,1979)的观点,"官方话语经常以这种方式使用名词化,由此传达现存的社会安排是客观的,不可改变的东西"。[①] 从"市场力量"(market force)、"结构调整"(structural adjustment)、"人事安排"(personnel arrangement)之类的名词词组中,就可以看出名词化的这种"物化"特征。通过这样的"物化",本来由人参与实施的过程,变成了非人化的、客观化的东西,从而拥有了更为真实的、合法合理的存在本质。这种"物化"过程,实际上也是对施事者的一种变相抹除。因为经过这样的"物化",施事者也被隐藏起来了。如"气候改变""物种消失"就是这样的"物化"。

第三点"假定物化的概念为施事者"是与第二点"物化"联系着的。通过把过程变成实体,"说话或写作者能够把这个抽象的、物化的概念用作过程的施事者。"如"气候改变大势所趋","物种减少不可逆转","人事安排已经完成",等等,说话者不用再谈论人们行动的过程,而只是把行为过程作为一个客观的存在加以讨论,而这样进行讨论时,施事者也同样被抹除了。

第四点"维护不平等的权力关系"主要是指:名词化通过删除施事者,可以让科学话语看起来更少主观性,从而提高科学话语等正式语体的正式化或

---

① Michael Billig,"The Language of Critical Discourse Analysis:the Case of Nominalization", *Discourse & Society* 19,6(2008):783-800.

学术化程度,使科学话语具有一种客观公正、严密连贯的面目特征,显示出它与日常话语的不同,从而确立起科学话语的权力和科学话语主体作为社会精英的身份。对于这一点,韩礼德和马丁、批评话语分析者弗勒等人都有过专门论述。根据弗勒及其东安格拉小组的看法,正式语体使用名词化不是偶然的。科技作者通过名词化手段创造一些新的行话术语,而"创造新术语的影响经常是'通过知识的单向流动进行控制'(Fowler et al.,1979)"。"创造并使用这些专门术语的人就像科学社会的看门人,他确保那些年轻的研究者以这种适当的方式写作。这样,正式话语就归属于并有助于那种不平等的社会语境的再生产"。①

从以上种种分析来看,在各种非文学性的环境文本中或其他类型文本中出现的这类"意识形态名词化",一个重要功能就是抹除施事者,让一种行为、事件看起来是一个自然或自动发生的客观进程,与人类的行为没有关系,这对于环境问题或社会问题的解决显然是不利的。韩礼德曾把名词化看成一种"语法隐喻",在环境文本中,它实际上也是一种典型的修辞方式,这种修辞方式的主要功能就是抹除施事者,达到规避或模糊环境责任的目的。这种意识形态名词化在环境文本中运用的广泛性,使其对于环境话语修辞批评来说,具有典型的意义。

环境话语抹除施事者,还有一种重要的语法修辞手段,那就是"被动语态"。玛丽·卡恩(Mary Kahn)通过对《野生社会简报》(*Wildlife Society Bulletin*)十年合集中随机抽取出来的文章进行研究发现:在有关动物实验、研究和经营的科学文献中,近乎总体上缺乏一种主动语态。通过使用被动语态,研究者让自己的行为超越于"道德责任的王国之外",表达出一种"生物学家的冷酷、枯燥无味的客观性","对死亡和屈辱进行不受感染的凝视"。"因为在这种被动的结构中,行动者(actor)已经消失了,——行为者(doer)与其行

---

①　Michael Billig,"The Language of Critical Discourse Analysis:the Case of Nominalization", *Discourse & Society* 19,6(2008):783-800.

为之间的关系被切断，——行为者被没有行为力的、封闭的行为本身所代替，行为明显在没有人类投入的情况下完成了。"①为了呈现科学文献使用被动语态的情况，我们引录《野生社会简报》中用郊狼对一种致命复合剂 1080 的毒性进行实验的报告中的一段：

> 5 只郊狼被安排服药(dosed)(口头话即被强行填喂)，用来模拟一只郊狼可能需要接受多大剂量的田地用药 1080 才能被控制。……等到死了之后，这些狼会被剥皮，去除内脏，并被分割。所有的肌肉组织都被聚集在一起放在一个商业用的绞肉机里磨碎。内脏，不包括肠胃，被做相似准备处理。这些被磨碎的肌肉组织被贴上标签，分开包装，并被冷冻起来用来喂以后被实验的动物。②

这篇报告共五段。前四段都像这段一样使用被动语态，施事者一直隐而不现，好像整个实验活动都是在不受人操控的情况下自动进行的。但有意思的是，到了最后一段"致谢"部分，在实验活动中一直没有出现的施事者（"我们"）终于露面了。但他们的感谢不是给予他们正在实验的活着的、呼吸着的、有感知的生命，而是给予为"毒死"动物和为"处理"动物提供资助的两个人。如果说在前面，施事者，人被删除了，在这里，受施者，动物又被删除了。就像卡恩所说的，"科学呈现在动物研究文献中的的确是一种被动的没有灵魂的声音，这种声音可谓行进在实践责任的道德王国之外的思维模式的完美反映。不同于在致谢中，没有一个人，'我'或者'我们'——男人，女人，科学家或生物学家——作为行为的主体，作为行为的行为者出现。传统的责任位置，句子的头脑部分，被授

---

① Mary Kahn, "The Passive Voice of Science: Language Abuse in Wildlife Profession", in Alwin Fill and Peter Mühlhäusler eds., *The Ecolinguistics Reader: Language, Ecology and Environment*, London and New York: Continuum, 2001, p.242.

② Mary Kahn, "The Passive Voice of Science: Language Abuse in Wildlife Profession", in Alwin Fill and Peter Mühlhäusler eds., *The Ecolinguistics Reader: Language, Ecology and Environment*, London and New York: Continuum, 2001, p.242.

权给动物来代替。"①由此可以看出,科学文本如何通过使用被动语态,进行一种双向删除,既在必要的地方成功地删除人这种施事者,从而让行为者逃避于道德责任的王国之外,又在必要的地方删除受施者,删除动物的存在,把它们作为不重要的或不值得尊重的东西忽略掉,以便把人作为更高的存在者突出出来。

与英语中的科学实验报告大量使用被动语态相通又有所不同,我们发现在国内学界的中文动物实验报告中则经常使用"无主句"。无主句作为一种语法省略现象,虽然不同于被动语态,但在删除人类施事者方面的功能却是一样的,它也让人看起来实验是在没有人类参与的情况下自主发生的。如我们看到的一篇发表在《西北大学学报》上的《CPN 显影粘堵剂动物实验报告》,该报告有长达 7 页的篇幅,详细记录了实验材料与方法,实验过程与结果,有关实验的讨论与结论,但只是在论文摘要中,在有关实验的"讨论"和"结论"中出现了三次"我们",其余部分基本上都是用一种无主句,或者以动物器官、部位作为主语进行描述的。如其中的两段话:

> 经解剖检查,手术部位正常,腹腔放置粘堵剂处腐蚀严重,呈明显的化学性炎症反应;肝脏呈"槟榔肝"样中毒性病变。心、肺、肾等则未见明显的病理性变化。经自伞端向输卵管内注生理盐水试验,证明输卵管已完全堵塞。

> 79—01 号兔死亡原因分析后,认为与氯仿中毒有关,乃以二氯甲烷代氯仿作为溶剂,得到了 CPN—40、CPN—42 等配方。用CPN—40 和 CPN—42 粘堵剂实验结果,受试家兔术后精神良好,有的术后即刻进食,有的虽因手术创伤食欲稍减,但一、二日内即迅速恢复,未发现其它不正常反应。②

---

① 　Mary Kahn, "Passive Voice of Science: Language Abuse in Wildlife Profession", in Alwin Fill and Peter Mühlhäusler eds., *The Ecolinguistics Reader: Language, Ecology and Environment*, London and New York: Continuum, 2001, pp.242-243.

② 　刘诗峰:《CPN 显影粘堵剂动物实验报告》,《西北大学学报》1982 年第 4 期。

是谁给家兔做的手术？是谁在对手术部位进行检查？是谁在向输卵管注入生理盐水？是谁分析家兔死亡的原因，又调整溶剂配方进行了新的试验？这个施事者一直是隐匿着的。一直到实验结果出来以后，需要对其讨论并得出结论时，"我们"才出场表达了自己的观点，认为哪种溶剂是合适的。但整个实验过程都好像是在没有人类施事者参与的情况下发生的。而据我们对其他几份中文动物实验报告的考察，这种通过无主句抹除人类施事者的情况是具有代表性的。但同样需要指出的，"无主句"也有不同的类型，无主句在不同语境中发挥的功能也是不一样的，诗歌语言中的"无主句"，对生态审美效果的生成同样具有重要作用。因为它可以最大程度地消除对物、对自然的操纵或控制，使"物之为物的本然本样""自然自化地兴现"。①

三、抹除自然世界的各种修辞方式：物体化与拟人化，上位词与下位词

就像我们前面提到的，环境话语中的抹除是双向的，它既抹除人类施事者，也抹除动物、植物和自然世界本身。泽伯拉·伯曼在《自然母亲的强暴》中曾谈到"缺席的指涉物"，实际上指的也是这种动物在环境话语中被抹除的现象。她指出，缺席的指涉物的概念，对于环境话语来说具有重要的意味，并易于说明语言中任意性的社会范畴的建构。并转引卡萝尔·亚当斯（Adams，1990）话说，"在消费者参与吃掉它们之前，动物已经通过那种重新命名死尸的语言缺席了。"从猪，到尸体，到肉，到火腿，暴力缺席了，死亡缺席了，猪作为一种生命实体也缺席了。猪成为了消费的对象。"这种缺席的指涉物允许我们去忘掉作为独立实体的动物；也允许我们抵制使动物出场的努力。"②在

---

① 叶维廉：《中国诗学》（增订本），人民文学出版社 2006 年版，第 116 页。

② Tzeporah Berman，"The Rape of Mother Nature？Women in the Language of Environmental Discourse"，in Alwin Fill and Peter Mühlhäusler eds.，*The Ecolinguistics Reader：Language，Ecology and Environment*，London and New York：Continuum，2001，p.264.

工业社会中,这种观念在我们的日常生活经历中是显而易见的。通过这样的缺席,让我们在消费动物时不再有负罪感。如果有人告诉你白色的泡沫聚苯乙烯容器里装着的是刚被杀死的"婴儿牛",你可能会升起一种负罪的心情,但如果有人告诉你,那里装着的是新鲜的肉块,你可能就会心安理得地去购买它、消费它了。因为通过语言转换,死亡、暴力、动物实体都看不见了,也即被"抹除"了。通过这种抹除性的重新命名,那些令人不快的东西便被隐藏起来,而我们对动物的暴力也更加肆虐了。

而这种重新命名,也是一种修辞方式。正是这种修辞,使动物从我们的语言中缺席了。动物在这里缺席的机制是,环境话语通过修辞手段使之成为一种离生命存在越来越远的没有生命活力的"物体"。这一修辞路径可以称作"动物物体化",即把作为生命实体的动物命名为没有活力的抽象的物体。在斯提布看来,"将动物视为仪器的零件或一部分时,就倾向于将动物视为抽象的概念,而非将动物理解为生命体"。生物科学话语对动物的抹除,不仅通过语言描述的缺失,而且还通过这种"物体化"和抽象"分离"来达到。① 这种把动物物体化的抹除,在生物科学话语、野生动物经济贸易之类的话语中,都是非常普遍的。尤其是在经济贸易之类的话语中,我们看到的只是可以换取经济利益的"资源",是几乎看不到具有生命的"生物"的。如在一篇《全球野生动物资源可持续利用与贸易现状和启示》的文章中,作者虽然也谈到过动物保护,谈到过保护濒危物种,但保护这些物种的目的,是为了这种野生动物资源可以被持续地利用,可以持续长久地带来利益。如文章中说:《濒危野生动植物种国际贸易公约》(CITES)通过互惠协定和认证许可体系致力于管理物种跨国贸易,预防濒危种因国际贸易而过度开发乃至灭绝,以保证自然资源的可持续性发展。基于 CITES 管理理念和野生动物资源保护与利用现状,文中讨论分析了野生动物资源可持续贸易面临的问题、物种可持续利用的有效

① Arran Stibbe, *Ecolinguistics: Language, Ecology and the Stories We Live By*, London and New York: Routledge, 2015, pp.162−163.

实现方式、经济激励与促进民众生计、野生动物可持续发展的未来趋势等。①
文中谈到的生物概念都是抽象概念,如动物、物种、动物活体、死体及衍生物
等,很少提到具体的物种名称,即便提到动物名称时,也没有把它看成有生命
的生物,而是可交易的"物品"。如其中提到的"尼罗鳄制品""鳄鱼皮制品"
等。这正是通过把"动物物体化"进行抹除的典型例证。

环境话语对动物的抹除,不仅通过把"动物物体化",让它不再作为生命
实体在话语中出现,而且还通过把"动物拟人化",不让动物作为动物,而是让
动物按照人类世界的文化来活动的方式实现。"动物世界被表现为高度戏剧
性的领域,充斥着紧密关系的家庭、外部的冲突和紧张的竞争","就绝大部分
而言,对动物世界的表现,倾向于强化人类世界中社会等级的社会概念和文化
概念的主导地位。"(Pierson,2005)②但无论是把动物视作没有生命的物体,对
之进行"物体化",还是把动物"拟人化",赋予动物人格,实际上都是不让动物
作为它所是的动物存在,都是对动物存在本身的抹除,严格说来,都具有"非
生态"性,只是"动物物体化"的非生态性程度要更为严重。根据海德格尔的
"大道道说语言观","大道"(Ereignis)本身、"存在"本身,也即"自然"本身是
"言说"着的,这种大道、存在、自然本身说的话,就是"道说"(Sage),人的"言
说"(Sprechen)不同于"道说",人只有听从"道说"而"言说",也即只有听从大
道本身、存在本身、自然本身说的话而言时,才能说出本质性的语言,诗性的语
言,存在者才能作为它所是的存在者显现出来。而"让存在者作为它所是的
存在者存在"(let things be),正是最原初的"生态伦理学"的原则。③ 阿伦·
奈斯的"深层生态学",也正是受到海德格尔的"让存在者存在"观念影响的。

---

① 参见王文霞等:《全球野生动物资源可持续利用与贸易现状和启示》,《世界林业研究》
2017 年第 3 期。

② Arran Stibbe, *Ecolinguistics:Language, Ecology and the Stories We Live By*, London and New
York:Routledge,2015,p.163.

③ 详见赵奎英:《诗人天职与生态伦理》,《文艺理论研究》2017 年第 3 期。

德国整合生态学家、海德格尔研究专家齐默尔曼（Michael.E.Zimmerman）曾经说："海德格尔的'让存在者存在'的观念，使他的思想对于那些有志于改变当今人类对自然的摧毁性态度的激进环境主义者极具吸引力"。又说："无论是海德格尔的思想还是大乘佛教都极大地影响了那种环境主义者的激进形式，'深层生态学'"。这种"深层生态学"与"环境变革主义者既主张与污染做斗争但又主张保留人类中心主义不同，他坚持只有转变西方的人类中心主义和人与自然相对立的二元论，才能把生物圈从毁灭中拯救出来。"又说，"正是由于遵循海德格尔和大乘佛教以及其他非人类中心主义的传统，深层生态主义者才呼吁人们'让存在者存在'"。① 由此可以看出，不能让动物作为它所是的动物存在，也即不能让存在者作为它所是的存在者存在，是违背生态伦理学和深层生态学的原则的。但环境话语中的这种"拟人化"修辞，至今仍是非常普遍的。尤其是在文学话语中，可以说是比比皆是。但如果严格从深层生态学的观点看，环境话语中的这种"拟人化"修辞，也是抹除动物本身、抹除自然本身的一种形式。只是由于把自然比拟化为人，为自然赋予人格，有助于提升自然的主体性，并且有助于从"人"的角度理解自然与人之间的连续性，其生态意义不能完全否定。但拟人化中所隐含的人类中心主义特征，以及它对自然存在本身、动物存在本身的抹除也是不容忽视的。只不过这种抹除属于"弱抹除"罢了。但弱抹除也是一种抹除，它也是不让动物、不让自然按它自身所是的方式而是按人的方式去存在。这就像庄子所说的"以己养养鸟"而不是"以鸟养养鸟"那样，看起来人给予了动物像人一样高的待遇，但实际上是把人的东西强加到动物身上，并没有给予动物那种"任物自然"的存在论意义上的最高尊重，仍然是不利于动物、不利于自然本身的存在的。

抹除动物、植物等自然生命存在的修辞方式有很多，除我们前面提到的那

---

① Michael.E.Zimmerman,"Heidegger, Buddhism, and deep ecology", Charles B.Guignon edit., *The Cambridge Companion to Heidegger*, Cambridge：Cambridge University Press,1993,p.260.

种把生命存在"物体化"的重新命名(这种重新命名或许可以视作"转喻",因为它不使用事物本身的名称,而使用与该事物相关的名称来命名事物)、"拟人化"外,再一个重要的修辞方式就是使用抽象的"上位词"。所谓"上位词"(hypernym),是指概念上外延更广的主题词。例如:"生物"是"植物"的上位词,"植物"是"花"的上位词,花是"牡丹花"的上位词等。当一种生命事物不是用它本身的名称,而是用外延更广的上位词来加以表达时,它就会变得更加抽象,就会离它本身的生命存在更远,也可以说它自身的存在在某种程度上被稀释或抹除了。这种情况在生态系统评估报告之类的环境话语中是很普遍的。因为生态系统评估报告经常用上位词来代替物种名字。如:"鸟类""哺乳动物""两栖动物""动物""物种""动物群""生物"等。这种逐步增进的上位词使得关于自然的话语越来越抽象。如"獾"这一名称可以带给人们这一类动物的很多特征,但到"生物"一词就抹除了这一类动物特征而只保留了生命体特征。而"生物多样性""生物多样性要素""物种的组合""生态复杂性""生态系统"则是更高级别的抹除性抽象词语。"这些词语代表了各种各样的动物、植物的集合,但却将可想象的个体深埋于抽象之中。"①我们知道,生态系统评估报告总结生态系统的状态,目的是为决策者保护这些生态系统提供有用的信息。生态系统评估报告的话语当然是关于动物、植物和自然环境的,如果报告的话语能让人比较真切地认识到自然世界的价值,并且可以让人强烈地感受到一些具体的物种,如松鼠、麋鹿、橡树等,那么人们则更倾向于尊重自然世界并努力去保护自然世界。因此这就需要报告的话语不仅使用抽象的上位词,还能命名具体的物种,以吸引人的想象的方式栩栩如生地展现植物和动物,激发人们的伦理反应,以促进人们对自然世界的热爱和尊重。

使用具体生命存在物的上位词可以抹除具体生命物的存在,当"将活着

---

① Arran Stibbe, *Ecolinguistics: Language, Ecology and the Stories We Live By*, London and New York: Routledge, 2015, pp.170-171.

的生命设定为无生命物体的并列下位词(hyponym)"时,①也可以起到这种抹除的作用。当我们这样来谈论"鲸",如"鲸""哺乳动物""生物"时,"鲸"的表述虽然越来越抽象,但依然停留在活着的生命体的语义范围之内;但当我们说"鲸""水""石油"和其他"资源"时,"鲸"与"石油"这种无生命体共同作为"资源"的并列下位词,"鲸"作为一种活着的生命体特征就倾向于被抹除了。"鲸"这时只是一种可资利用的原材料而已。当"人"作"资源"的下位词时也是如此。

　　总之,通过上面的分析可以看出,抹除是非文学性环境话语最重要的修辞功能之一,为了实现这种抹除功能,环境话语有一些可循的修辞规则和修辞策略。名词化、被动语态、无主句、转喻性命名、上位词等都是重要的修辞方式。但除了上述修辞方式之外,其实还有一种重要的修辞方式,那就是"委婉语"。只是名词化和被动语态都是"强抹除性修辞",但委婉语则属于一种"弱抹除性修辞",它主要是遮掩、抹除那些令人不悦的东西。委婉语发挥"抹除"的功能,主要是通过发挥"粉饰"功能来达到的。"粉饰"实际上既可以看作是一种修辞功能,也可以看作是一种修辞手段。但"粉饰"作为一修辞手段,其功能和目的却又不止于"抹除"。因此我们在这里把它单列出来加以谈论。

第四节　生态话语批评与环境话语中的"粉饰"修辞

一、粉饰修辞与委婉语

　　"粉饰"修辞的主要形式就是委婉语。关于委婉语,特兰珀(Wilhelm Trampe)在《用于杀死动物以及其他用途的委婉语》一文中指出:从语源上看,

---

　　① Arran Stibbe,*Ecolinguistics*:*Language*,*Ecology and the Stories We Live By*,London and New York:Routledge,2015,p.171.

委婉语这个词来源于希腊语 *εὐφημία ~ euphēmía*，一个粗略的翻译是："意思好的话"（words of good meaning）。它的使用原则非常明确：就是"镀金莉莉"，亦即"粉饰事实"或"洗白事实"（white washing facts）。"粉饰"可以意味着许多不同的事情。如果在术语的基础上澄清"委婉语"概念，可以看到来自文体学的、修辞学的不同方面的界定。这个术语主要是指在政治、生态或伦理道德领域使用的一种语言现象。这种语言现象把社会语用或文体语义方面置于语言运用的前景（for an overview see Zöllner, 1997）。每一个委婉语都标志着一种个体或语言群体在社会的、文化的或自然共同体（con-vironment）方面的需要（cf.Trampe, 1996）。每一个委婉语都含蓄地标志着或涉及一种对真相的蓄意地掩盖。①

特兰珀还指出，词语自己并不会变成委婉语。委婉语都是在使用中通过特定"视角化"达到的。语言视角化是指在一个框架内的分类，它相应地与内涵相联系。语言学视角可以被定义为一种语言策略，这种策略使得人们从一种特定角度或基于特定的意识形态来指涉事实。委婉语的运用或功能存在正负两极。正面一极是在特定的情况下为了表达友善或和谐，另一极的使用则是为了操控公众或撒谎。② 通过使用委婉语，改变内容的视角，可以隐藏不受欢迎（或令人不悦）的意义以及与之相关的含义，使它与更令人愉悦（或不那么令人不悦）的内容相关。由此，"杀虫剂"（pesticide）变成了"杂草控制"（weed control），人类对一种动物的灭绝变成"濒临灭绝的物种"等。前者例子转移了焦点，倾向于故意的欺骗，而后者则没有公正对待实际发生的事情，掩

---

① Wilhelm Trampe, "Euphemisms for Killing Animals and for Other Forms of Their Use", Alwin Fill and Hermine Penz eds., *The Routledge Handbook of Ecolinguistics*, New York：Routledge, 2018, pp.326-327.

② Wilhelm Trampe, "Euphemisms for Killing Animals and for Other Forms of Their Use", Alwin Fill and Hermine Penz eds., *The Routledge Handbook of Ecolinguistics*, New York：Routledge, 2018, p.327.

盖了事实。在这种委婉表达背后经常隐藏着商业利益。[1] 特兰珀的这段话可以说比较全面深入地揭示了委婉语的粉饰功能,以及其粉饰功能发挥作用的内在机制和更深层次的目的。

就像有学者所说的,国内语言学界以往有关委婉语的研究主要集中于其正面功能,如礼貌功能、幽默功能、避讳功能等。对其负面功能的研究只是近年来才有所体现,如政治话语、新闻报道中某些委婉语的使用可以掩盖事实真相等。而环境话语中委婉语的负面功能迄今仍未得到重视。[2] 而我们这里正是要从生态语言学批评角度揭示环境文本中的委婉语修辞的负面粉饰功能。

二、粉饰功能的三大类型:"洗白""洗浅"与"洗绿"

委婉语的负面功能总的来看都属于"粉饰"功能,但如果细分起来又可以分为三种情形:"洗白"(whitewashing),也即狭义的"粉饰",是指把坏的说成好的,或把不怎么好的说成好的;"洗浅"(shallowwashing),或称"弱化",即把很坏的说成不怎么坏的,把很危险的说成不怎么危险的,把很令人不快的说成不那么令人不快的;"洗绿"(greenwashing,又译"漂绿"),即把非生态的或与生态无关的说成是生态的,把不怎么生态的说成很生态的等。而这样做的深层目的是为了规避环境或道德责任、弱化环境风险或令人不快的感受,宣扬对环境进行商业利用,以获取经济利益等。

委婉语粉饰功能的这三种情形有时是各有侧重地发挥作用,有时也可能是相互交织在一起的。如英语中的"greenhouse effect"也即汉语中的"温室效应"这一术语,主要是在"洗白"事实,但也可以"洗浅"不快感受,弱化环境风险。因为"温室效应"本来要说的是由于大气中的二氧化碳浓度增加,会导致

---

① Wilhelm Trampe, "Euphemisms for Killing Animals and for Other Forms of Their Use", Alwin Fill and Hermine Penz eds., *The Routledge Handbook of Ecolinguistics*, New York: Routledge, 2018, p.328.

② 朱长河:《环境话语中委婉修辞法的生态批评》,《安徽教育学院学报》2006 年第 5 期。

一种灾难性的气候变化,但就像贝思·舒尔茨(Beth Schultz)所说的,对许多人来说,"温室"一词有令人愉悦的寓意,它倾向于让人联想到那些可爱的受到精心照料的植物,或高品质的花朵、水果和蔬菜之类。将这个短语应用到预测的灾难性气候变化上,其效果就像把战争称为"游戏"或"种族清洗"那样。而关于这一现象的另一种说法"全球变暖"(global warming)也同样存在着误导性。第一,如果我们有一个非常寒冷的冬天,人们可能会认为这个预测已经被证明是错误的。第二,这个词有一种令人向往的诗意。我们向朋友送上"温暖"的问候,并谈论一段充满关爱关系的"温暖"话语。① 总的来说,它是一个温和、友善的词,有着令人愉悦的内涵。不理解这一现象的真实所指的人,是根本想不到所谓的"greenhouse effect"("温室效应")会带来什么环境灾难的。但事实上,这个听起来令人愉悦的"温室效应",可以导致地表气温升高,海水表层温度升高,全球海平面升高,冰川退化和其他一些物理以及生态系统的改变。近年来频发的洪水、风暴、干旱和高强度飓风,② 都与这种由于人类向大气中大量排放二氧化碳导致的气候变化或称"气候错乱"(climatic dislocation)有关。但通过"温室效应"这种委婉语,人们是看不到也想不到这些危险的,因此可以说它是具有"洗白"也兼有"洗浅"功能的。

在具有比较典型的"洗浅"功能的委婉语中,美国石油公司经常使用的"足迹"隐喻值得一提。美国石油公司使用这个委婉语的目的是想通过它"来影响关于北极国家野生动物保护区向石油钻探开放的新闻报道"。在2001年,临近美国国会表决时,石油公司的官员借这个形象来表明钻井对环境的影响不大。通过吹捧技术的先进,产业发言人坚持说"通过使用侧身钻与其他先进技术,150万亩沿海平原之下的石油可以在地球表面只留下不超过2000

---

① Beth Schultz, "Language and the natural environment", in Alwin Fill and Peter Mühlhäusler eds., *The Ecolinguistics Reader: Language, Ecology and Environment*, London and New York: Continuum, 2001, p.112.

② 刘鉴强:《应对全球变暖 风力发电现在开始》,《南方周末》2005年11月3日。

亩的'足迹'。"(Spiess & Ruskin,2001)《安克雷奇每日新闻》(*Anchorage Daily News*)报道说,石油行业使用"足迹"的隐喻"被证明是一个有力的修辞",它暗示钻井只会影响不到 1% 的沿海平原。① "足迹"之所以"是一个有力的修辞",不只是因为它是一个"隐喻",更重要的在于它还是一个可以"洗白"和"洗浅"事实的"委婉语"。它通过使用这个词语,弱化石油开发给北极沿海造成的环境风险,以达到对其进行商业利用的目的。

在环境话语中,这种"洗白"事实、"洗浅"风险或不快感受的委婉语是很常见的,它可以让表达效果变得柔和,让不愉快的变成令人愉快的。如玛丽·卡恩在《科学语言中的被动语态》一文中,就对这类委婉语进行了批评分析。她说:"或许除了官僚和政客外,科学家在创造性地使用委婉语,以使自己从自身行为的道德责任中摆脱出来方面是无与伦比的。现代语言学家为此已经创造了一个词,'玄虚之词'(doublespeak),一种为拒绝或转移责任而设的语言谜团。公共关系中的许多成功的努力,无疑,还有自欺欺人都使用了这种技巧。玄虚之谈中的委婉语的使用,使否定的以肯定的面貌出现,不愉快的以愉快的面貌出现,不道德的以道德的面貌出现,在那里,权宜之词,反之亦然。通过这样的措辞手法,故弄玄虚者(doublespeakers)能够避免甚至隐藏某种情形的不和谐的、令人不安的真相,避免批评的思想和争议"。因此,在生物学领域的语言中,"郊狼和其他野生动物不是被关在笼中的,不是被囚禁、被操纵并有可能被杀戮的科学研究的牺牲品",而是被"安置"(housed)、被"给养"、被"处理"的"实验动物"。在同样的语境中,郊狼"控制"代替了令人不快的(和更精确)的郊狼"杀戮";捕获动物则成了"小动物们被夹住了腿",或者死在"温柔的捕捉中","填"(padded)在捕兽夹中。并且那些"令人讨厌的动物"是被"重新安置"(relocated),被"改变位置"(translocated),而不是被从他们的领地或社会组织中残忍地驱逐出去。在一种相似的语言滥用中,野生动

① ［美］罗伯特·考克斯:《假如自然不沉默——环境传播与公共领域》,北京大学出版社 2016 年版,第 69—70 页。

物管理者是"减少"(thin out)和"收获"(harvest)麋鹿;他们是在"科学许可"的比例内杀死受试动物,并称之为"牺牲"(sacrifice)。① 科学家对语言的这种处心积虑的使用,目的正在于对于环境话语进行"洗白",隐藏或弱化令人不快的东西,使自己逃避于道德责任之外。

环境话语的委婉语修辞,不仅对危害动物、植物、自然环境的事实进行粉饰或"洗白",以规避环境或道德责任,还可以对危害动物、植物、自然环境的事实进行"洗绿",把危害环境的反而说成是有利于环境的,达到宣扬对环境进行剥削或商业利用的目的。"洗绿"(greenwashing)这个词是美国环保主义者韦斯特伍德(Jay Westerveld)于1986年在一篇关于旅馆工业的文章中提出来的。韦斯特伍德发现,许多旅店在每个房间中都放有提示牌,鼓励旅客对毛巾进行重复使用而不是每天更换,以节约资源,保护环境。但他认为,这些旅店实际上并不是真正地关心环境,而只是以环保的名义来降低宾馆成本。因为这些旅店在很多情况下都不肯花力气或很少花气力去循环利用垃圾,因为这样做成本太高,经济收益太少。因此,韦斯特伍德将这一行为和其他表面上的环保行为称为"洗绿",认为他们的潜在目的是增加商业利润。②

在当今的环境话语中,尤其是在公司企业的宣传话语、广告话语中,这种"洗绿"的委婉语是很常见的。就像尼娜·那卡吉姆(Nina Nakajima)所说的,"当面临环境问题时,公司要么配合解决它,要么只给人管理它的表象。后一种情况经常发生"。而"绿色广告和公共关系是制造这种错觉的常用工具"。例如,"装有催化转换器的汽车可以净化大气,使用无铅汽油的汽车是绿色的(Rowell,1996),除草剂可以拯救濒危物种,全球变暖对人类有益"等。③ 资源

---

① Mary Kahn,"The Passive Voice of Science:Language Abuse in Wildlife Profession",in Alwin Fill and Peter Mühlhäusler eds.,*The Ecolinguistics Reader:Language,Ecology and Environment*,London and New York:Continuum,2001,p.243.

② Erica Orange,"From Eco-Friendly to Eco-Intelligent",*Futurist*.44.5(2010):28-42.

③ Nina Nakajima,"Green Advertising and Green Public Relations as Integration Propaganda",*Bulletin of Science,Technology & Society*,Vol.21,No.5,October 2001,pp.334-348.

开发行业的语言中也充满了这类委婉语。这类委婉语把自然本身说成"坏"的,把他们的开发活动描绘成"良性"的,是对自然环境有益的,如"改善自然"(improving on nature)等,而不顾这些改变所导致的生态系统方面的变化。这即是把本来破坏自然环境的行为说成是有益于自然环境的了,这也就把他们的非生态行为"洗绿"了。这种"洗绿"行为同样广泛地存在于林业之中。如"clearfelling"(为充足阳光进行的"清伐"),"prescribed"burning(有计划的燃烧)等。但最能说明林业委婉语特征的应该是"收获(harvest)森林"这类说法。它通过把伐木与园艺或农业相类比传达出一种信息,让人感觉砍伐森林就像农民一年一度地收获庄稼那样,是在收获自己经过劳动得到的正当回报,"而不管森林自己已经在那里存在几百年了"。①

本来,"委婉语"作为一种修辞方式,其"洗绿"的意图是比较隐蔽的,但随着"洗绿"这一术语的出现,人们对于公司企业的这一商业行为越来越警觉,所以它也常常被识破。但有时人们还是会被这类粉饰修辞所迷惑。我们可以看一下下面的例子:2007 年 11 月 16 日,英国广告标准局批评英荷壳牌石油公司的广告《不要丢弃任何东西》误导读者,并禁止英国报纸刊登这条广告。在广告画面中,壳牌公司炼油厂烟囱上长出鲜花。图下还附有文字说明"我们用二氧化碳废气种花,用废硫黄制作'超级'混凝土。真正的世界,真正的能源解决方案。"这条广告刊登在英国、荷兰、比利时和德国的多家报纸上。壳牌公司希望通过媒体宣扬"可持续发展"理念,但实际仅将 0.325% 的排放物用来种花。因此,媒介广告修辞掩盖了壳牌公司炼油厂对环境的真实影响。2005 年 11 月,绿色和平国际气候变化与可再生能源首席政策顾问、中国制定可再生能源法的顾问斯蒂夫,在接受《南方周末》"观察·可持续发展"专版的采访时指出,煤炭是污染最严重的化石燃料,其排放的二氧化碳会加剧"温室

① Beth Schultz,"Language and the Natural Environment",in Alwin Fill and Peter Mühlhäusler eds.,*The Ecolinguistics Reader*:*Language*,*Ecology and Environment*,London and New York:Continuum,2001,p.111.

效应",从而导致地球生态系统的灾难性变化。然而,《南方周末》就在同一版却刊登了壳牌公司的广告"煤,源于绿色,也应归于绿色,融进洁净的天空。"文案中还说:"数百年来,煤的简单化利用导致了人们对煤的诸多成见……人类对煤的认识还很粗浅,但已经有了革命性的进步,煤其实也可以是一种绿色能源,不对环境造成污染。"①从环境话语修辞的角度看,这则广告是一则典型的"洗绿"广告,但《南方周末》,却把它与斯蒂夫批判煤炭是污染最严重的化石燃料的新闻放在一起,看来并没有识破这则广告的"洗绿"意图,这也正说明环境话语修辞批评工作任重而道远。

---

① 郭小平:《环境传播中的风险修辞:"委婉语"的批判性解读》,《新闻与传播研究》2012年第5期。

第六章　生态语言学"元批评"与
"生态""环境"之辨

我们在第一章中已经谈到,生态语言学批评作为生态语言学研究的一种主要范式,它致力于通过对语言系统和语言运用中的生态或非生态因素的批评分析,以促进语言的生态化或生态语言的形成,并最终促进生态环境问题的改善或解决。但批评的生态语言学,不仅批评作为其分析对象的语言系统与话语文本中的非生态因素,而且批评生态研究自身作为研究手段的语言运用是否也包含或体现了非生态因素。这样就使得生态语言学批评具有了"元批评"的性质,它包含着对自身学科理论话语的警醒。这也使得生态语言学批评在语言系统批评、话语批评这两个基本层面之外,还存在第三个"元批评"的层面。这种自我反省的"元批评",对生态文学、文化研究自身的理论与批评话语的建构也是非常具有启发意义的。它促使我们反思包括我们自己在内的研究者、批评家所写的生态文学、文化理论或批评文本,是不是用真正的生态语言写成的。但我们这里无意对生态文学、文化研究的理论与批评话语进行全面反思,而是想选取一种个案加以说明。我们知道,在当今的生态文学、美学研究中,存在着对"生态"与"环境"这两个术语的辨析与争论,有的学者认为,"环境"胜过"生态",有的学者主张"生态"优于"环境"。对于这种争论,有的学者认为大可不必如此认真。但在我们看来,这种具有生态视野的理论术语辨析活动实际上属于一种广义的生态语言学"元批评"。因此,本文试从生态语言学批评的角度,对这种论争和辨析进行批评考察,通过这种考察一方面展现生态语言学"元批评"的方法论意义,另一方面也表达我们对于这一争论的认识,并力图说明这种具有生态视野的术语辨析活动对于生态话语建构和生态观念确立的重要意义。

第一节　生态文学、美学研究中的
"生态"与"环境"之辨

一、文学研究中的"生态"与"环境"与之辨

在当今时代,谈起生态文明、生态文化,使用频率最高的两个词恐怕要数"生态"与"环境"了。无论是从国内还是从国际范围看,这两个词几乎在所有领域内都在被并驾齐驱地使用。在文学领域有"生态文学"也有"环境文学",在批评领域有"生态批评"也有"环境批评",在美学领域有"生态美学"也有"环境美学",在哲学领域有"生态哲学"也有"环境哲学",如此等等。对于"生态"与"环境"这两个不同的概念,大多数人往往持一种不加深究的态度,既说"生态保护"也说"环境保护",没有感到这二者有什么不同。但也有不少专业研究的学者倾向于强调二者之间的区别,认为这两个术语存在着优劣之分,并因此一贯地以"环境"或"生态"为前缀来命名自己的研究活动。对于这种过于严格的区分和主张,有的学者认为大可不必,但我们认为,它实际上属于一种广义的生态语言学"元批评",因此这里试从生态语言学批评的角度对于这一辨析进行梳理和分析,并试图说明其对于生态话语构建和生态观念确立的重要意义。

在这种辨析中,美国环境批评的领军人物哈佛大学教授劳伦斯·布伊尔(Lawrence Buell)坚持认为,"环境"胜过"生态",他的三部重要著作均以"环

境—"来命名。在其 2005 年出版的《环境批评的未来》中，作者更是明确谈道"我特意避免在书名中使用'生态批评'"，并提出了之所以如此的三点主要原因："首先，'生态批评'在某些人的心目中仍是一个卡通形象——知识肤浅的自然崇拜者俱乐部。这个形象树立于这项运动的青涩时期，即使曾经属实，今天也已不再适用。第二，也是更为重要的，我相信，'环境'这个前缀胜过'生态'，因为它更能概括研究对象的混杂性——一切'环境'实际上都融合了'自然的'与'建构的'元素；'环境'也更好地概括了运动中形形色色的关注焦点"，"它们突破了早期生态批评对自然文学和着重提倡自然保护的环境主义文学的集中关注"。"第三，'环境批评'在一定程度上更准确地体现了文学与环境研究中的跨学科组合——其研究对人文科学和自然科学都有所涉猎。"①

　　与此相对立，国内著名学者王诺教授则一贯地以"生态的"来命名自己的研究活动。王诺早在 2003 年出版的《欧美生态文学》中就对他为什么使用"生态文学"而不是"环境文学"进行了追本溯源地说明；其在 2011 年召开的"首届海峡两岸生态文学研讨会"的大会主题发言《为什么是生态批评而非环境批评——质疑劳伦斯·布伊尔》中，又对自己的生态立场进行了更充分地阐发，并对布伊尔"环境"优于"生态"等说法进行了针锋相对的批判质疑。王诺坚持认为："究竟是使用'生态的'（ecological）一词好，还是使用'环境的'（environmental）一词好？这里面的问题绝不仅仅是统一称呼、厘清术语那么简单。问题的核心在于支撑这两个术语的是两种截然不同的思想观念：一种是生态主义（ecologism），另一种是环境主义（environmentalism）。""生态主义的核心是生态整体主义"，而环境主义主要来自"弱人类中心主义"②。并且指出："当我们认同了支撑某一类术语的思想观念之后，我们就只能选择那一类术语而拒绝另一类术语。在这一点上，来不得半点含混和似是而非。事实

① ［美］劳伦斯·布伊尔：《环境批评的未来》，刘蓓译，北京大学出版社 2010 年版，第 9 页。

② 王诺：《为什么是生态的而非环境的？》，《生态文化》2012 年第 2 期。

上,环境观念恰恰是造成生态危机的思想根源之一,如果不摒弃这个观念,生态文明就不可能建立在生态思想的基础之上,也就不可能真正从思想和文化的深层次上解决生态危机问题。"①

其实就像王诺所说的,究竟是用"生态"一词还是用"环境"一词好,生态批评的发起者之一格罗特费尔蒂(Cheryll Glotfelty)早在1996年出版的《生态批评读本》中就曾经有过分析。与布伊尔不同的是,格罗特费尔蒂则提出了为什么一些学者更喜欢"生态—"而不是"环境—"的三条原因:首先,"生态"这个词比较短,它很容易与其他词结合形成"生态批评的"(ecocritical)、"生态批评家"(ecocritic)之类的形式。另外,生态学是研究事物与事物之间的关系的,根据生态学的类比,生态批评是研究人类文化与自然世界之间关系的。进一步的其实也是更重要的,"从环境和生态这两个词的意味看,'环境'是一个人类中心和二元论的术语,它暗示着我们人类位于中心,所有其他非人的物质环绕着我们,成为我们的环境。与之相对,'生态'则意味着相互依存的共同体、整体化的系统和系统内各部分之间的密切联系。"②与此相一致,英国生态批评家贝特(Jonathan Bate)也认为生态是一个更合适的词语。贝特从词源学上分析了"环境"一词的原义,并指出,出现在《牛津英语字典》"环境"一词下最早的例子,是托马斯·卡莱尔(Thomas Carlyle)写作于1830年的《如画的环境》,并且认为这种如画的环境观从一开始就暗含着一种人类中心主义。因此,"环境很可能是一个错误的用语,因为它预设了一个人在中心且被万物环绕的意象;生态系统则的确是一个较好的用语,因为一个生态系统并没有中心,它是一个关系网。""'环境'意味着'环绕'。环境主义者是关心环绕我们的世界的人。说这个世界环绕着我们,就意味着人类中心主义,就意味着坚持

_____

① 王诺:《为什么是生态批评而非环境批评——质疑劳伦斯·布伊尔》,《首届海峡两岸生态文学研讨会会议论文集》2011年,第53页。

② Cheryll Glotfelty & Harold Fromm, eds., *The Ecocriticism Reader: Landmarks in Literary Ecology*, Athens and Lodon: The University of Georgin Press, 1996, p.xx.

自然的价值终归是人赋予的,坚持自然的作用仅仅是供给。"①

二、美学研究领域中的"生态"与"环境"与之辩

在"生态"与"环境"之间所做的辨析,实际上也一直存在于国内外的环境美学和生态美学研究领域。曾繁仁先生在发表于 2008 年的《生态美学与环境美学的关系》一文中就指出:"生态美学与环境美学的关系问题一直是国内外学术界所共同关心的问题,因为当代西方美学界一直大力倡导环境美学,而中国当代美学界部分学者极力倡导生态美学。……本来,从美学的自然生态维度来说,生态美学与环境美学都属于自然生态审美的范围,是对'美学是艺术哲学'传统观念的突破,它们应该属于需要联合一致的同盟军,不需要将其疆界划得很清晰。但从学术研究的角度却又有将其划清的必要,而且中国学界还要回应国际学术界的疑问。"曾繁仁先生认为,"从字意学的角度说,'生态'与'环境'也有着不同的含义。西文'环境'(Environment),有'包围、围绕、围绕物'等意,明显是外在于人之物,与人是二元对立的。""而与之相对,'生态'(Ecological)则有'生态学的,生态的、生态保护的'之意,而其词头'eco'则有'生态的、家庭的、经济的'之意。"并结合海德格尔对于"在之中"的考察和德国生物学家海克尔的"生态学"研究,他指出"生态"的含义的确包含"家园、居住、逗留"等含义,比"环境"更加符合人与自然融为一体的情形。在 2012 年发表的《生态美学的东方色彩及其与西方环境美学的区别》一文中,曾繁仁先生再次谈到"生态"与"环境"的区别问题,并且对美国环境批评家布依尔"环境"胜过"生态"并主张用"环境"取代"生态"的观点进行了驳斥。认为布依尔的理论无论是自觉的还是不自觉的都必然导致"西方中心主义",因为"环境"无疑是一个现代的科学概念,"环境"概念用于人文学科,其必然包含着西

---

① Jonathan Bate,*The Song of the Earth*, Basingstoke and Oxford:Picador,2001,p.107,p.138.
参见王诺:《为什么是生态的而非环境的?》,《生态文化》2012 年第 2 期。

方"人类中心主义"的内涵。中国的"天人合一""混沌"之境等传统观念无论如何是与西方的"环境"概念难以搭界的,而是与"生态"的内涵更加贴合。如果以"环境"代替"生态",这样就排除了生态哲学与生态美学在东方特别是在中国的原生性,排除了中国古代"天人合一"等生态智慧在当代生态文化建设中不可取代的重要价值。这已经是一个学术上的是非问题,是必须认真加以澄清的。① 在 2015 年发表的《关于"生态"与"环境"之辩》一文中,曾繁仁先生更直接也更系统地发表了对于这一问题的看法,认为:"ecology"(生态学)是一个打破主客对立的关系性词汇,反映了人类对于传统工具理性思维的反思与超越。而"environment"环境一词,则是一个对象性的实体性词汇,没有反映人与自然的和谐一致。并且引用我国三位相关专业的院士的观点作为支持。他们认为:"生态是与生物有关的各种相互关系的总和,不是一个客体,而环境则是一个客体"。②

另外,张超也发表了《从"生态"与"环境"之辩看当代生态美学与环境美学的关系》一文,对这一争论进行梳理探讨。提出:"环境"是一种审美对象,它具有宽泛性和包容性;"生态"则是一种关系,它是观察研究事物的一种视角和维度。与"生态"相比,"环境"这个词确实具有对象化、实体性和二元论的特征。但是,环境美学选择更加宽泛并具有包容性的"环境"作为它的修饰语,意在将"艺术、自然、景观、环境甚至动态化的日常生活审美"等多元化的审美对象"一元化",进而建构一种既能阐释艺术审美、自然审美,又能解释环境审美和生活审美的一元论美学。"生态"观念作为当代科学与哲学发展的新进展,它既是一种研究观察事物的新方法和新思维,也是审视人与世界关系的新价值和新理念。生态美学就是凭借生态观念和方法来阐释审美现象、解

---

① 参见曾繁仁:《生态美学的东方色彩及其与西方环境美学的区别》,《河北学刊》2012 年第 6 期。

② 参见曾繁仁:《关于"生态"与"环境"之辩——对于生态美学建设的一种回顾》,《求是学刊》2015 年第 1 期。

释审美发生和探讨审美价值及意义的美学。从这个意义上讲,生态美学也就成了环境美学的重要理论立场和未来发展方向。①

三、海德格尔的生态"环境"观

其实,对于"环境"一词中隐含(把环境对象化、实体化的)的问题,海德格尔早在1927年的《存在与时间》中就谈到过。只是他是从不同的角度来谈的。他说:"现在有很多关于'我们有一个环境'[Umwelt]的谈论",但"如果不对'有'进行界定的话,这些说法就没有从存在论上谈出任何东西"。并且谈道"环境是一个结构,它是甚至连生物学作为一种实证科学也无法找到、永远无法界定但又必须假定并持续使用的。"②但他认为,这种被生物学包括生态学假定和运用的"环境","严格地说,根本就不是环境——因为它不是一个环绕的世界,an Umwelt——,而是一种由植物、动物那些'没有世界'的存在者组成的特定环绕'environ'物(Umgebung)"。③在海德格尔看来,人类的环境是一种与动物、植物的环绕非常不同的东西。人类的环境确实包括河流、森林、草原和沼泽那些环绕着我们的东西,但环境不是这些特定存在者或自然物的聚合,而是一种"世界"现象。而"世界",在每一种情况下,"总是已经先行被揭示出来的,通过它我们返回到存在者中,我们与存在者相关并栖居在存在者中"。环境因此是日复一日地与我们关系最近的"世界"部分,是那种我们最直接地居于其中的,关系着我们每一天的,对我们一贯至关重要的"住所",因此它的意义最大限度地与我们整个的生命过程交织在一起。④由此可以看

---

①　张超:《从"生态"与"环境"之辨看当代生态美学与环境美学的关系》,《美与时代》(上旬刊)2015年第2期。

②　Martin Heidegger, *Being and Time*, Translated by John Macquarrie & Edward Robinson, Oxford: Basil Blackwell Publisher Ltd, 1962, p.84.

③　See Bruce V. Foltz, *Inhabiting the Earth: Heidegger, Environmental Ethics, and the Metaphysics of Nature*, New York: Humanities Press, 1995, p.172.

④　Bruce V. Foltz, *Inhabiting the Earth: Heidegger, Environmental Ethics, and the Metaphysics of Nature*, New York: Humanities Press, 1995, p.172.

出,海德格尔所理解的"环境"就是"住所""栖居地",就是"世界"、"家园",它与生态的原意是根本相通的。我们知道,"生态学"(ecology)的原意就是"房屋、栖居地、住所","生态的前缀 eco-是从古希腊词 *oikos*,'家或栖居之地'来的。"① 从这一意义上说,海德格尔的"环境"概念从一开始就是生态的。

在海德格尔的后期思想中,作为"住所"的"环境"其实就是作为家园的"大地""自然",它与人类生态学中所应用的术语,与那种作为自然科学的研究对象的环境不同,也与环境美学中那种作为审美对象的环境有别。"那种环境概念只是日常的风景概念的对等物"。在这些情况中,环绕的自然在那里还是被观看的"客体",或者是出于好奇,或者是出于研究。但在海德格尔看来,"真正的环境揭示、建立和保护,只有在关心存在者本身的存在,关心人本身的存在,把人这种存在者和其他存在者都带向切近,都让他们按其所是的方式存在的诗意的态度中才是可能的"。只有把大地、自然作为栖居的家园,大地、自然才是环境,人类才有栖居地。而"正是诗意地栖居在大地上,才构成了真正环境伦理学的可能性"。② 这种真正的"环境伦理学"也就是原初意义上的"生态伦理学"。海德格尔不是从通常意义上谈论伦理学的,根据他的考察,"伦理"(ethos)的原意即为"住所","栖居的地方",③ 如果从这种原初含义来讲,"伦理学"是关心人的"栖居"和"在家"问题的。伦理学涉及人对于存在者整体的立场和态度,"关心人类的整个存在,而不只是为人类的某些行为划定界限,颁布禁令"。它关心我们是否与存在者整体保持和谐一致的立场,它关心我们是否诗意地栖居在大地上。④ 如果这样来理解伦理学,海德

---

① Jonathan Bate, *The Song of the Earth*, Basingstoke and Oxford: Picador, 2001, p.75.

② Bruce V. Foltz, *Inhabiting the Earth: Heidegger, Environmental Ethics, and the Metaphysics of Nature*, New York: Humanities Press, 1995, pp.172–173, p.173.

③ Heidegger, "Letter on Humanism", *Basic Writings*, Edited by David Farrell Krell, New York: HarperCollins Publishers, 1993, p.256.

④ Bruce V. Foltz, *Inhabiting the Earth: Heidegger, Environmental Ethics, and the Metaphysics of Nature*, New York: Humanities Press, 1995, pp.168–169.

格尔的这一原初伦理学,实际上也是一种"生态伦理学"。因为"生态学"(e-cology)的原意就是"房屋,栖居地,住所",生态的前缀 eco-是从古希腊词 *oikos*,"家或栖居之地"来的。这种原初的生态伦理学,与通行的"生态伦理学"或"环境伦理学"有所不同,它是从重思"存在之真理"的"更高的""人道"处提出的,它是一种"生态存在论"的伦理学,它是以"让存在者存在"为原则的。

海德格尔正是从这种真正的"环境伦理学"或"生态存在论"伦理学出发才注意到,从古希腊到现代的自然观都是一种"本体论—神学"自然观,它与现代的自然科学一起,都明确地是"去自然的",亦即他们把自然从它最内在的存在中分离出来,把它作为与人相对立的自然物,作为对象来看待。但在海德格尔看来,人与自然环境的关系不是对象性的,而是参与性、互生性的。自然不是作为研究对象和观赏对象的自然,而是作为"家"的自然。自然环境不向单纯的旁观者揭示自己,而只是向本质性地参与到环境中的人显现它自身。环境作为家园,它也不是外在地、突兀地包围着居住者,它是适宜于栖居的。在这里,人与天地万物亲密地聚集在一起。环境因此也是一个由"天、地、神、人"构成的四元世界整体,人与天地万物都作为它所是的存在者自由地显现它自己。如果存在者都能够如其所是地显现自身,它便存在于存在的"近处",也便是在存在的家园中"在家"了。而"栖居"和"在家"也正是海德格尔意义上的原初"生态伦理学"的主题。由此可以看出,海德格尔从现象学存在论角度,对"环境"一词中所隐含的对象化、实体化倾向进行了批判,并在现象学存在论的基础上对之进行了生态性转换,使之具有了与"栖居"相关的"住所""家园"的生态内涵。

第二节　"生态""环境"之辨与
生态语言学"元批评"

一、"生态""环境"之辨是一种广义的生态语言学"元批评"

通过以上梳理可以看出,关于在生态文学、美学研究中究竟是用"生态的"还是用"环境的"好,在当今的国内外学术界都是存在着不同看法的。但同时亦可看出,无论是中国还是西方的学者,他们之所以坚持"生态"优于"环境"的观点,并非出于任意的、主观的个人偏好,而是建立在对于"环境"和"生态"这两个术语的具有生态视野的词源学考察基础之上的,是以对"环境"这个词汇中所包含的非生态因素的批评分析为前提的。这种考察虽未被作者本人冠以"生态语言学批评"的名号,但从前面对生态语言批评的概述中可以看出,他们这种从生态视野进行的术语辨析,由于涉及对词语背后所隐含的生态或非生态因素的批评分析,实际上是与生态语言学批评的原则和方法根本相通的,因此也可以说是一种宽泛意义上的"生态语言学批评"。加上生态语言学本身就具有"超学科性",超学科最关键的一点是,不同学科领域的人、学科内与学科外的人合作研究生活世界中的难题。这样来看,生态文学、美学领域的学者就自身所使用的语汇是否具有生态性进行批评反思,就更可划归生态语言学批评的领域。

我们前面已经谈到,生态语言学批评,不仅批评作为其分析对象的语言系统与话语文本中的非生态因素,而且批评生态研究自身作为研究手段的语言是否也包含或体现了非生态因素。这样就使得生态语言学批评具有了"元批评"的性质,或者说生态语言学批评在生态"语言系统"批评、生态"话语批评"之外,还存在着一个侧重于生态研究和批评话语自身的生态语言学"元批评"的维度。生态文学、美学研究者就自身研究所使用的词汇,"生态"与"环境"的生态与非生态性进行辨析讨论,包含着对自身学科理论话语的警醒,无疑属于生态语言学的"元批评"层面。只是这种"元批评"无法离开语言系统批评和话语文本批评独立地展开。因为理论与批评话语自身也是由词汇、句法和修辞等构成的语篇,对理论与批评话语自身的批评,同样也会涉及语言系统和话语修辞等。因此,生态语言学的"元批评",也会涉及或需要通过语言系统批评或话语修辞批评的方法来展开。由于"生态"与"环境"之辨涉及的主要是"词汇",因此它主要是与"生态语言系统批评"交织在一起的。

　　我们知道,在对语言系统的批评中,词汇批评尤其是对词汇中的人类中心主义的批评又占据着重要位置。因为在生态语言学家看来,在词汇中蕴含的世界观和人类中心主义最为明显。被视作生态语言学先驱的萨丕尔曾经说:"正是一种语言的词汇最清楚地反映出它的说话者的物理和社会环境状况。一种语言的全部词汇或许的确可以看作是集结了所有观念、兴趣和占据社会共同体注意力的复杂的目录清单,这样一种如此完备的知识宝典,一种特定的语言群落的语言,如果能在我们的掌握之中,我们应当能在最大程度上推导出使用它的人们的环境的性质和文化的特征。"①德国语言学家马提亚斯·荣格(Matthias Jung)也指出:"对语言系统的考察,特别是把词汇视作一种语言共同体的世界观的表达的考察有着悠久的传统。从生态语言学的角度出发,正是词汇中的人类中心主义受到特别的重视。"②因此,生态语言系统批评的一项重要内容就是通过对词汇的批判考察,来检点其中所蕴含的生态或非生态的因素,并通过有意识地避免使用非生态性词汇,或通过对非生态词汇进行生态化的语言计划,来促进生态化的语言、观念和文化的生成。生态文学和美学研究中的"生态"与"环境"之辨,对生态文学和美学理论话语中的词汇进行批判考察,也正是在做这样一种生态语言学"元批评"的工作。这种"元批评"使我们更清楚地看到,"环境"的确是一个"中心论"的词汇,在人文社会科学研究中使用"环境"一词,的确是易于走向人类中心主义,不利于把生态整体观等生态核心思想贯彻到底的,它最终也是不利于生态文学、文化理论建设的。

二、"环境"概念具有"中心论""二元论"特征

　　"环境"作为一个"中心论"的词汇同时也是一个"二元论"的词汇,这体

---

①　Edward Sapir,"Language and Environment",see Alwin Fill and Peter Mühlhäusler eds.,*The Ecolinguistics Reader*,London and New York:Continuum,2001,p.14.

②　Matthias Jung,"Ecological Criticism of Language",in Alwin Fill and Peter Mühlhäusler eds.,*The Ecolinguistics Reader*,London and New York:Continuum,2001,p.274.

现的是一种对象性、实体性思维,它在通常情况下暗示了一种人类中心主义,但当人们意识到这一点并力图克服它时,实际上又可能滑向另一个极端,走向以对象为中心的"环境中心主义"或"自然中心主义"。如果说前一点在芬兰美学家瑟帕玛(Yrj o Sepanmana)的环境美学研究中表现得比较明显,那后一点则比较突出地表现在加拿大环境美学家卡尔松(Allen Carlson)的研究中。瑟帕玛的《环境之美》在对"环境"进行解释时写道:"环境围绕我们(我们作为观察者位于它的中心),我们在其中用各种感官进行感知,在其中活动和存在。"又说"甚至'环境'这个术语都暗示了人类的观点:人类在中心,其他所有事物都围绕着他。我们不能背离我们作为观察主体的存在,尽管我们知道我们的位置。"①在瑟帕玛看来,不管自然有没有中心,人类都无法摆脱他在环境中作为中心的位置。与瑟帕玛不同的是,卡尔松不是突出人在环境中的主体位置,而是突出环境作为鉴赏对象的中心性。卡尔松指出,决定环境美学的"第一个维度来源于这种绝对的事实,即作为'审美对象'的鉴赏对象就是我们的环境,就是环绕着我们的一切",而他提出的正是"一种更加普遍的和以对象为中心的环境美学"。这种以对象为中心的环境美学倡导一种"将恰当的自然审美鉴赏与科学知识最紧密地联系在一起的""自然环境模式"。"自然环境模式拒绝被谴责为人类中心主义的鉴赏模式",因为"自然环境模式将审美鉴赏的基础建立在自然的科学观念之上,它因而赋予自然审美鉴赏某种程度的客观性,这种客观性有助于排除环境的和伦理的批评,比如人类中心主义的指责"②。由此不难看出,卡尔松的环境美学是有意识地避免人类中心主义的指责的,但在这种刻意的避闪中,他又不可避免地走向了以对象为中心亦即以自然环境为中心的模式。这种对象化的"自然环境中心主义"模式具有

---

① [芬兰]约·瑟帕玛:《环境之美》,武小西、张宜译,湖南科技大学出版社 2006 年版,第23、136 页。

② [加拿大]卡尔松:《环境美学——自然、艺术与建筑的鉴赏》,杨平译,四川人民出版社 2006 年版,第 5、30—31 页。

明显的主客分离的二元论特征。正因为他坚持的自然环境中心模式具有主客分离的二元论特征,他对环境美学中明明是更为合理的强调主客交融的"参与模式"是持批评态度的。在他看来,"试图消除我们自身与自然之间的距离时,参与模式可能会失去使最终经验成为审美经验的要素","试图消除主体与客体的二元区分,参与模式也可能失去那种可能性,即区分琐碎肤浅的鉴赏与严肃恰当的鉴赏的可能。"①只有绝对以对象为中心,将审美鉴赏的基础建立在客观的科学观念之上,对自然环境的鉴赏才是唯一严肃恰当的。

由以上可以看出,在与"环境"相关的理论视野中,人们或者强调"人"的中心位置,表现出一种人类中心主义的倾向,或者强调"对象"的中心地位,走向极端的环境中心主义,但无论如何都难逃中心论、二元论的窠臼,在其中我们是看不到多少人与自然和谐共生的整体生态主义精神的。也难怪韩裔美籍学者高主锡在其《生态美学》一文中,批评卡尔松等人的环境美学是植根于人与环境二元论的观点之上的,而他则要对环境美学进行批判超越,在"整体的、生态的、演化的、主客体统一"的哲学基础之上建立一种"生态美学"。②

其实,即使抛开"环境"词源中蕴含的中心论、二元论、对象性、实体性思维不说,"环境"对于传达生态观念来说仍然是一个不足的术语。因为从生态学的角度看,通常意义上的环境只是生态系统中一个具有综合性的构成因素,尽管它与生物有机体相互作用不可分割,但它本身是不包含生物有机体在内的,严格说来,生物有机体之外的那些东西才叫"环境"。按照《生态系统与人类福祉:评估框架》中的定义:"生态系统是由植物、动物、微生物群体与其周围的无机环境相互作用形成的一个动态、复杂的功能单元。"③就环境这个词

---

① ［加拿大］卡尔松:《环境美学——自然、艺术与建筑的鉴赏》,杨平译,四川人民出版社2006年版,第21页。

② Koh Jusuck, "An Ecological Aesthetic", *Landscape Journal*, 7(2, 1988): 177–191. 参见程相占:《论环境美学与生态美学的联系与区别》,《学术研究》2013年第1期。

③ 张永民译:《生态系统与人类福祉:评估框架》,《千年生态系统评估项目概念框架工作组的报告》,中国环境科学出版社2007年版,第4页。

本身来说，我们看不出它与生物有机体之间究竟是一种什么样的关系，也看不出它指称的究竟是一种什么样的"环境"，它必须依赖与其他词的合用，需要一定的限定和解释，才能表明这里的"环境"是否具有生态性、自然性。但单纯使用"生态"或"生态性"这个词就已经传达出一种生态观念或指明一种生态现象，如果说一种东西是"环境的"或"环境性的"，它是需要一番解释、一番限定，才知道所谓"环境的"就是"环境友好型的"，就是"对环境有利的"，就是"生态的"，等等。荀子《正名》中曾经说："名无固宜"但"名有固善"，"径易而不拂，谓之善名"。从这一意义上说，"环境的"对表达生态观念或指称生态现象来说，也并非一个平易简洁的理想术语，相比而言，"生态"却可以直达鹄的。

另外，当我们谈到"生态"一词时，我们往往会联想到生命、生机、绿色、自然，联想到关系、系统、整体、多样等含义，但提到"环境"时，唤起的却往往并非这些生态性、关系性的联想意义。它可以让人联想起"生态"的环境，也可以让人想起"非生态"的环境，它可以让人想起"自然"的环境，也可以让人想起"人为"的环境。① 根据法国思想家福柯的考察，"环境"这个 19 世纪的词汇实际上是从 18 世纪的一个负面词汇"穿透力"反转而来的。"穿透力""这些力量并不指涉自然之中可以形成生态环境的事物；它也不是一个适应、互相影响或调节规律的场所；它甚至不是一个生物可以在其中发挥展布其生命典范的空间"，"它指的其实是宇宙中所有反自然的事物"，它代表的是一种反自然的、人为的"否定力量"。② 因此正像王诺所归纳的，根据福柯的考察，"环

---

① 从这一意义上说，"环境"的确比"生态"更具有那种"混杂性"、"包容性"。这也是我们在谈论生态话语批评对象的时候，使用"环境话语"，而不使用"生态话语"的原因。当我们使用"生态话语""生态文本"的时候，实际上已经标明了这类话语文本具有的生态属性，但当我们使用"环境文本"或"环境话语"时，则表示这类话语文本既可能是生态的，也可能是非生态的。"生态话语批评"要表明的是，我们是以一种生态观念、生态精神、生态视野来对（可能是生态的也可能是非生态的）环境话语进行批评分析。"生态"这里的确具有生态方法、生态视野、生态精神、生态理念的含义。

② ［法］米歇尔·福柯：《古典时代的疯狂史》，林志明译，三联书店 2005 年版，第 517、526、527 页。

境"最初并非是"自然环境"与"人为环境"的总和,它主要是指一种异化的反自然的"人为环境"。① 正因如此,环境才被福柯视作古典时代疯狂产生的决定性原因。这一点或许也使得,在谈到"环境"时,唤起的往往并非是"自然"环境或"生态"环境的意象。根据生态语言学的观点,我们的语言习惯是我们安排和解释客观现实的方式,它对我们的所有行为都具有深刻的影响。"这种语言习惯不仅仅包括简单的语言:它们还包括所有言语模式的类比和隐含价值"。② 这就意味着,当我们使用"环境"一词时,我们也把这个词中所蕴含的与人类中心主义观念,与二元论、对象化思维,与人为性、非生态性相关的一些负面的文化和心理价值投射到我们对世界、对自然的理解中,并进而影响到我们对待自然、世界的态度和行为。因此,从这一意义上说,坚持使用"生态的"而不是"环境的",应该说是代表了生态文化的未来发展方向的,是更有利于生态文明建设和生态观念的确立的。

但这也并不是说在任何领域、任何情况下使用"环境"这个词都是不合适的,有关生态的研究都只能以"生态"而不能以"环境"为前缀了。况且生态学最初作为一种生物学研究,它本来是说生物群落与其周围"环境"的相互作用关系的,因此谈论"生态学"是不可能不谈论"环境"的。现在生态学已经作为一个隐喻,广泛运用到语言、文学、文化、社会等人类精神文化活动的各个领域,生态学中的核心概念"环境"也从自然生态领域运用到语言生态、文学生态、文化生态、社会生态、精神生态等各个领域的研究之中。就像人们在谈论自然生态时,不得不延续着生态学传统,运用它的概念语汇谈论到生物与周围环境的相互作用关系一样,语言学家、生态批评家、美学家在进行他们的生态学或具有生态视野的学术研究时,也不可避免地谈到他们的目标研究对象与

---

① 王诺:《为什么是生态的而非环境的?》,《生态文化》2012 年第 2 期。

② Saroj Chawla,"Linguistic And Philosophical Roots of Our Environment Crisis",in Alwin Fill and Peter Mühlhäusler eds.,*The Ecolinguistics Reader:Language,Ecology and Environment*,London and New York:Continuum,2001,p.116.

其环境的相互作用关系。如生态语言学的开创者豪根就把"语言生态学"界定为"对任何给定语言与其环境之间相互作用的关系的研究"。① 目前人们对于生态语言学的一个具有共识性的看法也是"语言与环境"之间的相互作用关系的研究。因此,我们在生态语言学研究中,在谈论语言生态现象时,是无法避免使用"环境"一词的。谈论其他生态文化现象时,也是如此。从这一意义上说,尽管作为大的学科术语,我们可以自觉地以"生态"代替"环境",但在一定的语言系统中展开的具体的生态研究中,我们仍然是很难完全避免使用"环境"这个词汇的。比如我们把自己的研究对象称为"生态语言学与生态文学、文化理论"研究,而不是"环境语言学与环境文学、文化理论"研究,但在具体的研究中,我们仍会谈论到"语言与环境"之间的相互作用,在谈到生态话语批评的对象时也会使用到"环境话语""环境文本""环境修辞"等术语。但从总体上来说,我们是在做"生态"研究而不是"环境"研究,相比于"生态"这个更具有关系性、整体性的术语来说,生态科学意义上的"环境"只是指称生态系统中的一个关键要素的术语。但在生态研究中,我们无法避免使用"环境"这一术语。

我们之所以无法避免使用"环境"一词,不仅与生态学有关,也与语言本身的生成规律有关。我们知道,"环境"这一词汇本身,与其他许多物质名词一样,也是在特定人群的心理、思维、意向与自然、社会、文化等多种因素共同作用的基础上产生的,它不仅受最初命名者的思维、心理、感知方式等主观因素的影响,而且也是具有一定的物理基础的。那就是说,在自然或人类世界中,的确存在着一种围绕着生物有机体的、影响着其生命生存发展的空间、条件或综合情境关系,对于这种现实中存在的、生物体居于其中并受其影响的空间、条件和综合情境关系,需要一个词汇来指称。这个词汇就是西

---

① Einar Haugen, "The Ecology of Language", in Alwin Fill and Peter Mühlhäusler eds., *The Ecolinguistics Reader: Language, Ecology and Environment*, London and New York: Continuum, 2001, p.57.

方所创造的具有人类中心论色彩的"环境"。有些被称为"环境"的情况,我们可以用自然、空间、场所、栖居地、非人类世界等词汇代表,但有些情况确实是无法用其他更好的词汇来替代。不仅在自然科学领域如此,就是在文学、美学、文化研究领域也会遇到这样的问题。如有些文学作品中写到的自然并非纯粹的自在的自然,而是对人类生活发生影响的、作为人类的居住条件而存在的、把自然与人情相融合的生活空间,对于这种生活空间如若我们一定要用一个词来概括,恐怕"环境"这个词是最为恰当的了。如加拿大女作家蒙哥玛丽的《绿山墙的安妮》中写到的"绿山墙",如果不把它理解为"环境",我们将很难言说"绿山墙"与"安妮"的关系,也很难说清楚"绿山墙"在这部小说中的意义。尽管"环境"这个词具有明显的中心论、二元论的特征。

实际上,人类语言中这类具有中心论、二元色彩的词语是很多的。如果我们试图避免或根除语言中的人类中心主义几乎是不可能的。如自我、对象、主体、客体、中心、边缘、四方等。认知语言学认为,"词汇最初来自对自身和空间(包括地点、方向、运动等)的理解,然后通过丰富的想象力,运用隐喻等认知策略扩展开来,逐步形成了人类的概念系统"①。人类语言是基于体验和认知的结果,人的身体对空间关系的体验在语言的形成中具有根本性的作用,这使得人类语言从根本上说都具有"人本性",并不可避免地被打上生态语言学所批评的"人类中心主义"的烙印。② 以至德国语言学家荣格指出,"如果把人类中心主义理解为从人类的角度进行命名,我们需要记住的是,从绝对意义上讲,语言总是以人类为中心的"。即便像一些生态语言学家所提出的那样,从动物和植物角度进行"生态化的重新命名","语言仍然残留着人

---

① 王寅、李弘:《体验哲学和认知语言学对词汇和词法成因的解释》,《外语学刊》2004 年第 2 期。

② 朱长河:《认知语言学与生态语言学的结合——以词汇系统为例的可行性分析》,《四川外语学院学报》2008 年第 2 期。

类意识的投射"。①

我们既说环境是一个中心论、二元论的词汇,它代表的是一种对象性、实体性思维,又说词汇中的"人类中心性"从根本上难以避免;既说"生态"对于表达生态观念来说优于"环境"一词,又说在具体的生态研究中无法完全避免使用"环境"概念,这岂非把自己置于一个二难处境之中? 这样一来,生态语言学对语言中的人类中心主义的批评如何成为可能,人们从生态角度对"环境"与"生态"进行的具有生态语言学"元批评"意味的辨析又有何意义呢?

第三节 "生态""环境"之辨对于生态理论话语与生态观念确立的意义

我们认为,尽管根据认知语言学的观点,所有的语言都具有人类中心性,生态语言学仍然可以对语言中的人类中心主义进行批评。因为认知语言学所揭示出的语言中的人类中心性,与生态语言学所批判的语言中的人类中心主义不是在任何情况下都等同的。认知语言学揭示出来的语言的"人类中心性"可称作认知意义上的语言人类中心主义,生态语言学和其他生态文化所批判的语言人类中心主义主要是一种价值论意义上的人类中心主义。认知意义上的语言人类中心主义是一种更广泛意义上的人类中心主义,它是指在命名和解释自然时把人类的体验和认知作为唯一的参照点;价值意义上的人类中心主义则主要是一种狭义的人类中心主义,它"是指以人类的利益为尺度来解释和处理整个世界的观点",②表现在语言上就是从自然物对人类"有

①　Matthias Jung, "Ecological Criticism of Language", in Alwin Fill and Peter Mühlhäusler eds., *The Ecolinguistics Reader*: *Language*, *Ecology and Environment*, London and New York: Continuum, 2001, p.275.

②　陈剑澜:《生态主义话语:生态哲学与文学批评》,《文学理论前沿》2004 年第 1 辑。

用"的角度进行语言命名、词汇构形、词义解释并形成词汇结构系统。如英语中把蜜蜂称为"honeybee",把柴火称为"firewood",把"牲畜"称为"livestock",从构形上就可以看出来这些词都是从对人类功用的角度来命名的。无论是在英语还是在汉语中,都有"害虫""益虫""益鸟""害兽"等说法,在词典中对于什么是"害虫"、什么是"益虫"等词的解释,都是直接或间接以人类利益为标准进行的。语言中的人类中心主义不仅表现在词形构成和词义解释之中,还表现在词汇结构与现实结构的非一一对应关系之中。根据 Gibbs(2001)对英语中的物种名称调查,那些更易被发现或被认为对人类非常重要的物种,往往会获得多个命名,当有些物种不易发现,或被认为对人类来说不重要的时候,它往往无法获得命名,出现"词语空缺"现象。① 很显然,当一种虫子被视为对人类庄稼有害的"害虫",当一种植物由于对人类无用无法获得自身的命名而只能归入"杂草"(weed)时,它们自身的价值是不会得到承认的,人们也是很难从生态系统的角度对它们加以保护的,生态系统的退化也就在所难免。生态语言学和其他生态文化研究重点批评的应该是这种价值论意义上的人类中心主义,而不是把矛头指向所有的语言。

很明显,从对人类的功用出发,根据人类价值看待、解释和利用世界表现出的人类中心主义,与根据人类经验解释或认知世界表现出的人类中心主义是两个不同的概念,具有不同的后果,主张对这两者加以区分,应该是没有什么疑义的。但实际上,对于认知意义上的人类中心主义,我们也不应笼统地不加区别地对待。因为主客体未完全分化情况下的原始人类早期的语言认知,和理性思维充分发展的文明时代的人类语言认知显然是有重要差别的。一方面,在前者中表现出的人类中心主义由于原始人类身体条件的限制往往具有某种不可控性,而在后者中表现出的人类中心主义虽然也不能完全排除身体方面的无意识影响,但它在某种程度上却是可以被理性有意识地加以调控的;

---

① 参见朱长河:《认知语言学与生态语言学的结合——以词汇系统为例的可行性分析》,《四川外语学院学报》2008 年第 2 期。

另一方面,就像成年人比儿童更容易用功利的眼光看待世界一样,原始人类的语言认知更加尊重身体的感觉,文明时代的语言认知则更容易受到实用的价值眼光的干扰,这也使得文明时代的语言认知中的人类中心主义更容易与那种价值论意义上的人类中心主义结合在一起。

由此来看,为了使生态语言学批评更加具有针对性,我们还不能止于"认知"对"价值"的笼统区分,还应把"原始认知"意义上的人类中心主义与那种文明时代的"理性认知"意义上的人类中心主义加以区别。在这一点上,我们不妨参照一下马提亚斯·荣格的区分法。荣格曾把语言中的人类中心主义区分为两种类型:"一种是作为原始人类的生命感觉机制后果的、进化过程中的原始人类中心主义,这种人类中心主义,举例来说,它使我们把自然经验为围绕着我们的世界,也即环—境。另一种是以意识形态为中心的实用主义的人类中心主义:这是一种仅仅以有用来分类的思维方式,它把某些特定的植物种类界定为杂草,像牲畜、生活资料这些短语背后也隐藏着这种思维方式。它作为工业化的结果而得到特别地发展。"①

对于能否"把自然经验为'环—境'"视作"原始人类中心主义"的表现,我们另当别论,但他区分出的语言中的人类中心主义这两种类型还是很有启发意义的。他说的那种"原始人类中心主义",可以说是一种原始认知意义上的人类中心主义,他说的"实用主义的人类中心主义",可以说就是一种价值论意义上的人类中心主义。根据荣格的看法,这两种人类中心主义的区别,亦即"这种天真的人类中心主义与工业的人类中心主义之间的区别,可以等同于那种发展中的婴儿的自我中心主义,和那种否定性的人类的自我中心主义特征的区别。"在荣格看来,即便是那种原始的"天真的"人类中心主义也不是决定论的,它与意识形态的人类中心主义一样都是"可以被

---

① Matthias Jung,"Ecological Criticism of Language",in Alwin Fill and Peter Mühlhäusler eds.,*The Ecolinguistics Reader: Language, Ecology and Environment*, London and New York: Continuum, 2001,p.275.

有意识地超越的。"①荣格虽然没有明确地指出应该如何超越,但综合生态语言学批评的研究路径不难看出,超越的途径主要就是对语言中的人类中心主义进行生态批评,或者对那些具有明显的人类中心主义色彩的词汇进行生态化的重新命名。

　　只是需要注意的是,这两种类型的超越都同样具有相对性。由于语言中的世界观是一个复杂的历史现象,人们关于一个词义的断言也都往往具有推测性,对于一个表达法在今天的人类中心主义程度我们只能做出近似的把握,从特定物种,动物和植物的视角而不是从人类视角出发的重新命名,就它们自身来说,或许并不比传统的命名更客观。但这并不意味着人们对语言的生态批评,对词汇的生态化的重新命名就是徒劳的、没有意义的活动。因为这种批评、这种命名"可以使人意识到原有语言的某种片面性,在一定范围内促进一种多维的思维方式,并在意识上做出改变"。② 这也就是说,即便我们无法通过语言批评和语言设计从根本上消除语言中的人类中心主义,但我们有意识的语言设计和语言批判,对于促进一种多样化的生态思维和生态观念的变革仍然具有重要意义。这也意味着,生态文学、文化研究者从生态角度对"环境"概念进行的批评,即便不能使人放弃对"环境"一词的使用,但它可使人更清醒地认识到这一概念的非生态特征,这本身对于促进更普遍的生态意识的觉醒就具有重要作用。

　　如果按照荣格的看法,"环境"这个词汇中包含的人类中心主义主要是基于原始生命感觉机制后果的原始认知意义上的人类中心主义,论说它不是我们应该着重批判的对象,我们应该批判的主要是那种实用主义的价值论意义

---

　　①　Matthias Jung, "Ecological Criticism of Language", in Alwin Fill and Peter Mühlhäusler eds., *The Ecolinguistics Reader*: *Language*, *Ecology and Environment*, London and New York: Continuum, 2001, p.275.

　　②　Matthias Jung, "Ecological Criticism of Language", in Alwin Fill and Peter Mühlhäusler eds., *The Ecolinguistics Reader*: *Language*, *Ecology and Environment*, London and New York: Continuum, 2001, p.276.

上的人类中心主义,因为那种类型的"人类中心主义的生态危害更大,对它的批评因此比对原始的人类中心主义的批评更为紧迫"①。但根据人们的考察,"环境"是在19世纪开始使用的词汇,它并非产生于人类的童年时期,按照贝特的说法,人们对环境的关注恰恰是与工业的兴起一致的,它因此已经被那个时代的工业的、经济的、实用主义的人类中心主义氛围所浸染,如果说它具有一些认知意义上的人类中心主义的词汇特征,但那也主要是一种理性时代的语言认知特征,因此无论从哪个意义上说,"环境"都已经不是一个"天真无邪"的人类中心主义词汇了。况且即便是原始的人类中心主义,它与实用主义的人类中心主义也并不总是绝缘的,那种基于原始生命感觉机制的人类中心主义既可能仅仅停留在感觉体验和认知的层面上,不涉及利害价值判断和人类对世界的利用问题,但它也有可能在此基础上进一步发展出"以人类的利益为尺度来解释和处理整个世界的观点",成为一种实用主义的"人类中心主义"。

从思维的角度看,那种"作为原始人类的生命感觉机制后果的、进化过程中的原始人类中心主义",实际上是建立在人类早期的"拟人论"思维基础之上的。所谓"拟人论"思维,也就是根据人类的体验和认知来解释、看待一切非人类现象的思维方式。一方面,这种拟人论思维是有利于生态观念生成的。因为在这种"拟人论"思维中,自然是"像"人一样的、有生命感觉、有目的意志的存在,人与自然在人的生命感觉的基础上得以统一起来。因此生态哲学倡导的"自然的复魅"首先就是要恢复"比照人的形象来看待一切"的"拟人论"思维的。② 另一方面,这种拟人论思维虽然可能导致原始的"物我一体化"的有机论自然观,并从而成为生态哲学所倚重的思维形式之一,但由于在这一视

---

① Matthias Jung, "Ecological Criticism of Language", in Alwin Fill and Peter Mühlhäusler eds., *The Ecolinguistics Reader: Language, Ecology and Environment*, London and New York: Continuum, 2001, p.276.

② [法]塞尔日·莫斯科维奇:《还自然之魅——对生态运动的思考》,庄晨燕等译,三联书店2005年版,第93页。

野中,人类是比照人的形象、从人的角度来看待一切,所有存在物"都是人类兴趣的投射",①所以它也极易进一步发展出"以人类的利益为尺度来解释和处理整个世界的观点",跨入实用主义的人类中心主义的行列,成为人们批判质疑的对象。如建构的生态女性主义就对这种拟人化提出质疑,认为"拟人化的过程创造了一种看世界的方式,它用可以辨认的人类特征建立客体和其他存在物"。"拟人化允许我们'用人类的术语解释通这个世界中的现象——这些术语,能在我们自己的动机、目标、行为和个性的基础上被理解。'"(Lakoff and Johnson,1987)"如果我们继续在我们的语言中使用这种从根本上来说是人类中心主义的",并且是"以男性为中心的"方式"去表象自然,承认其他存在物和生命系统的固有价值是否可能"便成为可疑的。② 据我们前面对抹除修辞的分析,拟人化还是对一种自然本身的"弱抹除"形式。

因此,语言词汇中蕴含的原始认知意义上的人类中心主义,虽然不是生态语言学着重批评的对象,但对它同样也是要持一种警醒态度的。即使当初人们是以一种"拟人论"思维"把自然经验为围绕着我们的世界,也即环—境"③的,但这种以感觉经验为基础的、以人类身体位置为中心的原始环境感一旦形成,人类是很容易把自身价值也放在中心位置上,以一种实用主义的人类中心主义的态度来看待周围世界,把周围世界也即"环境"看作是可以为我们任意利用的资料或资源的,正如笛卡尔把"火、水、空气、星星、天空和所有其他一切物体都看作是围绕着我们的一切"时,他很自然地主张通过认识它们的"力量和效果",把"它们都派上适当的用处,并因此使得我们似乎就是自然的主

---

① ［英］泰伦斯·霍克斯:《隐喻》,北岳文艺出版社1990年版,第99页。

② Tzeporah Berman,"The Rape of Mother Nature? Women in the Language of Environmental Discourse",in Alwin Fill and Peter Mühlhäusler eds.,*The Ecolinguistics Reader*,Language,Ecology and Environment,London and New York:Continuum,2001,p.263.

③ Matthias Jung,"Ecological Criticism of Language",in Alwin Fill and Peter Mühlhäusler eds.,*The Ecolinguistics Reader:Language,Ecology and Environment*,London and New York:Continuum,2001,p.275.

人和所有者"。① 因此,无论从何种意义上说,对于"环境"中蕴含的人类中心主义都是需要加以警惕的。

当然,对于"环境"中的人类中心主义的批评,对于"环境"与"生态"这两个概念所进行的具有生态语言学"元批评"意味的辨析,并不一定能使人在研究中立即避免或放弃对于"环境"一词的使用,但就像我们前面已经指出的,这种批评辨析活动仍然具有重要意义。我们知道,生态语言学批评可以通过分析词汇和句法中的生态或非生态因素,重塑一种生态世界观,但由于语言系统的改变并不是靠个人的力量或意愿就能立即进行的,生态语言学批评的目标并不都是为了立即改变语言系统,更多的或更重要的是为了让使用者对被批评的语言现象中的非生态因素有更清醒的意识,以促进语言长期进化中的一种从语言到思维、观念乃至行为都发生生态化转向的"深生态化"进程。由此观之,中西方学者对于"生态"与"环境"两个术语的具有生态视野的考察辨析,即便不能引起生态文学、美学、文化理论话语词汇系统的立即变化,但他们对于学科自身的理论话语的警醒,促使我们反思包括自己在内所写作的所谓的生态理论和批评文本,是不是用真正的生态语言写成的,是不是真正被一种生态意识从深层支撑的,这对于生态文学、美学、文化研究话语的"深生态化"进程,对于生态观念的深层塑造和普及都具有不可忽视的重要作用。并且这种意义和作用已经开始显露出来了。一个突出的表现就是一些坚持"环境"批评和"环境"美学研究的学者,面对这些具有生态视野的比较辨析,不得不对"环境"一词进行生态化的重新解释,以降低其人类中心主义的程度,并从深层加强环境研究的生态意识。

这一点突出体现在西方环境美学研究的另一位重要代表伯林特(Arnold Berleant)的研究中。他坦言:"环境与美学,是两个清楚地位于环境美学探索之核心的概念。但这里还有第三个概念:生态。它看起来好像是后来才加入

---

① Jonathan Bate, *The Song of the Earth*, Basingstoke and Oxford: Picador, 2001, p.137.

这个讨论中的;因为就像我以前曾经提到的那样,生态只是近来才在我们对环境的理解中被假定一个重要位置"。又说,"事实上,生态图式在中国学者的环境美学讨论中一直占据着首要位置"。① 并认为这一差异主要是由中西方的文化差异所致。而他目前对于"生态"维度的关注,正与中国学者的影响不无关系。他在谈论"生态"与"环境"含义时,多次提到曾繁仁先生的生态美学研究,亦可说明这一问题。② 但无论如何,伯林特接着指出,"通过对环境美学的理论基础的回顾,我开始认识到生态视野能够做出重大的、事实上也是决定性的贡献。通过从生态方向开始,我们的探索获得一种启发性视野,因为生态观点使我们对于环境的理解和我们对于美学的理解都出现改观。事实上,生态美学这里可以作为指导性观念。"又说:"生态的视野改变了我们的环境概念。我们必须抛弃把环境视作'周围的事物'的通常理解,并把它重新设想为包括一切的、连贯的复合体(all-inclusive whole),当人类出现时,这个复合体包含人和其他一切生命体及其赖以生存的各种物质条件——包括地理特征和气候状况。"③

我们知道,在西方语言中,原本意义上的"环境"是不包含生命有机体的,也是不包含人的,它只是指"围绕"着人或其他生命有机体的"周围事物"。经过伯林特的重新解释,环境成了一个无所不包的综合整体,它本身就成了"生态系统",几乎与"生态"的含义没有什么不同了。且不管这种扩大化的解释是否合适,但可以肯定的是,伯林特的环境概念已经被生态视野大大改变了。正是在这种改变和调整的基础上,伯林特"提出环境美学的主导性观念进展的秩序":从关注环境开始,接着讨论美学,继而关注生态。并最终把这一切

---

① Arnold Berleant, *Aesthetics Beyond the Arts : New and Recent Essays*, Aldershot : Ashgate Publishing Company, 2012, p.120.

② Arnold Berleant, *Aesthetics Beyond the Arts : New and Recent Essays*, Aldershot : Ashgate Publishing Company, 2012, p.130 note12, pp.138, 139, 140.

③ Arnold Berleant, *Aesthetics Beyond the Arts : New and Recent Essays*, Aldershot : Ashgate Publishing Company, 2012, pp.120-121.

都放在体验的母体中来解释。又说：这是一个逻辑的秩序，通过把环境理解为最宽广的概念，经过审美的铸造，最终达到特别意义上的作为生态美学的环境美学观念。① 由此可以看出，在当今西方，一些环境美学家虽然仍然以环境美学来命名自己的研究，虽然仍然在使用"环境"的概念，但已经表现出把环境美学生态化、把环境概念生态化的倾向了。

对于环境美学的这一倾向，刘悦笛也曾经做过梳理。他指出：当今的环境美学的发展方向之一便是"环境美学的'生态化'"。认为"环境美学最初是来自于对环境问题的反思，进而加入了美学的视角而加以思考，从而形成了环境美学的思潮。但是，这种思潮发展到此还没有止步，其最高的境界乃是'生态学美学'"。② 另外，杨文臣的《从环境美学到生态美学——论现代西方环境美学的未来走向》、程相占的《从环境美学到生态美学》，也都指出了西方环境美学向生态美学发展的趋势。

西方环境美学的这种变化既与生态学的影响不断扩大有关，实际上也与中外学者对于"生态"与"环境"这两个概念术语的具有生态意识的比较辨析有关，也可以说是与一种生态语言学的"元批评"有关。在中国当代生态美学研究中，以曾繁仁先生在这方面所做的工作最为突出；在西方环境美学研究者中，对这一问题涉及最多的当数伯林特。伯林特之所以不断地涉及这一问题，正是源于他日渐清醒地认识到通常的环境概念中所包含的二元论、中心论、对象性等非生态性特征。在伯林特看来，如果不对环境概念进行生态化的重新界定，这种被命名为"环境美学"的新美学，相对于西方传统的分离性的二元论美学来说，就无法从观念上实现根本性的改变。但即便进行了新的生态化解释，由于习惯用语的强大作用，以"环境"一词作为总统摄的"环境"美学重

---

① Arnold Berleant, *Aesthetics Beyond the Arts: New and Recent Essays*, Aldershot: Ashgate Publishing Company, 2012, p.122.

② 刘悦笛：《从当代艺术、环境美学到生活美学——从第 18 届世界美学大会观东西方美学新主潮》，《艺术百家》2010 年第 5 期。

建仍然面临着诸多困难。就像伯林特自己所说的,"事实上,在通常意义上,环境被认为是周遭之物,这意味着它是外在于人的,它是人们在其中为了个人目的而活动的载体。环境研究者似乎假定存在着某种事物,亦即'这个环境',而且这种环境由我们的物质周遭所组成"。尽管"我没有日常性地谈论'这个'环境,这已经非常明显。然而,这是惯用的措辞,它体现出了一种隐含的意义,这也是我们之所以面临太多困难的来源"①。

由此可以看出,"环境"这个词的确是负载了太多的中心主义的、二元论的、对象化、实体化的文化价值和文化包袱,如果在总体性的人文社科研究中继续使用"环境"作为核心前缀词,那么就不得不拒绝那些通常的理解,从语义上对它进生态化的重释,努力使它与生态概念更为接近。但由于习惯用语的强大影响,那种重新界定了的环境概念仍然不得不面对重重困难。这样来看,并非"生态"比起"环境"一词先天不足,而是使用"生态"比使用"环境"具备更多优势和便利之处。目前,"生态"一词早已不局限于自然科学领域,文化生态、精神生态、社会生态等说法都已为学界广泛接受。生态研究同样是汇聚各种力量的、关注各种自然、社会、政治和文化问题的跨学科研究。英国文化研究者雷蒙·威廉斯在《关键词:文化和社会词汇》一书中专门把"生态学"列为一个条目,而"环境"只是出现在对生态词条的解释之中,或许也可以看出这种情形。威廉斯写道:"Environmentalist(环境保护论者)与其相关词,与1950年代变得普遍,用来表达对环境保护(conservation,preservation)的关心,以及对于污染防制措施的关心。Ecology与其相关词,从1960年代末期,大量地取代了与environment相关的词群,且其延伸的用法持续扩大"。② 如果威廉斯的描述属实,从生态研究与环境研究的整体发展状况而言,是"生态的"而不是"环境的"更能代表未来文化的发展方向。但这并不是说,与"环境"相关的词群就一定会出现萎缩,相反,它也有可能在原来的基础上进一步延伸和

---

① ［美］伯林特:《环境美学的发展及其新近问题》,刘悦笛译,《世界哲学》2008年第3期。
② ［英］雷蒙·威廉斯:《关键词:文化和社会词汇》,三联书店出版2005年版,第140页。

扩展,但随着人们生态语言意识的觉醒,随着越来越多的人对环境进行生态化的重新解释,人类中心主义的环境观是会得到越来越深的生态化塑造的。当我们使用"环境话语""环境文本"时,它只是作为一种更具有混杂性的生态话语批评对象而存在,而不是说我们的研究整体上是一种"环境研究",而当我们对环境话语文本进行生态语言学批评时,我们也是以生态视野、生态观念、生态精神对其进行批评分析的。

第七章 生态语言学批评与生态文学、文化批评实践

　　前面几章,我们主要结合对具体问题的研究,集中探讨生态语言学批评的方法论意义,这一章,我们主要运用生态语言学批评的理论与方法,进行具体的生态文学、文化的批评实践。在中国当代文学作品中,迟子建的《额尔古纳河右岸》无论是在内在精神上还是语言表达上,都具有比较突出的生态性。对《额尔古纳河右岸》从生态批评角度进行研究的人很多,但从生态语言学批评的角度对其进行专门考察的尚较少。因此我们这里以它作为生态语言学批评实践的个案。以往的生态语言学批评较多关注语言文字文本,但随着"图像转向"的发生,图像文化越来越深入地介入到环境文化文本的生成之中。因此在这一章,还选取了当代欧美动物电影这一以图像呈现为主的、综合运用多种媒介的文化现象作为生态语言学批评实践的个案,以使这一新兴的生态语言学批评领域得到真正拓展。我们知道,生态语言学批评的两种最基本对象是语言系统与话语文本。语言系统又由词汇系统与语法系统构成。词汇系统的一个显现形态是词典或字典中的词汇。所以,我们这一章还选取了《新华字典》中的动物词汇解释作为批评对象。这样一来,即使批评对象涵盖两个基本层面,也使这三部分之间获得贯通。因为《额尔古纳河右岸》也涉及动物描写问题。下面我们先从分析迟子建的作品开始。

第一节　从生态语言学批评看迟子建的《额尔古纳河右岸》

《额尔古纳河右岸》是迟子建最初发表于2005年的一部长篇小说,该小说于2008年获得第七届茅盾文学奖。小说以一位年届九旬的鄂温克族最后的酋长女人的口吻,讲述了我国东北地区少数民族鄂温克族近百年的沧桑历史和生存现状。我们这里试从生态命名、生态句法、生态叙事和濒危语言拯救几个方面对其进行生态语言学批评解读,既可拓展生态语言学批评的应用范围,展现生态语言学批评的方法,也可拓展这部作品的批评路径,更好地理解这种作品的生态语言和生态精神。

一、迟子建作品中的生态意识和生态语言

迟子建在茅盾文学奖颁奖大会发表获奖感言时说:"这个时刻,这个夜晚会留在我的记忆当中"。"因为我觉得跟我一起来到这个颁奖台的不仅仅是我,还有我的故乡,有森林、河流、清风、明月,是那一片土地给我的文学世界注入了生机与活力。"[1]在谈论这部作品的创作过程时又说:"没有大自然的滋养,没有我的故乡,也就不会有我的文学。""有了故土,如同树有了根;而有了大自然,这树就会发芽了。只要你用心耕耘,生机一定会出现在眼前。如果没有对大自然深深的依恋,我也就不会对行将退出山林的鄂温克的这支部落有特别的同情,也不可能写出《额尔古纳河右岸》。对我而言,故乡和大自然是我文学世界的太阳和月亮,它们照亮和温暖了我的写作和生活。"[2]由此可以看出,故乡、土地、大自然对于迟子建创作的意义,亦可以看出迟子建作品所具

---

[1]　http://blog.sina.com.cn/s/blog_5f71f3bc0101soq7.html.

[2]　迟子建、胡殷红:《人类文明进程的尴尬、悲哀与无奈——迟子建谈长篇新作〈额尔古纳河右岸〉》,《艺术广角》2006年第2期。

有的人与自然亲密相依的关系。

　　但作者之所以能够创出作《额尔古纳河右岸》，不仅是因为她对大自然的依恋，以及现实世界中的人与自然亲密和谐的关系，而且是出于作者对大自然被破坏，人与自然之间的和谐共生关系被破坏的忧愤和不满。她在谈论《额尔古纳河右岸》的创作历程时说："那片被世人称为'绿色宝库'的土地在没有被开发前，森林是茂密的，动物是繁多的"。但始于20世纪60年代的大规模的、持续不断的"开发和某些不负责任的挥霍行径，使那片原始森林出现了苍老、退化的迹象。沙尘暴像幽灵一样闪现在新世纪的曙光中。稀疏的林木和锐减的动物，终于使我们觉醒了：我们对大自然索取得太多了！"但作者也并非一味地反对工业文明，反对开发，她说："其实开发是没有过错的，上帝把人抛在凡尘，不就是让他们从大自然中寻找生存的答案吗？问题是，上帝让我们寻求的是和谐生存，而不是攫取式的破坏性的生存。"①由此可以看出，作者对当今的、由人类的过度开发造成的生态环境危机是有清醒的认识的，她的创作是具有比较自觉的生态保护意识的。

　　迟子建作品不仅具有自觉的生态意识，其作品的语言也具有比较突出的生态特征，可以说是一种比较典型的"生态语言"。对于什么是"生态语言"，我们前面已有所涉及，这里再从"隐喻的生态语言学"和"批评的生态语言学"两个方面做进一步的界定。从隐喻的生态语言学角度看，生态语言就是在与环境的相互作用中生成的语言。按照豪根的看法，环境包括自然环境、社会环境和心理环境；按照李国正的看法，环境包括自然环境、社会环境、文化环境和自为环境（也即人的意识心理环境）。从这一意义上说，生态语言就是指在与环境的相互作用中产生并被打上自然的、社会的、文化的、心理印记的、有根的语言。那些被移植过来的、无根的语言，不能算是"生态语言"。由于生态学作为一门学科，最初属于生物学的一个领域，它关心的是生命有机体与其"自

---

　　①　迟子建：《从山峦到海洋》，《额尔古纳河右岸》（跋），人民文学出版社2010年版，第264页。

然环境"或栖居地之间以及生命有机体相互之间作用的关系,生态文化的核心目标,也主要是促进人与自然之间的和谐共生关系,因此那种最根本意义上的生态语言也应该主要是指在与自然环境的相互作用中生成的、具有鲜明的自然环境因素的语言。但由于语言毕竟不同于生物学意义上的自然生命体,离开了使用它的人,是不会自己产生的。而人不是纯粹的自然存在物,人一旦被称为人,他已经是一种社会的、文化的存在物了。人类的语言现象因此也不是一种纯粹的自然现象,"语言生态"相对于"生物生态"来说具有一定的"比喻"性质,语言与自然环境的关系,也是不能与社会环境、文化环境和人的心理意识环境完全分开的。或许应该说,生态语言学强调的是一种语言与环境的"全息性"关系。① 但我们仍需坚持的是,语言生态学与其他任何一种类型的生态学一样,都必须把物理自然看作是所有存在者存在的总根基,把语言与自然环境的关系看作是最基本的语言生态关系。从最基本的意义上说,生态语言是人在与自然环境相互作用的基础上体现了人与自然、人与社会、人与文化、人与心理等的一种全息性关系的语言。从"批评的生态语言学"来看,生态语言应该是体现了生态意识、生态观念或有利于表现或促进人的生态意识、生态观念的语言。一种语言虽是在与环境的相互作用中产生的,但如果它没有体现出一种生态观念或者不利于表现或促进生态观念,也不能算是一种真正的生态语言。严格说来,一种生态语言应该同时具备上述两个条件,才能称作"生态语言"。这就是说,只有那种在人与自然环境相互作用的基础上产生的、体现了一种全息性关系和生态意识、生态观念,或有利于表现或促进人的生态意识、生态观念的语言,才称得上是一种"生态语言"。

那么,什么样的意识、观念才称得上是生态意识、生态观念呢? 我们前面

---

① 根据钱冠连的解释,"语言全息论(the theory of language holography)是以生物全息律、宇宙全息律与系统论来解释语言内全息状态与语言外全息状态的语言理论"(钱冠连:《语言全息论》,商务印书馆 2002 年版,第 20 页)。我们这里用"全息性"来表达语言与自然环境、社会环境、文化环境、心理环境以及宇宙整体之间或天地万物之间的一种全方位的息息相关的关系。

曾谈到,"生态学"(ecology)的原义是"房屋、栖居地、住所","生态的前缀 eco-是从古希腊词 *oikos*,'家或栖居之地'来的。"①对于现代科学意义上的"生态学",海克尔则把它界定为研究生命有机体与其环境之间,以及生命体相互之间关系的科学。② 综合生态学在古希腊语中的原义和海克尔对生态学的界定,可以说"生态"这一概念包含三个关键义项:那就是"家园""生命"与"相互关系"。生态概念中原始的"家"的含义,已被中外学者反复强调过了。至于生态的"相互关系"含义,更是生态研究者热衷谈论的话题。并且人们在强调生态的"关系"含义时,总是把它与反对主客二分、反对人类中心主义相联系。在辨析"生态"这一概念时,人们对于"生命"含义的强调似乎不如对前两者的强调多,原因或许在于,生命有机体作为显在的现象是用不着强调就明显摆在那儿的。很显然,如果没有生命有机体,没有生物,也就不存在所谓的"生态"了。研究生态学的最终目的就是要促进多样生命的和谐共生、持续发展。敬畏生命、尊重生命、热爱生命是生态研究的题中固有之义。但我们同时也要注意到,一种生命的存在是依赖于它的家园(栖居地、住所)的,依赖于它与其他生命体之间的相互联系的,失去了家园、住所,离开了与其他生命体的关联,这种生命体同样也是不能存在的。如果说"生命"是生态概念的灵魂,"家园"是生态概念的基底,"相互关系"则可以看作使生态概念各要素相互贯通、相互渗透的血脉,三者相互依存、共同构成生态概念的意义整体。如果说一个人是具有生态观念、生态意识的,就意味着他是关心栖居家园的,关心生命存在的,强调人与自然之间的和谐共生关系而反对主客分离、人类中心主义的。

根据这一界定,所谓"生态语言",也可以说是在人与自然环境相互作用

---

① Jonathan Bate,*The Song of the Earth*.Basingstoke and Oxford:Picador,2001,p.75.

② 〔美〕纳什:《大自然的权利:环境伦理学史》,杨通进译,青岛出版社 1999 年版,第 66—67 页。并见 http://www.etymonline.com/index.php? allowed_in_frame = 0&search = ecology&searchmode = none。

的基础上生成的,关心生命存在、关心栖居家园,强调人与自然之间的和谐共生关系而反对主客分离、反对人类中心主义的"全息性"语言。如果我们按以上标准来判断一种文学语言是否是生态语言,可以说,迟子建《额尔古纳河右岸》的语言是一种比较典型的生态语言。因为该作品的语言是人在与自然环境相互作用基础上生成的、具有明显的生态意识的全息性语言。这种语言是关心自然的生命存在的、是关心栖居家园的,也是关心人与自然的和谐共生关系的。

二、生态命名:人与自然的相互作用

《额尔古纳河右岸》语言的生态性首先表现在大量使用体现出人与自然环境相互作用关系的自然词汇上。大量自然词汇的使用标志着该作品的语言是从自然中生长出来的有根的语言,它体现出人与自然相互作用、相互融合的程度。迟子建在谈论《额尔古纳河右岸》的创作过程时曾经说:一部作品的诞生,就像一棵树的生长一样。首先,它必须拥有种子,种子是万物之母。其次,它缺少不了泥土。还有,它不能没有阳光的照拂、雨露的滋润以及清风的抚慰。而"《额尔古纳河右岸》的出现,是先有了泥土,然后才有了种子的。那片春天时会因解冻而变得泥泞、夏天时绿树成荫、秋天时堆积着缤纷落叶、冬天时白雪茫茫的土地,对我来说是那么的熟悉——我就是在那片土地出生和长大的"①。又说:"有了故土,如同树有了根;而有了大自然,这树就会发芽了。"②迟子建把《额尔古纳河右岸》比喻成一棵"树",把故乡、土地、大自然比喻成树的"根",清楚地表明,《额尔古纳河右岸》就是在与自然的相互作用中生长起来的。

---

① 迟子建:《从山峦到海洋》,《额尔古纳河右岸》(跋),人民文学出版社 2010 年版,第262 页。

② 迟子建、胡殷红:《人类文明进程的尴尬、悲哀与无奈——迟子建谈长篇新作〈额尔古纳河右岸〉》,《艺术广角》2006 年第 2 期。

我们知道,文学作品不能凭空存在。文学作品是存在于它的语言之中的。《额尔古纳河右岸》是在人与自然的相互作用中生长起来的,这也决定了它的语言也是在人与自然的相互作用中生长起来的有根的语言。这种有根语言的直接表现就是充满了各种各样的描写动物植物、风雨雷电、山川河流、日月星辰的自然词汇,这些自然词汇汇聚起来讲述的不只是鄂温克族人的历史,也是鄂温克族栖居地的历史,在这里活动的不只是鄂温克族的人,还有在这片土地上生成变幻的各种自然风物。如驯鹿、黑熊、灰鼠、山鹰、猎犬、狗鱼、明月、清风、河流、星星、山脉、森林,等等。这里的一切自然物(以及人造物)都是像人一样具有生命的,在这里人和自然是完全融合在一起的。用作品中的话说:"如果把我们生活着的额尔古纳河右岸比喻为一个顶天立地的巨人的话,那么,那些大大小小的河流就是巨人身上纵横交织的血管,而它的骨骼,就是由众多的山峦构成的。那些山属于大兴安岭山脉。""在我眼中,额尔古纳河右岸的每一座山,都是闪烁在大地上的一颗星星。这些星星在春夏季节是绿色的,秋天是金黄色的,而到了冬天则是银白色的。我爱它们。它们跟人一样,也有自己的性格和体态。有的山矮小而圆润,像是一个个倒扣着的瓦盆;有的山挺拔而清秀地连绵在一起,看上去就像驯鹿伸出的美丽犄角。山上的树,在我眼中就是一团连着一团的血肉。"①由此可以看出,在这里,自然万物都是有生命的,人与自然是血肉相连的。只是迟子建这里的语言仍然具有一些"拟人化"特征,是以一种"拟人论"思维来思考人与自然的连续性。

迟子建的《额尔古纳河右岸》大量使用自然词汇,一方面表现在作品语言中的词汇大量涉及或指称自然事物上,另一方面则表现在作品经常以自然现象给人物进行命名上。如作品中的人物妮浩为自己的女儿取名为"交库托坎",意为"百合花";为自己的小儿子取名为"耶尔尼斯涅",意为"黑桦树"。百合花美丽、纯洁,黑桦树结实、健壮,可惜这些寄寓了美好寓意的名字,并没

---

① 迟子建:《额尔古纳河右岸》,人民文学出版社 2010 年版。以下关于该小说内容的引文均出自此版本。

有给这些孩子带来美好的命运,两个孩子接连夭折。所以当作品的主人公,也是故事的讲述者"我"给孙子起名字时,"一想到妮浩给孩子所起的与花草树木有关的名字是那么的脆弱",便"索性给他起名叫九月,因为他是九月生的"。想着"神灵能够轻易收走花草树木,但它却是收不走月份的"。但无论是花草树木,还是季节月份,很显然都是以自然现象、自然事物来给人物命名的。

迟子建不仅善于给作品中的人物用自然现象、自然事物命名,而且也喜欢给没有名字的自然现象取名字。如作品中写道:

> 山峦跟河流不一样,它们多数是没有名字的,但我们还是命名了一些山。比如我们把高耸的山叫阿拉齐山,把裸露着白色石头的山叫做开拉气山,将雅格河与鲁吉刁分水岭上那片长满了马尾松的山叫做央格气。将大兴安岭北坡的那座曾发现过一具牛头的山称做奥科里堆山。山里的泉水很多,它们多数清凉甘甜,但有一座山流出的泉水却是苦涩的,好像那座山满怀忧愁似的,于是这座山就被称做"什路斯卡山"。(《额尔古纳河右岸·黄昏》)

> 我这一生见过的河流太多太多了。它们有的狭长,有的宽阔;有的弯曲,有的平直;有的水流急促,有的则风平浪静。它们的名字,基本是我们命名的,比如得尔布尔河、敖鲁古雅河、比斯吹雅河、贝尔茨河以及伊敏河、塔里亚河等。(《额尔古纳河右岸·清晨》)

由以上引文可以看出,在《额尔古纳河右岸》中存在着大量的给没有名字的自然事物命名的现象。不管这种命名对于迟子建来说是有意识的还是无意识的,但这种命名从生态语言学批评的角度看,是具有重要的生态价值的。这种"命名"的生态价值在我们联系语言中的"无名""抹除"现象时可以看得更清楚。根据吉布斯(Gibbs,2001)对英语中的物种名称的调查,那些更易发现或被认为对人类非常重要的物种,往往会获得多个命名,当有些物种不易发现,或被认为对人类来说不重要的时候,它往往无法获得命名,出现"词语空缺"现象。① 很显然,当一种植物由于对人类无用无法获得自身的命名而只能归入"杂草"(weed)时,它们自身的价值是不会得到承认的,人们也是很难从生态系统的角度对它们加以保护的,生态系统的退化也就在所难免了。因此对"自然现象的命名(1995,1996a,1996b)"是德国生态语言学家穆尔豪斯勒的一个重要研究课题。他的课题讨论了"通过重新命名小型有袋动物或重新引入古老的土著名称来拯救数量不断减少的小型有袋动物"的尝试。②

　　斯提布在《生态语言学》中曾经专门谈到语言的"抹除"现象。根据他对"抹除"的界定,如果一种自然事物没有名字,也就意味着这种自然事物在语言中被"抹除"了,这种事物当然也是不受重视的。斯提布明确地将"抹除"界定为"人们心智中对那些不重要或者不值得考虑的生活领域的一种叙事"。认为"'抹除模式'就是通过其在文本中的系统缺失、背景化或者歪曲,使这种生活领域变得不相关、边缘化或者不重要的一种语言表达方式"③。因此,如果一种事物人们知道它是存在的,但不给它一个名称,这是人们对这种事物不够重视、不够尊重的结果,就像在人际交往中,不称呼别人的名字或称谓,用"喂"的方式与人打招呼,或是用"那个女人""那个男人"谈论一个人一样,都是不够尊重对方的表现。由此,我们不禁想到加拿大女作家蒙格马利《绿山墙的安妮》中的主人公安妮,与收养她的女主人玛丽拉关于给花命名的一段对话。小安妮非常喜欢她的新环境"绿山墙农舍",并热衷于给她看到的自然物命名。她问玛丽拉窗台上"那株老鹳草属的植物叫什么名字",并由此发表了一番关于给自然事物命名的议论。为了更好地理解对自然物进行命名的意义,我们不妨把这段对话摘录如下:

---

　　① 　参见朱长河:《认知语言学与生态语言学的结合——以词汇系统为例的可行性分析》,《四川外语学院学报》2008 年第 2 期。

　　② 　Alwin Fill and Peter Mühlhäusler eds. , *The Ecolinguistics Reader:Language,Ecology and Environment*,London and New York:Continuum,2001,p.50.

　　③ 　Arran Stibbe, *Ecolinguistics:Language,Ecology and the Stories We Live By*, London and New York:Routledge,2015,p.160.

　　天晓得,我并不在乎怎样叫法。不过你怎么会想到给天竺葵起
个名字的呢?

　　啊,我喜欢各种东西都有称号,哪怕是一棵天竺葵。这样看起来
它更像人了。你不知道光是称它天竺葵而不给它别的名称会伤害它
的感情吗?如果别人老是叫你"妇女",不称呼具体的名字,你是不
会愿意的。不错,我要称它为邦妮。今天早晨我给卧室窗外的那棵
樱桃树起了个名字。我管它叫白雪皇后,因为它全身雪白。当然,它
不会长年开花,但你可以想象它四季花开不谢,是不是呢?(《绿山
墙的安妮》第5章)

天真烂漫的安妮非常喜欢她的新环境,对这里的一切充满友善热爱之情,树
木、花草、果园和小溪都能成为她的朋友。在她看来自然万物都有感情,一切
事物也都该有自己的独特名称,这样事物就会更像人,并且也更能表现出人对
这些事物作为独特个体存在的尊重。而无名字则抹除了自然事物的独特存
在,没有表达出人与自然之间的平等友好关系,当然也不利于人们对这种自然
事物的保护,容易让自然事物自生自灭。《额尔古纳河右岸》中说:"那时额尔
古纳河右岸的森林,不仅有遮天蔽日的大树,而且河流遍布。所以很多小河是
没有名字的。如今这些小河就像滑过天际的流星一样,大部分已经消失。"
(《清晨》)这段话在某种程度上或许也正印证了这种情形。

　　当然,有名字的河流也可能会消失,但它的消逝是在"光亮"中的消失,容
易引起人们的警醒和注意。而那些没有名字的存在则是处于"冥暗"或遮蔽
之中的,它的消失不容易引起人们的注意。郭象在《庄子·齐物论》注中说:
"夫名谓生于不明者也。"意思是说,"名"是从冥暗"不明"中产生的,它因此
具有使"不明"者进入光亮的"明"的作用,具有使不存在者存在的"显迹赋
形"的作用。而海德格尔一再强调语言的光照性、澄明性,认为"命名"是一种
"让显现""让到场",也正与此相通。海德格尔说:"唯语言才使存在者作为存
在者进入敞开领域之中。在没有语言的地方,便没有存在者的任何敞开性。"

"由于语言首度命名存在者,这种命名才把存在者带向词语而显现出来。"①海德格尔又说,"语言的使命是在作品中揭示和保存存在者之为存在者"。诗的本质是一种创建性"命名"。② 在海德格尔那里,并非分行排列的语言作品才是诗,一切艺术本质上都是诗,当然小说本质上也是诗,它也是对存在的创建性命名。而命名对于自然的存在具有本质性的意义,它可以使自然存在者的存在得到"显现"和"保存"。

　　而斯提布的生态语言学批评也从"凸现"的角度谈到"命名"的重要性。在他看来,"一般化的表达"可以通过结构化实现对表达对象的"同质化",而"反对一般化的极致就是命名——通过名字表现个别化。"通过个性化的命名,"个体被表达为独一无二且不可替换的,同质化则与之相反,个体只是更大组织或群体的不可区分的一部分"。③ 斯提布的这种思想受到查尔斯·爱森斯坦(Charles Eisenstein)关于"同质化"与"个性化"问题看法的影响。爱森斯坦认为,除非我们开始看到物体和生命体的独特性和价值,我们不会关心他们,并会最终摧毁他们,并提出应用"神圣"一词来描述"独特事情"的价值。在他看来,"神圣的物体或存在是特别的、独特的。因此是无价的,不可替换的。"(Eisenstein,2011:xv)斯提布由此认为:增加个体的人、动物、植物、森林或河流凸显性的语言,有助于抵抗同质化的倾向。用爱森斯坦的话说,其可以构建一种"神圣性"的感觉。④ 而命名正是这样一种抵抗同质化,增强事物个体性和独特性、神圣性的手段。而迟子建作品中的那些个性化命名,同样使命名的事物最大程度地凸现,并使人与自然产生了一种深层次的交融。如在

---

　　① ［德］海德格尔:《艺术作品的本源》,孙周兴选编:《海德格尔选集》上卷,上海三联书店1996年版,第294页。

　　② ［德］海德格尔:《荷尔德林诗的阐释》,孙周兴译,商务印书馆2000年版,第40、44、45页。

　　③ Arran Stibbe, *Ecolinguistics: Language, Ecology and the Stories We Live By*, London and New York: Routledge, 2015, p.180.

　　④ Arran Stibbe, *Ecolinguistics: Language, Ecology and the Stories We Live By*, London and New York: Routledge, 2015, p.181.

《额尔古纳河右岸》中，作品中的"我"，也是故事的讲述者，为自家的爱犬取名"伊兰"，作品中的人物达西为捉来的山鹰取名为"奥木列"，拉吉米为刚出生的雪白的驯鹿仔取名为"木库莲"，都发挥了这种个别化、独特化和神圣化的功能。由此来看，《额尔古纳河右岸》中的自然命名，是具有重要的生态文化价值的。

但这里一个有趣且发人深思的现象是，《额尔古纳河右岸》故事的讲述者，命名了许多没有名字的山川河流，也提到了书中出现的其他所有人的名字，但却唯独没有留下自己的名字。她说："我讲了一天的故事，累了。我没有告诉你们我的名字，因为我不想留下名字了。我已经嘱咐了安草儿，阿帖走的时候，一定不要埋在土里，要葬在树上，葬在风中。只是如今选择四棵相对着的大树不那么容易了。""阿帖"的意思就是汉语中的"奶奶"。一个热衷命名自然事物的人却成了"无名者"，让自己留在没有名字的暗域，这是不是有什么特别的寓意呢？如果说命名是个别化，是一种照亮和突显，那叙述者对自我的无名化，是不是也正代表了作者对自我的一种有意识地"抹除"呢？这种有意识地抹除，是不是正标明了一种人类自我有意后退的立场呢？如果这样来看，讲述者的"无名化"也是具有深刻意味的，它可以让人更好地退回到或保留在自然之中，达到人与自然的更深层的一体交融。

《额尔古纳河右岸》中不仅存在着大量的自然词汇、自然命名，而且存在大量的自然隐喻，倾向于用自然事物来比喻一切现象，包括人和各种抽象事物。我们可以看看下面的句子：

> 他原本是个活泼的孩子，当他眼睁睁地看着亲人一个接着一个地像黎明前的星辰别他而去后，他就变得沉默寡言了。我去接他时，他像一块石头一样蹲伏在河畔。（《额尔古纳河右岸·正午》）

> 他一笑，他眼角和脸颊的皱纹也跟着笑了——眼角笑出的是菊花纹，脸颊笑出的是葵花纹。雨水洒下来，他那如花的皱纹就像是含

着露珠。(《额尔古纳河右岸·清晨》)

　　他那斑白而稀疏的头发和同样斑白而稀疏的胡子纠缠到一起，使他的脸孔看上去就像罩了一层灰白色的地衣，让人疑心他是一棵腐烂了的树。(《额尔古纳河右岸·清晨》)

　　这样的自然隐喻在《额尔古纳河右岸》中可以说比比皆是，不胜枚举。根据认知语言学的观点，隐喻不仅仅是一种修辞方式，而且是一种思维方式，一种认知方式。人类隐喻性地思维，隐喻性地认知，我们的概念和语言系统从根本上都是隐喻性的。认知语言学把隐喻分成两种基本类型，基本隐喻和诗性隐喻。基本隐喻是普遍地存在于各种语言类型中的隐喻，诗性隐喻主要是指存在于文学语言中的隐喻。如果从这一观点来看，迟子建作品中的那些自然隐喻，都是"诗性自然隐喻"。这些诗性自然隐喻与我们前面分析过的那些非文学性环境文本中的基本隐喻在功能上是不同的，它建构的不是人与自然分离的观点，而是体现了人与自然相互融合的观念。这类似于文学语言中的名词化与非文学性语言中的名词化的差异。但无论是普通语言和文化类型中的基本隐喻还是文学作品中的诗性隐喻，其形成的规律都是一致的，都是从那个更为熟悉的、具体的、可感的"始源域"，向那个更为陌生的、抽象的、不容易理解的"目标域"的投射。《额尔古纳河右岸》存在着大量的诗性自然隐喻，一方面说明她的小说语言，是在人与自然相互作用的关系中生成的，是一种生态语言，另一方面也说明，她作品中的人物与自然之间具有一种亲密的关系，自然是他们最具体、最熟悉，也最容易理解的基本生活领域。因此，他们才会总是借助自然现象比喻一切事物，比喻人，使得整部作品都具有一种自然语言的基质。如果"拟人化"是为自然赋予人格，是把自然比喻为人，仍然具有一种原始认知意义上的"人类中心主义"特征，那么自然隐喻，用自然比喻人，比喻一切事物，则属于一种"拟物化"倾向，而这种"拟物化"则对"拟人化"实行了某种矫正，从而使人与自然的关系在"自然像人"与"人像自然"的双向运动之中获得了一体交融的连续性。只是这里的"自然"已不是纯粹的物理自然，它具有我们前面所说的那种关系的"全息性"。

三、生态语法：人与自然的连续性

迟子建作品语言的生态性，不仅表现在大量运用自然词汇、自然命名和自然隐喻，而且也体现在使用生态语法中。应该说，生态语法的类型是不固定的，它在不同作品中的表现是不同的。但生态语法从精神内涵上来说，又是具有某种共同的标准的。大致说来，生态语法应该是那种体现了生态观念，或有利于表现生态观念、生态世界整体或人与自然之间的和谐共生关系的语法，而不是那种把人与自然割裂开来的二元论的、人类中心主义的语法。反之，则应该被视作"非生态语法"。关于英语中的非生态语法，生态语言学批评的开创者韩礼德在《意义的新途径》中就有过批评分析。根据韩礼德的观点，英语语法的非生态性主要表现在它对人类与其他非人类存在者加以区分，打破人与自然之间的连续性上。首先就是在人类施事者与非人类受施者之间进行的区分。

韩礼德指出，在这种语法中，人类处在施事极的主动的顶峰，而其他没有生命的物体则被放置在另一端。这些事物只能被施加行为而不能施为，并且他们一直待在那里直到被打扰。只有在灾难性的语境中，没有生命的事物才被比喻性地界定为施事者，它们才有可能变成某个摧毁性物质过程的作为亚类的行为者。例如，地震摧毁了城市，大火损坏了屋顶，一个树枝倒在了车上，等等。英语语法不把没有生命的物体呈现为行为者，当然也不把它呈现为进行中的、构成性的或保存性的过程。因此，这种语言环境中的人们会认为"各种事情正是森林做的"之类的表达是有问题的。因为"在英语中，当我谈到一种无生命的事物时我说'它在干什么？'意味着'它为什么在那里？——把它拿开。'因此'森林正在干什么？'意味着把它清除掉。而不是期待这样的回答：它在贮存水分，它在净化或湿润空气，它在防止洪水，它在固定土壤，它在庇护我们的生活形式等等。这种语言使我们很难具有严肃的把无生命的自然看成是事件的主动参与者的观点。"①而造成这种现象的一个根本原因正是对人类与非人类存在者在语法中进行尖锐的二元区分。这种区分不仅表现在对施事者与非施事者进行区分，也表现在对有意识的与无意识的，能感知的与不能感知的，能理解的与不能理解的，具有观点的与不具有观点的，具有爱好的与不具有爱好的存在者之间进行区分。韩礼德指出："这种对现象进行二分的理论在历史的某个阶段上对于我们的生存是明显重要的，但它现在正走向尽头。因为它在'我们'与其余的生物之间强加了一种严格的非连续性。"②

但韩礼德所说的这种英语普通语法中的种种二元区分，其实在文学语言中是经常会被打破的。在迟子建的《额尔古纳河右岸》中，我们便会发现打破这种区分的诸多例证。如果说在人与自然或其他非人类存在者之间进行区分的语法是一种"非生态语法"的话，那么《额尔古纳河右岸》中打破了这种区分的语法，则可以说是一种"生态语法"了。因为在这里，万物都是有灵的，一切事物似乎都具有与人同等的主体性、主动性，都具有感受力、理解力，它们可以听懂人类的语言，也是完全可以作为施事者发起活动的。我们可以看看下面的句子：

> 我是雨和雪的老熟人了，我有九十岁了。雨雪看老了我，我也把他们给看老了。（《额尔古纳河右岸·清晨》）

> 如果雨和火这对冤家听厌了我上午的唠叨，就让安草儿拿进希楞柱的桦皮篓里的东西来听吧，我想它们被遗落下来，一定有什么事情要做的。那么就让狍皮袜子、花手帕、小酒壶、鹿骨项链和鹿铃来接着听这个故事吧！（《额尔古纳河右岸·清晨》）

> 这面镜子看过我们的山、树木、白云、河流和一张张女人的脸，它

---

① M.A.K.Halliday, "New Ways of Meaning", see Alwin Fill and Peter Mühlhäusler eds., *The Ecolinguistics Reader：Language，Ecology and Environment*, London and New York：Continuum, 2001, p.194.

② M.A.K.Halliday, "New Ways of Meaning", Alwin Fill and Peter Mühlhäusler eds., *The Ecolinguistics Reader：Language，Ecology and Environment*, London and New York：Continuum, 2001, p.195.

> 是我们生活中的一只眼睛,我怎么能眼睁睁地看着达吉亚娜戳瞎它
>
> 呢!(《额尔古纳河右岸·清晨》)

以上例子说明,在《额尔古纳河右岸》中,非人格事物是可以像人一样做施事者的,"雨雪"可以把人看老,"镜子"也是可以看山、看树、看云、看人的。不仅"雨和火"那些自然现象可以听懂人的故事,"闷着一肚子的故事要人猜",那各种人造的物件,"狍皮袜子、花手帕、小酒壶"等也都能够听懂人的故事,并且它们还"一定有什么事情要做"的。在通常的语法中,非人类存在者,尤其是无生命的存在者,是不具有施为能力的。但在《额尔古纳河右岸》中,不仅风雨、雷电、太阳、月亮等自然力量、自然事物可以作为施事者,连"狍皮袜子、花手帕、小酒壶、鹿骨项链和鹿铃"这些看起来没有生命的存在物也是可以作为施事者的。让非人类、非意识、非生命存在者担当施事者的角色,不仅可以打破语法中的人类中心主义和二元对立区分,而且这种主动化的施事者的角色,还可以增强对非人类存在者、对自然本身的凸显。

斯提布在《生态语言学》中说:在个性化和个别化之外,通过对从句中的参与者的"前景化",也可以增强存在者的凸显,并且根据万·莱文(Van Leeuwen,2008:33)的描述,说明了"人们(或者其他物种的成员)是如何通过主动化而在语言中前景化的"。万·莱文认为,在活动中,当社会角色被表示为主动的、动态的力量时,就是主动化;而当他们被表示为"承受"某个活动或者"居于接收终端"时,则是被动化。主动化可以通过如下方式被实现:如在及物性结构中,社会角色被编码为物质过程中的行动者,行为过程中的行为者,精神过程中的感知者,语言过程中的讲话者,或者是关联过程中的指派者,等等。而当一种社会角色被主动化后,他也就被最清晰地前景化了。①

实际上,不仅人类社会中的角色可以通过在活动中的主动化而被前景化、被突显,其他物种角色也是如此。由此,斯提布进一步提出,"当参与者被表

---

① See Arran Stibbe, *Ecolinguistics*: *Language*, *Ecology and the Stories We Live By*, London and New York: Routledge, 2015, p.182.

示为做、思考、感触或说某些事,而不是被做的时候,其就被主动化了"。并具体讨论了农业综合企业手册是如何通过使用被动语态抹除动物的存在的,而善待动物组织(PETA)是如何通过把动物主动化,通过把动物置于所有动词的主语位置而使其得到凸显的。① 通过前面的例子不难看出,迟子建小说中描写到的各种自然事物、自然现象,甚至人造物件,都往往通过这种主动化而被前景化、被突显出来了。这种"主动化"因此也是一种"生态语法",具有重要的生态文化意义,它凸现了自然的主体地位,加强了人与自然之间的连续性,创造了一种人与自然连续一体、和谐共生的"生态共同体"话语。

四、生态叙事:人与自然之间的平等对话

我们知道,生态文化的核心目标就是重建人与自然之间的和谐共生关系,要想重建人与自然之间的和谐共生关系,就要重建人与自然之间的对话、交流与联系,而要重建人与自然之间的对话、交流与联系,就要首先面对一系列的语言问题:诸如,自然具有与人交流的能力吗? 或者说其他动物或人类之外的自然有语言吗? 如果语言只是人类的语言,语言与自然、环境或世界之间又是什么关系,人类能够通过语言指称或达到自然世界吗? 等等。这些问题是生态文学、生态文化研究要面对的问题,也是具有生态意识和语言意识的作家要面对的问题。而迟子建也正是这样一位具有自觉的生态意识和语言意识的作家,她通过自己的作品思考并回答了这一问题,打破了人类中心主义的独白语言观,并用一种对话体的生态叙事具体展现了人与自然之间的平等对话关系。她说:

> 我相信动物与植物之间也有语言的交流,只不过人类生就的
> "智慧"与这种充满灵性的语言有着天然的隔膜,因而无法破译。鱼
> 也会弹琴,它们把水底的卵石作为琴键,用尾巴轻轻地敲击着,水面

---

① Arran Stibbe, *Ecolinguistics : Language , Ecology and the Stories We Live By*, London and New York : Routledge , 2015 , pp.182–184.

泛开的涟漪就是那乐声的折射。我想它们也有记录自己语言的方式，也许鸟儿将它们的话语印在了树皮上，不然那上面何至于有斑斑驳驳的沧桑的印痕？也许岩石上的苔藓就是鹿刻在上面的语言，而被海浪冲刷到岸边的五彩贝壳是鱼希望能到岸上来的语言表达方式。①

但遗憾的是并不是所有的人都能听懂自然的语言。所以迟子建又说："对于这样一些隐秘的、生动的、遥远的、亲切而又陌生、糊涂而又清晰、苍凉而又青春的语言，我们究竟能感知多少呢？"②但无论如何，迟子建强调自然也是有语言的，并且自然也是能够听懂人类的语言的。正是因为强调自然是有语言的，自然也是能够听懂人类的语言的，迟子建才主张人与自然要进行对话交流。她说：

> 人类把语言最终变成纸张上的文字，本身就是一个冒险的不负责任的举动，因为纸会衰朽，它承受不了风雨雷电的袭击。如果人类有一天真的消亡了，这样的文字又怎会流传下去呢？所以，我们应该更多地与大自然亲近，与它对话和交流，它们也许会在我们已不在的时候，把我们心底的话永存下来。③

迟子建这里的目的并不是要真的否定文字，否则就不会有后面"西班造字"那样的内容安排了，而是强调"我们应该更多地与大自然亲近，与它对话和交流"。作品中的"我"说："我不愿意睡在看不到星星的屋子里，我这辈子是伴着星星度过黑夜的。如果午夜梦醒时我望见的是漆黑的屋顶，我的眼睛会瞎的；我的驯鹿没有犯罪，我也不想看到它们蹲进'监狱'。听不到那流水一样的鹿铃声，我一定会耳聋的"。（《清晨》）"我郁闷了，就去风中站上一刻，它会吹散我心底的愁云；我心烦了，就到河畔去听听流水的声音，它们会立

---

① 迟子建：《假如鱼也生有翅膀》，《知识之窗》2013年第10期。
② 迟子建：《假如鱼也生有翅膀》，《知识之窗》2013年第10期。
③ 迟子建：《假如鱼也生有翅膀》，《知识之窗》2013年第10期。

刻给我带来安宁的心境。我这一生能健康地活到九十岁,证明我没有选错医生,我的医生就是清风流水,日月星辰。"(《黄昏》)在作者看来,大自然既是人类栖居的家园,是人类的对话交流者,也是治疗人类精神疾病和身体疾病的医生。这里的一切自然现象、自然事物(甚至人造的东西)都是有生命的,有灵性的,是会说话的,并且也是能听懂人说话的。只是不同的事物有不同的说话方式,人不一定都能听懂自然的语言,或者压根就不相信自然有语言,因此也不会去倾听自然的语言。但在作者的心目中,自然是有语言的,就像其作品中写道的:

> 他跳神的时候,那些形形色色的铁片碰撞到一起,发出"嚓嚓"的响声,我想那一定是雷神在说话,因为太阳和月亮是不发音的。雷声响起来的时候,我就觉得天在咳嗽,他轻咳的时候,下的是小雨;而他重咳的时候,下的就是暴雨了。(《额尔古纳河右岸·清晨》)

> 灰鼠喜欢在秋天时为冬天储藏食物,它们爱吃蘑菇,如果秋天时蘑菇多,它们就采集一些,挂在树枝上,那些干枯的蘑菇看上去就像被霜打了的花朵。从蘑菇所处的树枝的位置上,你可以判断出冬天的雪大不大。如果雪大,它们就会把蘑菇往高处挂,雪小则挂得低些。所以雪还没来的时候,我们从灰鼠挂在树枝的蘑菇身上,就可以知道我们将面临着怎样一个冬天。打灰鼠的时候,如果看不到雪地上它们的足迹,就找树枝上的蘑菇。(《额尔古纳河右岸·清晨》)

按照海德格尔的观点,自然的语言是一种"道示"的语言,是"寂静之音"。按照儒家的观点,自然的语言也是一种"行与示",它既需要"倾听",也需要"观看"。通过观看灰鼠挂在树枝上的蘑菇,就可以知道我们将面临着怎样一个冬天。灰鼠挂在树枝上的蘑菇,就是自然的语言。艾布拉姆在《感官的魔咒》中也曾指出,不仅口头语言与自然之间存在着自然的联系,是在身体与自然世界的相互作用下产生的,文字像人类的语言一样,也不仅是在人类群体内部,而是在人类群体与生命景观之间的相互作用和接触中产生的,是在人类与那个包含但又大于人类的世界的相互作用中产生的。人类生存于其中的自然世界充满了各种各样的暗示性踪迹,从蜿蜒穿过大地的河流,到被雷电劈断和烧成树桩的黑色的老榆木,再到鸟的俯冲飞翔划过的曲线,这些都作为自然的"书写",曾为古老的预言者所研究,远古人类也正是靠对这些自然符号的解读才存活下来的。最初的文字也正是在与这些自然符号相互作用的基础上产生的。①《说文解字·叙》中有关文字起源的说法,也非常类似这种观点。但我们这里关心的不是文字是怎么产生的,而是在这种文字观中所反映出来的东西。那就是人类的先民,之所以能够在这个世界上存活下来,靠的就是对各种自然符号、自然语言的观察和解读能力。那各种各样的"迹象"都是被作为"自然的语言"来看待的。

与这种生态语言观相一致,迟子建实际上也是把这各种各样的迹象,各种各样的自然符号都视作语言的。这使得《额尔古纳河右岸》这部小说虽以"我"的口吻讲述,但它不是"独语体",而是"对话体"小说。并且它的对话者主要不是人而是自然。小说开头就说:"我是雨和雪的老熟人了,我有九十岁了。雨雪看老了我,我也把它们给看老了。"对于讲述者来说,与她永恒相伴的是自然,倾听她说话的也是自然。作品中说:"我是个不擅长说故事的女人,但在这个时刻,听着刷刷的雨声,看着跳动的火光,我特别想跟谁说说话。达吉亚娜走了,西班走了,柳莎和玛克辛姆也走了,我的故事说给谁听呢? 安草儿自己不爱说话,也不爱听别人说话。那么就让雨和火来听我的故事吧,我知道这对冤家跟人一样,也长着耳朵呢。"由此可以看出,这部小说,其实是在人与自然之间展开的一场对话。但这里的对话者还不仅仅止于自然现象,因为在这里"万物有灵",那些人造物也是可以倾听人类的语言,可以与人进行对话的。作品中写道:"看着那团又勃勃燃烧起来的火焰,我想接着讲我们的

---

① David Abram, *The Spell of Sensuous: Perception and Language in a More-Than-Human World*, New York: Vintage Books, 1997, p.64.

故事。如果雨和火这对冤家听厌了我上午的唠叨,就让安草儿拿进希楞柱的桦皮篓里的东西来听吧,我想它们被遗落下来,一定有什么事情要做的。那么就让狍皮袜子、花手帕、小酒壶、鹿骨项链和鹿铃来接着听这个故事吧!"因此,就像有学者所说的,把这种小说看作是一部独语体小说,其实是一种误解。"我"的确没有固定的对话者,可是"我"说的话都有听众,大量自然物都是"我"心灵的对话者,都能听懂"我"的话,"我"也能听懂他们的话。而且,随处都是对话者:一块石头、一片云彩,都是对话者。只是对话是无声地进行的。①

　　而这种对话体的叙述方式,实际上也正是一种"生态叙述"方式。当代美国生态批评家麦克杜威尔(Michael J.McDowell)希望用巴赫金的对话理论来分析自然文学文本中的各种声音,为生态文学批评,为自然文学研究奠定理论基础。因为在他看来,"对话体"最能体现一种生态精神。麦克杜威尔提出,根据巴赫金的看法,再现现实(自然)的最理想形式是对话的形式,在这种对话形式中,多种声音或观点可以相互作用。与之相反,那种独白的形式,则鼓励单一的言说主体去压制任何与他或她的意识形态不符的观点。巴赫金在讨论这种对话理论时,曾把言语命名成"作者的言语""叙述者的言语""嵌入式的言语"和"人物的言语",认为这些言语都是作者用以实现社会声音以及其中各种关系相互作用、相互影响的手段。这样做的效果是达到各种不同观点之间的对话,赋予各种不同的社会意识形态立场以价值。以此为出发点,麦克杜威尔认为,存在于伟大的自然之网中的所有实体,都应该得到承认并拥有自己的声音,一种生态的文学批评就可能探讨作者是怎样再现人类世界的声音与自然中的非人类世界声音的相互作用。② 由此,麦克杜威尔将巴赫金的这

---

① 张丽军等:《温厚·悲凉·清澈——〈额尔古纳河右岸〉三人谈》,《艺术广角》2009 年第 3 期。

② Michael J.McDowell,"the Bakhtinian Road to Ecological Insight",Cheryll Glotfelty & Harold Fromm eds.,*The Ecocriticism Reader:Landmarks in Literary Ecology*,Athens and London:The University of Georgia Press,1996,p.372.

种"对话理论"作为探索重建人与自然之间相互交流、相互影响的"对话"关系的理论基础,并以此来分析自然写作、景观文学和具有生态取向的文本。

麦克杜威尔还指出,在把巴赫金的对话理论运用于景观文学分析时,也会遇到一些问题。其中一个最明显的问题是,至少从字面上看,树木、石头、河流是不会讲话的,更谈不上书写、发表对我们谈论他们的许多事情的反应了。文学中每一次试图倾听自然的声音或阅读自然之书的努力,都不可避免地具有人类中心主义的特征。尽管存在着这些问题,在景观文学中运用对话模式,却可以敞开一个文本,使得在景观的所有构成要素(包括人)中进行生态关系的分析成为可能。"因为对话理论能帮助人们首先把重点放在各种相互矛盾的声音上,而不是聚焦于叙述者那种权威的独白话语上。这时我们开始倾听那些被边缘化了的人物和景观元素的声音。我们的注意力指向语言中与具体的人物或景观元素相联系的差异。我们可以分析这些不同语言之间的相互作用,以便理解与这些人物和元素相关的价值,感受这些人物角色和自然景观元素是怎样彼此影响的。"①迟子建的《额尔古纳河右岸》作为一种对话体小说,在这里,各种自然事物都是与人平等的对话者、言说者,也正体现着这种复杂的相互作用的关系。

五、拯救语言:语言的多样性与物种的多样性

生态语言学的一个重要观点是,语言的多样性与物种的多样性是一致的。穆尔豪斯勒曾指出:"一些发现表明,一种语言社区的大小与它存在其间的生物种类多少之间存在着直接的联系:在具有生态多样性的地区比如热带雨林地带,也存在着数目众多的语言;而在生态环境相对单一的区域如沙漠或极

---

① Michael J.McDowell,"the Bakhtinian Road to Ecological Insight",in Cheryll Glotfelty & Harold Fromm eds.,*The Ecocriticism Reader:Landmarks in Literary Ecology*,Athens and London:The University of Georgia Press,1996,p.374.

地,则发现语言的数量也少得多。"①有关新环境的话语实际上能对该环境产生影响,尤其是在语言资源缺乏的情况下,可能引起环境的退化。② 内特尔(D.Nettle)与罗曼伊内(S.Romaine)合著的《消失的声音:世界语言的消亡》中,则集中阐述了世界上的大多数语言正面临着消亡的困境以及语言的濒危、灭绝和生物多样性减少之间存在着的相互关联。③ 而著名的国际组织"地球语言组织"(Terralingua)也正是把"保护、维持和恢复""生物的多样性、语言的多样性和文化多样性"作为他们的宗旨。在他们看来,生物、语言和文化是一体相关的,多样性既存在于自然之中,也存在于语言和文化之中,语言、文化和生态系统相互依存,共同组成一个"真正的生命网络"。④ 艾布拉姆的生态语言哲学也坚持类似的观点。认为语言的复杂性是与地球生态的复杂性,是与我们物种的复杂性紧密相关的。语言正是"树木、波浪和森林的声音"。当技术文明减少了地球的生命的多样性时,语言本身的多样性也减少了。当由于森林和湿地的破坏,天空中的鸣禽鸟兽越来越少时,人类的言语也越来越多地失去它的唤起性力量。当我们再也听不到喋鸟和鹣鹣的声音时,我们的言语就再也得不到它们韵律的滋养了。当河流飞溅的言语被越来越多的堤坝静寂下来的时候,当我们把越来越多的野性的声音驱赶入熄灭的遗忘中的时候,我们自己的语言也越来越贫乏,越来越失去重量,越来越缺乏与大地之间的共鸣了。⑤

迟子建虽然不是生态语言学家,也不知是否受到生态语言学观念的影响,

---

① Peter Mühlhäusler, *Language of Environment*, *Environment of Language*: *A Course in Ecolinguistics*.London& New York:Paul & Co Pub Consortium,2003,p.34,p.35,p.9.

② Alwin Fill and Peter Mühlhäusler eds., *The Ecolinguistics Reader*: *Language*, *Ecology and Environment*, London and New York:Continuum,2001,pp.50-51.

③ 李美霞、沈维:《域内外生态语言学研究流变与发展趋向》,《北京科技大学学报》2017年第6期。

④ https://terralingua.org/biocultural-diversity/why-does-it-matter/.

⑤ David Abram, *The Spell of Sensuous*: *Perception and Language in a More-Than-Human World*, New York:Vintage Books,1997,p.58.

但她作品中体现出的语言观与生态语言学家的观点一致,她在作品中表现出来的保护濒危语言和生物多样性的意识是非常自觉的,作者对现实世界中由于对自然环境的过度开发而导致的环境退化现象是充满忧愤之情的。正是这种自觉的生态意识一开始就为她的作品奠定了基调。作品一开头就写道:"如今夏季的雨越来越稀疏,冬季的雪也逐年稀薄了。它们就像我身下的已被磨得脱了毛的狍皮裤子,那些浓密的绒毛都随风而逝了,留下的是岁月的累累瘢痕。坐在这样的裤子上,我就像守着一片碱场的猎手,可我等来的不是那些竖着美丽犄角的鹿,而是裹挟着沙尘的狂风。"(《清晨》)后面又写道:"这几年,林木因砍伐过度越来越稀疏,动物也越来越少,山风却越来越大。驯鹿所食的苔藓逐年减少,我们不得不跟着它们频繁地搬迁。"(《黄昏》)由于自然环境的退化,这里的人的生活也越来越艰难,以至于不得不整体搬迁到山下居住。但由于作品中的"我",不愿意离开森林,不愿意离开这片土地,最后乌里楞里也只剩下安草儿和"我"这个九十多岁的老人,一个在这片神奇的土地上生息繁衍充满生命强力的游猎民族就这样衰落下去了。

就像前面所说的,语言的多样性与物种的多样性是相关的,当生态环境出现退化,物种开始减少,一个民族开始衰颓,使用本民族语言的人数大幅减少时,这个民族的语言也会面临生存的压力。正是在这种情势下,鄂温克族所使用的鄂温克语的出路与鄂温克族的出路一样,也成为一个严峻的问题。作者对这个民族及其语言的命运都充满深切的关怀,在一种深沉的"忧郁和苍凉感"中试图探索出"一条艰难而又自然的回归之路",希望能把正在消逝的东西留住。所以在《额尔古纳河右岸》这部小说的后面,作者又安排了西班造字的内容。作品中写道:"西班有两大爱好:他一直喜欢讲鄂温克语,当他知道他说的语言是没有文字的时候,就下决心要造字了。他对我们说,这么好听的话没有文字,是多么可惜呀。我们说,文字是那么好造的吗?西班说,只要我用心,就一定能造出字来。"(《黄昏》)由于西班造字出于对本民族语言的热爱,希望能用自己创造的文字把面临消亡的鄂温克族的语言传承下去,所以西班对于造字就具有巨大的热情和决心,即使受到嘲笑也不为所动。小说中写道:"玛克辛姆的木工活好,西班就让他为自己做了很多木板,一摞摞地放起来。他喜欢坐在火塘旁造字,想好了一个字,先把它用圆珠笔画在掌心中,让我们看他造的字怎么样,等大家认可了,他才郑重地把它刻在木板上。""他的掌心,因为总是描画着字,所以他洗手时格外小心,生怕不小心把刚造好的字洗成了泡沫。"(《黄昏》)这足见其造字之投入和用心。"西班最大的梦想,就是有一天能把我们的鄂温克语,变成真正的文字,流传下去。"(《黄昏》)

西班造字有两个特点,一是"他造的字很简捷",再就是他造的字与自然之间有着一种内在的联系。"比如河水,就是一条笔直的横线;闪电,是一道弯曲的横线。雨,是一条断断续续的竖线;风,是两条波浪形的竖线。云朵,是两个连在一起的半圆;彩虹,是一条弯曲的斜线。"(《黄昏》)这也说明,不仅迟子建作品的语言是在与自然的相互作用中产生的,连作品中人物所造的字也是在与自然的相互作用中产生的。她小说中的语言正是里里外外都被自然所浸透了。西班除了喜欢造字外,还喜欢制作各种"玛塔",也就是桦皮工艺品。他掌握了各种刻绘方法,在桦皮做成的烟盒、笔筒、茶叶罐、首饰盒上雕刻上飞鸟、驯鹿、花朵、树木的形象。(《黄昏》)西班制作的这些工艺品与他的造的字有一个共同点,那就是,都体现出与自然相互作用的特点。不仅它的材料是来源于自然的(如桦树皮),而且它以自然界的各种事物(如飞鸟、驯鹿、花朵、树木)作为形象载体,或用自然界的现象(如云雷纹和水波纹)作为纹饰,深刻地体现出这些工艺品与自然之间密切交融的关系。西班制作的这些桦皮工艺品,也可以说是鄂温克人文化的象征和体现,而不只是体现了西班个人的特点。因为不只是西班喜欢用桦树皮制作工艺品,鄂温克族人似乎都具有从自然中取材,根据自然的形象做一些小物件的爱好和能力。比如作品中"我"的那个鹿皮口袋里就装满了"故人"与"活人"送"我"的各种小物件:瓦罗加送的用颜色偏暗、有水样花纹的桦树皮做的花瓶、拉吉达送的装猎刀用的桦皮刀鞘、依芙琳送的一块绣着一双蝴蝶的手帕、依莲娜留下的一张皮毛画、杰芙琳娜送的一个镶嵌着鹿角纹和树纹的皮挎包、玛克辛姆用三叉树做的烛台、西班用柞树上的风干的树犄角雕刻的痰盂,等等。

由此可以看出,用自然材料、自然形象制作小物件、小工艺品是鄂温克人的日常生活的一部分,它就是鄂温克人的文化。但西班这里制作的工艺品意味有些不同的是,他不只是把这些工艺品送给他喜欢的人,而且还被拿到商店作为商品进行出售。作品中说:"西班做的桦皮制品很走俏,它们被拿到激流乡的商店后,被那些远道而来的游客给买走了。西班用换来的钱,给我们买各种东西,这让拉吉米无比自豪"。(《额尔古纳河右岸·黄昏》)"西班喜欢制作各种桦皮工艺品,而这些工艺品皆以自然界的生物作为形象,将鄂温克人独特的审美观念以实物的形式展示出来,也让鄂温克文化能够得到更多人的关注。桦树制品的出售成功,正是鄂温克文化受到外界赞赏与接受及其强大的生命活力的最好证明"。① 但就像"一场雨是救不了一条山涧的",出售几件工艺品,也难以挽救鄂温克族的语言和文化衰落的颓势,西班造字不仅受到像沙合力这样的青年的嘲笑,而西班本人也在没有完成造字的情况下就跟随拉吉米(其已故母亲的养父)搬到山下去住了。这些都表明鄂温克人的语言和文化面临的困境。但故事的讲述者"我"相信,西班在拉吉米去世后一定还会回来坚持造字的。而作者本人在这部小说的"跋"中也写道:"我其实是在等待下山定居人的消息。我预感到,一条艰难而又自然的回归之路,会在不久的将来出现。"②这也在某种意义上表明作者对保护这种语言和文化的一种期待和信心。

语言既是文化的载体,也是存在的家园,一种语言的消失,既让一种文化面临着消失,也使这种语言文化中的存在者的存在、这种语言文化中的物种的

---

① 韩葵花:《迟子建作品的生态语言学解读》,山东师范大学 2012 年硕士论文,第 47 页。
② 迟子建:《从山峦到海洋》,《额尔古纳河右岸》(跋),人民文学出版社 2010 年版,第264 页。

存在处于一种危险的境地。就像"国际地球语言组织"所说的："生物文化多样性是地球上所有生命的美丽和潜力的源泉和表现"；"生物文化多样性的丧失意味着整个生命结构的重大削弱"。在危机时刻，"我们不仅迫切需要健康的生态系统，我们也迫切需要地球上所有的声音和他们表达的关于在地球上可持续生存的祖先智慧"。① 尤其是在今天这个语言快速消亡的时代，更有学者指出，"语言的多样性和语言生态的平衡发展关系到社会和谐、国家安全，甚至人类存亡"。据克里斯特尔（D.Crystal）的研究，目前，人类语言生态严重恶化，世界上6000种语言中只有600种暂时处在免于濒临灭绝的安全状态。据估计，到21世纪末，世界上绝大多数语言都将不复存在，只剩下少数几种语言。语言生态危机还表现在：通用语和非通用语、大语种和小语种之间存在竞争和矛盾；语言霸权（linguistichegemony）现象依然存在；"互联网通用语呈一体化发展态势；双语社区及双语人的减少和消失；土著和少数裔族语言面临濒危和灭绝；方言的边缘化与消亡；年轻人主动抛弃非通用母语及母语文化表达方式"②，等等。因此，保护语言的多样性，维护语言生态系统平衡就要：反对语言霸权主义和语言帝国主义；消除语言歧视，保护弱势语言，维护语言之间的公平；拯救濒危语言等，这是当今生态语言学研究的一项重要工程。③

但关心濒危语言，保护濒危语言，并不仅仅是语言学家的事，也不仅仅是专家学者的事。与语言文字打交道的诗人作家更是语言的"守护者"或"责任人"。而迟子建的写作无疑是这方面的代表。对于《额尔古纳河右岸》可以有许多解读方式，我们这里只是以生态语言学这一种视角对其进行解读，但这种解读不是封闭性的，而是开放性的，人们对它完全可以从其他角度进行讨论。并且即使我们从生态语言学角度已经进行的解读，仍有进一步讨论的余地。

---

① https://terralingua.org/biocultural-diversity/why-does-it-matter/.
② 梅德明：《大数据时代语言生态研究》，《外语电化教学》2014年第1期。
③ 李美霞、沈维：《域内外生态语言学研究流变与发展趋向》，《北京科技大学学报》2017年第6期。

比如她作品中的动物描写是否仍然存在着从"有用性"看待动物的人类中心主义特征？但对于这一问题，我们留到第三节再做讨论，下面我们要从生态语言学角度对欧美动物电影做一些批评分析。

第二节　从生态语言学批评看
当代欧美动物电影

菲尔与彭茨在"生态语言学的新定位与未来发展方向"中说："一个已经被生态语言学打开的领域，但是在未来应该被更深入地思考，是与图像有关的话语。"又说"除了生态语言学之外，人们可以想象一种关于'生态图像学'（eco-imagistics）的研究，其中突出了图像的作用，尤其是'语言—图像'的结合在再现环境主题和问题方面的作用。"[1]生态语言学对于图像的关注，是与当今时代的特点密切相关的。当今的"后工业社会"既是一个高度语言化、符号化的"信息社会"，又是一个高度图像化、视觉化的"景观社会"，二者相互交织、互为表里，共同构建了一个日趋虚拟化的"后现代社会"。在后现代的日常生活中，图像借助于电视、电影、网络、手机、户外广告、超级市场对人们日常生活肆意渗透，可谓无处不在，而且图像越来越倾向于与语言等其他媒介形式结合起来，使用流动的、即时的多模态符号形塑我们对于世界的感知和理解，同时也在规范我们的生态观念。不仅人们的语言观念和话语实践对于今天的生态危机负有责任，而且视觉化的图像和观看方式也对今天的生态危机负有责任。

在"语言—图像"符号的生态语言学批评中，动物的图像再现，又是一个尤其值得关注的领域。因为动物问题，不仅与动物权利、动物保护等生态伦理相关，还跟人与自然、人与动物、感性与理性之间的交互关系有关，甚至与人类

---

① Alwin Fill and Hermine Penz eds., *The Routledge Handbook of Ecolinguistics*, New York: Routledge, 2018, p.440.

如何定义自身、如何与万物相处的根本问题有关。动物的视觉再现,是一个关乎人如何"观看"动物、动物如何"回看"人的视觉问题,更是一个通过"观看"这一视觉行为建构人与动物、人与自然关系的生态问题。在谈到动物的图像再现时,菲尔与彭茨特别谈到一项重要研究,即"对电视节目的考察,例如关于动物的纪录片"的考察。这些考察涉及"这些程序(以及它们所使用的语言)是否对动物的生命起到了正义的作用,还是仅仅从人类的角度展示动物,特别强调它们对人类的作用?"在他们看来,"通过将所有这些纳入考虑,并整合日益增长的互联网空间,生态语言学将不仅仅是语言学的一部分,还将成为一项生态文化研究,以及民主的环境行动和参与"。[①] 菲尔和彭茨把生态语言学的研究对象由语言文字文本扩展到包括电视节目、纪录片这样的"语言—图像"符号,力图从生态文化这一更为开阔的视野去进行研究,无论是对于生态语言学还是对于生态图像学都具有重要的启发意义。但我们这里不是选择电视纪录片,而是选择情况更为复杂的当代欧美动物电影作为生态语言学批评实践的案例。

一、当代欧美电影动物形象的三大视觉表征类型

生态语言学家阿伦·斯提布认为,"生态语言学"这一术语并不重要,真正重要的是如何防止大自然在语言中被抹除,如何把大自然重新恢复到主流语言中来,恢复人们对于自然的感知,"生态语言学的一个作用就是探究语言活动中的抹除,检查什么被文本和话语抹除了,思考该抹除是否有问题。如果有问题的话,那些被抹除的东西怎样才能恢复到意识中。"[②]他认为主流语言学中充满着对于自然进行抹除的话语,斯提布引用波德里亚的图像表象理论,

① Alwin Fill and Hermine Penz eds., *The Routledge Handbook of Ecolinguistics*, New York: Routledge, 2018, pp.440-441.

② Arran Stibbe, *Ecolinguistics: Language, Ecology and the Stories We Live By*, London and New York: Routledge, 2015, p.159.

认为正如图像在再现时可能扭曲或遮蔽对象,语言在描述的过程中也可以为言说对象戴上"面具"。斯提布将波德里亚的图像理论挪用到生态语言学领域用于话语分析,我们则将生态语言学挪用到图像领域,分析电影中动物形象的视觉编码,是否也存在着抹除动物的问题。在生态语言学中,与"抹除"相对应的是对自然世界本身进行的"凸显"。斯提布的生态语言学研究不仅关注各种话语文本中的抹除问题,他也关注各种文本话语中的"凸显"现象,探索生态话语对自然世界进行凸现的途径。一般地说,对自然世界的抹除具有非生态性,对自然世界的凸显则具有生态性。斯提布生态语言学中的"凸显"概念实际上受到海德格尔的生态语言哲学的影响。根据海德格尔的观点,本质意义上的语言是"显示",所谓"显示",是让一切存在者都作为它所是存在得到如其所是地显现。对于动物这种存在者来说,"显现"则是让动物作为动物来显现。而我们对欧美动物电影进行生态语言学批评,实际上也即从生态语言学和生态语言哲学角度探索当代欧美动物电影是对动物进行了抹除还是凸现,它是如何运用电影语言进行抹除或凸现的,以判定一部动物电影是不是真正意义上的生态动物电影,它对于动物和生态的保护,对于生态文化、文明的建设是否具有积极的作用。为了更好地理解这一问题,我们首先按照视觉表征类型的理论,将当代欧美电影动物形象分为"再现型""表现型"和"拟像型"三种类型,然后再分门别类地进行分析。

虽然不同的学者对于现代社会发展的具体分期各执己见,但大部分理论家一致地把现代社会的发展描述为依次展开的三个阶段:现代早期,现代,以及晚近的后现代(或后工业社会)。福柯根据不同的话语模式把现代性的发展依次区分为文艺复兴后期(16世纪)的"相似性"话语,17、18世纪的"表征性"话语,19世纪至今的现代话语。① 波德里亚也把文艺复兴以来的仿象或话语模式分为三种,分别是从文艺复兴到工业革命的"古典"时期的"仿造模

---

① [法]福柯:《词与物——人文科学考古学》,莫伟民译,上海三联书店2002年版,第35—60页。

式"，工业时代的"生产模式"和后工业时代受代码支配的"仿真模式"。"仿造模式""依赖的是价值的自然规律"，"生产模式""依赖的是价值的商品规律"，"仿真模式""依赖的是价值的结构规律"。① 弗雷德里克·詹姆逊则把现代社会的发展按照"理想型"描述为资本主义发展的三个阶段："第一个阶段是市场资本主义，接着的第二个阶段是帝国主义下的垄断式资本主义，最后才到我们所身处的第三个阶段，有人称之为后工业阶段……我以为我们或可更客观地称现阶段的社会为'跨国资本主义'"。② 与此三阶段直接对应的是文学艺术的三种思潮：现实主义、现代主义、后现代主义。虽然福柯、波德里亚与詹姆逊对于资本主义三个不同发展阶段的分期略有不同，但他们都一致地用符号学（能指、所指、实在的相互关系）来描述资本主义发展的三个阶段的话语方式：在资本主义早期阶段，能指和所指形成的符号直接与实在相联系，符号的生产遵循模仿现实的相似性原则；在帝国主义时期，符号不再与现实发生直接的联系，符号的生产也不再遵循模仿现实的相似性原则，但符号的能指指代所指，符号的生产遵循主体性的表现原则；在跨国资本主义时期，能指和所指相互分离，能指既不指代所指，也与实在无关，漂浮的能指自我游戏，服从拟像的仿真原则。

　　与福柯、波德里亚和詹姆逊的观点直接相关，视觉文化理论家米尔佐夫借鉴符号学理论把视觉文化分为三个阶段：

　　　　第一阶段——古代时期（1650—1820）。这一时期主要是一些传统形象。所谓传统形象就是这些形象的创作和解释依赖于外部世界的实在本身，恪守模仿原则，强调中心透视原则等。这些传统形象是可信的和真实的，它们逼真地再现了实在世界的样态……
　　　　第二阶段——现代时期（1820—1975）。这一时期形象的主导形态

---

① ［法］让·波德里亚：《象征交换与死亡》，车槿山译，译林出版社2009年版，第61页。
② ［美］詹明信：《晚期资本主义的文化逻辑》，张旭东编，陈清侨等译，三联书店2013年版，第396页。

是"辩证形象"。由于摄影和电影的出现,出现了有别于传统形象的新影像。这种形象所以是辩证式的,是因为它建构了一种当下的观者和形象所呈现的时空过去的可视性关系,进而构成了现在与过去、受众与影响之间的辩证交流。第三个阶段——当代(1975年以来)形象的构成是"矛盾形象"或"虚拟形象"。"虚拟形象"意指形象本身已经和现实关系疏远,任何形象(哪怕是来自现实的形象)都可以通过计算机加以篡改、修饰和复制,这是后现代的典型特征之一。①

虽然米尔佐夫把1975年以来的视觉文化定义为当代视觉文化,其构成是"虚拟形象",但这并不是说20世纪70年代中叶以来,前两种视觉形象(即恪守模仿原则的再现形象、"辩证式"的表现形象)就不复存在了,而是说这三种形象共存于当代视觉文化的图景当中,只是虚拟图像越来越占据主流罢了。当代的虚拟图像、现代的表现图像、古代(现代早期)的再现图像并行不悖,共同塑造了今天的视觉文化景观。也就是说,米尔佐夫对于视觉文化的断代及表征模式的历时性的区分,可以作为一种共时性的结构来研究90年代以来电影中的动物形象。米尔佐夫的这个断代是恰切的,虽然早在1968年,库布里克就运用了CGI(Computer-Generated Imagery,即电脑制图)技术拍摄了《2001:太空漫游》,图像已经呈现出虚拟的趋势,但直到20世纪70年代中期之后CGI技术才逐渐被更多的电影采用,直到20世纪90年代数字电影才汇成一股汹涌的洪流②。也是在20世纪90年代之后,电影中虚拟的拟像型动物形象才逐渐增多,与表现型和再现型动物形象汇成一股"动物凶猛"的浪潮。

---

① 周宪:《视觉文化的转向》,北京大学出版社2008年版,第39页。详见尼古拉斯·米尔佐夫:《视觉文化导论》绪论,倪伟译,江苏人民出版社2006年版,第8—10页。

② 陈犀禾:《虚拟现实主义和后电影理论——数字时代的电影制作和电影观念》,《当代电影》2001年第2期。

（一）再现型的动物形象

所谓再现型动物形象就是对现实生活中动物的直接再现,并且动物形象没有被赋予特定的隐喻或象征含义,动物的再现以符合现实生活经验为原则。再现型动物形象是把现实世界中的动物再次搬上荧幕,让动物与观众在电影中"相遇",由于再现型动物形象遵循相似性原则,看起来栩栩如生,像是对动物进行了"凸现",具有某种生态性,但它们其实并不是对现实中动物的不加修饰地、透明地再现,因此并不能认定它们就一定具有生态倾向。很多时候,再现型动物形象虽然在电影中出现,参与了演出,但动物在其中并不是主角,有的即使担任了主角,电影的叙事依然是围绕人展开的,动物自身的特点也没有在电影中得到展现。动物在这类电影中往往是人类的附庸,动物的视角在电影中更加少见。因此,再现型动物形象非但未必是生态的,而且由于它的表象方式更加接近于"透明的"自然,反倒更容易隐藏再现对象背后的"人类中心主义"倾向。

再现型动物形象把动物形象视作现实生活中动物的"再现",这与西方古代强调客体性的"自然语言观"和"词物对应论"具有同构关系。所谓"自然语言观",就是认为"名称与实在,语词与事物之间存在着一种自然的相似或相符的关系",与之相对的是语言的"约定论",即认为"名称与实在之间不存在固定的自然的对应关系,二者的联系只是一种人为的约定或一致的同意"。[①]而所谓的"词物对应论",则不论语言是自然的还是人为的,都认为语词与事物之间存在着一一对应的关系。与之相对的则是"词物分离论","词物分离论"认为语词与事物之间并无一一对应的关系,二者的关系是错位、分离甚至是分裂的。"自然语言观和词物对应论结合起来发挥作用,可以说是西方古

代乃至近代的传统语言观的基本特点。"①二者结合起来一起发挥作用,意味着既强调语词与事物之间天然的联系,又强调语词与事物之间有一一对应的关系,从根本上说是认为现实是语言的"原本",语言是对现实的"模仿"。这种观点是传统诗学中的模仿论的语言哲学基础。根据这种观点,图像与其再现对象之间存在着相似性关系,图像与事物存在着比语言与事物更加确切的相似、相符和一一对应的关系。

无论是文学还是绘画中的模仿说,都把现实视作语词和图像的本原,把语词和图像视作对于现实的模仿。正如把文学视为对于现实的模仿的"模仿说",其本质是一种"词物对应论",把图像视为对于现实的再现也是一种"模仿说",我们可以称之为"图物对应论"。无论是"词物对应论"还是"图物对应论",其实质都是一种把语言作为理性认识和表象工具的人类中心主义的"理性"或"逻辑"语言观。这种逻辑语言观是绝不可能承认那种人之外的自然世界也有语言的观点的。把图像视作对于现实的再现,正如把语言视为对于现实的模仿,其实质是把图像看作现实的表象,把图像看作一种认识工具,一种理性化的认知世界的方式。因此,再现型动物形象往往并非把动物作为动物本身来展现,而是将之作为一种工具化的视觉对象来展现。从更直观的层面来讲,这类动物形象延续了人类日常生活中对于动物的观看和认知方式。所以,再现型动物形象虽然是把从现代生活中逐渐消逝的动物重新"召唤"回来,把被"抹除""淡化""边缘化"的动物重新加以"突显",以引起人们对它们的关注,但是再现型动物形象并非一定就具有生态价值和意义。因为重要的并非是电影再现了动物,而是电影如何再现了动物。

虽然再现型动物形象在电影中一直存在,甚至也越来越丰富,但这类动物形象往往并非电影的主角,在电影的叙事中也基本上只是处于一个相对边缘

---

① 赵奎英:《生态语言观与生态诗学、美学的语言哲学基础建构》,人民出版社 2017 年版,第 42 页。

化的位置，它们往往是以人类的朋友、帮手，甚至是以人类的工具和附庸出现的。以再现型动物形象作为主角的电影极少，即使有也基本上是人与动物共同担任电影的主角。值得注意的扮演重要或主要角色的再现型动物形象有《灵犬莱西》《8只雪橇犬》《战马》等电影。这类电影虽然以动物为主角，但仍没有突破以人为中心的叙事框架，重点表现的仍然是动物对人的忠诚，以及人对动物的关爱。对于动物形象的展现主要遵循日常生活中的"现实"原则，把动物形象缝补在主流商业电影的亲情叙事和大团圆结局中，对于动物本身以及人与动物之间的关系则缺乏反思与表现。电影虽然以动物命名，动物在电影中亦担任主要角色，但电影中的动物形象仍然是为主人而存在的，因为主人而彰显自己的价值，其中人与动物的关系其实是主人与奴仆的关系。动物的可爱、可敬主要是因为动物具有忠诚、坚强、勇敢、聪明等人类最为看重的品性，而非动物本身具有的特性。这类电影对于动物的展现亦是以人的视角为中心。

但也不是说，再现型动物电影完全没有打破人类中心主义的可能，电影人就不能通过这类动物形象对人与动物关系进行积极的思索。我们发现也还有一种特别值得关注的动物形象，动物既在电影中扮演重要甚至是主要的角色，也是电影叙事的核心，并且对于人与动物的关系进行了深入的思考，比较典型的这类电影有《熊的故事》《虎兄虎弟》《女孩与狐狸》等，我们后面将对其进行一些具体分析。

（二）表现型的动物形象

如果说再现型动物形象是对动物的客观再现与真实模仿，那么，表现型动物形象则是通过动物表现人们的本能、梦魇、无意识或情感世界等，动物具有明显的隐喻或象征意义。这种动物形象既可以是真实动物的再现，也可以是电脑制作的虚拟之物，动物形象的生产方式本身并不重要，重要的是动物形象是否具有指向自身以外的隐喻和象征意义。

　　因为表现型动物形象主要是被用于表现人类的情感和主观意志,动物形象本身没有主体性,仅仅是其隐喻对象的载体。表现型动物形象往往具有陌生化的艺术效果,通过奇异怪诞的方式来反映现实中人的异化、社会的病态、人性的危机、科技的负面影响等。西方现代文学中有大量表现型的动物形象,卡夫卡的《变形记》中主人公格里高尔变成了甲壳虫;尤金·奥尼尔的名作《毛猿》的主人公扬克最后死在大猩猩的拥抱之下,被关进动物园的笼子;尤奈斯库《犀牛》中的主人公贝兰吉在身边的人都变成犀牛后,孤独、彷徨、苦闷……这些都是现代主义文学作品中动物形象的典型。这些现代主义大师表面上看来是描写动物的遭遇,实则是通过动物表达自己内心的感受及对社会的反思,反映资本主义社会的黑暗、人和人之间关系的冷酷、人对社会的绝望。艺术上强调使用极度夸张以至怪诞离奇的表现手法,描绘扭曲的人性,表现人的本能和无意识的主观感受,挖掘个人的直觉、本能、无意识、变态心理以至疯狂的言行、心理。电影作品中的表现型动物形象亦是如此,通过大量动物形象的运用,以陌生化的方式表现社会或人类的异化——人格的分裂、本能的压抑、心灵的扭曲、信仰的虚无等,或者是表现现代科技对人类及其他生物的异化等。

　　以美国著名导演大卫·芬奇①的电影《搏击俱乐部》为例,这部电影在以人为中心的叙事之外,插入了一段主人公杰克与一只企鹅相遇的梦境。显而易见,电影中的企鹅这一动物形象作为一个能指,并不指代现实中的企鹅,它另有所指——饱受现代生活压抑的杰克未曾意识到的自己的潜意识。于是,企鹅作为一个能指(动物形象)与其所指(人的潜意识)所构成的一个完整符号,其意义是文本建构起来的,它独立于现实世界之外,与现实中的企鹅并无直接关联。这类典型的电影还有《少年派的奇幻漂流》《迷雾》《都灵之马》

---

　　① 大卫·芬奇(David Fincher),美国著名导演、编剧、制片人,代表作品有《七宗罪》(1995)、《搏击俱乐部》(1999)、《社交网络》(2010)、《龙纹身的女孩》(2011)、《消失的爱人》(2014)等。

《龙虾》等。

根据西方近代以来强调主体性的"自然语言观"和"词物对应论",语言不是外在现实的"模仿",而是主体内在情感、观念的"表现"。按照传统的"自然语言观"和"词物对应论",能指和所指共同构成的语言符号是对于现实的模仿,语言符号与外在现实世界存在一一对应的关系。而近代以来强调主体性的"自然语言观"和"词物对应论",仍然强调语词与"事物"的一一对应的关系,只是这个"事物"并非外在于主体的客观之物,而是内在于主体的主观之物,也就是人的情感、意志和主观感受等。从根本上来说,古代强调客体性的"自然语言观"和"词物对应论",与近代强调主体性的"自然语言观"和"词物对应论"都是一种语言符号的表象或再现理论,它们都认为语言是对于事物的再现或模仿,只是这个"事物"有客观和主观之别而已。西方近代语言观,主要是一种主体性的自然语言观和"词物对应论",与之相应的是近代诗学的表现论;而西方古代语言观,主要是一种客体性的自然语言观和"词物对应论",与之相应的是古代诗学的模仿论。"模仿论"和"表现论"属于同一种语言学模式,它们都将语言视为世界(无论是外在世界还是内在世界)的表象,认为语言本身不具有独立的意义和价值,具有本源性价值的是"事物",而不是"语词";两者不同的是,"模仿论"认为语言模仿的是外在的现实世界,而"表现论"认为语言模仿的是内在的内心世界,在这个意义上说,"表现论"更加突出了人类的主体性,"人类中心主义"的倾向要更为明显一些。

如果说再现型动物形象的视觉表征是能指和所指所构成的符号,服从语言符号指涉的现实领域,故而该种动物形象类型作为"物质现实的复原"(克拉考尔语)看起来真实、生动,与现实中的动物形象完全一致;那么表现型动物形象则是能指指代所指,但能指和所指作为相互统一的动物形象符号独立于现实领域,并不与现实发生联系。也就是说,正如近代主体性的语言观强调语言的诗性起源和主观表现一样,表现型动物形象也并不指涉现实生活中的动物,而是指涉人类的主观情感和意志。动物形象在此成了人类内在意志的表象,成了对象化的、工具化的存在。表现型动物形象的能指与所指之间的距离往往被特意扩大,故而这种动物形象一方面有着明显的寓意,另一方面有着"陌生化"的艺术效果,属于典型的现代主义的深度叙事模式。表现型动物形象在电影中往往是非理性地、歇斯底里地对人类进行报复的凶狠动物。这类影片往往与科幻片相结合,用以表现现代科技对于动物的异化,异化的动物反过来危害人类自身的内容。

(三) 拟像型的动物形象

拟像型动物形象既不是对于现实生活中动物的再现,也不是特定象征意义的载体,它们是计算机制作出来的虚拟动物形象。拟像型动物形象既不指涉外在于自身的现实,也不指涉超越于自身之外的所指,它们并不像表现型动物形象那样被赋予特定的象征意义。因此,拟像型动物形象是一个空洞的符号,是没有所指的能指,这个自我游戏的空洞符号的典型特征是"超现实",它们看起来比真实的动物更真实。从技术特征上看,这种"超现实"的动物形象是以电脑制作图像的 CGI 虚拟技术为基础的。"拟像"(simulacrum,也译作仿像,仿真),这个概念源于法国哲学家波德里亚。波德里亚用这个概念描述我们置身其中的后现代社会,"在通向一个不再以真实和真理为经纬的空间时,所有的指涉物都被清除了,于是仿真时代开始了"①。在"仿真时代","传统的符号依赖实在的关系被颠倒了,不再是符号模仿实在事物,而是相反,符号自身获得了完全的自足性和自身逻辑"②。也就是说,不是符号模仿现实,而是现实模仿符号,现实是由语言、信息、符号和话语建构起来的,在此意义上,现实不仅具有符号的特性,而且现实彻底地就是作为符号而存在的。20 世纪90 年代,电影中的动物形象进入了仿真时代,典型的电影如《侏罗纪公园》

---

① [法]鲍德里亚:《仿真与拟像》,马海良译,见汪民安等编:《后现代的哲学话语:从福柯到赛义德》,浙江人民出版社 2000 年版,第 330 页。

② 周宪:《视觉文化的历史叙事》,《艺术百家》2007 年第 1 期。

《阿凡达》《博物馆奇妙夜》等。这些电影中的动物形象既不是自然或现实中的动物的再现,也不是人格化符号或特定含义的象征,它们完全出于人们对于动物的想象,却在很大程度上建构了人类对于动物的想象和认知。

后结构主义强调,无论是现实还是人类自己,都是被语言、话语建构起来的,都不具有特定的本质。不仅语言、文学被视作可以建构现实的符号,图像、影像也都可以视作可以建构现实的符号。在此意义上,后结构主义的语言观当然解构了主体,或者说解构了作为主体的人,这当然是对于人类中心主义的批判与反思,按照福柯的说法,"人已死"。福柯当然不是说生物学意义上的人类的死亡,而是说作为自在的、主体的人的死亡。因为按照福柯的看法,人这个概念及其含义本身就是现代的建构。从后结构主义对于人文主义的反思与批判,对于主体性的、大写的人进行解构这点来看,后结构主义语言观显然具有积极的生态学意义。然而,后结构主义持"词物分离论",并且否认"自然语言观",在他们看来,一切都是经由语言和符号建构的,那么"根据这种观点的极端表达,自然本身是这样一个范畴:自然离开我们的语言根本就不存在。这使自然变成了一种彻底的人工产品,更多地像香皂、汽车、计算机,因为自然'像许多其他我们讨论的东西,它首要的是一种语言的人造品'(Cawley and Chaloupka)"。①如果自然是被建构出来的,人也是被建构出来的,动物也是被建构出来的,这样的观点显然会导向彻底的虚无主义,从根本上取消了自然存在的真实性和语言对自然实在的指称性,也从根本上阻断了人类用语言与自然世界进行交流沟通的可能性。如此一来,自然本身就变成了纯粹的符号,那么人们关于自然的言说和话语就更是纯粹的符号,没有任何本体论意义上的真实性,更不会有任何改变现实的可能性。既然没有所谓的自然、现实,只剩下虚拟的符号,那么,自然、现实非但不再是语言和图像符号模仿的对象与

---

① Rebecca Raglon and Marian Scholtmeijer, "Heading Off the Trail: Language, Literature, and Nature's Resistance to Narrative", in Karla Armbruster and Kathleen R. Wallace eds., *Beyond Nature Writing*, Charlottesville and London: University Press of Virginia, 2001, p.248.

本源,反倒是按照符号的方式被生产出来,这样一来,生态文化所追求的目标不仅在现实中不存在而且在理论上也是不可能的。

从 20 世纪 90 年代初风靡世界的《侏罗纪公园》,到 1997 年开始风行的《狂蟒之灾》系列、2006 年陆续上映的《博物馆奇妙夜》系列,一直到 2010 年以后的《猩球崛起》系列、《南国野兽》、《阿凡达》等影片,在电脑制图的支持下,动物电影汹涌成一股越来越猛的影视浪潮。数字技术以其匪夷所思的逼真效果,让电影成功实现了从最初的"现实梦幻化"到"梦幻现实化"的惊险一跃,电影不再是"物质现实的复原",甚至也不再是满足大众狂欢的"白日梦",而是成功地把现实梦幻化的视觉机器,乃至把梦幻现实化的科技巫术。拟像型动物形象主要出现在主流的商业电影中,开始仅仅是作为视觉奇观展现在观众面前,以引起观众的惊叹和狂想。新世纪以来,电影中的动物形象开始出现在各种类型的影视作品中,而且被赋予了崭新的叙事功能、视觉表征和主题言说。《南国野兽》表现了人类文明达到巅峰的同时,生态文明也抵达了几近崩溃的末世情境,人与动物重新恢复到类似于史前的既相互吞噬、又相依为命的一体共生关系。《阿凡达》则在主流的商业电影的叙事中尽可能多地植入生态理念,使得其中的拟像型动物形象多了一份深切的现实关怀。

二、从生态语言学批评看当代欧美动物电影中的动物观

根据语言学和符号学的理论,我们将电影中的动物形象依次分为再现型、表现型和拟像型三种类型,这三种类型可以被看作是三种不同的动物形象的视觉编码,或者说是三种不同的视觉语法结构。我们需要特别注意的是,动物在其被视觉化的过程中遵循着哪种编码或表象方式,特定的编码方式如何作用于人类对于动物形象的视觉观看? 这种编码或表象方式本身是否倾向于非生态的"人类中心主义"或者生态的"自然主义"? 动物在其影像表现中,是否同时也被"抹除"、"淡化"或"扭曲"了? 动物是作为动物本身被呈现,还是作为人类的工具或附庸被呈现? 在这不同类型的电影中,是否真正表现了一种

生态的动物观？著名的动物小说家李传锋认为，"动物小说最主要之点即，由自在的动物充当作品中的主角。它既非拟人化兽形人语，亦非童话、寓言、志怪。写实的动物取代人而为主角，人退而为配角或助手"①。西顿也认为，对于真正的动物小说来讲，"这种动物故事里的动物是地地道道的动物，不再是徒具动物外形的人"②。真正非"人类中心主义"的、生态的"动物电影"也是如此，它要把动物作为动物来展现：既不把动物展现为人格化的象征，也不把动物展现为物化的对象，更不把动物展现为视觉奇观，使动物成为纯粹的视觉快感的消费对象。我们需要在具体的影视作品中，考察动物形象的视觉编码是否真正做到了这一点，从而有益于引发人们尊重动物、爱护动物的观念和行动，有益于人们生态观念的培植和生态文化的建设。

　　一般地说，为了让动物能被作为动物来呈现，我们必须做到以下三点：首先，我们要防止那种完全把动物工具化、对象化的观点，这样的观点抹除了动物的感性生命，将动物等同于无生命的物体。其次，我们要注意那些人格化的动物形象，把动物"拔高"为人，其本质是"以我观物"的主观精神的投射与外化，这是对动物的另一种扭曲，而不是对于动物本身的更高意义上的尊重。更高意义上的尊重，是让动物在"以物观物"的静观中自在而本然地兴现。人格化的动物形象展现的与其说是动物，不如说是人。第三，后现代的奇观电影中也常常征用动物形象，动物形象在其中既非展现为"物"，也非展现为"人"，它们是纯粹的、数字化的影像——是人们消费的感官对象；在奇观电影中，动物形象脱去了物的沉重的实在性，也失去了人格化的温暖，它们只是一堆虚无而冷漠的数字符号。

　　海德格尔在《艺术作品的本源》中分析艺术作品的"物"因素时，认为"纯然的物""只有石头、土块、木头、自然和用具"这些无生命的东西，"我们甚至

---

①　李传锋：《小说林中的动物》，内蒙古师范大学中国少数民族作家研究中心编：《李传锋研究专辑》，中央民族大学出版社 2005 年版，第 480 页。

②　E.T.西顿：《西顿野生动物故事集》（增订版）译者序，蒲隆等译，译林出版社 2011 年版。

不能贸然地把森林狂野里的鹿,草木丛中的甲虫和草叶称为一个物"[①]。因为它们拥有生命。动物之所以不同于无生命的物体,是因为每个动物都具有的独特面貌、性格和特点,因此,相对于一般化的、类型化的动物形象,那些个别的、独特的动物形象就更加能突出动物本身。按照斯提布的看法,一般化的概括性语言是一种典型的对于描述对象的"抹除",这种抹除广泛地出现在经济、政治领域对于自然、动物、植物的描述之中。为了防止言语活动对于自然对象的抹除,斯提布认为应该"增加个体的人、动物、植物、森林或河流凸显性的语言",因为这"有助于抵抗同质化的倾向。用爱森斯坦(Eisenstein)的话说,其可以构建一种'神圣性'的感觉"[②]。其实,不仅言语活动中存在着语言的一般化对于言语对象的抹除,视觉活动中也存在着视觉形象的一般化对于视觉对象的抹除。在电影中,动物视觉形象的类型化、工具化、拟人化、奇观化,都会抹除动物的生命和存在。一般来讲,再现型动物形象更易被工具化,表现型动物形象更易被拟人化,拟像型动物形象更易被奇观化。

(一)视觉再现:反思动物工具论与人类中心主义

再现型动物形象因为是对现实生活中动物的"物质现实的复原",可以看作是对现代生活中日渐消失的动物的"复原"与"再现"。再现型动物形象既没有像表现型动物形象那样"人为的"赋予动物特定隐喻或象征意义,使动物变成某种特定人格或象征的符号;也没有像拟像型动物那样纯粹地是一种计算机制作的虚拟之物,是全然无关于现实中真实的动物。但是,我们仍然不能说再现型动物形象一定具有生态学意义,毋宁说,它们总体上是对动物未加反省的直接再现。因为再现型动物形象看起来是对真实动物的再现,人们关注的是被再现的动物,但却往往忽视了是谁在再现动物,如何再现、叙述动物,也

---

① [德]海德格尔:《林中路》,孙周兴译,上海译文出版社2008年版,第5页。

② Arran Stibbe, *Ecolinguistics: Language, Ecology and the Stories We Live By*, London and New York: Routledge, 2015, p.181.

就往往忽略了再现型动物形象对于动物的扭曲、变形和抹除。事实上,大部分的再现型动物形象都是作为电影叙事的工具、人类的附庸而出现的,甚至像《战马》《灵犬莱西》《8 只雪橇犬》这样以动物为主角的电影,仍然没有逃脱"动物工具论"和"人类中心主义",因为这些电影最终凸显的仍然是动物对人类的忠诚。只有很少的电影以再现动物的视觉呈现方式,表现了对于动物的强烈关注和凸显,对于人与动物关系的深刻反思。

著名法国导演让·雅克·阿诺(Jean Jacques Annaud)①非常热衷于拍摄动物题材电影,其电影一直恪守写实主义的拍摄方法,努力再现动物的真实面貌,表现出对于动物的关注,对于人与动物关系进行深刻反省,具有打破"动物工具论"和"人类中心主义"的明确倾向。他著名的动物题材作品有《熊的故事》(1988)、《虎兄虎弟》(2004)、《狼图腾》(2015)。我们这里以《虎兄虎弟》为例分析一下其中隐含的动物观。

《虎兄虎弟》的主角是一对叫作戈莫和哈桑的老虎兄弟。英国猎人麦克拉瑞以在法属殖民地猎取象牙和古董为生,在森林中的一个文明遗址中,他意外地捕获了戈莫和哈桑两只幼虎,并且杀死了它们的父亲。后来戈莫被卖到马戏团,驯兽师驯服戈莫表演节目,以此赢得观众获取利益;哈桑被卖到殖民地长官家里,成了长官儿子拉奥的宠物和玩伴。一次意外让戈莫和哈桑成了斗兽场上彼此对决的生死敌人,斗兽场周围坐满了伸长了脖子、翘首观望两虎大战奇观的"文明的人类",然而两虎认出了对方是自己的兄弟,共同从斗兽场中逃跑,一起走进了远离文明的原始森林。该电影导演让·雅克·阿诺说:"《虎兄虎弟》蕴含了三种我最痴迷的东西:动物世界、神秘的宗教文化和欧洲殖民地。"②这是一个非常具有现代症候的观点。正如巴拉泰和菲吉耶在其对

---

① 让·雅克·阿诺(Jean Jacques Annaud),法国著名导演,曾执导《高歌胜利》(1976)、《情人》(1992)、《兵临城下》(2001)、《黑金》(2011)等。阿诺共执导过三部动物题材的影片,分别是《熊的故事》(1988)、《虎兄虎弟》(2004)和根据中国作家姜戎的小说改编的同名电影《狼图腾》(2015)。

② http://movie.mtime.com/15478/behind_the_scene.html.

动物园的分析中所指出的，"它们(指动物园)的诞生加重了野生动物世界的大灾难，也促进了奇异动物展的兴起，与起始于 15 世纪的殖民时代的大势完美相符"①。人类在启蒙现代性的武装下对于大自然的探索、开发，对于动物的奴役、驱逐、囚禁、研究、展示和观看，对于人类自身感性的压抑、规训、疏离是同一个过程的不同方面，伴随这一过程的，是率先步入现代社会的西方国家对于非西方国家和地区的殖民、丑化、压榨和剥削，以及对于非西方文明的浮士德式永不满足的追求与迷恋。阿诺通过一部以动物为主角的电影同时探讨了这些复杂的问题。片中的猎人麦克拉瑞，作为一个西方文明社会的白人，带着枪走进原始森林，走进象征着破败、落后的东方文明遗址，而充满原始野性的戈莫和哈桑一家就住在废弃的遗址内，连同遗址内蒙昧未开的土著人的雕塑等民族文化遗产，等待着猎人来征服、猎取、买卖、展示。猎人麦克拉瑞正是那种渴望通过征服自然、驯服野兽、奴役其他民族、探索其他文明来证明自己、充实自己、扩张自己、满足自己的西方现代人格的典型化身。他坚毅、理性、充满冒险精神，却又常常对一切感到厌倦。他对自然、动物、其他文明充满迷恋，却总试图奴役、征服、利用他们；现代文明让他感到厌恶和苦闷，渴望回归美丽的自然，他却无法摆脱工具理性主导的现代人格。电影结尾处，即使戈莫和哈桑两只老虎逃回森林的时候，麦克拉瑞依然希望通过燃烧森林把它们赶尽杀绝。天真的孩子拉奥珍视他与动物的友谊，终于成功说服麦克拉瑞放下猎枪。

尤为值得我们注意的是，该电影的导演雅克·阿诺对于动物本身的关注和思考，具有明显的对于人类中心主义的反思，对于主客二元对立的思维方式的批判。阿诺说，"影片还提出了一个相关道德的疑问：当我们让这些动物脱离野生环境囚禁在牢笼中时会发生什么？在世界各地，野生虎越来越少，大多数老虎都被困在兽笼之中。一些人将老虎当作宠物，在后院中喂养，尽管谁都会对被遗弃的幼虎怜爱万分，希望带回家中，但当它长大了你会怎么做？老虎

---

① [法]埃里克·巴拉泰、伊丽莎白·阿杜安·菲吉耶：《动物园的历史》后记，乔江涛译，中信出版社 2006 年版。

是食肉猛兽,不管你多爱它,它的天性是不可更改的。我希望影片极具娱乐性,但也要激起观众对这个问题的觉醒。"①阿诺在此提出了一个生态伦理的悖论,那些仇恨、猎杀、买卖、利用动物的人当然可恨、可耻,而那些爱护、豢养野生动物的人也必须反省这样一个更加深刻的问题,他们是以动物所喜爱的方式爱动物,还是以人自己所热衷的方式爱动物? 人固然不能逾越人的边界彻底地化身为动物,可是,人这个所谓的语言的动物、理性的动物或文明的动物必须要反省自己的语言、思考和行为方式,考察自己的语言、观念和行动是否真的有益于动物生存和环境保护,从而成为存在家园的守护者。人们还需要放下人类中心主义的自大,切实地了解动物。雅克·阿诺在拍摄《虎兄虎弟》过程中逐渐了解到,老虎有非常好的记忆力,每只老虎都有自己独特的个性,这让他更加敬畏、尊重动物。否定了那种认为动物是低劣物种的观点;而每只老虎都有个性,每个动物都有独立的感知世界的能力,它们有快乐和悲哀的情绪和情感体验,这就要求人们必须考虑动物的感受。

　　该片的驯兽师波特尔说,"驯兽师与他的动物之间必须建立稳固的关系,必须相互信任,你不仅是它的朋友,还是它的同伴。我伴随它们拍摄了每个镜头,当完成有难度的镜头后,我会拍拍它,用话语夸奖它,它会知道自己做对了。你无法改变它们的个性,只能增加训练,必须创造和它沟通的语言。"②当驯兽师波特尔通过语言夸奖老虎,或者用手拍拍老虎时,波特尔通过这些口头和肢体语言与动物建立了一种稳固的彼此信任的关系,波特尔了解老虎的习性,而老虎也听懂了人的语言。人类与老虎共享同一种语言符号,并借由这种语言达到了有效的沟通,跨越了人类与野兽之间的距离。人与兽的对话,敞开了人和动物之间的界限,开启了一种全新的、诗意的、生态的世界。驯兽师波特尔的话,直接否定了那种认为动物不具有语言能力的观点。人类之所以不明白动物和自然的呼声,是因为人类没有学会倾听。把人类的语言当作是唯

---

① http://movie.mtime.com/15478/behind_the_scene.html.

② http://movie.mtime.com/15478/behind_the_scene.html.

一的语言,人类自然不可能与动物、自然进行沟通。人际沟通的理论告诉我们,人与人之间能够交流的前提,是对话的双方使用彼此都能够理解的语言。人与动物的交流也是如此,人必须倾听动物的呼吸、叫喊、生育、捕猎……在此基础上才能与动物展开真正有效的对话,那种否定动物具有语言能力的观点,事实上从来就没有尝试设身处地地了解动物。这也就提醒我们要打破狭隘的语言观,致力于构建一种倾听和言说动物、植物、土地、河流的生态语言观,唯有在此基础上,那种致力于建构人与自然和谐的生态文明才真正可行。

然而,像《虎兄虎弟》这样对人与动物关系进行如此深刻反省的电影并不多,大部分再现型的动物形象都是遵循现实生活原则来展现动物的,而现实生活中人与动物的关系原则恰恰是无意识地以人类为中心,并且把动物作为人类的工具性对象,这需要引起人们的警觉、反思和批判。因此,为了引起人们对于人与动物关系的自觉,很多电影作品将动物形象陌生化,并赋予动物某种特定的象征寓意,这就是表现型动物形象。

(二) 人性投射:消失的动物与理性的困境

表现型动物形象由于被人赋予了特定的象征和隐喻意义,它们是人类自我意识的投射,具有明显的人性化特征,与其说它们在表现动物,不如说它们是在表现人类自身,这种动物形象的生产显然立足于人类中心主义的主体论和主客对立的二元论,显然是对于人性的凸显和对于动物性的遮蔽。另一方面,表现型动物形象因为不符合再现现实生活的原则,并且被赋予特定的寓意,动物形象就以一种陌生化的方式呈现出来,而这恰恰可以引起人们对习以为常的人与动物关系的警觉和反省,在这个意义上,表现型动物形象也可以说是对于动物的凸显和强调。

由法国导演弗兰克·德拉邦特(Frank Darabont)①执导的电影《迷雾》

① 弗兰克·德拉邦特(Frank Darabont),法国知名电影导演、编剧、制片人。除《迷雾》之外,他导演的其他电影还有《肖申克的救赎》(1994)、《绿色奇迹》(1999)等。

（2007）是一部科幻恐怖片，片中征用了不少怪诞的异化动物形象，它们显然具有特定的寓意，属于我们定义的表现型动物形象。一场突如其来的暴风雨导致一个宁静的小镇断电，戴维载着儿子和邻居驱车去镇上的超市购买储备用品，与此同时，小镇被浓雾包围，浓雾中不时传来阵阵人的惨叫声。浓雾中有怪物。戴维和儿子与很多镇上的人躲在超市里，不断有人被怪物掳去，去求救的人再也没回来。没有电，没有信号，没有救援，又时刻面临异形动物的威胁，小镇一夜之间回到原始社会。有人因为恐惧而自杀，更多的人开始盲信极端宗教主义者的煽动，认为这是圣经中所说的末日审判，信仰上帝、杀死怀疑上帝的人才可以得到救赎，多数人在极端的恐惧中变得偏执而疯狂。戴维和少数几个人则尽量理智地面对一切，人道地对待周围的人。然而，越来越多的人在极端恐惧中开始迷信而疯狂，他们甚至以把活人赶出超市、喂食怪兽的方式，向上帝献祭和赎罪。超市再也不是藏身之地，戴维几人冲进迷雾、开车出逃，一直开到汽车因没油而熄火，却仍然没有走出迷雾。他们陷入了绝境。为了不被怪兽吃掉，5 人决定自杀。戴维亲手杀死了儿子和其余 3 人，自杀时枪里却没有了子弹。绝望、愤怒、歇斯底里的戴维走出汽车，迎接仍在迷雾中吼叫的怪兽的吞噬，却发现迎面走来的不是怪兽，而是装甲车和全副武装的军人。军队开进了小镇，怪兽被消灭，浓雾随之消散，空留下悲愤欲绝的戴维。

　　大部分观众震惊于电影荒诞无奈的结局，感慨剧中人的性格缺陷导致的悲剧命运，认为戴维等人的悲剧在于没有在绝境中选择坚持，最后发出了"放弃什么也别放弃希望"①的慨叹，很少有观众和研究者从更深的层面去关照戴维行为的思想根源和意识形态症候。事实上，使戴维亲手杀死儿子的不是绝望，而是理性至上的意识形态，"《迷雾》出人意料的结尾决定了它是一个关乎理性推断的悲剧。主人公……的行为逻辑是：（目前）没有汽油＋异形＝（马上）必然被吞噬。在这个公式里，逻辑推断不仅覆盖了生活世界中的一切变

① http://movie.mtime.com/68393/reviews/7800215. html.

数可能,殖民了未来世界,并用推断的未来指导了此在的时间活动。在这个逻辑中,任何可能性或曰偶然性是没有位置的"①。近代以来,人类逐渐用理性取代了信仰,把理性高扬为世间最高的统治法则,并且把自己看作是至高理性的化身。笛卡尔说:"严格地说来,我只是一个在思维的东西,也就是说,一个精神、一个理智,或者一个理性。"②正是凭借着理性,人类才拥有了主体性,从万物中超拔出来,睥睨万物,傲视四方。然而,当理性和逻辑推断完全控制了人的思想,抛弃了上帝和信仰却没有为偶然、命运和可能性留下任何地盘时,理性便与令人疯狂和偏执的邪教没有什么差别了。就此来讲,这是一部深刻反思和批判人类理性局限性的电影。然而遗憾的是,电影对于理性偏执的反思却是以"抹除""扭曲"和"妖魔化"动物为前提的。动物从电影中消失了,只剩下异形。这部电影只是关于人或理性推断的悲剧,而不是一个拥有更大视野的包括动物、人类与自然的命运共同体的悲剧。作为反面角色,动物在电影中完全成了异化的怪物,它们只是作为推动剧情继续向前发展的一个叙事动力而存在,完全被丑陋化、妖魔化、工具化,而动物本身遭受的残杀、迫害和异化则完全被背景化、边缘化。于是,电影所展现的不是人与动物的共同受难,而是人类理性本身的困局。对于电影中加入的动物异形,导演德拉邦特如是说:"其实不管是不是违反自然规律,它都只是一个故事的装饰而已,也许可能会更加恐怖一些,但最终故事的核心却不在它的身上,而是在人性以及人类生存的大环境里。"③这句话非常清楚地点明了导演关注的核心是人性,而非动物和其他自然生命,即使他提到了"人类生存的大环境",他却把人类之外的其他生命和自然剔除了。这样,在一部充满异形动物的电影里,通过叙事编码,导演使我们成功地躲避了与动物的"正面相遇",而只看到理性的困局

---

① 王咏:《唯理与启示:灾难叙事中的原型研究》,《中国地质大学学报(社会科学版)》2013年第3期。

② 笛卡尔:《第一哲学沉思集》,庞景仁译,商务印书馆1986年版,第26页。

③ https://baike.baidu.com/item/迷雾/5155564?fr=aladdin#reference-[7]-8726862-wrap.

和人性的挣扎。

要想更好地理解这一问题,我们还需要进一步说明一下电影预设的叙事背景:小镇附近有军方在进行化学武器研制,由于不慎,用于军方进行化学实验的动物们跑了出来,成了小镇上吃人的怪兽。也就是说,电影结尾戴着防毒面具救助人民的军方,及其背后现代化的国家机器、科学技术,恰恰是小镇悲剧的罪魁祸首,他们不仅是小镇人民灾难的元凶,而且也是浓雾中吃人怪兽的始作俑者。这些内容是电影展开叙事的前提,可是,电影在叙事中有意把这些内容做淡化处理,却刻意凸显了异形动物对于人类的残杀,这样,造成电影中小镇人们悲剧的便不再是现代科技、生化试验,也不再是试图控制、奴役动物和自然的人类,而是异化了的动物。简单说来,人类对于动物的囚禁、猎杀、奴役、试验被电影的叙事话语有效地抹除和淡化了,而动物的丑陋、凶猛、恶心、怪诞却被无限地夸大和突出了。于是,人类的罪恶被成功地转嫁到受害者——动物身上。正是人类发明的现代科技把日常生活中温驯无辜的动物变成了吃人的怪物,最后又被人类赶尽杀绝;更为可怕的是,因为人类中心主义和理性至上的意识形态,人类不但不会把这些动物的异化和死亡归咎于己,进而反省自己的过失,反倒是将动物展现为"怪兽"和"异形",使它们即便死亡也要担负着残害人类的恶名,永世不得超生。事实上,在化学实验异化动物之前,人类已经被科技和理性先行异化了——戴着防毒面具前来救援的军人和异形动物一样骇人,它们几乎没有分别。被异化的人类不但没有被突出和显现(他们只是在电影结尾处一闪而过),而且是以杀死怪兽、拯救人类的英雄形象出现的;与之相对,在大自然中自由自在的动物的本然状态,却完全被遮挡在荧幕之外。通过电影屏幕的显现/遮蔽,美丽的生灵变成了吃人的怪兽;通过电影故事的言说/沉默,异化的人类变成了救人的天使。从生态语言学的角度来看,这部电影荒诞悲惨的结局,其实源于工具理性思维及实践对于个人、群体以及其他生物的毁灭性灾难。理性至上的思维和实践方式,建基于上的国家机器和意识形态极有可能导致一个民族、一个国家的大灾难,甚至是包括人类在内的所有生物的毁灭。遗憾的是,导演没能在这方面予以凸显和强调。

显而易见,《迷雾》中的动物以其丑陋怪诞的视觉形象表征着生命的偶然、命运的荒诞、世界的无可把握及非理性的存在,它们"吃人的本质"与其说源于动物的本性,不如说源于被现代科技异化的人类自身。无论是异化的动物,还是命运悲惨的小镇居民,都不过是理性主义和科技主义的牺牲品。《迷雾》《狂蟒之灾》和《大白鲨》等系列电影也是如此,一方面表现了人类中心主义、科技至上和理性至上的困局,另一方面却把动物妖魔化地"抹除"了。动物在这样的电影中只是与人类作对的怪兽和异形,象征着非理性的存在。

（三）视觉奇观:复活的野兽及其隐忧

拟像型动物形象是基于计算机技术制作的虚拟影像,这类影像并无现实中与之对应的动物,它们也没有被赋予特定的所指含义,并不是人类的自我意识的表现和投射,它们只是依照商业逻辑被无限复制的图像产品,它们是纯粹能指的自我指涉和自我游戏。这种虚拟的动物形象既被挖空了现实生命(与现实无关),而且被掏空了含义(与所指无关)。所以拟像型动物形象一方面否定了再现型动物形象所再现的真实动物生命,另一方面否定了表现型动物形象背后的主体性。从其否定主体性上来讲,拟像型动物形象当然是对人类中心主义和主客对立思维方式的批判与超越,在这个意义上,拟像型动物形象显然具有积极的生态学意义。然而,虚拟影像的无限增殖屏蔽甚至取消了活生生的动物,以奇观化的方式吸引了人们几乎所有的注意力,使动物真实的生命变成虚假的、魅惑的幻影,从这个意义上讲,它又取消了动物的现实存在,这又显然是不利于生态的。

拟像型动物形象的生产有其深刻的社会现实和理论根源,它们具有典型的后现代工业社会的症候。后现代工业社会是一个高度信息化的社会,社会的一切存在都被纳入一个信息或语言的网络加以编码,整个存在的领域都被语言化和符号化。这种社会现实体现在理论层面,是后现代强调话语优先权的后结构主义理论,这一理论强调,所谓的"现实"并不存在,整个现实领域都是被语言、形象等符号所建构出来的。在社会现实和理论观念都倾向于否定实在的后工业社会,图像的生产和制作也倾向于脱开现实的束缚,完全进入了虚拟的拟像形态,这样的一种社会现实、文化观念和图像生产方式显然又是不利于生态的。"一方面,高度符号化、语言化的后工业文明状况从现实形态上遮蔽了自然,它麻木了我们对自然的感觉,抑制了我们对自然的欲望。它让我们沉溺于虚拟的符号世界之中,通过与一个虚拟世界的游戏,使我们忘怀了与真实的自然世界的交往,加剧了人与自然关系的疏离。另一方面,以后结构主义为代表的、强调话语优先地位的解构性的后现代理论,则从观念上根本性地取消了自然。"①在后现代社会中,甚至有不少看起来很生态的话语叙事和影像呈现,其实质可能是非生态的,或者是浅生态的,其实质只是一种基于"消费社会"的欲望生产。

20 世纪 70 年代,电脑制图技术逐渐成熟,而在 90 年代以后,数字技术已经在欧美电影中广泛应用。数字技术的成熟为电影创作带来了极大的便利,也为电影创造了崭新的制作空间,原来很难在技术上实现的题材、技巧、风格追求等现在可以凭借数字技术来完成。原来受到多种限制的动物题材电影,由于数字技术的帮助而展现出了空前的繁荣与活力,20 世纪 90 年代以来动物形象在电影中爆发式地增长就是证明。数字技术创造了一个全新的电影时代,甚至改变了电影的本质,也改变了电影与其表象世界的关系。单纯从技术层面讲,无论是《侏罗纪公园》《阿凡达》《帕丁顿熊》还是《少年派的奇幻漂流》,其中的动物都是基于 CGI 技术在电脑上制作的虚拟形象,它们都是纯粹的数字影像,在这一点上没有差别。但是,我们根据前面的符号学理论,即根据图像(能指)、图像的含义(所指)和实在(现实)的关系把

---

① 赵奎英:《生态语言学与当代生态文学、文化研究的语言理论基础建构》,《文艺理论研究》2014 年第 4 期。

《少年派的奇幻漂流》归类为表现型动物形象,而把前三者归类为拟像型动物形象。因为《少年派的奇幻漂流》中的动物形象虽然跟现实无关,但它们都有人为赋予的明确寓意,动物形象的能指符号被赋予了所指,所以它是表现型动物形象。《侏罗纪公园》《阿凡达》和《帕丁顿熊》却与《少年派的奇幻漂流》不同,其中的动物形象作为一种电脑制作的虚拟影像,既无与之对应的现实中的动物,也没有特定所指,所以,它们是纯粹的能指符号,我们将之归类为拟像型动物形象。我们在此以《帕丁顿熊》为例来剖析拟像型动物形象的生态话语建构,考察其中的动物形象是否真正起到了引发保护动物和爱护自然的价值。

《帕丁顿熊》(2014)是英国导演保罗·金(Paul King)执导的一部真人与动画结合的影片,该片以一个来自秘鲁的小熊为主角,讲述了它到伦敦寻找故人的故事。遭遇风暴失去家园,帕丁顿熊踏上了去伦敦的寻找家园之路,因为曾经有个探险家克莱德先生来到森林中,对帕丁顿熊很好,并邀请它去伦敦做客。帕丁顿熊在伦敦偶遇布朗夫人,布朗夫人将其带回家,帮助他寻找探险家。帕丁顿找到探险家的住所,接见它的却是其女儿克莱德小姐,她是博物馆的博物家,专门搜罗珍稀动物,并杀死它们做标本,帕丁顿熊正是她要寻找的珍稀动物。原来克莱德小姐的父亲克莱德先生曾在森林发现帕丁顿熊一家,但他拒绝将帕丁顿熊带回伦敦将其杀死作为标本献给大英博物馆,而是将活着的帕丁顿熊一家留在不为人知的森林,空手而归的克莱德被英国博物学会除名,默默无闻地去世了。克莱德没有为了人类获得僵死的"新知"和个人利益,违背生态伦理杀死活生生的动物,可是克莱德先生的女儿却发誓要完成父亲"未竟的事业"——捉住帕丁顿熊,将它杀死放进博物馆当标本。最后,布朗一家及时赶到博物馆,最终拯救了帕丁顿熊。克莱德小姐在博物馆准备杀死帕丁顿熊做标本时,对它说:"这是知识的殿堂,每一位著名的探险家都为这里增添过荣誉,达尔文为这里带来了加拉帕戈斯群岛的大海龟,斯科特船长带来了南极的帝企鹅,库克船长带来了澳大利亚袋鼠,这些都因为他们的发现而永垂不朽。但是,你看见我父亲的东西了吗? 没有。因为他发现了你们这种珍稀物种,却没有留下一个标本。""……我们本应很出名很有钱的,但是相反,他抛弃了一切,开了家宠物动物园。他把那些动物的幸福放在了他自己的幸福之上。"无须赘言,克莱德小姐直陈了现代化在全世界展开的一个客观事实,那就是人类对于自然的征服,对动物的奴役、迫害、研究,理性对于感性的压抑,与欧美国家对于其他地区的殖民,是同一过程中的不同方面。她的观点是典型的现代工具理性的价值观,把所有一切都视为科学研究的对象,而科学知识的后面正是权力欲望,是奴役对象的冲动,是获取利益的冒险精神,是勠力外求的理性。[①] 该片一方面通过"拟人化"的方法凸显了帕丁顿熊这一动物形象,另一方面对以克莱德小姐为代表的总是企图奴役和利用动物的人类进行了批判,对于以现代性为主导的人类中心主义、理性主义、科学主义进行了彻底而深刻的揭露和批判,褒扬了那些热爱和保护动物的行动和人们,显然具有保护动物、爱护自然的积极生态导向。

虽然《帕丁顿熊》在电影的叙事层面上表现出了典型的生态内涵,但从电影的视觉再现方面看,情况就更为复杂隐蔽。生态语言学家乔拉(Saroj Chawla)认为语言与哲学、世界观有直接关系,而世界观跟我们对自然和生态的看法直接相关,他认为:"当一个人讨论人类与自然环境之间的关系的时候,他可以区分出现实的两个向度:客观现实和认知现实。客观现实是指自然环境——空气、水、海洋、山、气候等等。认知现实是指人类的知觉和创造。认知的创造可以修改客观的现实……认知现实与语言密切相关,因为对客观现实的改造是被语言促进的。语言具有激发意象和复杂观念的力量。起初模糊的观念,慢慢地会变得确定并变成结晶化的现实本身。"[②]不仅语言,图像同样

---

① 刘昌奇:《百兽率舞——2000 年以来的欧美电影动物形象研究》,《文化艺术研究》2018年第 2 期。

② Saroj Chawla,"Linguistic and Philosophical Roots of Our Environment Crisis",in Alwin Fill and Peter Mühlhäusler eds.,*The Ecolinguistics Reader:Language*,*Ecology and Environment*,London and New York:Continuum,2001,p.115.

具有激发意象和观念的力量。当已然从现代日常生活中逐渐分离出去的动物以一种奇观化、虚无化的方式重返人们的现代生活,并且为人们所追捧和喜爱的时候,人们往往只能按照虚拟的方式想象虚假的动物,并且遗忘了现实中正在遭受磨难的动物和自然。

三、当代欧美动物电影语言的生态语言学批评

根据阿伦·斯提布的看法,生态语言学批评是高度关注语言中的抹除现象的。如果说语言文本中对于自然、动物、植物的"抹除"已经被语言学家所注意和警醒,那么图像文本中对于自然的"抹除"还没有获得足够的关注和重视。视觉和听觉、图像和语言是人类把握世界的两种最重要的知觉方式和知觉符号,二者的联合对于大于人类的更大生命系统的知觉嵌入具有不可替代的作用,对于恢复人类对于草木、山水、动物、自然的知觉,建构整体性的生态意识具有重大意义。电影语言作为一种"图像—语言",也是兼具"视觉"和"听觉"的视听语言,是今天媒介社会的主要传播方式和语言形态,它对于人类知觉的编码、抹除或建构就更为复杂、综合、立体而隐秘,电影通过视听语言进行的话语建构就是生态语言学必须加以考察的对象。

电影语言不同于文学语言,也不同于单纯的图像语言,甚至也不是二者的简单相加,毋宁说,电影语言是两者的有机融合、交互共生,由此形成一种在场的、流动的、立体的现象语言。阿伦·斯提布在其《生态语言学》的"抹除"一章中说:"本章关注的核心是,各种各样的文本对自然世界的抹除。如果在构成社会的主流话语中消失或被抹除,支撑生命的生态系统不大可能被赋予优先权。"因此,生态语言学就需要以生态学的视野去"探究语言活动中的抹除,检查什么被文本和话语抹除了,思考该抹除是否有问题。如果有问题的话,那些被抹除的东西怎样才能恢复到意识中"①。当然,斯提布所说的主要是语言

---

① Arran Stibbe, *Ecolinguistics : Language , Ecology and the Stories we Live By*, London and New York : Routledge , 2015 , p.159.

文本中自然的"抹除",而我们主要关注的是电影文本中的动物是否被"遮蔽"。我们在此要做的,是结合电影文本的具体内容分析其视听语言的生态话语建构。具体说来,我们既要从景别、构图、拍摄视角等视觉语言方面考察对于动物的视觉展现,又要从音响、音乐、人声等听觉语言方面分析对于动物的"叙述",也要从蒙太奇或长镜头角度分析展现动物的"电影语法",通过对动物形象以上方面的考察,深入分析对于动物的"视觉编码""话语建构",看它是否真正具有生态意义、生态精神。

(一) 从"凝视动物"到"人兽对视"

再现型的动物形象大部分都被展现为电影的背景、道具或配角,即使是在那些把动物塑造为主角的电影中,动物也往往并不能真正拥有主体地位(动物在叙事话语中依然是作为人的附庸而存在的),不能真正获得"观看"的主动权(电影中并无与动物同一的摄影视角),所以它们大都是"人类中心主义"的电影,动物在其中只是被观看的客体和对象。然而,让·雅克·阿诺执导的《熊的故事》和《虎兄虎弟》一样,超越了一般再现型动物形象的诸多限制,不仅以动物为主角,而且加入了动物的视角,一改人类"凝视动物"的自说自话为"人兽对视"的视觉对话,对人与动物的关系表现出深刻的反思,可视为法国当代动物电影的最高成就。

《熊的故事》讲述了一只失去母亲的小熊与一只大熊相处的故事。一只母熊在枯树洞里掏蜂蜜,不幸被枯树后掉落下来的巨石砸中而殒命。小熊悲哀地在母熊身边守了两天后离开,在森林中偶遇一只大熊。孤苦无依的小熊想接近大熊,但大熊的怒吼和拒斥让小熊敬而远之。森林中还有一老一少两个猎人,他们发现了大熊的踪迹,并打伤了它。小熊一路追踪受伤后的大熊,为它舔伤,大熊慢慢接纳了小熊,教给它捕食。猎人等来了帮手猎狗,追踪大熊而不得,却猎取了小熊。猎人又布下陷阱,分别守候在大熊的必经之路上。大熊却趁青年猎人不备时从他背后袭来,面对瑟瑟发抖的猎人,本有机会杀死猎人的大熊动了恻隐之心,放了猎人。青年猎人伺机报复,终究心生惭愧,劝服此刻已经赶来的老猎人放下猎枪,并同老猎人一起退出了森林。然而森林仍不平静,小熊被一只豹子追踪,几乎殒命,正在这时,大熊赶来……显然,这部电影在叙事上的最大特点就是,动物占据了这部电影大部分的戏份,并且完全以两只熊为主角,人则退到了次要和从属的地位。动物由此在电影中得到了突显和强调。

从影片的景别上讲,《熊的故事》非常富有特色,电影一方面用了很多远景来展现山峰、树林、草丛、天空、河流等,另一方面又用了很多特写镜头来展现动物。影片的第一个镜头就富有意味,先是一个崇山峻岭的大远景,然后慢慢摇向近处的一块山石,山石上是一只小熊,然后镜头慢慢推进,一只大熊也映入眼帘。这种由远及近的镜头展现方式,一方面简洁客观地交代了故事发生的背景,展现了美丽的自然景观,另一方面又巧妙地把目光聚焦在电影的主角——小熊身上。而且,这里没有用人为的剪辑打断熊与自然的连接,而是以一个浑然一体的长镜头把电影的主角(熊)和背景(自然)同时展现出来,保持了电影空间的连续性、开放性和整体性。从电影的构图上说,这部电影常常把人与熊并置一图,并且把动物放在了更为主要的位置,突显了动物的主动性和主体性,而使人类处于被动和客体化的位置上,通过这样的构图方式重新组织了人与动物的关系,表现了对于动物的肯定与关怀,对于人类中心和主体地位的反思与批判。

图7-1讲述的是两个猎人布下陷阱后准备前后包抄大熊,大熊却出其不意地从背后向年轻猎人袭来的情节。大熊伸出锐利的爪子,向着猎人怒吼,而猎人则被吓作一团,跪地求饶。熊心生悲悯,向人示威后,转身离开。显而易见,在这个镜头中,熊在画面左侧偏上占据了更大的空间、更主要的位置,完全主导了这个空间,而人在画面中则缩成一团,跪倒在地,躲在画面右下角。这个画面不仅仅显示出这一客观情境下人的渺小脆弱与熊的强壮高大,更是在道德评价上凸显了猎人的偏狭自私与熊的宽大悲悯。通过一个下跪的猎人的俯拍镜头,这一道德评判彰显无疑。

图7-1　《熊的故事》剧照

图7-2　《熊的故事》剧照

　　在两个猎人心生愧疚离开森林时,他们释放了捉住的小熊,小熊跑上山坡,远远地看着猎人离开(如图7-2)。在这个视野开阔、略带俯视的镜头中,画面右边的小熊因为处于近景显得异常高大,而人类因为被安排在左下角的远景中显得异常渺小,其褒贬之意显而易见。更为重要的是,在这个镜头中,摄影机向前观看人类的视线,正是小熊向前观看人类的视线,摄影机和小熊的视线完全统一。这样,作为动物的小熊不仅在画面中占据了主要的位置,而且获得了与摄影机视角统一的主体视角,它不再只是"被看"的对象,而是成了"观看"的主体。在这个镜头中,被观看、审视的对象性客体是人类;而动物则占据了观看、审视的主体位置。电影显然对屠杀、买卖动物的猎人进行了批判和指责,对利欲熏心的人类提出了警醒,而对动物则充满了浓浓的关怀与喜爱。无论是处在近景和高处的小熊,还是处在远景和下方渐行渐远的人类,都被囊括在这个视野开阔、气象万千的镜头中,一方面还令观众如释重负,另一方面令观众心旷神怡,无法不对人与动物、自然之间和谐美好的关系充满了期待,电影的生态主题也就自然得到了彰显。这部电影还有一个特别值得重视的地方,就是它采用了一种多元而又相互交织的视角,其中既有人的主观视角,也有动物的主观视角。如果说望远镜中所"窥视"到的森林和动物凸显的是猎人的主观镜头,因为视野的局限处处透露着人类"一叶障目"的偏狭与自私;那么白天没有捉到而夜晚出现在梦中的青蛙,吃了毒蘑菇后看到的恍惚的蝴蝶,显然展现的是小熊的主观视角,突显的是动物世界的混沌和恐惧。电影中出现人的主观视角并不稀奇,奇异的是出现了动物的主观视角。

这部电影特别值得关注和赞赏的是,其中多次出现从动物的视角出发的镜头。图 7-2 即是一例。严格来讲,摄影机的机位及其视线,其实正是隐藏的电影创作人员的视角和视线,而这个视角和视线又规定了观众的视角和视线。每个电影镜头的视角都是人为规定的,都是经由导演、摄影等电影创作人员所规定、筛选、编排的,都指向一个外在的拍摄对象,而电影镜头中所展现的一切都是"视觉对象",其背后归根到底是隐形的、不可见的"人的视角"。在一般的电影中,作为一种视觉无意识,摄影机这一电影的隐形眼睛,都是与剧中人的视角相统一的。能够观看的只是人类,其余都是被看的他者,动物只是视觉的对象而非视觉的主体,这是"人类中心主义"在视觉上最典型的表征。

在语言中,人类一般会本能地把自己确立为主语,而把包括动物在内的外在世界确立为宾语,在句法结构上就先在地确定了人类的主体地位和动物的客体地位,要想改变这种动物的他者地位,可以通过"从句参与者"的"主动化"使之"凸显",在图像中则可以通过视觉对象——动物的"主动化"而使之得到"凸显",即赋予动物观看的权力和动作。"在被表示为做、思考、感触或说某些事,而不是被做的时候,参与者就被主动化了"①,同样,在让动物去看,而不只是被看的时候,动物在电影中就主动化了,就成了主动参与电影演出的"主角"了。在这部电影中,不仅人能够看动物,动物也能回看人,从动物的视角向人"返身而望",这就使得人成了被看的客体,而动物则成了观看的主体,从而解构了人类总是占据观看主体位置的视觉机制,重新建构了一种人与动物视线交织的视觉对话。凸显了获得视觉主动权的动物,也就自然打破了"人类中心主义"的魔咒,为建构一种崭新的人类与动物的视觉对话提供了视觉语言基础,更容易促使人们形成爱护动物、保护环境的生态观念。

在声音的运用上,这部电影也颇具特色。人当然要说"人话",但这部电影中的动物没有落入俗套地"口出人言",甚至连一般电影中必要的旁白也没有使用,更多的是通过动物本身的"表演"来完成这部影片。没有让动物"口出人言",这样就防止了动物的"拟人化",避免了以人的语言内在地"扭曲"动物;没有旁白,防止了人声以画外音的方式干涉动物的自然呈现,这样避免了人的语言外在地"遮蔽"动物。让动物依靠自己的吼叫、动作、行动来展现它自身,而不是以人的语言去"叙述"动物,这样就避免了语言叙述对于动物的遮蔽、扭曲和抹除,使得动物可以按照其本来的样子被揭示和展现出来,也就真正做到了对于动物的尊重和凸显。电影使用了很多的自然音响,尽量避免人工音响和音乐,以突显自然环境的真实、完整和统一,这样的声音使用方式也为电影展现动物和自然增色不少。

---

① Arran Stibbe, *Ecolinguistics*: *Language*, *Ecology and the Stories We Live By*, London and New York: Routledge, 2015, p.182.

不同于那些简单地把动物作为道具、叙事背景的电影,也不同于虽然把动物作为主角但依然采用人类视角的电影,或者是那些过多使用人的语言遮蔽动物的自然呈现的电影,《熊的故事》创造了一种全新的"呈现性"的再现型动物形象。第一,电影融纪录片与故事片于一炉,以纪录片的拍摄手法完成,使得电影多了一份"以物观物"的客观与冷静,少了一份"以我观物"的主观与偏执。第二,电影不仅以熊为主角,而且以熊的视角展开叙事,真正做到了"以动物为中心",而不是"以人类为中心",是一部真正意义上的动物电影。第三,电影没有让动物违背动物性地说人话,也没有使用纪录片中常见的解说词,这就突破了以人类的语言讲述动物故事的窠臼,从而使得动物自己言说自己、自己呈现自己成为可能。第四,电影不仅以两只熊作为电影的主角,而且表现了熊的悲悯和大度,相较之下,人类在电影中既不是主角,也不是道德、理性这些人类珍视的品性的占有者,这就真正做到了平视动物,而不是俯瞰动物。

(二) 人兽互文的视觉隐喻

因为表现型动物形象具有特定的象征和寓意,动物作为能指被用来指代"人为"赋予其上的所指,所以往往具有潜在的"人类中心主义"和把动物对象化的倾向,但这并不意味着表现型动物形象就不能具有自反性和反思性。表现型动物形象不仅可以通过"陌生化"的方式凸显动物,而且以其象征性而具有特别的理性深度。真正把表现型动物形象推向一个新高度的,是李安导演的《少年派的奇幻漂流》。这部电影先后向观众讲述了同一个故事的两个版本(分别关于动物和人),两个版本形成了一种奇妙的相互指涉的互文关系,老虎与派构成一对相互指涉的隐喻符号。在一般的表现型动物电影中,动物作为能指指向自身以外的所指意义,被凸显的是所指(人),被遗忘的是能指(动物);而《少年派》的特异之处在于,它通过建构人兽互文的视觉隐喻,反过来让人变成能指,把动物变成所指。事实上,没有离开能指的所指,所指即能指。换言之,派就是老虎,老虎就是派;人的故事就是动物的故事,动物的故事就是人的故事。

派与哥哥、爸爸、妈妈生活在印度,家里拥有一座动物园,派少年时常常与动物为伍。派与母亲一样,是素食主义者、虔诚的宗教信徒,只是他奇异地同时信仰佛教、基督教和伊斯兰教,认为这并不冲突。派对动物、自然、宗教、女性都充满了美好的幻想与尊敬。派的父亲则是一个信仰理性与科学的生意人。家里决定移民去加拿大追求更好的生活,与家人同行的还有动物园里的动物。不幸的是,海上遇到了暴风雨,派的父母、哥哥全部遇难。派搭上了一艘救生船,漂浮在太平洋上,同船的还有一只猩猩、一只鬣狗、一匹斑马和一只名叫理查德·派克的老虎。在船上,先是鬣狗吃了斑马,咬死了猩猩,后来老虎又咬死了鬣狗。船上只剩下派和老虎,于是派开始了一段与老虎共处的奇幻漂流,最后在墨西哥海岸被人救起,老虎则不回头地隐入森林,从此消失。这是电影的第一个版本,处于电影的前景。导演又通过片中采访派的记者讲述了故事的另一版本(真相):其实,那条救生船上根本就没有动物,只有一个水手、一个厨子、派和他的母亲。于是,两个版本中的人与动物形成了一一对应的隐喻关系:水手是无辜的斑马,厨子是凶狠的鬣狗,母亲是温和的猩猩,派则是凶猛的老虎。于是,真相可能是海难发生之后,水手、厨子、派、派的母亲四人在救生船上幸存下来。在极端环境下,先是厨子吃掉了水手,派的母亲对此深恶痛绝,厨子又杀死了派的母亲,最后派又杀死了厨子,靠食人(包括派的母亲)得以幸存。于是,前一个故事那种奇幻的冒险和诗意的自然风景背后,竟然是耸人听闻的人吃人的故事。人与人的关系在《少年派的奇幻漂流》中被恢复为一种原始的、赤裸裸的吃与被吃的动物性关系,也即还原为一种原生的自然关系。具有象征意味的是,派恰恰是因为化成猛虎,变成吃人的动物,才得以在极端自然环境下生存下来,并且是在此基础上才拥有自己附加于自然生命之上的道德、信仰和文明。李安在电影中直面人类原始的自然性、动物性:人类根深蒂固、无法抹除的动物性,既是人性的根柢,又是人类文明和道德无法直视的深渊。电影接近结束时,老虎与派获救后,意味着派登上"文明的堤岸",重返理性和道德主宰的人类社会,而老虎则头也不回地隐入森林,任凭派无力的哭泣——派明白他对于动物、自然的依存关系,这些是生命赖以存在的根系、土壤和母体,而包括理性、道德和信仰在内的所有人类文明不过是生长于其上的花朵。

《少年派的奇幻漂流》一个故事、两个版本的叙事方式,使得两个相互对立的版本互相指涉又相互转化,最终统一为一个完整的故事,构成了一个关于人与动物、文明与自然的宏大隐喻结构。如果说故事的第一个版本(关于动物)是隐喻的本体,那么故事的第二个版本(关于人)就是喻体,反之亦然。人被比喻为动物,动物也被比喻为人。通过一种巧妙的互文叙事,李安把整部电影结构成一个"人兽一体两面"、"文明自然一体两面"的隐喻。隐喻是比喻的一种,按照乔纳森·卡勒的看法,比喻是认知的一种基本方式,通过把一种事物看成另一种事物而认识了它。而比喻得以成立的前提是,本体和喻体之间有相同之处,又是不同的对象。自启蒙运动以来,人越来越少地被比喻为动物,"人是动物"的比喻意味着对人的贬抑、降低和侮辱,现代人努力通过高扬理性"与动物划清界限";另一方面,动物越来越少地被比喻为人,它们更多地被比喻为机器,动物个体化的感性生命被彻底"抹除",只剩下冰冷的物质和抽象的功能。人与动物之间的鸿沟越来越大,与之一起扩大的,还有理性与感性、文明与自然、科学与宗教之间的鸿沟。《少年派的奇幻漂流》通过影像的方式让"人是动物"这个古老的隐喻再次复活,使得想象的、理性的、线性的语言(隐喻)变成视觉的、肉身的、空间的图像,使得猛虎野兽在人身体中的苏醒、复活和怒吼变得具体、可视、可听、可感、可触(3D版电影尤为凸显)。与此同时,电影因为以语言(隐喻)的方式建构了一种现代艺术的深度叙事,老虎是派的隐喻和深度,派也是老虎的隐喻和深度;于是,双重的隐喻使得视觉的、肉身的、空间的影像不但没有流于感官的表层,反倒是被赋予一种锐利的理性反思,直探人性、动物性、自然、文明的本真。

图7-3 《少年派的奇幻漂流》剧照

　　图7-3和图7-4描述的情景是派在大海上漂流了很多天,在一场暴风雨中丢掉了所有捕鱼和获取淡水的工具,更为具有象征意义的是,他在暴风雨中丢掉了笔记本,上面用文字记录着他在海上的生活——在极端的自然环境中,这是派与文明世界最后的一丝联系。弹尽粮绝之际,一个风平浪静的夜晚,派扶着船舷深深地望向水面,他凝视着(图7-4);与少年派一样,老虎派也扶着船舷深深地望向水面,望向他在水中的倒影(图7-3)。

　　两个镜头运用了相同的近景景别,相同的推镜头,相同的居中对称构图,相同的正面拍摄方向,相同的机位(从正下方仰拍),并且拍摄对象相同地违反常规地直视镜头、看向画外(从正上方俯瞰)。这两个镜头便具有一种令人无法直视的震颤!不必等到后半段访问派的记者揭开谜底,让这个人与动物奇幻漂流的美丽故事敞开其人吃人的残酷本质,敏感的观众也应该在这两个同形同构的镜头中发现蛛丝马迹,意识到图7-3其实是图7-4的倒影——派就是老虎,老虎就是派。当少年派用文字记录他漂流生活的日记本在暴风雨中被卷走时,他与人类文明社会的最后一丝联系被切断,他彻底化身为那只孟

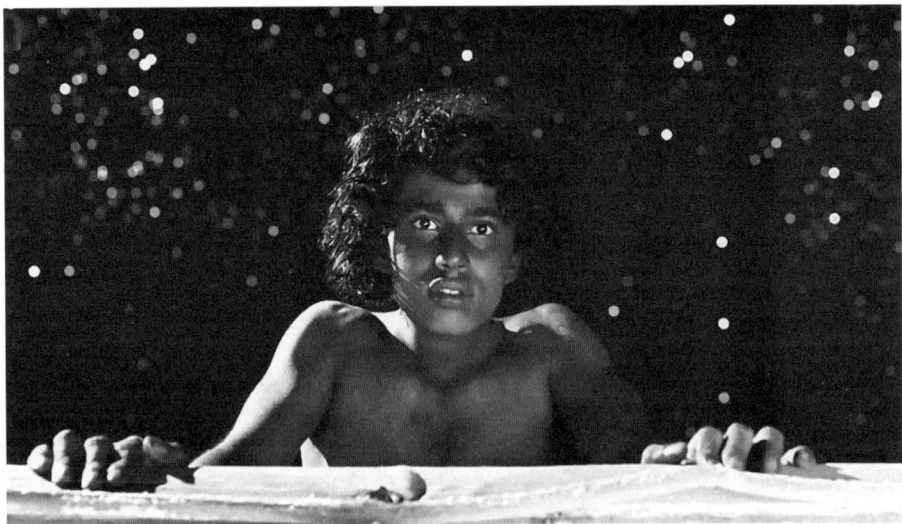

图 7-4 《少年派的奇幻漂流》剧照

加拉虎,变成一只吃人的野兽。此时,少年派扶着船舷向下俯瞰,对着水面揽镜自照,他深深地凝视,先是疑惑,而后是恍惚,最后终究是确定:水面前景中浮现的不是文明的人类,而是凶猛的野兽;水面背景中映现的也不是星光灿烂的天空,而是深不见底的深渊。

在一般的电影中,只有人才具有观看的权利,动物不会被赋予观看的权利。然而在图 7-3 中,一个推镜头逐渐接近老虎,近景中的老虎在画面中逐渐被放大,得到空前的突出和强调,他虎目圆睁,直愣愣地看向画外空间,不再躲避画外人类的目光,不再只是甘心做一个被看的对象——他直面观众的观看,他迫使观众直视他的眼睛。这只孟加拉虎成了观看的主体,他望向人类,凝视人类,逼视人类,直视人的眼睛和灵魂,直视人的自尊、自大、盲目、骄傲、怯懦和脆弱,他观看着人类的观看,似乎也直视着人类眼中的他自己。更因为这是一个摄影机占据老虎正下方位置的仰拍镜头,老虎拥有了一个与天空和上帝相同的绝对空间位置,这就让老虎(动物)占据了一个不容躲避、不容反抗、不容置疑的至高视点,与之相反,摄影机作为隐藏的"人类的眼睛",其正下方的机位直接决定了观众(人类)向正上方仰望的视线,人类就必然处于一个被老虎的视点完全笼罩和压抑的至低视点。这就完全颠倒了人类对于动物一贯至高无上的观看视点和主动的观看方式,使得人类反倒成了动物的观看对象,处于动物的凝视之下。通过人与动物在观看视点上的置换,不仅人类对于动物观看的视觉无意识被呈现出来,而且人与动物不对等的观看与被观看的视觉权力关系也被呈现出来,这就为人类进一步"捐弃物欲,反观内照"的自我批判提供了基础。从根本上说,图7-3所示的老虎不过是图7-4所示的派的自我镜像,野兽当然是人性无法直视的深渊,然而,野兽同时也是人性的根柢,在这个意义上,野兽及其背后的自然不仅是人类的深渊,同时也是人类的天空和上帝。因此,在电影中不仅派(人类)可以向下俯瞰老虎(动物),老虎(动物)也可以反过来占据天空和上帝的位置向下俯瞰派(人类)。人类和动物其实互为镜像、互为倒影。自然和文明互为高明的天空,也互为无底的深渊。与其说动物寓居于人类之中,不如说人类寓居于动物之中;与其说文明的火把照亮了幽暗的自然,不如说自然的大地孕育了文明的绿色。

(三) 生成动物:越界与共生

如果说《少年派的奇幻漂流》展现了人在极端的原始自然环境下残酷又无邪的动物性本能,并以人与动物在叙事上的相互置换,来探讨人与动物、文明与自然、本能与信仰之间的矛盾、和解关系。那么,《阿凡达》则以科技与商业结合的方式,在想象的世界里演绎了一场人与动物、植物乃至万物浑然一体的远古图腾景象,并构造了一座巨大的人、动物、植物与机器链接的装置艺术。《阿凡达》当中的动物形象是科技与艺术的结合,是远古与现代的碰撞,是自然与人工的复合,是人、动物、机器的越界与共生——赛博格。《阿凡达》中纳威等族人居住的潘多拉星球无疑是人类前工业时代的原始牧歌,纳威人相信周围的动物、植物乃至无机物都是相互联系的一个生命整体,人所拥有的一切都是神灵的恩赐。

人类在潘多拉星球上发现了昂贵的稀有矿物,准备开发潘多拉星球。不巧的是,恰巧在富矿区,长着一棵参天大树,而纳威人正住在这棵树上。为了开采矿产获取利益,人类准备驱除那里的土著居民,可是那里的居民不愿离开。为了劝服纳威人自觉地离开,也为了摸清纳威人的居住环境和文化习俗,为武力驱除纳威人做准备,人类发明了"阿凡达"。"阿凡达"是人类基因和纳威人基因混合的产物,人类可以通过现代科技与阿凡达身体链接,像土著人一样生活在潘多拉星球上。杰克·萨利是个双腿残疾的退伍军人,被遣往潘多拉星球与人类制造的阿凡达链接,侵入纳威人内部,了解他们的生存环境,学习他们的语言、风俗、文化,为入侵潘多拉星球做准备。进入纳威族内部以后,纳威族公主涅提妮负责教授杰克·萨利。杰克·萨利说,"她总是说能量的流动,动物的灵魂。……我试图去理解族人与森林之间深层的联结。她总是提到能量的网络,能量通过这个网络流向所有生物。所有的能量都是借来的,总有一天,你不得不把它归还给大自然。"格蕾丝博士向杰克·萨利说,"你必须认真聆听她所说的话,试着透过她的眼睛看到整片森林"。显而易见,涅提妮向杰克教授她们族人的语言、狩猎、驯服动物、求生技能的同时,也在向杰克传达她们万物一体的文化和信仰,这让饱受现代工具理性分裂之苦的杰克重新回到了精神家园。随着对于纳威人及其文化习俗的了解,杰克·萨利渐渐喜欢上了纳威族公主,爱上了纳威族人的淳朴勇敢,爱上了潘多拉星球充满原始生命力与灵性的自然,逐渐接受了纳威人万物一体的信仰,他开始反戈一击,为保卫纳威族人和潘多拉星球向人类开战。

富有象征意味的是,电影中出现的纳威人与其说是人类,不如说是动物,它们有着高大的身躯,小小的蝙蝠模样的耳朵,梦幻般自然多彩的肤色,还长着一条长长的尾巴——这是动物的标志。而这条标志着其动物身份的尾巴,正是它们与周围的动物和世界进行肉体链接、精神交流的纽带。纳威人凭借这条被人类视为低劣动物标志的尾巴,与它们的战马链接,驰骋在原始森林里;与霸王飞龙①链接,飞翔在崇山峻岭之间;与大地和生命之树链接,沟通天人之际的神灵。影片最后,为对抗人类的入侵,类似犀牛、狮子、大象等凶猛无比、为纳威人畏惧的巨型动物,也开始俯首让纳威人骑上身去,共同驱除入侵潘多拉星球的现代人。"纳威人的世界是一个充满了神性的世界,是一个巫术和图腾的世界,也是一个充满了神秘的力量的世界。在这里任何理性的努力都是没有意义的,那个人们虚构的圣母,将人与他生活的世界紧密地联结在一起,人与动物、人与植物、人与土石江河等等。"②在人类现代社会中双腿残疾的杰克·萨利,百无一用。然而,当他与克隆的纳威人链接,拖着乖巧的尾巴奔跑在潘多拉星球上时,他才感知到生命的美丽,自然的纯真,他获得的不仅是一个健全的身体,而是一个真实的自我,这个自我与其说现代意义上被理性、功利心所占据的狂妄的人类,而毋宁说是动物化的人类,回复到原初自然的、天真无邪的、泯然与万物同体的人类。事实上,《阿凡达》中活动在潘多拉星球的杰克·萨利,既是动物,又是人类,还是机器,又同时不是这三者,而是这三者的一个合体,用哈拉维的术语讲,是赛博格。一直以来,科幻片都是站在人类的角度讲述地外生物对于地球的入侵和殖民,讲述地球人最终如何打败入侵的外星人,而《阿凡达》则反其道而行之,它是站在地外星球居民的道德立场批判地球人的入侵。或者说,它是站在原始万物一体的巫术信仰的角度批判现代工具理性。从《阿凡达》站在被侵略和殖民的潘多拉星球的立场上反抗现代科学的"去魅"、反击人类的"工具理性"的控制与奴役来说,《阿凡达》显然具有典型的生态意义。

《阿凡达》一方面构建了一个人类与动物、植物乃至万物相互链接的原始场景,另一方面又通过独具特色的视听语言来恢复人类对于已然远离的自然

---

①　《阿凡达》中制作的动物形象,类似翼龙,纳威人凭借尾巴与其进行链接,就可以驾驶翼龙飞翔。

②　马汉广:《〈阿凡达〉:对启蒙与现代性的批判及限度》,《黑龙江社会科学》2012 年第 5 期(总第 134 期)。

的全面感知。电影刚刚开始就是一个快速的推镜头,展现的是辽阔无边的原始森林,充满着未知、神秘与富饶的诗意。杰克在原始森林中迷失,偶遇纳威族公主,后来又遇到纳威族的勇士苏泰等人,他们将杰克带回部落——他们居住的巨大的神树之下。这时电影给了一个逐渐推进后又下拉的仰拍镜头。一队人马从左侧入画,镜头跟着骑士推进,给了骑士全景拍摄后下拉,画面右侧背景深处的巍峨高大的神树渐渐凸显出来,同时,画面的左侧呈现出蔚蓝深远的天空,以及飘浮在空中的其他星球。如果说推进的跟镜头强调的是纳威族人的英勇善战,那么这个推镜头很快下拉为一个仰拍镜头,凸显的就不再是人类,而是人类居住的那棵高大的树木,以及树木所指向的高明的天空和无穷的宇宙。人类也会随着这个仰拍镜头而俯下身来,敬畏地仰望树木、天空、星球和浩瀚的宇宙,进而否定"人类中心主义"的偏执和狂妄。当电影几近结束之时,格蕾丝博士命悬一线,杰克请求纳威族人为她祈神祷告,在神树之下接受治疗。俯拍镜头中,神树的根系蔓延、扩展,逐渐把格蕾丝和杰克的"阿凡达"身体包裹起来,重新为他们建立与土地、动物、植物、神灵之间的联系,为他们脆弱的生命输送能量。虽然格蕾丝博士因为伤逝过重最终没有能够活下来,但她在生命的最后一刻心满意足地说,纳威人信仰的万物一体的至高神灵——艾娃——真的存在。在此,俯拍这一非常规镜头的运用,显然是在提醒超越于人类生命之上的更大生命系统的存在,她是人类生命的根系、土壤和母体,没有她,人类没有来处,更没有归宿。

毋庸置疑,《阿凡达》以人类与潘多拉星球上的土著居民的战争来警醒现代人工具理性的狭隘,提醒人们在人文主义之上还有更大的生态系统的价值,具有积极的生态语言学意义。另一方面,《阿凡达》把我们带入一个超现实的想象空间,电影中所布局和营造的翼龙、斑马、狼、虎豹、参天大树、草本植物、机器人、巨型飞机……这一切无非是视觉奇观,它们是一场特意为全球观众准备的视觉盛宴。《阿凡达》以好莱坞一贯的英雄叙事、全新的 3D 和数字技术将"梦想进行到底",电影之外的现实空间不再重要,甚至现实空间也正在变得越来越趋向于"超现实"的虚拟空间。电影中的动物，无论是陆地上奔跑的犀牛、豹子和老虎，还是天空中飞行的翼龙和霸王龙，在电影的叙事中只是纳威人与人类作战的工具，其功能完全等同于其他战争或科幻片中的营造的奇观化的汽车、坦克和飞机。更需要人们警醒的是，《阿凡达》中的拟像型动物形象作为一种纯粹的影像，既无现实中的动物与之对应，也没有被赋予特定的隐喻和象征意义，那么它们的现实存在与意义就可能完全被取消了，只剩下满足人们视觉快感的商品功能。人们可能并不关心动物，而只是关心动物的视觉奇观所带来的感官刺激。

通过以上分析可以看出，我们今天既生活在一个一切都在被信息化的"语言社会"，也生活在一个一切都在被视觉化的"景观社会"。

根据语言学和符号学的相关理论，我们把当代欧美电影中的动物形象分为再现型、表现型和拟像型。无论是再现型、表现型还是拟像型动物形象，都可以而且应该具有生态指向，《熊的故事》《少年派的奇幻漂流》和《阿凡达》分别是再现型、表现型、拟像型电影中具有明确生态学意义的代表作品。无论哪种类型，动物形象是不是真正尊重、突显了动物，是不是具有积极的生态意义，还是要把它们还原到具体的电影中来分析。

当代电影中的动物形象首先是一种视觉生产和商品生产，它们具有深刻而复杂的社会内容和艺术意蕴，表征着后现代背景下人与动物、机器以及人与自然的崭新关系。晚近的后现代社会，世界空前紧密地联系在一起，人类更加深刻地体会到人与动物、植物、无机物等周遭环境不可分割的联系，意识到包括生态危机在内的各种现代性危机。然而，在资本和科技引领时代潮流的后现代社会里，人类、动物、植物、机器、空气、无机物乃至荒漠广袤的空间等所有的因素都被视作生产资料和商品，被投入到一个以欲望为动力、资本为逻辑、形象为模型的无所不在的机器中进行生产、流通和交换，参与生产、流通和销售，并且为这些商品增值的还有欲望、情感、意识乃至无意识的慰藉与满足。或许，人类重回"万物一体之境"的期待并非如人们想象中那样充满怀旧的美好,而是技术的魅影与资本的幻术。通过生态语言学和生态图像学的批评,让人们对自己的语言和视觉行为的生态倾向进行自觉的反省和批判,从而建构一种相宜于生态伦理的言语行为和视觉观看,进而促进人们生态观念的培植、生态行为的养成,在新的社会背景下重构人与万物的和谐共生关系,重建"天、地、神、人"四方游戏的澄明之境。

第三节 从生态语言学批评看《新华字典》里的动物词汇解释

前面第二节,我们专门对欧美动物电影进行了批评分析,而前面第一节中迟子建的小说《额尔古纳河右岸》实际上也涉及动物问题,并且其对动物的描写,与近几年网上所批评的《新华字典》对于动物词汇的解释有些类似。这种情况促使我们以对《新华字典》动物解释的争论为连接点,把这几类文本中有关动物的问题再结合起来从生态语言学角度进行一些探讨,把生态语言学批评进一步拓展到更广泛的大众文化批评领域,并由此进一步思考生态语言学批评的性质、意义以及它与生态伦理学原则的关系等重要理论问题。

一、关于《新华字典》动物词汇解释的争论

据 2006 年 10 月 7 日《信息时报》的报道:"世界动物保护日(10 月 4 日)刚刚过去,在福建小动物保护网、福州家园等各大网站上,一篇名为《新华字典涉嫌歧视动物》的帖子点击率一路走高。在网友中,一场给《新华字典》纠错的活动正在酝酿着"。网友给《新华字典》要纠的"错"就是,《新华字典》处处从对人类"有用"的角度,从"吃"的角度来解释动物,涉嫌动物歧视。报道中说:"'肉细腻鲜美',是商务印书馆第 10 版《新华字典》(32 开本)第 50 页对'鲳'的注解。翅:鱼翅,指鲨鱼的鳍,是珍贵的食品。在字典里随处可见这样的注解。'现在,一提到动物大家都只想到吃!'这些注解就是要找的

'错'。"而字典将对孩子产生潜移默化的影响，"希望以后的字典编撰工作能多考虑一下对动物的保护"。① 此帖一经发出，即被迅速点击和转发，围绕着原帖和转帖中"新华字典是否涉嫌歧视动物"的讨论，铺天盖地而来。到目前为止，以"新华字典是否涉嫌歧视动物"为主题键入百度关键字搜索，可以显示约有620000条相关记录。2006年是讨论这一问题的高发之年。在2007年到2013年之间，这一问题仍被不断提起。2015年又因为《一个外国小孩如此评价〈新华字典〉，让国人脸红！》的帖子，使这一问题再度升温。2017年12月，这个原发于2015年的帖子又被重新贴出来，在网络上、在微信圈里被大量转发和讨论。问题的核心仍然是一部字典能否处处从"有用性"、从"吃"的角度解释动物。

从围绕着这一问题展开的争论来看，许多人是赞成原帖作者的观点的。认为商务印书馆《新华字典》第10版，对动物词汇的解释的确涉嫌动物歧视，一提起动物就联系到"吃"，联系到"用途"，完全是把动物看作人类的工具，根本不把动物当朋友。如"鲈"，"肉味鲜美"；"鲂"，"味鲜美"。"猪：一种家畜，体肥多肉，肉可食，皮和鬃是工业原料，粪是很好的肥料。""牛：哺乳动物，常见的有黄牛、水牛等家畜。力量大，能耕田、拉车，肉和奶可吃，角、皮、骨可作器物"。"羊，哺乳动物。常见的有山羊、绵羊等家畜。毛、皮、骨、角都是工业上的原料，肉和乳供食用，"②等等。从以上解释来看，人类的确只是把动物当作可吃、可用的对象和工具，具有明显的"人类中心主义"特征。如《南国都市报》上一篇题为《食客和〈新华字典〉编辑都该"吃药"》的文章中说："字典里一提到动物，就必定有'肉细腻鲜美'，'是珍贵的食品'这类注解，……这哪里有万物平等的博爱之心？分明是把人类看成自然万物的主宰，津津有味地阐述动物的菜谱功能，字里行间'洋溢'着以人类味觉为中心的饕餮野心。很难说字典编辑没有歧视动物的意识。"并且作者还谈道：有些人"认为字典不过

---

① 《新华字典被指歧视动物》，2006年10月7日《信息时报》。http://news.sina.com.cn/o/2006-10-07/110010174850s.shtml.

② 《新华字典》第10版，商务印书馆第2004年版，第50、310、125、634、357、556页。

是工具书,没有必要上升到教育宣传的高度。非也。当字典编辑津津有味地解释某某动物多么适合人类口感的时候,我不能不说,这是在诱惑食客的大嘴。中小学生是通过字典来定义或者理解词语的,那些不和谐、不平等的词汇注解很难说不会对青少年的成长造成不良影响。"①

但也有不少人不赞成这一观点,甚至表现出强烈的抵触甚至反感。反对者一是认为有些动物被人吃是天经地义的;二是认为宣传环保观念、进行生命教育不是字典应该承担的任务。如"新华字典被指涉嫌歧视动物——这是建设性意见吗?""生命教育需要从字典注解开始吗?""字典承担不起教义之重"等帖子,都是在发表类似的反对性意见。其中蒲公英评论作者王辉庆在《字典对家畜实事求是地注解,咋就过分了?》一文中就说:"家畜是动物,但与野生动物的最大区别在于,它们是由人类驯养的,这就决定了其在人类生产生活中的功用性:提供肉、奶、皮毛以及发挥其他特长补人类体能之短。时至今日,这种性质依旧没有改变,猪牛羊肉依旧是人类摄取蛋白质的主要渠道;在欠发达地区,驴马依旧还是代步工具,耕牛也没有完全退出历史舞台。如此实事求是地注解,咋就过分了呢?"他还认为,作为工具书,《新华字典》的目的在于普及常识,实事求是地对家畜进行注解,"而关爱动物的教育,却并非它应承担的主要责任,人们也不会因为字典中的一个功用性注解就任性对待。"②

由以上可以看出双方争论的激烈程度。尽管动物注解的批评者主要是一些动物保护主义者,而不是专门的语言学者,他们也没有对自己的行为冠上"生态语言学批评"的名称,但实际上他们的批评可以称得上是一种地道的自发的"生态语言学批评"。由于这种批评涉及的是工具书中的语言,实际上也是对"语言系统"的批评,并且这种批评涉及的是语言系统中非常重要的"词

---

① 《食客和〈新华字典〉编辑都该"吃药"》,2006年10月9日,海南新闻网—南国都市报。http://news.sina.com.cn/o/2006-10-09/075510185694s.shtml.

② 参见《生命教育需要从字典注解开始吗?》,2015年8月8日,中国教育新闻网—蒲公英评论网。http://www.jyb.cn/opinion/pgypl/201508/t20150808_633070.html.

汇"部分。生态语言学的先驱萨丕尔曾经说:"正是语言的词汇最清楚地反映
出它的说话者的自然和社会环境状况。一种语言的全部词汇或许的确可以看
作是集结了所有观念、兴趣和占据社会共同体注意力的复杂的目录清单,这样
一种如此完备的知识宝典,一种被给定的语言群落的语言,如果能在我们的掌
握之中,我们应当能在最大程度上推导出使用它的人们的环境的性质,特征和
文化。"①由此,德国语言学家荣格指出:"对语言系统的考察,特别是把词汇视
做一种语言共同体的世界观的表达的考察有着悠久的传统。从生态语言学的
角度出发,正是词汇中的人类中心主义受到特别的重视。"②因此,生态语言系
统批评的一项重要内容就是通过对词汇的批判考察,来检点其中所蕴含的生
态或非生态因素,并通过有意识地避免使用非生态性词汇,或通过对非生态词
汇进行生态化的语言计划,来促进生态化的语言、观念和文化的生成。如生态
语言学者特拉普(Wilhelm Trampe)首先批评的就是语言词汇中被"商业活动
的有用性"控制的人类中心主义现象。他指出,像肉畜(meat breeds)、奶牛
(milk cows)、蜜蜂(honey bees)、猎犬(hunting dogs)、役畜(draught animal)、驮
兽(beast of burden/pack animal)、毛皮动物(fur-bearing animals),等等,都是从
用途角度对动物进行命名的,具有明显的人类中心主义特征。③

　　由此可以看出,对字典中也即对语言系统中的词汇进行批评,是生态语言
学研究和批评的一项重要任务。同时亦可看出,从有用性命名动物、解释动
物,也并非《新华字典》或汉语言文化特有的,它在英语字典或西方英语文化
中同样是存在的。而语言词汇对于人类的世界观、生态观,对于人类世界的自
然和文化的塑造作用则是普遍的。如果从生态语言学批评的角度来看,那些

---

① Alwin Fill and Peter Mühlhäusler eds., *The Ecolinguistics Reader:Language,Ecology and Environment*, London and New York:Continuum,2001,p.2.

② Matthias Jung, "Ecological Criticism of Language", in Alwin Fill and Peter Mühlhäusler eds., *The Ecolinguistics Reader*,London and New York:Continuum,2001,p.274.

③ Wilhelm Trampe,"Euphemisms for Killing Animals and for Other Forms of Their Use",in Alwin Fill and Hermine Penz eds.,*The Routledge Handbook of Ecolinguistics*, New York:Routledge,2018,p.331.

声称字典不承担生命教育义务的人，显然没有意识到语言词汇在对人的生态观念塑造中所具有的重要作用。而大量反对意见的存在也正说明了生态语言学批评存在的紧迫性、必要性。但不管有多少反对者，这种争论或自发的生态语言学批评已经在语言系统的层面上产生了效果。

实际上在经过 2006 年第一波的批评与争论之后，商务印书馆在 2011 年出版的《新华字典》第 11 版（双色本）中，在有关动物词汇的释义方面已经做出了重大改变。通过考察可以发现，第 11 版中许多动物"可吃"的解释都被删除了。如对"鲳""鲈"等鱼类的解释不见了"肉细腻鲜美""肉味鲜美"之类的话，对于"猪""牛""羊""驴"等家畜的解释，除了"猪"还保留了"体肥多肉，肉可食"之外，其他也不见了"肉可食"之类的说法。只是在对这些家畜的解释中，仍然保留了对于"用途"的介绍。如解释"驴"时说："家畜，像马而小，耳朵长。可以驮东西、拉车或供人骑"；解释"牛"时说："家畜，反刍类，头上有角，力量大，可以耕田或拉车"等。① 但无论如何，毕竟不像第 10 版那样，一提到动物就谈"吃"了，就像有网友所评价的，"新版《新华字典》的动保意识有很大提高"。②

二、动物词汇解释争论对于生态语言学批评的启示

通过对《新华字典》的动物解释是否涉嫌动物歧视的争论进行梳理，我们发现，这一争论对生态语言学批评有诸多启示，它有助于我们进一步思考有关生态语言学批评的性质、意义、价值以及它与生态伦理学原则的关系等重要问题。它一方面让我们强烈地感受到，国人的动物保护意识、生态意识都正在增强，并且难能可贵的是，一些批评者敏锐地意识到了语言对于塑造人的生态意识的作用。另一方面，这一争论也让我们切实地体会到，生态语言学批评和研究不只是专家学者书斋里的学问，它也是每个语言使用者都可以参与的行动，

---

① 《新华字典》第 11 版，商务印书馆第 2011 年版，第 50、319、321、328、366 页。
② 《新版〈新华字典〉第 11 版的动保意识有很大提高，应该表扬》。http://blog.sciencenet.cn/blog-224810-641332.html。

生态语言学研究与批评具有突出的"超学科性"(transdisciplinarity)。

根据前面的考察,"超学科"定义中有四个核心关注点:"首先是对生活世界问题的关注;二是学科范式的超越与整合;第三,参与式研究;第四,寻求学科以外知识的统一。"①超学科性的核心思想是不同学科的学者与各行从业者共同工作去解决现实世界中的问题。与这种核心思想相一致,超学科的核心关注点之一便是"参与式研究"。这就意味着,生态语言学不只是书斋里的学问,他关心现实世界中的广泛参与的生态活动,生态语言学研究者也不只是专业的生态语言学者,即使是专业学者,也需要走出去参与到更广泛的行动之中。正因为生态语言学研究和批评涉及广泛参与的行动,斯提布才会说他的《生态语言学》一书"是为语言学家、地理学家、生物学家和来自不同领域的学术研究人员写的。它是为所有级别的学生、教育工作者,公司的可持续发展官员,在环境组织工作的人,以及那些在一个不可持续的社会中对自己的地位和作用进行更多个人探查的人写的"。② 这也是我们把有关《新华字典》中动物注解的争论与生态语言学批评联系起来的原因。其实这里涉及的批评主体或受众比斯提布列举的还要广泛。因为它不仅包括语言学、地理学、生物学领域的专家学者,不仅包括从事与自然环境工作相关的官员、工作者,也不仅包括各个层级的学生和那些对自己的地位和作用不满的人,而是涵盖所有能够使用语言文字的人。这也说明了生态语言学作为一种超学科的研究与批评,实际上是一种真正接地气的、大众性的生态文化批评,它比一般的纯粹生态文学批评具有更为广泛的影响面。

通过对这一争论的梳理还可以看出,语言系统中具有人类中心主义倾向的词汇系统是可以通过生态语言学批评的干预而发生改变的,因此生态语言学批评也是可以对语言系统的生态化产生作用的。实际上,当我们对照《说文解字》中对于动物字义的解释时便会发现,尽管人类对动物的利用早就开

---

① G.Hirsch Hadorn et al.eds.,*Handbook of Transdisciplinary Research*,Springer,2008,p.29.

② Arran Stibbe,*Ecolinguistics:Language,Ecology and the Stories We Live By*,London and New York:Routledge,2015,pp.9-10.

始了,但《说文解字》中对于动物字义的解释(包括飞禽、家畜、走兽、鳞甲类动物等),几乎找不到一条联系到动物用途的,所有的解释都只是从动物的形象或性状,以及这个字的读音出发的。如《说文解字》解释"鱼":"水蟲也。象形。鱼尾与燕尾相似。凡鱼之属皆从鱼。语居切。"解释"猪":"豕而三毛丛居者。从豕者声。陟鱼切。"解释"羊":"祥也。从个,象头角足尾之形。孔子曰:'牛羊之字以形举也。'凡羊之属皆从羊。与章切。"解释"牛":"大牲也。牛,件也;件,事理也。象角头三、封尾之形。凡牛之属皆从牛。语求切。"①等等。从以上可以看出,《说文解字》并没有从"吃"、从"有用"的角度解释动物,这一方面说明一部字典也是可以不从"吃"、不从"用途"的角度而是从动物本身出发解释动物的;另一方面也说明,人对动物的态度、观念是处于发展变化之中的,从"吃"、从"用途"角度解释动物不是天然如此的,而是后来出现的一种历史文化现象。既然是后来出现的历史文化现象,这种现象也应该是可以改变的。而生态语言学批评正是使之发生改变的一种重要途径或手段。在语言系统当中,相比于语法系统,词汇系统本来就是更容易发生变化的。在语言的发展过程中,一些新的词汇会产生,一些旧有的词汇也会消失,或淡出人们的视线,不再在人们的日常生活中使用。如涉嫌性别歧视的"贱妾""贱内"之类。词汇的变化不只是表现在一个词整体性的消失或出现上,也表现在词义解释整体或局部的改变上。而《新华字典》第 11 版动物词义解释的变化也正充分说明了这一点。它也表明生态语言学批评对于促进语言系统的生态化是有实际作用的,就像女性主义批评可以促进语言系统中的性别平等一样。

但通过这一争论我们也看到了生态语言学批评的一个"悖论"或"困境",那就是我们在生态语言学批评中,揭示出了语言系统中的非生态性,并对之进行了一些生态性的转化,促进了语言系统的生态性,但现实世界中的一些非生态事实也许仍然无法立即改变。就像一些网友所发难的,即使我们在字典中

---

① (汉)许慎:《说文解字》,中华书局 1963 年版,第 242、196、78、28 页。

去掉了关于动物"肉可食"的解释,在现实世界中的这些动物仍然摆脱不了被食用的命运。如果是这样的话,生态语言学批评还有无现实意义呢?我们认为,虽然动物词义解释的改变或许不能带来客观现实中动物命运的立即或根本的改变,但生态语言学批评仍然是具有现实意义的,生态语言学批评对于塑造人们对于动物的态度和行为,从长远来看仍是具有积极影响的。

我们知道,《新华字典》作为一种工具书的影响是巨大的,因为在中国大陆境内或许没有哪个中小学生是完全用不到《新华字典》的。《新华字典》中的动物释义自然是会通过这种使用影响到学生对于动物的认知的。尽管《新华字典》不是中小学生认知动物的唯一渠道,甚至也不是最主要的渠道,生物课程、动物图鉴、动物百科、动物纪录片、动物电影、动物小说以及现实世界中的真实动物,共同建构着孩子们对于动物的认知和观念。但如果小孩看到了之前字典中对于动物的那些清一色的"肉可食""味鲜美""供骑乘"之类的解释,一定也会或强或弱地对他的动物认知产生影响,并会或强或弱地影响到他对现实世界中的动物的态度和行为。但如果去掉了这类解释,自然也就减少了一个向孩子灌输人类中心主义动物观的语言渠道,同时也会减少相应的影响。加拿大生态语言学者乔拉曾经说,"在语言、哲学(或一种世界观)与我们对待自然环境之间存在着紧密的关系"。又说:"当一个人讨论人类与自然环境之间的关系的时候,他可以区分出现实的两个向度:客观现实和认知现实。客观现实是指自然环境——空气,水,海洋,山,气候等等。认知现实是指人类的知觉和创造。认知的创造可以修改客观的现实"。而"认知现实与语言密切相关,因为对客观现实的改造是被语言促进的。"[1]这也就是说,语言可以通过建构我们的"世界观",建构"认知现实"来达到改变和建构"客观现实"的目的。而那种自发的生态语言学批评既然已经促使字典对动物词义的解释发

---

① Saroj Chawla, "Linguistic And Philosophical Roots of Our Environment Crisis", in Alwin Fill and Peter Mühlhäusler eds. , *The Ecolinguistics Reader*: *Language*, *Ecology and Environment*, London and New York: Continuum, 2001, p.115.

生改变,它当然也可以影响到孩子们对于动物的认知,并通过建构他们的"认知现实"来达到重塑他们的"客观现实"的目的。因此,从长远来看,这种由自发的生态语言学批评所促进的动物词义解释的改变,对于塑造更为健康的动物伦理观,并最终对塑造更为和谐的人与动物、人与自然的关系是会产生实际作用的。生态语言学批评因此也是具有现实意义的。

三、生态语言学批评与生态伦理学原则

但随之而来的是这次争论中所揭示出来的另一个更进一步的问题:什么才是对待动物、对待自然的正确方式? 对于动物、对于自然的利用是不是一定就违背了动物伦理、生态伦理了? 生态语言学批评应该坚持什么样的伦理原则? 我们知道,自从有了人类,就有了人类对于动物、对于自然的利用,因为毕竟人类和任何其他物种一样,必须依赖从自然界获取的能量才能存活下去。只是人类的贪欲,使他越来越不满足于从自然界获取维持基本生存的东西,他还要向大自然索取使之过上奢侈生活的东西,甚至要拿大自然去赚取巨额商业利益,从而由对自然的有限利用走向对自然的滥用。并且人类还是这样一种傲慢的动物,以为宇宙之间只有人类才是有智识、有理性、有语言的高等动物,因此是宇宙的中心,万物的主宰,其他动物以及整个自然界由于没有理性、没有意识、没有语言,不配享有人类的道德关怀和同情,它们只是人类实现自身目的手段或工具,人类对不具理性的动物、自然的任何行为都是合理的,从而由对自然的利用走向对自然的剥削、压榨或奴役。这种思想在西方文化尤其是在西方近代文化中表现得尤为突出。如康德曾经说:"大自然中的无理性者,它们不依靠人的意志而独立存在,所以它们至多具有作为工具或手段用的价值,因此,我们称之为'物'。反之,有理性者,被称为'人',这是因为人在本性上就是作为目的自身而存在。"[1]又说:就动物而言,我们不负有任何直接

---

① 周辅成:《西方伦理学名著选辑》下卷,商务印书馆 1987 年版,第 371 页。

的义务。动物不具有自我意识,仅仅是实现一个目的的工具,这个目的就是人。① 这种思想在西方传统中是如此根深蒂固,以至于有"自然诗人"之称的爱默森曾经说:"自然完全是中性的,它生来就是为了服务。它像一只由救世主驾驭的牲畜一样温顺地接受人的控制。它将其所管辖的一切都作为原料奉献给人类,人类可将它们铸成有用的东西。"人类的标签就是"生命的主人"。并主张消除"自然中的低级和污秽之物。"②在这种观念的主导下,难免会走向对动物、对自然的滥杀、滥用、剥削与奴役。正是在这样的语境中,作为对这种极端"人类中心主义"及其后果的反抗与矫正,主张动物、自然也具有像人一样的存在权利,也应给它们以伦理关怀的西方动物伦理学、生态伦理学才得以产生。因此,尽管今天的"动物权利观"反对对于动物的一切形式的利用,但最初的动物伦理学主要是反对残忍地对待动物,动物伦理学、生态伦理学的初衷应是防止对动物、对自然的滥用和奴役,是要纠正人对动物、对自然的肆意利用中出现的问题。生态伦理学的发展被视作对人文主义意义上的"自由"概念的突破。因为这种自由只是人的自由。而海德格尔的现象学存在论对于存在、真理和自由的理解则对这种生态伦理思想的形成具有重要意义。正像齐默尔曼所说的,"对于海德格尔来说,自由不意味着自我的无任何限制的通行证,而是人类此在具备'让万物成其所是'而不是仅仅把它们当作工具的能力"。又说:"海德格尔的当人类'让万物成其所是'时会更加自由的观点,已经被一些激进的环境主义者当作口号,用以反对把自然仅仅当成为人类目的服务的工具。"③由此亦可看出,生态伦理学是为纠正人类只把动物、把自然当作工具的行为而产生的。

---

① 参见雷毅:《动物权利的伦理基础》,《清华法治论衡》2010 年第 1 期。

② [美]唐纳德·沃斯特:《自然的经济体系:生态思想史》,侯文蕙译,商务印书馆 2007 年版,第 137、136 页。

③ Michael.E.Zimmerman, "Heidegger, Buddhism, and Deep Ecology", Charles B.Guignon edit., *The Cambridge Companion to Heidegger*, Cambridge:Cambridge University Press,1993,p.246.

而要纠正人类对待动物、对待自然的不当行为,首先要纠正人类对待动物、对待自然的错误观念,拓展以往伦理学主体的范围,为动物、为自然也赋予伦理地位,认识到所有的存在物都具有内在的存在权利和价值。生态伦理学家大卫·拉尔曼曾经说:"我们必须不断扩展共同体的范围使之包括所有的存在物……其他存在物——四条腿的,长翅膀的,六条腿的,生根的,开花的,等等——拥有和我们一样多的生存于那个地方的权利,它们是它们自身存在的证明,它们有内在的价值,这种价值完全独立于它们对……人所具有的任何价值。"①而海德格尔则更为激进,因为他从根本上反对从"价值论"角度来看待所有存在者的"存在"问题。在他看来,"正是把一种东西标明为'价值'这回事从如此被评价值的东西身上把它的尊严剥夺了。这意思是说:通过把一种东西评为价值这回事,被评价值的东西只被容许作为为评价人而设的对象。""一切评价之事,即便是积极地评价,也是一种主观化。一切评价都不让存在者:存在",而是把他变成人的对象了。② 而"让存在者存在",让所有存在者都"是其所是"的立场,才构成了那种最原初意义上的真正生态伦理学的核心。真正的生态伦理学是从"存在论"上而不是从"价值论"上看待所有存在者的存在的,在这一意义上,人们保护自然不是因为自然具有"内在价值",更不是因为自然对人类有"外在价值",而是因为自然就是它自身的存在,自然的存在是不需要它自己、更不需要人类为其提供理由的。海德格尔曾引用安格鲁斯·西勒西乌斯的诗句表达了这样的看法:"玫瑰是没有为什么的;它开花,因为它开花,/它不注意它自身,并不问人们是否看见它。"③根据海德格尔的观点,无论是自然的"外在价值"还是"内在价值",还是自然存在的"理由",实际上都是由人赋予它的,都是由人为它寻找的,都体现了一种把人设

---

① [美]纳什:《大自然的权利:环境伦理学史》,杨通进译,青岛出版社1999年版,第2页。
② [德]海德格尔:《关于人道主义的书信》,孙周兴选编:《海德格尔选集》上卷,上海三联书店1996年版,第391—392页。
③ 参见宋祖良:《拯救地球与人类未来》,中国社会科学出版社1993年版,第206页。

定为存在者中心的"主体性"思维，都是要把自然的命运掌握在人的手中，都是对自然存在本身的贬低和侵犯，是不能从根本上保护自然的。而只有当我们从存在论上承认自然、承认动物、承认所有存在者的存在时，才能表达对自然、对存在、对动物本身的最高意义上的尊重。而当我们对自然、对动物本身具有这种最高意义上的尊重的时候，人类即便利用动物、利用自然，但是绝不会把自然、动物仅仅视作手段或工具，也绝对不会对自然、动物进行滥杀、滥用或奴役。这一方面意味着，坚持一种动物伦理学、生态伦理学，不是说人们在现实中就绝对不能在任何形式上利用自然、利用动物了，另一方面也意味着，即便我们在现实中做不到绝对不利用动物、不利用自然，①但对于生态语言学批评来说，仍然是要坚持一种在存在论上给予自然、给予动物以最高尊重的生态伦理学原则，对那些违背生态伦理的非生态的语言文化现象进行批评干预。因为如果没有生态伦理学所设定的这些原则的话，人类就可能又回到那种对于动物、对于自然的心安理得的肆意利用、剥削和奴役中去了。

而对人类滥用、剥削、奴役动物和自然的不当行为可以起到限制作用的，除了今天的生态伦理学外，原始的"泛灵论文化"也可以发挥积极作用。根据生态批评家曼尼斯（Christopher Manes）的观点，今天的环境伦理学也应该到那种原始泛灵论文化中汲取灵感，"学习一种具有存在论上的谦逊的语言"。因为"泛灵论社会几乎完全而无一例外地避免了今天那种使环境伦理学成为

---

① 主张把"平等原则"运用于动物伦理的"动物权利论"提出者彼得·辛格也承认，"在人类和其他动物之间确实存在着许多重要差别，这些差别必定会带来二者在权利方面的某些差别。但是，承认这一明显的事实并无碍于把平等的基本原则推广到非人类动物身上去。"（彼得·辛格：《所有的动物都是平等的》，江娅译，《哲学译丛》1994 年第 5 期）对于辛格的"平等考虑原则"，弗兰西恩给了更详细的解释。他认为平等考虑原则有三个基本要点：第一，它只是一项形式原则，只告诉我们应该同样情况作同样处理；第二，它并不必然导致我们在任何情况下把每个人视为"同等"或"同一"；第三，它是道德理论的必要成分。（加里·弗兰西恩：《动物权利导论：孩子与狗之间》，张守东、刘耳译，中国政法大学出版社 2005 年版，第 163—165 页。参见雷毅：《动物权利的伦理基础》，《清华法治论衡》2010 年第 1 期。）由此也可以理解，那种激进的生态伦理学原则的理论意义与实践之间的关系。

我们时代主题的环境危机"。① 而迟子建的《额尔古纳河右岸》写到的鄂温克族人对待对动物的态度与行为,也正在某种意义上说明了这一问题。迟子建的《额尔古纳河右岸》有一些对于动物的描写。如果单从这些动物描写来看,它也存在着网友所批评的类似《新华字典》注解动物时的情形。"肉质鲜美""皮毛可用""珍贵药材""可以载人"等也出现在她对动物的描写中。例如,她是这样描写驯鹿的:

> 我从来没有见过哪种动物会像驯鹿这样性情温顺而富有耐力,它们虽然个头大,但非常灵活。负载着很重的东西穿山林,越沼泽,对它们来说是那么的轻松。它浑身是宝,皮毛可御寒,茸角、鹿筋、鹿鞭、鹿心血、鹿胎是安达最愿意收入囊中的名贵药材,可换来我们的生活用品。鹿奶是清晨时流入我们身体的最甘甜的清泉。行猎时,它们是猎人的好帮手,只要你把打到的猎物放到它身上,它就会独自把它们安全运到营地。搬迁时,它们不仅负载着我们那些吃的和用的东西,妇女、孩子以及年老体弱的人还要骑乘它。而它却不需要人过多地照应。(《额尔古纳河右岸·清晨》)

在描写灰鼠时她曾这样写道:

> 灰鼠很可爱,它翘着个大尾巴,小耳朵旁长着一撮黑色的长毛,很灵巧,喜欢在树枝上蹦来蹦去的。它那黑灰色的毛发非常柔软,细腻,用它做衣服的领子和袖口,是非常耐磨的。安达很喜欢收灰鼠皮。打灰鼠的时候,女人也会参加。在灰鼠出没的地方设下"恰日克"小夹子,只要灰鼠从它身上跑过,就会被夹住。我和列娜非常喜欢跟着母亲下"恰日克"小夹子。(《额尔古纳河右岸·清晨》)

---

① Christopher Manes, "Nature and Silence", Cheryll Glotfelty & Harold Fromm eds., *The Ecocititicism Reader: Landmarks in Literary Ecology*, Georgia, Athens: Georgia University Press, 1996, pp. 18–22, p.26.

灰鼠肉是很鲜嫩的,将它剥去皮后,只需抹些盐,放到火上轻轻一烤,就可以吃了。女人们没有不喜欢吃灰鼠的。还有,我们喜欢吞食灰鼠的眼睛,老人们说,那样会给我们带来好运气。(《额尔古纳河右岸·清晨》)

从以上引文不难看出,作者也是从"有用性"角度来评价动物的,尽管她也写到动物的可爱,但"可爱"好像也是因为它对人类"有用"。就像文中所说的,人们喜欢驯鹿,因为它性情温顺而富有耐力,搬家的时候能负载人,并且"它浑身是宝","是安达最愿意收入囊中的名贵药材"。他们喜欢灰鼠,因为"灰鼠肉是很鲜嫩"的。前面描写"灰鼠很可爱,它翘着个大尾巴","喜欢在树枝上蹦来蹦去的",后面就写到,将"它剥去皮后,只需抹些盐,放到火上轻轻一烤,就可以吃了",并且她们还"喜欢吞食灰鼠的眼睛",这不免给人一种残忍的印象。这种从"有用性"角度看待动物、并且与"吃"联系起来的描写,的确具有前述网友所批评的类似"新华字典"动物释义存在的问题。作者在描写对灰鼠的捕杀时,在描写怎样吃灰鼠时,好像丝毫没有考虑到动物的感觉和疼痛,若从严格动物伦理的角度看,作者对这样的描写似乎也应该进行某种反思和改变。

但小说中出现的这种"动物描写"与字典中的"动物注解"仍然有所不同。因为字典中的动物词汇属于普遍性的"语言系统",它对词义的解释没有具体的语境,如果它把动物解释为"肉味鲜美",我们就只能看到"肉味鲜美",看不到人与自然、人与动物关系的整体语境;而小说中的动物描写属于具体的"话语文本",它对动物的描写是有具体语境的。当我们联系小说的具体语境时会看到,作者及书中人物对待自然的总体态度并非是"人类中心主义"的,而可以说是"生态整体主义"的。这一点,我们在前面第一节中已经谈到了。我们知道,《额尔古纳河右岸》中描写的鄂温克人是信奉萨满教的,萨满教崇拜自然、崇拜动物、崇拜祖先,相信万物有灵、万物一体,人与物、生与死都是充满关联、相依相生的。在这里,人取走动物的生命,自然也取走人的生命(书中的人物一个一个在自然中死去),一个生命的产生意味着另一个生命的失去,因此作品中的萨满尼浩每救活一条性命,就会失去一个自己的孩子的生命。在这种观念信仰的主导下,这里的人虽然也必须依靠从大自然中索取才能生存,必须靠捕猎动物才能生活,但他们绝不会肆意地破坏大自然,也不会滥杀动物、更不会虐杀动物的。"冬天,他们凿冰捕鱼,驾着飞快的滑板出猎。夏天,他们驾着独特的桦皮船在河中行驶。他们割鹿茸、驯鹰、饮驯鹿奶、喝桦树汁、吃烤灰鼠肉、吃烤鱼、吃熊肉。他们因驯鹿的食物需要和捕猎季节的变更而不断地迁徙。他们捕猎灰鼠、堪达罕、山猫、水狗、野鹿、獐子和熊。他们中的女人会熟皮子、染布。他们在享用猎物的时候,还要为死去的猎物做葬仪,唱着送别的葬歌。"①在鄂温克人的心目中,山川河流、日月星辰、风雨雷电、花草树木都是由神掌管着的,或者说其中都是居住着神灵的。火神"玛鲁神"更是他们特别崇敬的神,各种动物,如熊、狐狸、蛇、鹰等都是有神性或灵性的。而死去的亡灵与动物之间也是可以相互转换的。所以他们"从来不砍伐鲜树作为烧柴",就连人上吊自杀也不舍得选一棵活着的树,吃山鸡也要举行风葬礼,当他们猎杀了他们崇拜的熊要吃熊肉时,更是要做隆重的葬仪,献上送别的葬歌。在这里,动物既是与他们亲密相依的有灵性的存在者,也是他们的生活来源,毕竟人类与自然界的其他物种一样,要想存活下去也必须依赖自然生态系统的支撑,也必须从自然界获取物质能量来源。为了维持必要生存而不是为过上奢华生活或获取巨大商业利益而进行的捕获,对于一个主要依赖自然环境而生存的游猎民族来说,应该也是正当的。像这样对于大自然的充满敬畏和感恩之心的有限取用,也是不会从根本上破坏人与自然和谐一体关系的。

当然,随着人类文明的进程,人类的生产生活方式、观念信仰文化都发生了巨大的变化,建立人与自然的和谐关系不能只是到有灵论文化中寻求灵感,

---

① 曲风:《界限之内——迟子建〈额尔古纳河右岸〉批评》,《社会科学论坛》2017 年第 2 期。

还要到生态伦理学,甚至到环境保护法中寻求支持。我们知道,生态伦理学有不同的类型,有温和的生态伦理学,也有激进的生态伦理学。我们前面已经谈到的海德格尔那种原初意义上的"生态伦理学",正属于激进的生态伦理学。根据海德格尔的考察,"伦理"(ethos)的原义为"住所","栖居的地方",①原初意义上的"伦理学"是关心"栖居"和"在家"问题的。由于那个"栖息地,住所,首先是指野兽的住所,而后才是人的住所",因此原初伦理学的范围"不局限于人类甚至不局限于有感觉的存在物,它延伸到所有的存在者",它关心我们是否与存在者整体保持和谐一致的立场,关心我们是否与所有存在者一起共同地和谐地居住在大地上,亦即是否能够"诗意地栖居"。② 我们知道,"生态学"(ecology)的原义是"房屋,栖居地,住所","生态的前缀 eco-是从古希腊词 oikos,'家或栖居之地'来的",③海德格尔本人虽然没有直接提出过"生态"伦理学,但他所坚持的这种原初意义上的"伦理学",是与"生态学"的原初含义根本上相通的,实际上是一种最激进的"生态伦理学"。这种生态伦理学的激进之处在于,它完全摆脱了价值论思维,它不是从自然的"内在价值"出发,更不是从自然的"外在价值"出发,而是从重思"存在之真理"的"更高的"的"人道"处提出来的,它是以"让所有存在者存在"、让所有存在者都"是其所是"的"存在的真理"为目标的。所谓"存在的真理",亦即人在存在者整体中存在,作为存在的真理的看护者,而又不被提升为存在者的中心,而是让所有存在者都能作为它所是的存在者在光明中现身。④ 海德格尔这种"让存在者存在"的生态伦理学"对于那些有志于改变当今人类对自然的摧毁性态度的激进环境主义者极具吸引力",并直接影响了"深层生态学"。这种"深层生态

①　Heidegger,"Letter on Humanism",*Basic Writings*,Edited by David Farrell Krell,New York:Harper Collins Publishers,1993,p.256.

②　Bruce V.Foltz,*Inhabiting the Earth*:*Heidegger*,*Environmental Ethics*,*and the Metaphysics of Nature*,New York:Humanities Press,1995,p.167,pp.168-169.

③　Jonathan Bate,*The Song of the Earth*,Basingstoke and Oxford:Picador,2001,p.75.

④　赵奎英:《海德格尔的基本存在论与生态伦理学》,《山东社会科学》2016 年第 9 期。

学"与"环境变革主义者既主张与污染做斗争但又主张保留人类中心主义不同,他坚持只有彻底转变西方的人类中心主义和人与自然相对立的二元论,才能把生物圈从毁灭中拯救出来。"①

海德格尔这种"让存在者存在"的最激进的生态伦理学,或者说是一种"深层生态伦理学",具有一种"诗意"的本质。根据海德格尔的观点,"诗"是让存在者存在的"原始形式",只有在诗意的语言中,存在者才能真正作为它所是的存在者显现。诗之所以能做到这一点,是因为"诗乃是存在的词语性创建"②。诗不仅是分行排列的语词,一切艺术在本质上都是"诗"。我们前面分析的电影艺术也同样可以具有"诗意的本质",所以它也可以体现那种激进的生态伦理学追求。但这一激进的生态伦理学追求,在现实中的实践会遇到诸多困难。但在现实中实践的困难,也并不表示这种激进的生态伦理学是无意义的。就像我们设立"至真""至善""至美"的标准,在现实中很少有人达到,但它却仍然是必需的、有益的那样。人们很多时候正是在对一种最高境界的追求中才达到一种较高状态或中间状态的。因此,对于生态语言学批评来说,不管在现实中是否能够立即实践,在理论上都是需要把这种激进的生态伦理学的"形式原则"悬在"正前方"的。也许正是我们在理论上对这种激进的生态伦理学的追求,才使我们得以在现实中实践一种温和的现实可行的生态伦理学。一种现实可行的伦理学,不是要求人类彻底放弃对自然的利用,而是要改变以往那种单方面把自然作为人类对象和工具的态度,把自然万物也作为像人类一样有生命的主体来看待;也不是要彻底放弃人类的"主体性",而是要放弃把人类作为存在者中心的执迷,把人类自我像其他存在者那样也重新放回到"存在者整体"中间去存在。如果说人与其他存在者有什么不同

---

① Michael.E.Zimmerman,"Heidegger,Buddhism,and Deep Ecology",Charles B.Guignon edit., *The Cambridge Companion to Heidegger*, Cambridge:Cambridge University Press,1993,p.260.

② [德]海德格尔:《荷尔德林诗的阐释》,孙周兴译,商务印书馆2000年版,第40、44—45页。

的话,乃在于人作为一种"能在",可以承担特殊的使命,即人不仅可以作为自然的居住者之一参与"宇宙的圆舞",还可以作为存在的"牧者"看护着存在的真理,保护物进入其本质存在的敞开的自由空间,①使人与天地万物共同进入一个自由的、无蔽的、和谐共生的关系整体之中。

通达这一生态愿景,需要首先调整我们的语言观念,需要调整我们惯常的看待语言的方式,需要我们学会倾听天地万物的声音,领会自然作为"道示"的种种显现。为此,我们需要调整我们理解语言的位置。我们既需要在"最低处"理解语言,把人类的声音放到海浪、林涛、兽啸、鸟鸣的声音之中,参与宇宙之音的共振与合唱;也需要在"最高处"理解语言,让人类不仅为自己说话,而且还能为整个宇宙或作为整个宇宙发出声音。这需要我们不断地放低自己的姿态,实行一种"低"思维,从最低处思考人类的位置,以便让自己与所有的生命存在连为一体。但同时又需要我们不断地提高自己的境界,实行一种"高"思维,在最高处思考"人类的责任",做一个不仅能为自己族类考虑也能超出自己的族类为宇宙整体考虑的"最高尚的物种"。但人类那种根深蒂固的以人类自我为中心的语言观念和思维方式并不能自动地发生改变,这就需要充分发挥生态语言学批评的作用。不管这种作用有多大,能否立即发挥影响,但我们相信,如果我们能够持续不断地展开,并且有更多的同人加入到这一行列中来,它一定会发挥应有的作用。

---

① ［德］海德格尔:《世界图像的时代》,孙周兴选编:《海德格尔选集》下卷,上海三联书店1996年版,第900页。

结　语

通过前面的研究可以看出,生态语言学作为在语言学与生态学等学科之间形成的一个分支交叉学科,其意义绝不止于语言学内部。它不仅能使我们更好地理解语言学中的一些重要问题,也让我们看到了它对其他学科,尤其是对生态文学、文化理论研究的意义。这种意义一方面表现在其语言观念对生态文学、文化研究的语言理论建构上,另一方面则表现在其批评方法对于生态文学、文化批评的方法论启示上,以及其理论观念和方法对具体批评实践的推动上。但对于这一重要意义,国内学界尚未给予充分重视。本书正是在对语言与生态之间的内在关联进行揭示,对生态文学、文化研究兴起的"语言时代"语境进行梳理,对生态语言文化在生态文明建设中的意义进行阐释,并在对生态语言学的产生、发展与动向,研究内容、方法与范式进行梳理、概括与分析的基础上,以一种跨学科研究的视野,从理论建构与批评实践两个大的方面出发,对生态语言学对生态文学、文化理论研究的意义进行了集中的探讨。这种探讨一方面从总体上对生态语言学及其在文学、文化理论研究中的应用进行了勾画,另一方面也从总体上搭建起了一种"生态语言学的生态文学、文化理论研究与批评"的整体框架,这无论是对生态语言学来说,还是对生态文学、文化理论研究来说,都具有开拓性意义。

概括起来说,本书在具体研究中做了以下几点具有开拓性的工作:

第一，在生态语言学理论观念方面，通常意义上的"生态语言学"概念，主要是指"生态语言学科学"而不是"生态语言哲学"，目前生态语言学的最新发展虽然表现出某种哲学化的趋势，但尚未系统地关注到生态语言哲学。本课题顺应生态语言学发展的这一最新趋势，并结合生态文学、文化理论研究的特点，提出一种包含"生态语言哲学"的广义"生态语言学"概念，并重新界定了生态语言哲学视野中的"深层生态语言观"，把海德格尔现象学存在论的生态语言观念和艾布拉姆身体现象学的生态语言哲学观念引入生态语言学观念中来，既使生态语言学的研究领域进一步拓展，也推进了生态语言学观念的"深生态化"，使生态语言学具有更深厚的哲学根基并向纵深方向发展，从而也为当今的生态文学、文化研究提供更好的语言理论基础支撑。

第二，在生态语言学批评方法方面，目前的生态语言学研究主要是根据索绪尔对"语言"与"言语"的区分，把生态语言学批评也主要区分为"语言系统批评"与"话语批评"两个基本层面，但实际上，"批评的生态语言学"，不仅批评作为其分析对象的语言系统或话语文本中的非生态因素，而且批评生态语言学自身作为研究手段的语言是否也包含或体现着非生态因素。这样就使得生态语言学批评在"语言系统批评"、"话语批评"两个基本层面之外，还具有一个"元批评"的层面，它包含着对自身学科理论话语的反思与警醒。但这一"元批评"层面一直没有得到明确命名，影响了对生态语言学批评方法的系统认识，本书对此进行了命名，把生态语言学批评界定为"生态语言系统批评""生态话语批评"和"生态语言学元批评"三个层面，并沿着这三个层面，结合对一些具体问题的分析（如名词化、话语修辞、"生态"与"环境"之辨等），第一次系统全面地探讨了生态语言学批评对于生态文学、文化批评的方法论意义。

第三，在生态语言学批评对象方面，目前的生态语言学批评虽然表现出向图像文本或"语言与图像"相结合的多模态文本拓展的趋势，但就目前国内的生态语言学批评来看，批评的对象还多是以语言文字为媒介的环境话语文本，本书在批评实践研究中，不仅对文学文本进行批评，还选取以图像呈现为主的、综合运用多种媒介的当代欧美动物电影作为批评分析的个案，既使生态语言学批评的对象文本拓展到更广阔的图像文本领域或多模态文本领域，而且也为"生态语言学"与"生态图像学"的结合研究提供了有益的尝试。我们知道，当今的"信息时代""高科技媒体时代"，既是一个"语言时代"也是一个"图像时代"，图像越来越倾向于与语言等其他媒介形式结合起来，塑造我们对自然、环境的感知和理解，建构我们的生态观念、生态意识。这就使得这一拓展既具有重要的理论意义，也具有重要的现实意义。而在对图像的生态语言学批评中，对动物的图像再现，又是一个尤其值得关注的领域。但在目前对于动物图像再现的批评中，人们关注较多的是纪录片，而对情况更为复杂的动物电影较少涉足，这也使得本书的批评实践具有更强的开拓性意义。此外，本书的批评实践，还把批评对象延伸到《新华字典》中的动物词汇解释，梳理了网络上流传的关于《新华字典》中动物解释的争论，既使具体批评实践的对象涵盖话语文本与语言系统两个最基本层面，也使生态语言学批评成为一种真正的接地气的大众文化批评，实践了生态语言学批评与研究的"超学科性"，或"新文科"性，并进一步明确了生态语言学批评的特点、意义和生态伦理学原则等重要问题。

第四，在生态语言学观念与生态文学、文化研究的语言理论基础建构方面，本书揭示出当今生态文学、文化研究在理论建构方面的一个主要困境，是没有找到一种合适的生态的语言理论作为基础，并梳理概括出生态语言学的语言观念有助于突破这一困境的三点重要贡献。指出生态语言学强调语言与环境、语言与世界之间的双向交互作用，把语言作为"自然"与"文化"之间的中介环节来理解，并把语言的"环境"置于自然、社会和精神心理因素的复杂关系之中，这使它既超越了其他语言学在"语言与世界"关系问题上的那种"世界建构语言"或"语言建构世界"的单向决定论，也超越了在语言的"自然性"和"约定性"问题上的那种非此即彼的二元论看法，以及把语言现象封闭起来加以研究的局限性,成为一种具丰富"参数"的真正生态辩证的语言学理论,从而为人们更好地理解文学、文化研究中的文本与世界、自然与文化、自然生态与社会生态和精神生态之间的关系问题提供了更为科学的依据,并因此对当今的生态文学、文化研究的语言学基础建构具有重要意义。在生态语言学观念方面,本书还从通常的"生态语言科学"拓展到包含"生态语言哲学"在内的广义的"生态语言学"概念,界定了生态语言哲学视野中深层生态语言观的三个标准,并具体探讨了海德格尔与艾布拉姆的生态语言哲学的核心内容及其对当代生态文学、文化研究语言理论基础建构的重要作用。

第五,在生态语言学的"语言系统"批评中,本课题对生态语言学领域中的一个重要争端,"名词化"争端进行了考察,首次提出把名词化区分为"原始名词化"和"意识形态名词化",到"原始名词句"中寻找名词化产生的原始根源,并通过分析"名词句"与"原始名词化"在诗歌中的运用,说明名词化对于重建"绿色语法"和生态世界观的积极作用。并在此基础上进一步指出,"名词化"既可能是一种意识形态的"欺骗",也可能是一种"绿色语法"的资源,其"生态"或"反生态"功能要联系具体语境来看。在文学语境中,它有助于生态审美效果的生成和生态整体世界观的重建,但它在非文学语境中,主要发挥"抹除"与"欺骗"的非生态功能。从而突破了语言学领域仅仅局限于语言学内部在其"生态"或"非生态性"上长期悬而未决的争论,这不仅推进了语言学领域的名词化研究,也可以深化生态诗歌语言批评。在生态"话语批评"方面,本书第一次从话语修辞角度对非文学性环境话语进行系统的批评分析,揭示出非文学性环境话语的三种典型的非生态性修辞功能:"建构""抹除"和"粉饰",并具体探讨了它们常用的修辞策略和修辞方式。在语言学"元批评"方面,则对生态文学、美学研究领域的"生态"与"环境"之辨进行了考察,不仅从生态语言学角度分析了"环境"这个概念背后隐含的问题,而且具体探讨了这一争论对于生态观念确立与生态理论话语建构的意义。

目前国内学界的生态语言学研究,虽然获得了迅速发展,但仍然主要是在语言学领域,尤其是在外语教学与研究领域展开的,外语学界的生态语言学研究,以"豪根模式"的语言生态学研究居多,生态语言学批评路径上的研究主要是对广告、网络等非文学性环境话语进行批评分析,对文学文本关注相对较少,更少从生态语言学角度探讨生态文学、文化研究的语言理论基础建构问题。而在当今文艺学、美学界的生态文学、文化理论研究中,虽然也有运用到语言视角或涉及语言问题的,但从生态语言学角度系统探讨生态文学、文化理论研究的尚鲜为见到。从这一意义上说,本课题把生态语言学与生态文学、文化理论结合起来进行跨学科研究,无论对于生态语言学还是对于生态文学、文化理论研究来说,都是一种具有挑战性、开创性的探索。这种探索既可以拓展生态语言学的应用范围,扩展生态语言学概念,深化生态语言学研究,系统化生态语言学方法,并有助于解决在语言学内部难以解决的名词化争端等问题;也可以拓展生态文学、文化研究的理论视域,推进生态文学、文化研究的语言理论基础建构,解决文本与世界、自然与文化、自然生态、社会生态与精神心理生态的关系等理论难题,并有助于文学、文化批评方法的构建,具体批评实践的深入展开和当今中国的生态文明建设。但由于本书的这一跨学科研究目前尚属于一种新兴研究,具有较强的开拓与探索性质,更为深入系统细致的研究,还需要更多的时日,也有赖更多同人加入到这一具有挑战性、激发性的研究领域中来。

参 考 文 献

一、中文著作

1．李国正：《生态汉语学》，吉林教育出版社 1991 年版。

2．冯广艺：《语言生态学引论》，人民出版社 2013 年版。

3．[美]萨利科科·S.穆夫温：《语言演化生态学》修订译本，郭嘉等译，商务印书馆 2017 年版。

4．徐佳：《生态语言学视角下的中国濒危语言研究》，吉林大学出版社 2014 年版。

5．许晋：《内蒙古人口较少民族居住区语言生态与语言传承研究》，中国社会科学出版社 2017 年版。

6．邵宜主编：《语言与语言生态研究》，暨南大学出版社 2016 年版。

7．范俊军、肖荣钦：《生态语言学文选》，广东人民出版社 2018 年版。

8．[德]威廉·冯·洪堡特：《论人类语言结构的差异及其对人类精神的影响》，姚小平译，商务印书馆 1999 年版。

9．[德]威廉·冯·洪堡特：《洪堡特语言哲学文集》，姚小平译，湖南教育出版社 2001 年版。

10．[美]沃尔夫：《论语言、思维和现实——沃尔夫文集》，高一虹等译，商务出版社 2012 年版。

11．[英]韩礼德：《韩礼德语言学文集》，湖南教育出版社 2005 年版。

12．[法]海然热：《语言人——论语言学对人文科学的贡献》，张组建译，三联书店 1999 年版。

13．[美]弗雷德里克·詹姆逊：《语言的牢笼》，钱佼汝译，百花洲文艺出版社 1995

年版。

14.［德］卡西尔:《语言与神话》,于晓等译,三联书店 1988 年版。

15.［德］赫尔德:《论语言的起源》,姚小平译,商务印书馆 1998 年版。

16.徐友渔、周国平等:《语言与哲学》,三联书店 1996 年版。

17.吴礼权:《中国语言哲学史》,台湾商务印书馆 1997 年版。

18.赵奎英:《生态语言观与生态诗学、美学的语言哲学基础建构》,人民出版社 2017 年版。

19.赵奎英:《中西语言诗学基本问题比较研究》,中国社会科学出版社 2009 年版。

20.(汉)许慎:《说文解字》,中华书局 1963 年版。

21.(汉)许慎撰,(清)段玉裁注:《说文解字注》,上海古籍出版社 1988 年版。

22.(唐)令狐德棻等撰:《周书》卷四十一《列传三十三·庾信》,中华书局 1971 年版。

23.(清)郭庆藩撰,王孝渔点校:《庄子集释》,中华书局 2004 年版。

24.(唐)魏徵等撰:《隋书》,中华书局 1973 年版。

25.任继昉纂:《释名汇校》,齐鲁书社 2006 年版。

26.楼宇烈:《王弼集校释》,中华书局 1980 年版。

27.苏与撰,钟哲点校:《春秋繁露义证》,中华书局 1992 年版。

28.邹晓丽编著:《基础汉字释义——说文部首今读本义》,北京出版社 1990 年版。

29.《新华字典》(双色本),商务印书馆第 2004 年版。

30.《新华字典》(双色本),商务印书馆第 2011 年版。

31.罗常培:《语言和文化》,语文出版社 1989 年版。

32.张公瑾、丁石庆:《文化语言学教程》,教育科学出版社 2004 年版。

33.钱冠连:《语言全息论》,商务印书馆 2002 年版。

34.张今:《英汉比较语法纲要》,商务印书馆 1981 年版。

35.王冬梅:《现代汉语动名互转的认知研究》,中国社会科学出版社 2010 年版。

36.［古希腊］亚里士多德:《修辞学》,罗念生译,三联书店 1991 年版。

37.郑子瑜、宗廷虎主编,陈光磊、王俊衡著:《中国修辞学通史·先秦两汉魏晋南北朝卷》,吉林教育出版社 1998 年版。

38.陈望道:《修辞学发凡》,复旦大学出版社 2008 年版。

39.贺又宁:《修辞学:言语行为之视野》,民族出版社 2008 年版。

40．刘涛：《环境传播：话语、修辞与政治》，北京大学出版社 2011 年版。

41．［美］罗伯特·考克斯：《假如自然不沉默——环境传播与公共领域》，纪莉译，北京大学出版社 2016 年版。

42．［美］唐纳德·沃斯特：《自然的经济体系：生态思想史》，商务印书馆 2007 年版。

43．［美］纳什：《大自然的权利：环境伦理学史》，杨通进译，青岛出版社 1999 年版。

44．［法］塞尔日·莫斯科维奇：《还自然之魅——对生态运动的思考》，庄晨燕等译，三联书店 2005 年版。

45．张永民译：《生态系统与人类福祉：评估框架》，《千年生态系统评估项目概念框架工作组的报告》，中国环境科学出版社 2007 年版。

46．宋祖良：《拯救地球和人类的未来》，中国社会科学出版社 1993 年版。

47．曾繁仁：《中西文明对话中的生态美学》，人民出版社 2012 年版。

48．曾繁仁：《生态美学基本问题研究》，人民出版社 2015 年版。

49．［芬兰］约·瑟帕玛：《环境之美》，湖南科技大学出版社 2006 年版。

50．［加拿大］卡尔松：《环境美学——自然、艺术与建筑的鉴赏》，杨平译，四川人民出版社 2006 年版。

51．鲁枢元主编：《文学与生态学》，学林出版社 2011 年版。

52．王诺：《生态批评与生态思想》，人民出版社 2013 年版。

53．［美］劳伦斯·布伊尔：《环境批评的未来》，刘蓓译，北京大学出版社 2010 年版。

54．［美］格伦·A.洛夫：《实用生态批评》，胡志红等译，北京大学出版社 2010 年版。

55．王宁编：《新文学史》，清华大学出版社 2001 年版。

56．［德］马克思、恩格斯：《马克思恩格斯全集》第 26 卷，人民出版社 1972 年版。

57．［德］马克思、恩格斯：《马克思恩格斯文集》第 4、9 卷，人民出版社 2009 年版。

58．［德］马克思、恩格斯：《马克思恩格斯全集》第 3 卷，人民出版社 1960 年版。

59．［德］海德格尔：《海德格尔选集》上下卷，孙周兴选编，上海三联书店 1996 年版。

60．［德］海德格尔：《形而上学导论》，熊伟等译，商务印书馆 1996 年版。

61．［德］海德格尔：《荷尔德林诗的阐释》，孙周兴译，商务印书馆 2000 年版。

62．［德］海德格尔：《林中路》，孙周兴译，上海译文出版社 2008 年版。

63．[德]海德格尔：《演讲与论文集》，孙周兴译，三联书店 2005 年版。

64．笛卡尔：《第一哲学沉思录》，庞景仁译，商务印书馆 1986 年版。

65．[美]大卫·雷·格里芬主编：《后现代科学》，中央编译出版社 2004 年版。

66．[美]道格拉斯·凯尔纳、斯蒂文·贝斯特：《后现代理论批判性质疑》，张志斌译，中央编译出版社 2001 年版。

67．[法]米歇尔·福柯：《古典时代的疯狂史》，林志明译，三联书店 2005 年版。

68．[法]福柯：《词与物——人文科学考古学》，莫伟民译，三联书店 2002 年版。

69．汪民安等编：《后现代的哲学话语：从福柯到赛义德》，浙江人民出版社 2000 年版。

70．[英]泰伦斯·霍克斯：《隐喻》，北岳文艺出版社 1990 年版。

71．[英]雷蒙·威廉斯：《关键词：文化和社会词汇》，三联书店出版 2005 年版。

72．[法]让·波德里亚：《象征交换与死亡》，车槿山译，译林出版社 2009 年版。

73．[美]詹明信：《晚期资本主义的文化逻辑》，张旭东编，陈清侨等译，三联书店 2013 年版。

74．周宪：《视觉文化的转向》，北京大学出版社 2008 年版。

75．[美]尼古拉斯·米尔佐夫：《视觉文化导论》，倪伟译，江苏人民出版社 2006 年版。

76．[英]科林伍德：《艺术原理》，中国社会科学出版社 1985 年版。

77．叶维廉：《中国诗学》，三联书店 1992 年版。

78．赵毅衡编选：《"新批评"文集》，中国社会科学出版社 1988 年版。

79．刘守兰编：《英美名诗解读》，上海外语教育出版社 2003 年版。

80．艾兰等：《中国古代思维模式与阴阳五行学说探源》，江苏古籍出版社 1998 年版。

81．内蒙古师范大学中国少数民族作家研究中心：《李传锋研究专辑》，中央民族大学出版社 2005 年版。

82．[加拿大]E.T.西顿：《西顿野生动物故事集》，蒲隆等译，译林出版社 2001 年版。

83．[法]埃里克·巴拉泰等：《动物园的历史》，乔江涛译，中信出版社 2006 年版。

84．[法]麦茨等：《电影与方法：符号学文选》，李幼蒸译，三联书店 2002 年版。

85．迟子建：《额尔古纳河右岸》，人民文学出版社 2010 年版。

86．迟子建：《迟子建作品》，长江文艺出版社 2017 年版。

87．韩葵花：《迟子建作品的生态语言学解读》，山东师范大学 2012 年硕士论文。

88 . 潘富俊:《草木缘情:中国古典文学中的植物世界》,商务印书馆 2015 年版。

二、外文著作

1 . Abram, David, *The Spell of Sensuous: Perception and Language in a More-Than-Human World*, New York: Vintage, 1997.

2 . Armbruster, Karla and Wallace, Kathlee R. eds., *Beyond Nature Writing: Expanding the Boundaries of Eco criticism*, Charlottesville and London: University of Virginia Press, 2001.

3 . Alexander, Richard J., *Framing Discourse on the Environment: A Critical Discourse Approach*, London: Routledge, 2009.

4 . Bang, Jφrgen and Dφφr, Jφrgen, *Language, Ecology and Society: A Dialectical Approach*, edited by Sune Vork Steffensen and Joshua Nash, London and New York: Continuum International Publishing Group, 2007.

5 . Bate, Jonathan, *The Song of the Earth*, Basing Stoke and Oxford: Picador, 2000.

6 . Brown, Charles S. and Toadvine, Ted eds., *Eco-phenomenology: Back to the Earth Itself*, Albany: State University of New York Press, 2003.

7 . Berleant, Arnold, *Aesthetics Beyond the Arts: New and Recent Essays*, Aldershot: Ashgate Publishing Company, 2012.

8 . Creese, A., Martin, P. and Hornberger, Nancy H. eds., *Language of Ecology: Encyclopedia of Language and Education*, Volume 9, New York: Springer, 2008.

9 . Coupe, Laurence ed., *Green Studies Reader: from Romanticism to Ecocriticism*, London: Routledge, 2000.

10 . Clark, Timothy, *The Cambridge Introduction to Literature and the Environment*, Cambridge: Cambridge University Press, 2011.

11 . Carlson, Allen, *Aesthetics and the Environment: The Appreciation of Nature, Art and Architecture*, London and New York: Routledge, 2000.

12 . Charles B. Guignon ed., *The Cambridge Companion to Heidegger*, Cambridge: Cambridge University Press, 1993.

13 . Derrida, Jacques, *Acts of Literature*, edited by Derek Attridge. New York: Routledge, 1992.

14 . Dreyfus, Hubert L. and Wrathall, Mark A. Eds., *A Companion to Heidegger*, Oxford:

Blackwell Publishing Ltd,2005.

15 . Fill, Alwin and Mühlhäusler, Peter, eds., *The Ecolinguistics Reader*: *Language*, *Ecology and Environment*, London and New York: Continuum, 2001.

16 . Fill, Alwin and Penz, Hermine eds., *The Routledge Handbook of Ecolinguistics*, New York: Routledge, 2018.

17 . Fowler, Roger, *Language in the News*, London: Routledge, 1991.

18 . Foltz, Bruce V.*Inhabiting the Earth*: *Heidegger*, *Environmental Ethics*, *and the Metaphysics of Nature*, New York: Humanities Press, 1995.

19 . Glotfelty, Cheryll & Fromm, Harold eds., *The Ecocriticism Reader*: *Landmarks in Literary Ecology*, Athens, Georgia: Georgia University Press, 1996.

20 . Harré, Rom and Brockmeier, Jens and Mühlhäusler, Peter, Greenspeak: a Study of Environmental Discourse, London: Sage Publications, Inc., 1998.

21 . Halliday, M. A. K. and Martin, J. R., *Writing Science*, *Literacy and Discursive Power*, London and Washington, D.C, The Falmer Press, 1993.

22 . Halliday, M. A. K.*Grammar*, *Society and Noun*, University College London, 1967.

23 . Heidegger, Martin, *Poetry*, *Language*, *Thought*, Translated and With an Introduction By Albert Hofstadier, NewYork: Harper & Row Publishers, Inc.1971.

24 . ——*Being and Time*, Translated by John Macquarrie & Edward Robinson, Oxford: Basil Blackwell Publisher Ltd, 1962.

25 . ——*Basic writings*, Edited by David F. Krell, New York: Harper Collins Publishers, 1993.

26 . Harris, R.and Taylor T.J., *Landmarks in Linguistic Thought 1*: *the Western Tradition from Socrates to Saussure*, Second Edition, New York and London: Routledge, 1989.

27 . Jardins, Joseph R.Des, *Environmental Ethics*, California: Wadsworth Publishing Company, 1993.

28 . Knickerbocker, Scott, *Ecopoetics*: *The Language of Nature*, *the Nature of Language*, Amherst and Boston: University of Massachusetts Press, 2012.

29 . Killingsworth, M.Jimmie & Palmer, Jacqueline S.*Ecospeak*: *Rhetoric and Environmental Politics in America*, Cambridge: Southern Illinois University Press, 1992.

30 . Lakoff, George and Johnson, Mark, *Metaphors We Live By*, Chicago: University of Chicago Press, 1980.

31 . Lier, Leo van, *The Ecology and Semiotics of Language Learning*: *A Sociocultural Per-*

spective, New York: Kluwer Academic Publishers, 2004.

32 . Mühlhäusler, Peter, *Linguistic Ecology: Language Change and Linguistic Imperialism in the Pacific Region*, London and New York: Routledge, 1996.

33 . ——*Language of Environment, Environment of Language: A Course in Ecolinguistics*, London & New York: Paul & Co Pub Consortium, 2003.

34 . Mufwene, Salikoko, *The Ecology of Language Evolution*, Cambridge: Cambridge University Press, 2004.

35 . Morton, Timothy, *Ecology without Nature: Rethinking Environment Aesthetics*, Cambridge, Massachusetts, and London: Harvard University Press, 2007.

36 . Phillips, Dana, *The Truth of Ecology: Nature, Culture, and Literature in America*, Oxford, New York: Oxford University Press, Inc., 2003.

37 . Ruthven, K.K. *A Guide to Ezra Pound's Personae*, Berkeley, Los Angeles, London: University of California Press, Berkeley, 1983.

38 . Stibbe, Arran, *Ecolinguistics: Language, Ecology and the Stories We Live By*, London and New York: Routledge, 2015.

39 . Saussure, Ferdinand de, *Course in General Linguistics*, Edited by Charles Bally and Albert Sechehaye in Collaboration with Albert Reidlinger, Translated by Wade Baskin, New York: Philosophical Library Inc., 1959.

40 . Suen, Alison, *The Speaking Animal: Ethics, Language and the Human-Animal Divide*, London: Rowman & Littlefield International, Ltd., 2015.

41 . Sloane, Thomas O.ed., "Description", *Encyclopedia of Rhetoric*, Oxford: Oxford University Press, 2006.

42 . Wolfreys, Julian, ed., *Introducing Criticism at the 21st Century*, Edinburgh: Edinburgh University Press, 2002.

后　记

　　夏过秋往,冬去春来,终于迎来了给本著写后记的时刻。本著作是2012年立项的一项国家社科基金项目(1213ZW007)的最终成果。这部成果可以看作是《生态语言观与生态诗学、美学的语言哲学基础建构》(2017)一著的"姊妹篇"。后一著作是2009年立项的一项教育部课题的最终成果。该课题的原题目为《语言与生态:西方自然语言观与当代生态诗学、美学的语言哲学基础建构》,对结项成果进行修改出版时,发现原题目已不能涵盖最终成果,才改成后来的题目。在教育部项目研究期间,本人曾到英国伯明翰大学英语系访学,并跟随合作导师之一查尔斯·欧文先生(Charles Owen)学习生态语言学课程,感到"生态语言学"与"生态语言哲学"虽有相通的地方,但主要是不同的领域,比起生态语言哲学来说,它更适合解决生态文学、文化理论研究中的一些实际问题,于是又于2012年申报了国家课题"生态语言学与生态文学、文化理论研究"。这使我最初设计的"语言与生态"这个总课题得以从两个大的层面上更系统地展开:一是从"生态语言哲学"的角度,致力于为当代生态诗学、美学的建构奠定语言哲学基础,即已出版的《生态语言观与生态诗学、美学的语言哲学基础建构》一书的主要内容;二是从"生态语言学"的角度,致力于为当代生态文学、文化理论研究与批评实践提供理论和方法依据,这正是即将出版的这部著作的主要任务。这两部著作也因此构成"姊妹篇"

关系,这部著作的出版也因此标志着本人的"语言与生态"总课题研究终于可以告一段落。

从 2009 申报教育部《语言与生态》青年课题,到 2019 完成《生态语言学与生态文学、文化理论研究》国家项目,一晃竟然在这条"生态语言之路"上跋涉了十个年头。笔者最初关注这一问题实际上还更早,大概在 2005 年的山东大学生态美学会议上,就曾提交过一个相关的论文摘要。在当时的知网上只能看到寥寥几篇有关生态语言学的文章。十几年过去了,生态语言学研究在国内语言学尤其是外语教学与研究界获得了快速发展,但文艺学、美学界仍然对其关注较少。至今仍有一些学者对从语言角度研究生态文学、美学和文化问题表示不解。笔者自始至终都认为,语言与生态之间的联系并不深奥难解,如果我们相信生态问题与人的世界观有关系,与人类的文化有关系,与人类的思维与行为方式有关系,就能体会到语言与生态之间直接而重要的联系。因为很显然,人的世界观、思维方式、行为方式和文化都与语言是直接相关的。人们之所以看不到或不愿接受这种联系,或许是不愿改变惯有的研究问题的方式,或者是不习惯把语言摆在重要位置。然而,语言的重要性是毋庸置疑的。语言不仅是进入社会、文化问题的重要渠道,也是进入自然、生态问题的直接入口。而文学本来就是语言艺术,语言本来就是文化现象,当你从语言入口进入时,生态诗学、美学和文化理论问题,都会显出更加清晰的肌理。因此,这条"生态语言之路"虽然崎岖不平,但还是期待有更多的同道在这条道路走下去。在这条道路上摸爬滚打十几年,虽然不敢说磨炼出了多么惊人的成果,但还是深感有诸多收获。

但笔者之所以能在这条道路上一路走下来,有今天的收获,与恩师曾繁仁先生的坚定支持与全心鼓励是分不开的。曾老师虽然没有专门研究生态语言学,但曾老师的生态美学研究很早就关注海德格尔,而海德格尔是真正的生态语言哲学家,所以曾先生也很早就敏锐地意识到语言在生态研究中的重要意义。当我最初给曾老师谈我的一些想法时,曾老师毫不保留地夸赞学生说:

"你把生态美学研究推进了。"当我后来申报生态语言学项目失利有些失望时，曾老师坚定地对我说："你就研究生态语言学。"这也使我想起当初硕士论文选题时的情景。那时曾老师已给我们每人设计好了题目，我的题目是"蔡元培与席勒美育思想研究"，当时我只是不经意地说了一声我想研究文学语言，没想到曾老师看了我发表的一篇文学语言的文章后，坚定地对我说："你就研究文学语言。"二十年几来，曾老师从来都是尊重和鼓励学生的想法，并给予全力的支持。回想自己的学术道路，没有曾老师对学生的包容、鼓励和支持，那几乎是不可能的。值逢项目成果出版之际，特向曾先生致以最深挚的感谢！

前面已经谈到，该项目的申报，与笔者在英国伯明翰大学的访学合作导师之一查尔斯·欧文先生的课程有关，最初的课题组成员里，有欧文先生，和同在英国伯明翰大学访学的马来西亚大学英语系讲师 Chau Menghuat 博士，虽然他们都没有参与项目的写作，但参与了早期的讨论，并在英语材料搜集上提供了许多帮助。课题组原成员里还有吴承笃博士、杨光博士、陈欧帆博士、张超博士，虽然他们也都没有参与项目的最终写作，但他们也都以自己的方式为本项目的完成贡献了自己的力量，这里一并向他们表示感谢！在项目的最后阶段，我的博士生刘昌奇，参与了本项目第七章第二节"从生态语言学批评看当代欧美动物电影"写作，为我分担了压力，这里也向昌奇致以感谢！

好像一个项目不管完成时间有多长，到最后阶段总是会经历一些极限时刻，让身心承受极大压力，甚至濒临"崩溃"的边缘。衷心感谢那些在我的日常工作、生活、研究和"极境"中提供各种帮助的师友、同事、学生和亲人，是你们的关心、帮助和支持，总是能让我顺利地渡过难关。感谢项目开题时各位师长和专家提出的宝贵意见！感谢项目评审专家对本研究的肯定和鼓励！感谢人民出版社的领导和编辑，为本著出版提供的支持和努力！同时也感谢黄国文教授、何伟教授等先生为一个文学艺术研究者参与生态语言学活动提供的机会。笔者也殷切地希望本著出版能为生态语言学与生态语言哲学、生态语言学与生态文学、文化理论之间的贯通和跨界研究真正架起桥梁,无论是对生态语言学还是对生态文学、文化理论研究来说都能有所贡献! 也衷心期待各界学人对本著的关注和批评!

赵奎英

2019 年 6 月 27 日于南京

责任编辑：王怡石
封面设计：石笑梦
版式设计：胡欣欣

图书在版编目（CIP）数据

生态语言学与生态文学、文化理论研究/赵奎英 著. —北京：人民出版社，
　2022.6
ISBN 978－7－01－022724－5

Ⅰ.①生…　Ⅱ.①赵…　Ⅲ.①生态学-语言学-研究　Ⅳ.①H0－05

中国版本图书馆 CIP 数据核字（2020）第 241510 号

生态语言学与生态文学、文化理论研究
SHENGTAI YUYANXUE YU SHENGTAI WENHUA LILUN YANJIU

赵奎英　著

人民出版社 出版发行
（100706　北京市东城区隆福寺街 99 号）

环球东方（北京）印务有限公司印刷　新华书店经销

2022 年 6 月第 1 版　2022 年 6 月北京第 1 次印刷
开本：710 毫米×1000 毫米 1/16　印张：22.75
字数：355 千字

ISBN 978－7－01－022724－5　定价：99.00 元

邮购地址 100706　北京市东城区隆福寺街 99 号
人民东方图书销售中心　电话（010）65250042　65289539